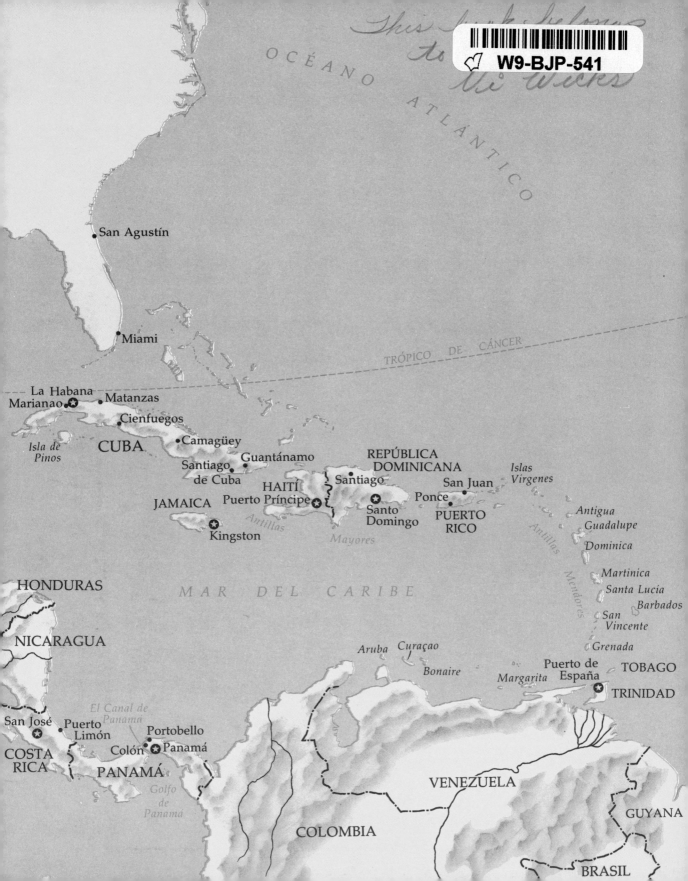

Español a lo vivo

Español

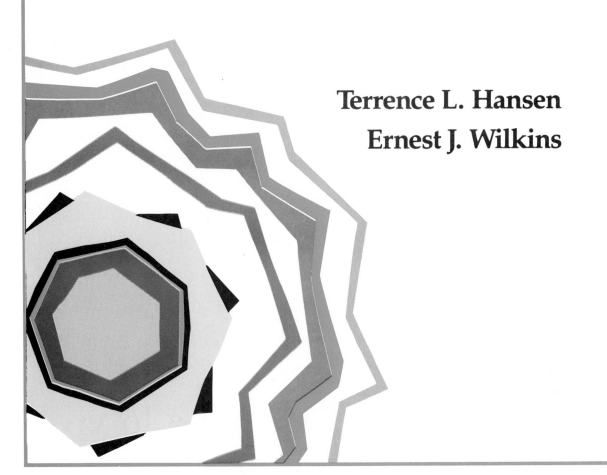

Terrence L. Hansen

Ernest J. Wilkins

a lo vivo

FOURTH EDITION

JOHN WILEY & SONS, INC.

New York   Chichester   Brisbane   Toronto

Library of Congress Cataloging in Publication Data:

Hansen, Terrence Leslie.
Español a lo vivo.

1. Spanish language—Grammar—1950-   I. Wilkins, Ernest J., joint author.   II.   Title.

PC4112.H348   1978   468'.2'421   77-27041
ISBN 0-471-01807-4

Printed in the United States of America

10 9 8 7 6

Photo Researcher: Enid Klass
Photo Editor: Stella Kupferberg
Text and Cover Design: Betty Binns
Drawings: Claude Martinot

Preface

Español a lo vivo is a basic textbook for first-year college Spanish. Originally published in 1964, the book has been widely adopted, and this new Fourth Edition incorporates many revisions suggested by students and colleagues who used the previous edition. Other improvements were made in keeping with advances in teaching techniques which have proven effective. The accompanying workbook, laboratory tape program, and instructor's manual are also completely new.

For increased manageability, the number of chapters in the textbook has been reduced from 24 to 22. To promote greater cultural awareness, each chapter now is based on a contemporary aspect of the values, customs, beliefs, or way of life of the Hispanic peoples of the world. This edition deals with the culture of Spanish-speaking people in the United States and Spain as well as Latin America. A new program of black and white and color photographs attempts to suggest something of the variety and excitement of the twenty-two Spanish-speaking countries.

The dialogs, cultural notes, exercises, and topics for conversation have been thoroughly reworked and updated. Pictorial cues and questions make possible a greater exploitation of the dialogs in and out of the classroom. The dialogs are now divided into smaller segments for greater flexibility. Each new word introduced is listed at the end of the chapter in which it first appears.

The grammar explanations in the Fourth Edition have been considerably expanded. The number of structures covered remains about the same, but the explanations of these structures are more complete, precise, and fully illustrated with examples. We hope that these explanations will prove more helpful to the instructor and the student who wishes to study grammar at home.

What has not changed in this new edition is the emphasis on communication. The principle objective of *Español a lo vivo* has always been to provide the student with an opportunity to learn Spanish by speaking, hearing, reading, and writing it in live, meaningful situations. The features which personalize instruction and help the student to express his or her own ideas and feelings have been retained and improved. Personalized questions—a feature pioneered by *Español a lo vivo*—controlled conversation exercises, and oral task assignments are included in each chapter to promote free conversational ability, which is the essence of communicative competence.

The work of revision was carried out by Ernest Wilkins and Mrs. Terrence Hansen with assistance and advice from many sources. We especially thank our colleagues in the profession and our students for their helpful suggestions and recommendations. We are also deeply indebted to people from many parts of the Hispanic world who examined every exercise and helped make our Spanish more authentic and relevant.

G.M.H.
E.J.W.

Contents

**LECCIÓN
4**
page 75

Segundo repaso *(lecciones 6–11)*
page 240

Español a lo vivo

LECCIÓN

preliminar

❧ DIÁLOGO

Saludos[1]

1	Buenos días. ¿Cómo está usted?	*Good morning. How are you?*
	Muy bien, gracias. ¿Y usted?	*Very well, thanks. And you?*
2	Buenas tardes, clase.	*Good afternoon, class.*
	Buenas tardes, profesora (profesor).	*Good afternoon, professor.*
3	Buenas noches, señora.	*Good evening, ma'am.*
	Buenas noches, señor.	*Good evening, sir.*
4	Adiós, hasta luego.	*Good-bye, until later.*
	Hasta mañana.	*Until tomorrow.*

Sounds of the Spanish vowels

Whether in stressed or unstressed position, Spanish vowels remain open and clear. In English we tend to reduce vowels in unstressed syllables to an *uh* or "schwa" sound. Listen as your instructor contrasts the English word *banana* (buh-na-nuh) with the

[1] *Greetings*

3

Spanish word **banana** (bah-nah-nah). In the following examples, the stressed syllable is underlined.

a   Pronounced like the *a* in *father*, only shorter and more tense.[1] Whether stressed or unstressed it has the same open sound.

m<u>a</u>ñana   est<u>á</u>   d<u>í</u>as   b<u>ue</u>nas   h<u>a</u>sta

e   Pronounced like the *a* in *ate*, but short and tense.

bu<u>e</u>nas   cl<u>a</u>se

Spanish **e** is affected by sounds which follow it. It is pronounced like the *e* in *let* when followed by a consonant in the same syllable.

s<u>e</u>ñor   est<u>á</u>   ust<u>e</u>d

i (or y)   Pronounced like the *i* in *machine*, never like the *i* in *fit*.

d<u>í</u>as   Isa<u>be</u>l   Fel<u>ipe</u>   Franc<u>i</u>sco   y   muy

o   Pronounced like the *o* in *only*, but shorter and without the glide typical of English pronunciation.

¿c<u>ó</u>mo?   señ<u>o</u>ra   señ<u>o</u>r   <u>O</u>lga   no

u   Pronounced like the *oo* in *moon*. Lips are rounded.

L<u>u</u>cho   us<u>te</u>d   Hum<u>be</u>rto   Luc<u>í</u>a

Sounds of the Spanish consonants

b, v   The letters **b** and **v** are pronounced exactly alike in Spanish. Each letter has two pronunciations, depending on which sounds precede and follow it. At the beginning of a breath group

[1] Very few sounds are identical in English and Spanish. Reference to English is made as an introductory step. A more thorough presentation of Spanish sounds is found in the tape program. Students should listen to their instructor's pronunciation and imitate it.

or after **m** or **n**, Spanish **b** or **v** is a voiced stop—the lips are completely closed. It is pronounced like English *b* in *boy*.

bu̠enos   **Vi̠c̠ente**   **Bárbar̠to**   **Humber̠to**   **Víctor**

Between two vowels and in all other positions, **b** or **v** is a fricative continuant. It is pronounced with the two lips almost touching but allowing the air to pass through.

Cu̠ba   **mu̠y bi̠en**   **E̠va**

c z̸   In all parts of the Spanish-speaking world, the letter **c** has just one pronunciation when it comes before **a, o,** or **u.** It is pronounced like English *k*.

Carlos   **¿c̠ómo?**   **Cu̠ba**

However, the letter **c** before **e** or **i** and the letter **z** in all positions have a different pronunciation in different parts of the world. In Spanish America, they both are pronounced like English *s*. Avoid the *sh*-sound of *c* in the English word *official*.

A̠licia   **Cec̠ilia**   **ofic̠ial**   **Cuzco**

In most parts of Spain, they both are pronounced like English *th* in *thin*.

A̠licia   **Cec̠ilia**   **Zarago̠za**

ch   In Spanish **ch** is considered one letter and is pronounced as in English.

Chela   **Lucho**

d   Pronounced with the tongue against the upper teeth rather than against the gums as for English *d*. The letter has two pronunciations, depending on which sounds precede and follow it. At the beginning of a breath group or after **l** or **n,** Spanish **d** is a stop—the breath passage is completely closed.

Dona̠ldo   **¿Dónde?**   **San Diego**

In all other positions, Spanish **d** is a fricative—it is a longer, continuing sound, pronounced like English *th* in *these*.

adi̠ós   **u̠sted**   **tar̠des**   **Buenos di̠as**

f   Pronounced like English *f*.

Fel<u>i</u>pe   **Ro<u>d</u>olfo**

g   Before the vowels **e** and **i**, Spanish **g** is pronounced like an aspirated *h* in English.

Gil<u>b</u>erto   **gim<u>n</u>asio**

Before the vowels **a, o,** and **i,** Spanish **g** has two pronunciations, depending on its position. At the beginning of an utterance, or after a nasal, it is pronounced like English *g* in *go*.

<u>g</u>ato   **ve<u>ng</u>o**

In all other instances, it is pronounced like a relaxed version of English *g* in *sugar*.

a<u>g</u>ua

h   Spanish **h** is silent; it has no sound at all.

Horte<u>n</u>sia   **<u>h</u>asta**

j   Pronounced like an aspirated English *h*.

<u>J</u>ulia   **Je<u>s</u>ús**

k   In Spanish the letter **k** occurs only in words borrowed from another language.

kil<u>ó</u>metro   **<u>k</u>ilo**

l   Pronounced like English *l* in *lap* but with the back of the tongue arched higher.

Ma<u>n</u>uel   **á<u>n</u>gel**   **<u>L</u>aura**

ll   In most parts of the Hispanic World, **ll** is pronounced like English *y* in *yes*.

<u>ll</u>ama   **ca<u>ll</u>e**

m,n   Pronounced like English *m* and *n*.

mamá   **Elena**

ñ   Spanish **ñ** is pronounced like English *ni* in *onion*.

España   **español**

p   Spanish **p** is never aspirated; that is, it is not accompanied by a puff of air.

Pedro   **papá**   **Pepe**

q   Combines with **u;** the combination **qu** is pronounced like English *k*.

Joaquín   **Raquel**

r   At the beginning of a word or after the consonants **n, s,** or **l,** Spanish **r** is trilled.

Israel   **Rafael**   **Enriqueta**   **repitan**

In other cases, Spanish **r** is pronounced with a single tap of the tongue against the gum ridge behind the upper teeth.

Carolina   **Mario**   **tardes**   **María**

rr   The double **rr** is always trilled.

sierras   **Cierren los libros.**

s   Pronounced like English *s* in *sit,* never with the *sh*-sound of the English word *confession* or the *z*-sound of the letter *s* in the English words *rose* or *president*.

confesión   **visión**   **Rosa**   **presidente**

t   Pronounced with the tongue touching the upper teeth. There is no aspiration or a puff of air as in English.

conteste   **Tomás**   **Catalina**

v   See **b.**

w   Occurs only in words or names from other languages.

Walter   **Washington**

x   Often pronounced like **s** when it comes before a consonant.

texto   exten**sión**   explica**ción**

Pronounced like *ks* when it comes before a vowel.

examen   exis**tir**   ex**ó**tico

Pronounced like an aspirated English *h* in some words which still
retain the old spelling.

México

México may also be spelled **Méjico.** The pronunciation is the
same.

z   See **c.**

᠃

The Spanish alphabet

LETTER[1]	NAME	EXAMPLES	
a	a	Alfonso	Ana
b	be grande	Esteban	Bárbara
c	ce	Carlos	Alicia
ch	che	Lucho	Chela
d	de	Donaldo	Adelita
e	e	Felipe	Elena
f	efe	Francisco	Mafalda
g	ge	Gil	Gloria
h	hache	Hipólito	Hortensia
i	i	Ignacio	Isabel

[1]Letter names are feminine and take the feminine definite article **la: la eme, la cu.**
Ch and **ll** are considered single letters; they affect the alphabetization of words in
vocabulary lists and dictionaries (**achicar** is listed after **acústico**, for example.) The cluster **rr**
does not affect alphabetization. Since **b** and **v** sound alike, Spanish speakers distinguish
between the two as **be grande** (*big b*) and **be chica** (*small b*).

LETTER	NAME	EXAMPLES	
j	jota	Juan	Jesusita
k	ka	Kiko	Katy
l	ele	Ángel	Laura
ll	elle	Guillermo	Guillermina
m	eme	Manuel	Amerina
n	ene	Norberto	Josefina
ñ	eñe	Toño	Ñata
o	o	Rodolfo	Olga
p	pe	Pepe	Epifania
q	cu	Joaquín	Raquel
r	ere	Mario	Carolina
rr	erre	Rafael Larra	Enriqueta
s	ese	Luis	Rosa
t	te	Tomás	Catalina
u	u	Humberto	Lucía
v	be chica	Vicente	Eva
w	doble ve	Walter	Wanda
x	equis	Alex	Ximena
y	i griega	Goya	Yolanda
z	zeta	Lázaro	Zulema

Exercises

1 Respond with proper pronunciation to these greetings from the dialogs.

Buenos días.   Buenas noches.
Buenas tardes.   Hasta mañana.

2 Take each personal name in the list and spell it aloud, using the Spanish letters. Then say the complete name.

MODEL: Conchita
ce, o, ene, che, i, te, a—Conchita
Joaquín
Hipólito
Olga
Walter
_____ (your first name)

3 Pronounce the following words, avoiding typical English pronunciations where Spanish pronunciation is distinctly different.

hasta   Eva   Rafael
no   oficial   Pepe
usted   adiós   presidente
Cuba   María   luego

4 List the five words or Spanish names you have encountered so far which are most difficult for you to pronounce, and learn to pronounce them correctly.

Division of words into syllables

The most basic Spanish syllable consists of a consonant followed by a vowel or diphthong (e.g., **ue**).

se-ño-ra　　Cu-ba　　fue-go

The vowels **a, e,** and **o** are strong vowels; **i** and **u** are weak vowels.
　1. Two strong vowels are always written in separate syllables.

Do-ro-te-a　　bo-a　　co-e-du-ca-ción

　2. A strong and weak vowel, or two weak vowels, usually combine to form a diphthong. A diphthong occurs in one syllable—it cannot be divided.

pri-sio-ne-ro　　gra-cias　　bue-no　　Luis

　3. In cases where a weak vowel does not combine with another vowel beside it, but is pronounced in a separate syllable, an accent is written on the weak vowel to show that this is so.

dí-as　　Ra-úl　　rí-o

The letters **ch** and **ll** and the cluster **rr** are never divided.

no-ches　　ca-lle　　gui-ta-rra

Seven consonants combine with a following **r** (six of them also with a following **l**) to form clusters that are not divided.

	CONSONANT + **r**	CONSONANT + **l**
b	a-brir	ha-blo
c	a-cre	a-cla-mar
d	a-dre-na-li-na	
f	a-fren-tar	a-flo-jar
g	a-gro	a-glo-me-ra-do
p	a-pre-ciar	a-pla-car
t	a-tra-so	*

Other consonant sequences are divided.

es-pa-ñol　　tar-des　　Car-los　　lec-ción　　En-ri-que

Three consonants in a row, so long as no two of them form a standard cluster, are divided 2-1: ins-ti-tu-ción.

---

*The letter t usually divides from l: **at-las, at-le-ta, At-lán-ti-co.** However, in words of Aztec origin, t and l are usually not divided: **A-ca-tlán, me-tla-pil.**

Word stress

Most words ending in a vowel, **n,** or **s** are stressed on the next to the last syllable.

<u>ha</u>sta   ma<u>ña</u>na   se<u>ño</u>ra   <u>tar</u>des   <u>ha</u>blan

Most words ending in any consonant except **n** or **s** are stressed on the last syllable.

us<u>ted</u>   se<u>ñor</u>   espa<u>ñol</u>

Words which do not follow the above patterns have an accent mark on the syllable which is stressed.

es<u>tá</u>   ad<u>iós</u>   lec<u>ción</u>

Written accent marks are used to distinguish between certain pairs of words spelled alike but with different meaning.

el *the*   **él** *he*   **sí** *yes*   **si** *if*

All question words carry a written accent mark.

¿Cómo? *How?*   **¿Qué?** *What?*

Exercises   **1** Divide these words into syllables and underline the syllable that is stressed.
MODEL: **mañana**
          ma-ña-na
noches   luego   días
señor   ¿cómo?   español
lección

2 Review the rules for word stress, then underline the syllable that is stressed in each word.

señor   hablan   señora
tardes   Alicia   Enrique

3 Why do these words have a written accent?

él *he*   **sí** *yes*   **¿Cómo?** *How?*   **¿Qué?** *What?*

4 The stressed syllable is marked in these words. Can you explain why they do not need a written accent mark?

pro<u>fe</u>sora   <u>gra</u>cias   espa<u>ñol</u>   profe<u>sor</u>

Linking

In speaking, a final consonant is linked with an initial vowel.

es un amigo   con el hombre

Two identical vowels are pronounced as one.

de español   lo oído

Two identical consonants are pronounced as one.

el lobo   al lado

The final vowel of one word is linked with the initial vowel of the following word to form one spoken syllable.

todo el día   su amigo

Punctuation

Spanish punctuation is similar to English punctuation, with the following differences:

An inverted question mark or exclamation mark is used at the beginning of a question or exclamation, in addition to the end mark.

¿Cómo está usted?   *How are you?*
¡Viva México!   *Long live Mexico!*

A dash is used instead of quotation marks to separate speakers' parts in written dialog.

—¿Está bien usted?   *Are you well?*
—Sí, profesor.   *Yes, professor.*

Capitalization

Spanish capitalizes the first word in a sentence and the names of persons, countries, cities, and business firms, as does English.

Here are three differences:

Nouns and adjectives indicating nationality are written with small letters.

una ciudad mexicana *a Mexican city*
los españoles *the Spaniards*

Names of languages are written with small letters.

hablan francés *they speak French*

The days of the week and the names of the months are written with small letters.

martes, cinco de mayo *Tuesday, the fifth of May*

Classroom expressions

Repita.	*Repeat.*
Conteste.	*Answer.*
Otra vez, por favor.	*Again, please.*
En voz alta.	*Aloud.*
Cierren los libros.	*Close your books.*
Abran los libros.	*Open your books.*
¿Cómo se dice_____?	*How do you say_____?*
¿Cómo se escribe_____?	*How do you spell (write)_____?*
Gracias.	*Thank you.*
De nada.	*You're welcome.*

1
JOSÉ
LUIS
PABLO
MARIO
PROFESOR
2
MARIO
3
4
PEPE
CARLOS
5
6
ANA MARÍA
MUCHO GUSTO
ENCANTADA
ANA MARÍA
7
ELENA
MARTA
8
9
1 2 3
7 9
1 2
8 9

8►DIÁLOGO

¡Vamos a conocernos!

1   MARIO   Buenos días, profesor. ¿Cómo está usted?

    PROFESOR   Muy bien, joven. ¿Cómo se llama usted?

2   MARIO   Me llamo Mario.

    PROFESOR   Mucho gusto.

3   MARIO   Con permiso, señor.

    PROFESOR   ¡Cómo no! Pase usted. Hasta luego.
of course   go ahead   until later

8►

4   CARLOS   ¡Hola, Pepe! ¿Qué tal?

    PEPE   Bien, gracias, ¿y tú?   *fine thanks, and you*

5   CARLOS   Más o menos. Estoy cansado.   *so so   I'm tired*

6   PEPE   Carlos, te presento a Ana María.

    CARLOS   ¡Mucho gusto!   *much pleasure   masculine*

    ANA MARÍA   Encantada.   *feminine*

8►

7   ELENA   ¡Marta! ¿Cómo estás?   *how are you*

    MARTA   ¿Yo? Perfectamente. ¿Y por casa?   *and at home*

8   ELENA   Todos bien. ¿Dónde está Carlos?

    MARTA   Está en la clase.   *he's in class*

9   ELENA   Bueno. Hasta mañana. Saludos a la familia.
okay   until   regards

    MARTA   Sí, gracias. Adiós. Hasta mañana.
until

Let's get acquainted!

MARIO   Good morning, professor. How are you?

PROFESSOR   Very well, young man. What's your name? (How do you call your-self?)

MARIO   My name is Mario.

PROFESSOR   It's a pleasure. (Much pleasure.)

MARIO   Excuse me (With permission), sir.

PROFESSOR   Of course. Go ahead. See you later. (Until later.)

CARLOS   Hi, Pepe! How's it going?

PEPE   Fine, thanks. And you?

CARLOS   So-so. (More or less.) I'm tired.

PEPE   Carlos, this is Ana María. (I present you to Ana María.)

CARLOS   Oh, it's a pleasure!

ANA MARÍA   It's a pleasure. (Charmed.)

ELENA   Marta! How you are?

MARTA   Me? (I?) Just fine. (Perfectly.) And at home?

ELENA   Everybody's fine. Where's Carlos?

MARTA   He's in class.

ELENA   Okay. See you tomorrow. (Until tomorrow.) **Regards** to your fam-ily.

MARTA   Yes, thanks. Good-bye. See you tomorrow.

La pronunciación

Spanish a   Repeat after your instructor, paying particular attention to the vowel **a** in the stressed and unstressed positions.

Buenos días.	¿Cómo está usted?	Saludos a la familia.
Hasta mañana.	¿Y por casa?	Estoy cansado.

Spanish d   Repeat after your instructor, paying particular attention to the consonant **d** in initial position, between vowels, following **n, l, r,** or **s,** and in final position.

¿dónde?	cansado	buenas tardes
Donaldo	saludos	usted
días	adiós	

Hand motions. Some of the hand motions used by Latin Americans are similar in form and meaning to ones we use; others are quite different. Learn to recognize the following gestures.

1 *Exclamation.* With the ends of the third finger and the thumb touching lightly, flip the wrist rapidly, allowing the index finger to snap against the third finger. After enough practice, this feat begins to seem simple. It is not uncommon to see someone punctuate his own speech with this gesture.

2 **¡No!** The index finger of the right hand is moved from left to right, while the rest of the hand is held still.

3 **Adiós.** Hold your hand in front of you with the palm toward you and move the fingers back and forth. (This is the way North Americans might motion for a person to come toward them.)

4 **¡Excelente!** (*Excellent, great*). Touching the tips of your fingers and thumb together, kiss the tips and then move the hand upward and outward, with the fingertips no longer bunched together.

5 **Un momentito** (*Just a moment*). Hold the tips of the thumb and index finger about half an inch apart.

6 **Tacaño** (*Stingy*). Bend your left elbow and pat the point of it several times with your right hand.

7 **Dinero.** With the palm up, rub the tips of the thumb and fingers together.

8 **Ojo** (*Careful*). With the index finger pointing upward, touch the tip of it just below the center of the lower right eyelid.

9 *Hunger.* With the fingertips together and the palm toward you, raise the hand several inches from the mouth and move it back and forth.

10 **Espera** (*Wait*). Hold up the hand with the palm away from you and the fingers together and pointing upward.

11 **Piensa** (*Think*). Point your right index finger upward and touch the tip to the middle of your forehead.

Saludos. In Latin America it is always important to shake hands and to greet each individual when you meet a group. A nod of the head and a smile are not enough. If you take leave of a

Spanish-speakers stand close to one another when holding friendly conversations.

group and it is not possible to shake each person's hand, it is polite to say **con permiso. Con permiso** is also used when taking leave in a person's office or after a conversation with a person older than yourself or one to whom respect is due.

In small towns it is customary to greet everyone who comes your way. Ordinarily **Buenos días** is used from eight to twelve in the morning, **Buenas tardes** from noon to six in the afternoon, and **Buenas noches** after 6:00 P.M. Whenever a person greets you it is appropriate to respond with the same type of greeting.

El abrazo. Hispanic men who are close friends but haven't met for a long time often greet each other with an **abrazo**—a light hug, pats on each other's back, then a handshake. Families meet at Christmas and New Year to exchange **abrazos** and best wishes. On birthdays one receives **abrazos** from relatives and friends. Women who are close friends greet each other with a kiss on each cheek or simply touch cheeks.

Conversational distance. Spanish-speakers of both sexes tend to stand closer to one another when talking than is customary in English-speaking countries. This nearness may be disconcerting to a North American who does not understand the practice, particularly when meeting someone for the first time. Conversely, the English-speaker's tendency to keep a bit of distance may be misinterpreted by a Spanish-speaker as aloofness or unfriendliness.

ॐ

Forms of the subject pronouns

	SINGULAR		PLURAL	
yo	*I*	nosotros, nosotras	*we*
tú	*you*	~~vosotros, vosotras~~	*you*
él, ella	*he, she*	ellos, ellas	*they*
usted	*you*	ustedes	*you*

Gender of pronouns

The pronouns **yo, tú, usted,** and **ustedes** refer to persons of either gender, male or female. The other subject pronouns are more specific—the speaker must choose one form or another, depending on whether the persons referred to are masculine or feminine, or a collection of both genders. **Él** and the pronouns with an **o** (**nosotros, vosotros, ellos**) are masculine; the pronouns with an **a** (**ella, nosotras, vosotras, ellas**) are feminine. When referring to a mixed group (masculine and feminine), use the masculine pronouns.

Tú versus usted

You-singular has two equivalents in Spanish, **tú** and **usted. Tú** is the *you*-form used in familiar situations, as when speaking to one's family, close friends, or children. **Usted,** often abbreviated in writing as **Ud.,** is used in more formal situations, as when speaking to a person one does not know well, or to someone older.

You-plural has a single equivalent in Spanish America, but two in Spain. (In writing, **ustedes** is often abbreviated **Uds.**)

	you-SINGULAR	*you*-PLURAL	
	Everywhere	*Spanish America*	*Spain*
Familiar	**tú**	**ustedes**	**vosotros, vosotras**
Formal	**usted**	**ustedes**	**ustedes**

Students should use **usted** to address their teacher and **tú** when speaking to each other. Under normal circumstances, the teacher will also use **usted** in addressing students.

Responda de acuerdo con la persona indicada.[1]

A

PROFESOR	ESTUDIANTE
¿Usted?	Sí, yo.
¿Yo?	Sí, usted.
¿Él?	Sí, él.
¿Carlos?	Sí, él.
¿Ella?	Sí, ella.
¿María?	Sí, ella.
¿Nosotros?	Sí, ustedes.
¿Ellos?	Sí, ellos.
¿Ellas?	Sí, ellas.
¿Ustedes?	Sí, nosotros.
¿Ustedes y ella?	Sí, nosotros.

B

ESTUDIANTE 1	ESTUDIANTE 2
¿Tú?	Sí, yo.
¿Yo?	Sí, tú.
¿Carlos?	Sí, él.
¿Nosotras?	Sí, ustedes.
¿Ana María?	Sí, ella.
¿Nosotros?	Sí, ustedes.
¿Ellos?	Sí, ellos.
¿Ustedes?	Sí, nosotros.
¿Él?	Sí, él.
¿Ella?	Sí, ella.

[1] *Answer according to the person indicated.*

A

PROFESOR	Por favor, ¿cómo se llama usted?	P	*Please, what is your name?*
ESTUDIANTE	Me llamo Alicia (Paco).	S	*My name is Alicia (Paco).*
PROFESOR	Clase, ¿cómo se llama ella (él)?	P	*Class, what's her (his) name?*
CLASE	Se llama Alicia (Paco).	C	*Her (His) name is Alicia (Paco).*

Following this pattern, the instructor may ask the name of each person in class and then ask the class to confirm in unison.

B

PROFESOR	Pregúntele cómo se llama él (ella).	P	*Ask him (her) what is his (her) name.*
ESTUDIANTE 1	¿Cómo te llamas?		
ESTUDIANTE 2	Me llamo Alfredo (Isabel).		
PROFESOR	Clase, ¿cómo se llama él (ella)?		
CLASE	Se llama Alfredo (Isabel).		

C Using their real names or the Spanish names they have chosen, each member of the class will introduce someone and be introduced to someone. Note that the second student, if a girl, says **encantada,** and if a boy says **mucho gusto**.

ESTUDIANTE 1	Ana, te presento a Juan.
ESTUDIANTE 2	
(feminina)	Encantada.
(masculino)	Mucho gusto.

D Students may use this pattern with those sitting near them.

ESTUDIANTE 1	¿Cómo te llamas?
ESTUDIANTE 2	Me llamo Concha.
ESTUDIANTE 1	(f.) Encantada.
	(m.) Mucho gusto.

E Having been introduced, boys may say **para servirte, a la orden** (said especially in Mexico), or, more casually, they may simply give their first and last name as in the following model.

ESTUDIANTE	María, te presento a Esteban.
MARÍA	Encantada.
ESTEBAN	Esteban Jones para servirte.
	Esteban Jones a la orden.
	Esteban Jones.

---

[1] *Answer according to the model.*

Formal greetings

It is appropriate to respond to the following greetings by merely repeating the same greeting. Note that **adiós** is used not only in taking leave but sometimes also as a greeting (equivalent to English *hello*) when passing a friend on the street or in the hall. **Buenas noches** is used as a greeting (*good evening*) and also in taking leave at night (*good night*).

Responda a los saludos empleando las acciones apropiadas.[1]

A Buenos días, señor.　　　　　　Good morning, Sir.
　　　　　　　señora.　　　　　　　　　　Ma'am.
　　　　　　　señorita.　　　　　　　　　Miss.
　　　　　　　joven.　　　　　　　　　　　young man.

B Buenas tardes, profesor.　　　　Good afternoon, professor (male).
　　　　　　　　profesora.　　　　　　　　　　　　　　(female).
　　　　　　　　doctor.　　　　　　　　　　　　　　　(male).
　　　　　　　　doctora.　　　　　　　　　　　　　　(female).

C Buenas noches, maestro.　　　　Good evening, teacher (male).
　　　　　　　　maestra.　　　　　　　　　　　　　(female).

D Adiós.
　　Hasta mañana.

One of the most common forms of greeting a person you know is merely to say *How are you?* Appropriate answers are provided.

Responda.　¿Cómo está usted?　　Perfectamente.
　　　　　　　　　　　　　　　　　Muy bien, gracias.
　　　　　　　　　　　　　　　　　No muy bien.
　　　　　　　　　　　　　　　　　Cansado (speaker is masculine).
　　　　　　　　　　　　　　　　　Cansada (speaker is feminine).

Informal greetings

These greetings are less formal and are used with close friends.

Responda.　**A** ¡Hola!　　　　　*Hi!*
　　　　　　　　¿Qué tal?　　　　*How's it going?*
　　　　　　　　Saludos.　　　　　*Greetings.*
　　　　　　　　Buenas.　　　　　(A casual abbreviation of **buenas tardes, buenas noches,** or **buenos días.**)

[1] *Respond to the greetings using the appropriate actions.*

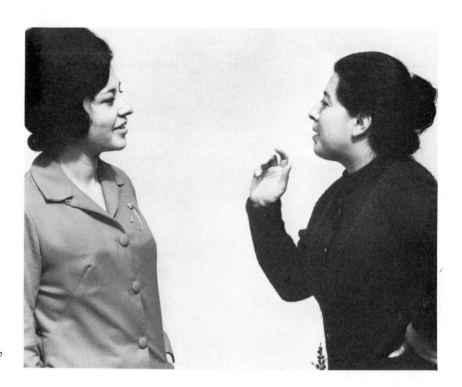

¡Hola! ¿Cómo estás?

B ¿Cómo estás? (¿Qué tal?)
Bien.   *Fine.*
Mal.   *Bad (Not so well).*
Así así.   *Fair (So-so).*
Más o menos.   *Fair (Fair to middling).*

Responda.

1	Buenas noches, joven.	**7**	¿Cómo estás?
2	Buenos días, señorita.	**8**	¡Hola!
3	Adiós.	**9**	¿Cómo está usted?
4	Hasta luego.	**10**	Hasta mañana.
5	Buenas tardes.	**11**	Buenos días.
6	¿Qué tal?	**12**	Con permiso.

Estar *to be*
Present tense

SINGULAR				PLURAL		
1st person	(yo)	estoy	*I am*	(nosotros)	estamos	*we are*
2nd person	(tú)	estás	*you are*	(vosotros)	estáis	*you are*
3rd person	(él)		*he*	(ellos)		*they*
	(ella)	está	*she* is	(ellas)	están	*they* are
	(usted)		*you are*	(ustedes)		*you*

22 ᷇ Lección 1

Responda según el modelo.

Estoy muy bien, ¿y usted?
Estoy muy bien, gracias.
1 ¿Y él?
2 ¿Y ustedes?
3 ¿Y ellos?
4 ¿Y tú y Juan?
5 ¿Cómo está?
6 ¿Cómo están ustedes?
7 ¿Cómo está Pepe?
8 ¿Cómo están Ana María y Elena?

Use of subject pronouns

Subject pronouns, such as **yo, él,** and **nosotros,** are not normally expressed with a verb as in English since the verb ending indicates the person.

Estoy cansada.	*I am tired.*
¿Cómo está Carlos? Está bien.	*How is Carlos? He is fine.*

Use subject pronouns:

- to clarify when otherwise it would not be clear who or what is the subject. (Such doubts are most likely to arise with third person verb forms. For example, the form **está** could mean *he is, she is, it is, you are.* The form **están** could mean *you are, they are.*)
- to give emphasis, or to suggest a contrast.

Estamos bien.	*We are well.*
Nosotros estamos bien.	<u>*We*</u> *are well.*

Usted and **ustedes** may be used, especially in questions, to emphasize courtesy.

¿Cómo está usted?

Tú is generally not used in questions since the verb **estás** can only have **tú** as a subject.

¿Cómo estás?

Vocabulario suplemental

LUGARES Y EDIFICIOS PÚBLICOS

Supplementary vocabulary

Public places and buildings

el **restaurante**   *the restaurant*

el **banco**   *the bank*

el **supermercado**   *the supermarket*

la **oficina**   *the office*

la **facultad**
the college

el **parque**   *the park*

PROFESOR	¿Dónde está la profesora? (la facultad)
ESTUDIANTE	**La profesora está en la facultad.**

Responda según el modelo.

Carlos—el supermercado   Pepe—el restaurante
Mario—la clase   Marta—el parque
El profesor—la oficina   Ana María—el banco
Elena—la casa   Carlos—la facultad

Definite articles and nouns

English has just one definite article, *the*. Spanish has four forms, **el, los, la,** and **las.** The form to use depends on the gender (masculine or feminine) and number (singular or plural) of the noun it accompanies.

All Spanish nouns (including the names of things and ideas, not just living beings) are classified as either masculine or feminine. Nouns ending in **-o** are usually masculine gender; nouns ending in **-a** are usually feminine. (Exceptions include **el día** *the day* and **el idioma** *the language,* both ending in **-a** but both masculine; and **la mano** *the hand,* ending in **-o** but feminine.) Learn the definite article that goes with each new noun you meet, as a reminder of the noun's gender.

Almost any noun can be either singular or plural. A noun is usually made plural by adding **-s** (if it ends in a vowel) or **-es** (if it ends in a consonant). Nouns ending in **-z** change **-z** to **-c** and add **es: el lápiz, los lápices.**

When a noun names a set of people that includes both sexes, use the masculine plural form of the article and noun: **los chicos** *the boys and girls.*

Masculine forms

SINGULAR:

el	**muchacho**	*the boy*
	chico	*the boy*
	profesor	*the professor* (male)

PLURAL:

los	**muchachos**	*the boys, the boys and girls*
	chicos	*the boys, the boys and girls*
	profesores	*the professors* (male or both genders)

La ciudad de Guatemala.

Feminine forms

SINGULAR:

la ⎰ muchacha   *the girl*
    ⎱ chica   *the girl*
       profesora   *the professor* (female)

PLURAL:

las ⎰ muchachas   *the girls*
    ⎱ chicas   *the girls*
       profesoras   *the professors* (female)

ஃ
Cambie al plural.[1]

| PROFESOR | El chico. |
| ESTUDIANTE | Los chicos. |

la oficina   la casa   el día
el parque   la familia   el estudiante; la estudiante
la clase   el joven   la joven
la muchacha   el profesor   la doctora
el muchacho   el doctor   la profesora

ஃ
Repita y substituya.[2]

A El **profesor** está aquí.
    chica, muchacho, chico, señora, estudiante, muchacha

B Los **estudiantes** están en la clase.
    muchachas, profesores, chicos, profesoras, muchachos

[1] *Change to the plural.*
[2] *Repeat and substitute (making changes as required).*

en - in, into, on, at, by

Forming negative sentences

AFIRMATIVO	Estoy cansado.	*I'm tired.*
NEGATIVO	No estoy cansado.	*I'm not tired.*
AFIRMATIVO	Ella está en la clase.	*She's in class.*
NEGATIVO	Ella no está en la clase.	*She's not in class.*
AFIRMATIVO	Me llamo Carlos.	*My name is Carlos.*
NEGATIVO	No me llamo Carlos.	*My name is not Carlos.*

Notice that the first two negative sentences have the word **no** immediately before the verb. When an object pronoun is added before the verb (third sentence), **no** precedes the pronoun as well as the verb.

Cambie las frases al negativo.[1]

1 Carlos está aquí.   *Carlos no está aquí*
2 El profesor se llama Jones.
3 Pepe está cansado.   *Pepe no está cansado*
4 Estoy muy bien.   *no estoy muy bien*

Responda en el negativo.[2]

1 ¿Está aquí Juan?   **No, no está aquí.**
2 ¿Te llamas Felipe?   *no me llamo*
3 ¿Están bien ellos?
4 ¿Están bien ustedes?   *no estamos bien*
5 ¿Está en la clase Fidel?   *No*

Responda en el negativo o el afirmativo.[3]

1 ¿Está en la clase el profesor?
2 ¿Está en casa Elena?
3 ¿Está bien Mario?   *Sí, Mario está bien*
4 ¿Está cansado el profesor?
5 Mario está en el supermercado, ¿no?   *No, Mario está en el su*
6 ¿Está en la facultad el profesor?

[1] *Change the sentences to the negative.*
[2] *Respond in the negative.*
[3] *Respond in the negative or affirmative.*

ౚ✥

Forming questions

Questions are formed in Spanish by:

1 Using a question word such as **¿dónde?** or **¿cómo?** and lowering voice pitch, while placing the subject after the verb.

¿Dónde está Carlos?   ¿Cómo está usted?

The question word always requires the voice pitch to be at its highest level. This level always falls at the end of the question.

2 Placing the subject after the verb or verb phrase, and raising the voice pitch.

¿Está aquí Gloria?   ¿Está en la clase Gloria?

3 Using the same word order as for a statement, that is, subject–verb, and raising the voice pitch at the end of the sentence.

¿Gloria está aquí?

RECAPITULACIÓN
DEL DIÁLOGO[1]

1 ¿Cómo se llama el joven?
2 ¿Está en casa?
3 ¿Dónde está?
4 ¿Está cansado?

1 ¿Está en el parque el profesor?
2 ¿Dónde está?
3 ¿Cómo está el profesor?
4 ¿Se llama Jones?

[1] *Recapitulation of the dialog.*

1 ¿Qué dice Pepe? *(What does Pepe say?)*	1 Ask a question.
2 ¿Qué dice Ana María?	2 Answer the question.
3 ¿Qué dice Carlos?	3 Make a positive statement.
4 ¿Qué dice usted?	4 Make a negative statement.

BREVES CONVERSACIONES[1]

PROFESOR Roberto, pregúntele a Juan cómo está. *ask John how he is*
ROBERTO Juan, ¿cómo estás? *John how are you*
JUAN Estoy bien, gracias. *I am fine thanks*

PROFESOR Roberto, ¿qué dice Juan? *What does Juan say?*
ROBERTO Juan dice que está bien. *John says he's fine*

PROFESOR Clase, ¿qué dice Juan? *class what does John say*
CLASE Juan dice que está bien. *John says he's fine*

Pregúntele a _____

what is your name

cómo se llama.
cómo se llama el profesor.
si está bien.
si Ricardo está aquí.
si el profesor está aquí.

si se llama Roberto.
si la familia está bien.
dónde están los estudiantes.
dónde está Pepe.

PREGUNTAS PERSONALES[2]

1 ¿Cómo está usted? *How are you*
2 ¿Cómo se llama usted? *what is your name*
3 ¿Cómo se llama el profesor? *What is your name professor*
4 ¿Está aquí el profesor? *here professor*
5 ¿Se llama usted Carlos o María? *Is your name Carlos o María*
6 ¿Están aquí los estudiantes? *are the students here*
7 ¿Cómo está la familia? *how is the family*
8 ¿Está aquí Roberto? *Is Roberto here*
9 ¿Está aquí Gloria? *Is Gloria here*
10 ¿Cómo está el profesor? *How are you professor*

[1] *Brief conversations.*
[2] *Personal questions.*

11 ¿Dónde está el profesor?
12 ¿Dónde están Ana y Luisa?
13 ¿Dónde están los estudiantes?
14 Él se llama Ricardo. ¿Y usted?
15 Ella se llama Juana. ¿Y tú?

TAREAS ORALES[1] A It is 10:00 A.M. You meet a friend your own age, a fellow classmate.
    1 Give an appropriate greeting. *buenos días o hola amigo*
    2 Find out how he or she is. *como esta usted*
    3 Say "Good-bye, see you later." *adios. hasta luego*

B It is 2:00 P.M. You meet Señora Sánchez, a well-known bank manager and a friend of your parents.
    1 Give an appropriate greeting. *buenas tardes Senora Sanchez*
    2 Find out about her family. *como se la familia*
    3 Tell her good-bye. *adios*

C It is 8:00 P.M. You meet a close friend your own age whom you have not seen for some time. Women students may assume they are meeting a woman and men may assume they are meeting a man.
    1 Give an appropriate greeting.
    2 Give an **abrazo** or touch cheeks.
    3 Say "Good-bye, see you tomorrow."

PROVERBIOS[2]   El ejercicio hace maestro.   *Practice makes perfect.*
                La letra con sangre entra.   *Learning comes the hard way.*
                El que busca, encuentra.   *Seek and ye shall find.*

[1] *Oral tasks.*   [2] *Proverbs.*

Vocabulario

a	*to*	**ella**	*she*
el **abrazo**	*embrace, hug*	**ellos, ellas**	*they, them*
adiós	*good-bye*	**en**	*in, on*
aquí	*here*	**encantado**	*enchanted, charmed, delighted*
bien	*well*	la **facultad**	*college (as in a college of medicine)*
bueno	*good*		
cansado	*tired*		
la **casa**	*house*	la **familia**	*family*
¿cómo?	*what, how?*	**gracias**	*thanks*
chico:		**hasta**	*until*
el chico	*boy*	**hola**	*hello, hi*
la chica	*girl*	**joven:**	
el **día**	*day*	el joven	*young man*
¿dónde?	*where*	la joven	*young woman*
el	*the* (m.)	**la**	*the* (f.)
él	*he*	**las**	*the* (f. plural)

el **lápiz**	pencil	**perfectamente**	perfectly, fine
le	you, him, her	el **saludo**	greeting
los	the (m. plural)	**señor**	Mr.
luego	later	el señor	gentleman
el **lugar**	place	**señora**	Mrs.
maestro:		la señora	lady
el maestro,		**señorita**	Miss
la maestra	teacher	la señorita	(unmarried) lady
mal	bad	**sí**	yes
mañana	tomorrow	**si**	if
más	more	el **supermercado**	supermarket
menos	less	**te**	you (familiar)
muchacho:		**todo, todos**	all, every
el muchacho	boy	**tú**	you (familiar)
la muchacha	girl	**usted,** pl. **ustedes**	you
muy	very	(abbr. **Ud., Uds.**)	
la **noche**	night	**vosotros, vosotras**	you (plural familiar)
nosotros, nosotras	we	**y**	and
		yo	I

Cognates

el **banco**	bank	el **parque**	park
la **clase**	class	la **persona**	person
la **conversación**	conversation	**plural**	plural
doctor:		**profesor:**	
el doctor, la doctora	doctor	el profesor,	
el **edificio**	building, edifice	la profesora	professor
estudiante:		el **público**	public
el, la estudiante	student	el **restaurante**	restaurant
la **familia**	family	la **universidad**	university
la **oficina**	office		

Verbs

decir (digo)	to say, to tell	**pasar**	to pass, to happen
estar (estoy)	to be	**preguntar**	to ask
llamarse	to call oneself	**presentar**	to present, to introduce

Idiomatic expressions

a la orden	at your service	**mucho gusto**	it's a pleasure
así así	so-so	**para servirte**	at your service
buenas tardes	good afternoon	**por favor**	please
cómo no	of course	**¿qué tal?**	how's it going?
con permiso	excuse me, with your permission	**vamos a conocernos**	let's get acquainted
más o menos	more or less, so-so, pretty good	**¿y por casa?**	and things at home?

LECCIÓN
2

❧ DIÁLOGO

¿Quién eres?

Antonio conoce a Ana María.

1	ANTONIO	¡Hola! Soy Antonio Ambato, ¿y tú?
	ANA MARÍA	Me llamo Ana María.
2	ANTONIO	Mucho gusto. No eres norteamericana, ¿verdad?
	ANA MARÍA	No, soy de Chile.
3	ANTONIO	Ah, chilena, ¿eh? ¿Qué estudias? ¿Materias difíciles?
	ANA MARÍA	Inglés y medicina.
4	ANTONIO	¿Tú estudias medicina? ¡Ay, doctora! Te felicito.
	ANA MARÍA	Gracias. Eres muy amable.
5	ANTONIO	Igualmente.

❧

Isabel y Joaquín se encuentran.

6	JOAQUÍN	¡Hola, Isabel! Tú aprendes francés, ¿verdad?
	ISABEL	Sí, hablo un poco. Papá es francés.
7	JOAQUÍN	Entonces hablas dos idiomas.
	ISABEL	Sí, pero no comprendo a papá, ni en español ni en francés.
8	JOAQUÍN	¡Ay, los padres! Son difíciles, ¿eh?
	ISABEL	Bueno, ahora vivo aquí en la universidad.
9	JOAQUÍN	Menos mal. ¿Qué tal las compañeras de cuarto?
	ISABEL	Son muchachas simpáticas. Pero, ¿quién comprende a las compañeras de cuarto?
10	JOAQUÍN	Paciencia. ¡Así es la vida!

33

PREGUNTAS
SOBRE EL DIÁLOGO
on the dialog

1 Ana María no es norteamericana, ¿verdad? *... no, chile*
2 ¿De dónde es Ana María? *Chile*
3 ¿Es chilena ella? *sí*

4 ¿Estudia materias difíciles Ana María? *sí*
5 ¿Qué estudia ella? *Engles y medicen*
6 ¿Es doctora Ana María?

7 ¿Qué aprende Isabel?
8 Habla francés un poco, ¿no?
9 ¿Comprende francés Isabel?

10 ¿Son difíciles los padres?
11 ¿Dónde vive Isabel ahora?
12 ¿Comprende Isabel a las compañeras de cuarto?

Who are you?

Antonio meets Ana María.

ANTONIO Hi! I'm Antonio Ambato, and you?

ANA MARÍA My name is Ana María.

ANTONIO It's a pleasure. You're not North American, are you?

ANA MARÍA No. I'm from Chile.

ANTONIO Oh, Chilean, huh? What are you studying? Difficult subjects?

ANA MARÍA English and medicine.

ANTONIO You're studying medicine? Wow, doctor! I congratulate you.

ANA MARÍA Thanks. You're very kind.

ANTONIO So are you.

Isabel and Joaquín meet (happen to meet).

JOAQUÍN Hi, Isabel! You're learning French, right?

ISABEL Yes, I speak a little. Dad is French.

JOAQUÍN Then you speak two languages.

ISABEL Yes, but I don't understand Dad, neither in Spanish nor in French.

JOAQUÍN Oh, parents! They're difficult, huh?

ISABEL Well, now I live here at the university.

JOAQUÍN That's good. How are your roommates?

ISABEL They are nice girls. But who understands roommates?

JOAQUÍN Patience. That's life!

La pronunciación

Spanish d Pay particular attention to the pronunciation of the consonant **d** between vowels (intervocalic), after **l** or **n,** and in initial and final position.

INITIAL	AFTER l	AFTER n	INTERVOCALIC	FINAL
¿Dónde?	caldo	comprendo	la medicina	verdad
después	heraldo	¿Dónde?	estudias	facultad
distante	píldora	¿Cuándo?	soy de Chile	usted

Spanish h and ch The **h** is silent, and the **ch** is similar to English *ch*.

hola	Chile
hablar	chilena
hasta	Chiapas

Spanish e Make the **e** tense and short. Avoid the glide typical of English.

vive	de	inglés
chilena	francés	está
¿Dónde?	luego	café

Spanish i Avoid the glide *ee* and the *ih* sound typical of English.

i STRESSED	**i** UNSTRESSED
sí	idioma
aquí	igualmente
Chile	chilena
maní	interesante

❧ NOTAS CULTURALES

La vida social. The social life of a college student in a Spanish-speaking country does not usually revolve around basketball, football, or other sports events. Nor does it include a series of campus dances and socials planned and sponsored by the student body or fraternities or sororities. Private parties at someone's home play a much more important role in the college social calendar.

Especially in Latin America, sidewalk cafes are very popular meeting places for students. Many also frequent **discotecas** in the evenings. While dating procedures are becoming more modern-

La plaza central, Toledo, España.

ized and a couple no longer needs to be accompanied by an older person (the traditional chaperone), a visit to a woman's home to meet her parents is still regarded as a highly significant step, not to be undertaken unless the couple feels seriously drawn toward each other.

Hispanic people are said to live in the **plaza,** or town square. This is an exaggeration, but they do tend to use the **plazas** much more than we do in the United States. Boys can usually be found there playing soccer with any kind of a ball, from real leather or rubber to a wadded-up piece of paper. Older people sit on benches watching the younger generation and enjoying a leisurely conversation.

Las tapas. In Spain, the **tapas** bar is extremely popular as a meeting place for old and young alike. **Tapas** are tidbits of cheese or seafood on toothpicks, placed on large trays and served with one's favorite wine. Some typical **tapas** are **gambas al ajillo** (small shrimp fried in olive oil and flavored with garlic), **calamares** (squid sliced thin, breaded, and fried), and the famous **tortilla española,** which consists of potatoes in an omelet tantalizingly flavored with garlic and fried in olive oil. The **tapas** bar is no place for a quiet, intimate conversation, however; large groups are usually laughing and telling jokes or singing to the music of roving guitarists or accordionists.

Spanish verbs—some terminology

The infinitive   Verbs are listed in the dictionary in the infinitive form: **hablar** *to speak,* **aprender** *to learn,* **vivir** *to live.* Infinitives always have a stem (**habl-, aprend-, viv-**) plus the ending **-ar, -er,** or **-ir.**

Conjugations   Verbs are classified in the first, second, or third conjugation, according to the infinitive ending:

-ar verbs, first conjugation: **hablar**
-er verbs, second conjugation: **aprender**
-ir verbs, third conjugation: **vivir**

Conjugated forms   In addition to a single infinitive form, each verb has many conjugated (inflected) forms. This is because the verb changes its endings, and sometimes modifies its stem, to indicate the person and number of its subject (**yo, tú, ella,** etc.), its tense (present, future, past), and its mood (indicative, subjunctive, imperative). In English, *am* and *were* are conjugated forms of *to be.* In Spanish, **hablo** *I speak* is a conjugated form of **hablar** *to speak.*[1]

Regular versus irregular verbs   Each of the three conjugations has a standard pattern of endings for all the tenses (present, future, etc.). A regular verb has all the standard endings of its conjugation and no modifications of its stem. An irregular verb has one or more forms that do not follow the pattern for its conjugation.

ह

The present tense of regular verbs and of **ser**

To form the present tense of regular verbs, drop the infinitive ending and add the present tense endings to the stem.

hablar		aprender		vivir	
habl-o	habl-amos	aprend-o	aprend-emos	viv-o	viv-imos
habl-as	habl-áis	aprend-es	aprend-éis	viv-es	viv-ís
habl-a	habl-an	aprend-e	aprend-en	viv-e	viv-en

[1] Specifically, **hablo** is the first person singular, present tense, indicative mood form of the first conjugation verb **hablar.**

Spanish present tense forms have several different equivalents in English.

hablo—*I speak, I do speak, I am speaking*
aprendo—*I learn, I do learn, I am learning*
vivo—*I live, I do live, I am living*

Hablar *to speak*		
Present tense	hablo	hablamos
	hablas	ha~~bláis~~
	habla	hablan

ॐ

Conteste según el modelo.

I speak inglés at home (handwritten)

A Yo hablo inglés en casa. ¿Y usted también?
Sí, hablo inglés también.

¿Y nosotros? ¿Y ustedes? ¿Y tú? ¿Y ellos?

Yo know speak french (handwritten)

B Yo no hablo francés. ¿Y usted?
No, no hablo francés.

¿Y ellos? ¿Y Ana María? ¿Y Antonio y Juan? ¿Y nosotros? ¿Y ustedes?

no   no hablan   no hablamos   no hablan (handwritten)

La Universidad de Puerto Rico, Río Piedras.

Conteste.
1 ¿Habla usted español?
2 ¿Hablan ustedes español?
3 ¿Habla español Ana María?
4 ¿Hablan francés Juan y Antonio?
5 ¿Qué idioma habla usted en casa?
6 ¿Qué idioma hablamos en la clase?

Estudiar *to study*
Present tense

estudio	estudiamos
estudias	~~estudiáis~~
estudia	estudian

Conteste según el modelo.
A Ana María estudia medicina. ¿Y usted?
No, no estudio medicina.

¿Y nosotros? ¿Y yo? ¿Y él? ¿Y ellos? ¿Y tú? ¿Y ustedes?

B Antonio no estudia inglés. ¿Y usted?
No, no estudio inglés.

¿Y yo? ¿Y tú? ¿Y ella? ¿Y nosotros? ¿Y ellas?

Conteste.
1 ¿Estudia usted español?
2 ¿Qué estudia Ana María?
3 ¿Estudian ustedes materias difíciles?
4 ¿Dónde estudia usted?
5 ¿Estudiamos español en la clase?
6 ¿Estudia él en casa?

Aprender *to learn*
Present tense

aprendo	aprendemos
aprendes	~~aprendéis~~
aprende	aprenden

Conteste según el modelo.
A Antonio aprende mucho. ¿Y usted?
Sí, aprendo mucho.

¿Y ellos? ¿Y nosotros? ¿Y yo? ¿Y tú? ¿Y él?

B Ana María no aprende mucho. ¿Y usted?
No, no aprendo mucho.

¿Y yo? ¿Y tú? ¿Y ustedes? ¿Y él?

Conteste.

1	¿Aprende usted mucho?	4	¿Aprendemos mucho?
2	¿Aprenden mucho ellos?	5	¿Tú aprendes mucho?
3	¿Aprende mucho Antonio?	6	¿Aprende mucho ella?

Comprender (to understand) is a regular verb and is conjugated like **aprender.**

Students at the University of Guanajuato, Mexico.

Vivir *to live*	vivo	vivimos
Present tense	vives	~~vivís~~
	vive	viven

🙋

Conteste según el modelo.

Vivimos en los Estados Unidos. ¿Y usted también?
Sí, vivo en los Estados Unidos.

¿Y Ana María? ¿Y ellos? ¿Y yo? ¿Y tú? ¿Y él?

🙋

Conteste.

1 ¿Vive usted en los Estados Unidos?
2 ¿Viven ustedes en México?
3 ¿Dónde vive Ana María?
4 ¿Vive usted en el Paraguay?
5 ¿Dónde vives?

40 🙋 **Lección 2**

Ser *to be* **(irregular)**
Present tense

Ser, an **-er** verb, is very irregular in the present tense. (Compare with the verb endings for the regular **-er** verb **aprender,** above.) Its stem is drastically modified.

soy	*I am*	somos	*we are*
~~eres~~	*you are*	~~sois~~	~~*you are*~~
es	*he, she, it is*	son	*they are*
	you are		*you are*

Conteste según el modelo.

A Nosotros somos norteamericanos. ¿Y usted?
Sí, soy norteamericano (norteamericana).

¿Y él? ¿Y ella? ¿Y ustedes? ¿Y tú? *es   son   somos   eres*

B Ana María es estudiante. ¿Y usted?
Sí, soy estudiante.

¿Y él? ¿Y ella? ¿Y ustedes? ¿Y ellas? ¿Y tú? *es   es   somos   son   eres*

Conteste.

1 ¿Es usted norteamericano? ¿Es usted norteamericana?
2 ¿Es chilena Ana María?
3 ¿Es norteamericana ella?
4 ¿Es estudiante Antonio?
5 ¿Eres estudiante?

Vocabulario suplemental

simpático, -a	*likeable*
norteamericano, -a	*North American*
venezolano, -a	*Venezuelan*
pobre	*poor*
feo, a-	*ugly*
antipático, -a	*unlikable*
tonto, -a	*dumb, stupid*
rico, -a	*rich*
guapo	*handsome*
inteligente	*intelligent*
secretario, -a	*secretary*
rubio, -a	*blond, blonde*
gordo, -a	*fat*
bonito, -a	*pretty*
moreno, -a	*dark, brunette*
flaco, -a	*skinny*
bajo, -a	*short*

🦢 LECTURA

Dos hispanos[1]

¿Quién es la chica? *who*

(Who is the girl?)

¿De dónde es? *of where*

Soy Maricarmen Castellón.
Soy de España.

No soy norteamericana.	Soy española.
No soy secretaria.	Soy estudiante. *student*
No soy rubia. *blond*	Soy morena.
No soy fea. *ugly*	Soy bonita. *pretty*
No soy gorda. *fat*	Soy flaca. *skinny*
No soy alta. *tall*	Soy baja. *short*

La chica llama Maricarmen Castellon

🦢 Conteste.

1 ¿Quién es la chica? *who*
2 ¿Es norteamericana?
3 ¿De dónde es?
4 ¿Es estudiante o secretaria?
5 ¿Es fea?

6 Es morena, ¿no? *sí es moreno*
7 ¿Es baja? *es baja*
8 ¿No es flaca? *sí es flaca*
9 ¿Es simpática? *sí es simpática*
10 ¿Es inteligente?

no, norteamericana
es España
La chica es estudiante
no, is bonita

¿Cómo es el joven?

(What is the young man like?)

¿Es simpático?

Soy Rafael Castillo.
Soy de Venezuela.

No soy de los Estados Unidos. *I'm not from U.S*	Soy de Venezuela. *I'm from Ven*
No soy norteamericano.	Soy venezolano.
No soy pobre. *poor*	Soy rico. *rich*
No soy feo. *ugly*	Soy guapo. *handsome*
No soy antipático. *unlikeable*	Soy simpático. *likeable*
No soy tonto. *dumb*	Soy inteligente. *smart*

🦢 Conteste.

1 ¿Quién es el joven? *who* — *el joven es Rafael Castillo*
2 ¿De dónde es Rafael? *from* — *Rafael es de Venezuela*
3 ¿Qué es Rafael, norteamericano o venezolano? *what is Rafael* — *Rafael es venezolano*
4 ¿Cómo es Rafael? ¿Es antipático o simpático? *how is* — *Es simpático*

[1] *Two Spanish-speakers.*

5 ¿Es flaco o gordo?
6 ¿Es feo?
7 ¿Es muy alto?
8 ¿Es rubio o moreno?
9 No es tonto, ¿verdad?
10 ¿Es rico o pobre?

Responda a las preguntas según la información del texto.[1]

1 Maricarmen, ¿es flaca o gorda? ¿Y Rafael?
2 Rafael, ¿es rico o pobre? ¿Y usted?
3 Maricarmen, ¿es española o venezolana? ¿Y Rafael?
4 Rafael, ¿es estudiante o profesor? ¿Y usted?
5 Maricarmen, ¿es baja o alta? ¿Y Rafael?
6 Rafael, ¿es guapo o feo? ¿Y Maricarmen?
7 Maricarmen, ¿es rubia o morena? ¿Y usted?
8 Rafael, ¿es inteligente o tonto? ¿Y Maricarmen?
9 Maricarmen, ¿es norteamericana o española? ¿Y usted?
10 Rafael, ¿es de los Estados Unidos o Venezuela? ¿Y usted?

Adjectives

Forms of adjectives

Adjectives ending in **-o** have four forms. Adjectives not ending in **-o** have two forms, a singular and a plural. The plural of adjectives is formed in the same manner as the plural of nouns.

SINGULAR		PLURAL	
Masculine	*Feminine*	*Masculine*	*Feminine*
alto	alta	altos	altas
chileno	chilena	chilenos	chilenas
inteligente	inteligente	inteligentes	inteligentes
joven	joven	jóvenes	jóvenes
difícil	difícil	difíciles	difíciles

Adjectives of nationality

Notice the forms for the feminine singular and the plural of some of the adjectives of nationality which do not end in **-o.**

SINGULAR		PLURAL	
Masculine	*Feminine*	*Masculine*	*Feminine*
alemán	alemana	alemanes	alemanas
español	española	españoles	españolas
francés	francesa	franceses	francesas
inglés	inglesa	ingleses	inglesas

[1] *Answer according to the information in the text.*

Adjectives of nationality which end in a consonant add **-a** for the feminine form. Those ending in **-es** in the masculine have no accent on the other forms.

Agreement of adjectives When an adjective is used to modify a noun, it agrees in gender and number with that noun.

	SINGULAR	PLURAL
Masculine:	el chico simpático	los chicos simpáticos
Feminine:	la chica simpática	las chicas simpáticas

Position of adjectives Descriptive adjectives generally follow the noun in Spanish if they are used to distinguish a noun from another of the same group.

Es un joven rico.
Es una chica alta.
Son muchachos simpáticos.
Son estudiantes inteligentes.

Limiting adjectives expressing numerals, quantity, and amount are placed before the noun.

mucho gusto   pocos amigos
dos compañeros   tres señores

La Universidad de Madrid.

Agreement of predicate adjectives and nouns

After the verb **ser**, the predicate adjective or noun agrees with the subject in number and gender.

SINGULAR	PLURAL
Masculine: Él es norteamericano.	Ellos son norteamericanos.
Feminine: Ella es norteamericana.	Ellas son norteamericanas.

ॐ

Conteste según el modelo.

A ¿Es rico Rafael?
Sí, es un joven rico.

¿Es alta Maricarmen?
Sí, es una chica alta.

1 ¿Es simpático Rafael?   *si es un joven simpático*
2 ¿Es morena Maricarmen?   *sí, es una chica morena*
3 ¿Es inteligente Rafael?   *si es un joven inteligente*
4 ¿Es española Maricarmen?   *sí es una chica española*

B ¿Son simpáticos los jóvenes de la clase?
Sí, son jóvenes simpáticos.

¿Son inteligentes las chicas de la clase?
Sí, son chicas inteligentes.

1 ¿Son altas las chicas de la clase?   *are the girls in class tall (yes the girls are tall)* *si, son las chicas altas*
2 ¿Son ricos los jóvenes de la clase?   *si son los jóvenes ricos*
3 ¿Son buenos los jóvenes de la clase?   *si son los jóvenes buenos*
4 ¿Son rubias las chicas de la clase?   *si son las chicas rubias*

C ¿Es de España ella?   *is she from Spain*
Sí, es española y habla español.   *yes she's from spain + speaks Span*

¿Es de Alemania él?
Sí, es alemán y habla alemán.

Si es Mexican y habla español
Si es peruvian y habla
Si es portugal y hablan portugese

¿Es de México ella?   ¿Es de Francia ella?   *si es Francia y hablan french*
¿Es del Perú él?   ¿Es del Brasil él?   *Bra*
¿Es de Portugal ella?   ¿Es de la Argentina ella?
¿Es de Italia él?

ॐ

The demonstrative adjectives **este, esta, ese, esa**

este joven	*this young man* (masculine)
esta chica	*this young woman* (feminine)
ese muchacho	*that boy* (masculine)
esa muchacha	*that girl* (feminine)

ese joven muy amable
esa señorita perfecta
ese muchacho

Conteste.

1 ¿Cómo se llama esa chica? *this young woman*
2 ¿Cómo se llama ese joven? *this young man*
3 ¿Cómo se llama esa señorita? *this young girl*
4 ¿Cómo se llama ese muchacho? *this young boy*

Adjectives used as nouns

Adjectives may be used as nouns with á definite article or a demonstrative adjective. The adjectives agree in number and gender with the noun understood. The English equivalent may have the word *one* or *ones*.

Las chicas están ahí.	*The girls are over there.*
La **morena** es Maricarmen.	*The brunette is Maricarmen.*
Y esa **rubia** es Isabel.	*And that blond is Isabel.*
El **rico** es Rafael.	*The rich one is Rafael.*

Conteste según el modelo.

La chica morena estudia. *the brunette girl is studying*
La morena estudia.

El joven rico no aprende. *the rich young man doesn't understand*
Las chicas simpáticas hablan. *the likeable boys are speaking*

Esos chicos pobres no viven aquí. *poor boys don't live here*
Esos pobres no viven aquí.

Ese muchacho guapo no estudia.
Esas chicas inteligentes aprenden mucho.

Uses of the definite article

Unlike English, the definite article in Spanish is generally used with the name of a language. The names of all languages take the masculine article **el.**

El español es interesante.
El inglés es difícil.

The definite article is not used with the name of a language immediately following the verb **hablar** or after the prepositions **de** and **en.**

Miraflores Beach in Lima, Peru.

Hablo español.
¿Habla portugués usted?
BUT   No hablo bien el francés.
Es una clase de español.

por favor

Many Spanish-speakers also omit the definite article with the name of a language immediately after **estudiar** and **aprender.**

Aprendo inglés.
Estudiamos español.
BUT   No estudiamos mucho el español.

The definite article is used with titles when one is speaking about a person. Definite article + title + proper name.

El profesor Gómez no está aquí.
¿Dónde vive el doctor Suárez?

The definite article is not used with titles when one speaks directly to a person. Title + proper name.

Buenos días, profesor Gómez.
Doctor Suárez, ¿cómo está usted?

Repita y substituya.

A **El inglés** es interesante.
español, francés, portugués

B ¿Dónde está el profesor de **español?**
francés, inglés, portugués

C Los estudiantes no hablan bien **el español.**
portugués, francés, inglés

D **Los mexicanos** hablan español.
mexicana, señor, señorita, chico

E **Los norteamericanos** estudian español.
mexicanos, señoritas, chilenas, españoles

Conteste.

1 ¿Aprenden español los estudiantes? *los estudiantes aprenden*
2 ¿Hablan inglés los chilenos? *los chilenos hablan el inglés*
3 ¿Dónde viven los franceses? *los*
4 ¿Comprende español el profesor? *el profesor comprende de español*
5 ¿Hablan ustedes bien el inglés? *ustedes hablan bien el inglés*
6 ¿Estudian ustedes mucho el español? *ustedes estudian mucho el*
estudiamos mucho el español *español*

Uses of the definite article 47

La Universidad Central,
Quito, Ecuador.

ॐ

The indefinite article (*a, an*)

Forms   The indefinite article has four forms in Spanish, **un, unos, una, unas.** In the singular they are equivalent to English *a, an;* in the plural, to English *some.*

	SINGULAR	PLURAL
Masculine	un	unos
Feminine	una	unas

ॐ

Repita y substituya. A escoger entre **un** *y* **una.**[1]

Es un **compañero.**
compañera, señor, señorita, chico

ॐ

Repita y substituya. A escoger entre **unos** *y* **unas.**

Son **unos muchachos** simpáticos.
estudiantes, señoras, señores, compañeras

Usage   Unlike English-speakers, the Spanish-speaker does not use an indefinite article before an unmodified predicate noun of nationality or profession.

Antonio es norteamericano.
Maricarmen es secretaria.

[1] *Choose between* **un** *and* **una.**

If the predicate noun of nationality or profession is modified, however, an indefinite article is used.

Es un secretario bueno.
Es una profesora inteligente.

Repita y substituya.

A Él es **norteamericano.**
secretaria, médico, profesora, profesor

B Es un **médico bueno.**
profesora buena, secretaria buena, doctor bueno

Some uses of estar and ser

The English verb *to be* (*I am, you are*, etc.) has two equivalents in Spanish, either **ser** or **estar**, depending on the specific meaning intended.

Ser
• **Ser** is used to tell who the subject is.

Maricarmen es estudiante.

• The use of **ser** with a noun or an adjective to indicate nationality, occupation, or profession is typical of this category.

Antonio es norteamericano.
Maricarmen es secretaria.
Ana María es doctora.

• **Ser** is used with an adjective to indicate characteristics that are inherent and relatively permanent.

Rafael es guapo.
Maricarmen es simpática.

• **Ser** is used to indicate origin. **Ser** plus the preposition **de** and the name of a country or place is used to tell where someone or something is from.

Rafael es de Venezuela.
Soy de California.

• **Ser** is also used to tell time. This use is presented in Lesson 4.

Estar   **Estar** is used to tell where the subject is. It indicates location, whether temporary or permanent.

Carlos está en la clase.
El profesor está aquí.

Estar is used to indicate the condition of persons or things. The condition may be temporary, variable, or the result of change.

Estoy muy bien.
Rafael está cansado.
Carlos está enfermo. *sick*

A escoger
entre ser y estar.

1   ___es___ unas señoras inteligentes.
2   Antonio no ___es___ chileno.
3   El español ___es___ interesante.
4   Nosotros ___esta___ aquí.
5   ¿Dónde ___esta___ Carlos?
6   Así ___es___ la vida.
7   ¿De dónde ___es___ Maricarmen?
8   Yo ___soy___ muy bien, ¿y usted? *estoy muy bien*
9   Tú ___esta___ muy amable.
10 Yo ___soy___ profesora, ¿y usted?

Repita y
substituya. A escoger
entre ser y estar.

Maricarmen es **española.**

en los Estados Unidos, de España, morena, en la clase, secretaria, enferma, cansada, una chica

RECAPITULACIÓN
DEL DIÁLOGO

1   ¿Cómo se llaman los jóvenes?
2   ¿Es guapo él?
3   ¿Es doctora ella?
4   ¿Qué idiomas hablan?

se llama Isabel y
él es guapo
no, es estudiante
habla idiomas español y francés

1   ¿Quién es la joven?
2   ¿Es de Arizona?   *No, de Arizona*
3   ¿Qué estudia?   *Estudia Ingles y one*
4   ¿Es bonita?

La joven es Ana Maria

Es bonita

el joven es Rafael
no, es venezolano
si es gordo

1 ¿Quién es el joven?
2 ¿Es norteamericano?
3 ¿Es gordo?
4 ¿Qué dice él?

Que tal las compañeras de cuarto?

1 Ask a question.
son muchachos simpáticos
2 Answer the question.
3 Make a positive statement.
4 Make a negative statement.

**BREVES
CONVERSACIONES**

Pregúntele a _____
cómo se llama.
de dónde es.
si es norteamericano.
dónde vive ahora.
si es rico o pobre.
si es estudiante o profesor.
si habla español.
qué idioma hablamos en la clase.
qué idioma habla en casa.

si los muchachos de la clase son
    simpáticos.
si las muchachas de la clase son
    simpáticas.
si es rubia o morena.
si es guapo o feo.
si es inteligente o tonto.
si es bajo o alto.
si es flaco o gordo.

**PREGUNTAS
PERSONALES**

1 Buenos días. ¿Quién es usted?
2 ¿Es usted estudiante? *si soy estudiante*
3 ¿Es usted de Venezuela? *no de Venezuela*
4 ¿De dónde es usted? *de estados Unidos*
5 ¿Está usted cansado (cansada)? *no soy cansada*
6 ¿Está usted enfermo (enferma)? *no soy enferma*
7 ¿Cómo es usted? *Yo soy perfectamente*
8 ¿Es usted inteligente? *si inteligente*
9 ¿Es usted un estudiante bueno (una estudiante buena)? *si una estudiante buena*

buena - good

10 ¿Dónde vive usted ahora? *vivo en Plymouth*
11 ¿Habla usted español un poco? *si Hablo español un poco*
12 ¿Qué estudia usted? *estudio español*
13 ¿Hablamos español en la clase? *si hablamos español en la clase*
14 ¿Es interesante el español? *si español es interesante*
15 ¿Dónde está la profesora (el profesor)?
16 ¿Qué idioma habla usted en casa? *hablamos Ingles*
17 ¿Son simpáticos los jóvenes de la clase? *si los jovenes de la clase*
                                          si simpático
18 ¿Y las chicas?

e Chile

1 All students exchange greetings using as many appropriate patterns as they can.

2 Students take turns introducing and describing themselves, telling what they are like, how they are, who they are, where they are from, and so on.

3 One student interviews another, finds out appropriate personal information, then reports the findings to the group.

PROVERBIOS

Aquéllos que tienen amigos son ricos.	*Those who have friends are rich.*
Dime con quién andas y te diré quién eres.	*Tell me who your friends are and I'll tell you what you are.*
Cada oveja con su pareja.	*Birds of a feather flock together.*

Vocabulario

ah	*oh*	los **Estados Unidos**	*United States*
ahora	*now*	**este, esta, ese, esa**	*this, that (demonstrative adjective)*
el **alemán**	*German language*		
alemán:		**feo**	*ugly*
el alemán		**flaco**	*thin, skinny*
la alemana	*German*	el **francés**	*French language*
Alemania	*Germany*	**francés:**	
alto	*tall*	el francés,	
amable	*kind*	la francesa	*French person*
amigo:		**gordo**	*fat*
el amigo, la amiga	*friend*	**guapo**	*handsome*
antipático	*unlikable, unpleasant*	el **idioma**	*language*
bajo	*short*	**igualmente**	*equally*
bonito	*pretty*	el **inglés**	*English*
compañero:		la **materia**	*subject, material*
el compañero,		**médico:**	
la compañera	*companion*	el médico	*doctor*
cuarto	*room*	**mexicano:**	
chileno:		el mexicano,	
el chileno,		la mexicana	*Mexican*
la chilena	*Chilean*	**moreno**	*dark, brunette*
de	*of, from*	**mucho**	*much*
de dónde	*from where*	**ni**	*neither, nor*
difícil	*difficult*	la **paciencia**	*patience*
enfermo	*sick*	los **padres**	*parents*
entonces	*then*	**pero**	*but*
España	*Spain*	**pobre**	*poor*
el **español**	*Spanish language*	**poco**	*little*
español:		**¿qué?**	*what?*
el español,			
la española	*Spaniard*		

¿quién?	who?	un, una, unos, unas	a, an, one, some (indefinite article)
rico	rich		
rubio	blond	venezolano:	
simpático	likable	el venezolano,	
también	also	la venezolana	Venezuelan
tonto	dumb, foolish, stupid (mild form)		

Cognates

la **Argentina**	Argentina	el **Paraguay**	Paraguay
el **Brasil**	Brazil	el **Perú**	Peru
brasileño:		**peruano:**	
el brasileño,		el peruano,	
la brasileña	Brazilian	la peruana	Peruvian
el **café**	café	el **papá**	papa, dad
Chile	Chile	**Portugal**	Portugal
Francia	France	**portugués:**	
interesante	interesting	el portugués,	
Italia	Italy	la portuguesa	Portuguese
italiano:		**¿quién? (¿quiénes?)**	who?
el italiano,			
la italiana	Italian	**secretario:**	
la **medicina**	medicine	el secretario,	
México	Mexico	la secretaria	secretary
no	no	**Venezuela**	Venezuela
norteamericano:			
el norteamericano,			
la norteamericana	North American		

Verbs

admirar	to admire	**estudiar**	to study
aprender	to learn	**felicitar**	to congratulate
comprender	to comprehend, understand	**hablar**	to speak
conocer (z)	to be acquainted, make the acquaintance of, to know	**ser (soy)**	to be
encontrar (ue)	to encounter, find, to meet someone you know	**vivir**	to live

Idiomatic expressions

así es la vida	that's life	**por eso**	that's why, therefore
menos mal	that's good	**¿verdad?**	right?

a la escuela

∽ DIÁLOGO

¿Hay muchas personas en tu familia?

Hortensia y su amiga Renata viven en Montevideo, capital del Uruguay. Hortensia va al centro. Busca a Renata para ver si quiere ir al centro también.

1 RENATA ¡Hola, Hortensia! ¿Adónde vas?

   HORTENSIA Voy al centro. ¿Quieres venir?

2 RENATA ¿Cuándo, ahora? Prefiero ir mañana.

   HORTENSIA Tengo que ir ahora mismo. Voy a tomar el veinticin-co.

3 RENATA Bueno, voy contigo. Pero, ¿qué te pasa?

   HORTENSIA Tengo que comprar un remedio para mi hermano.

4 RENATA ¿Todavía está enfermo tu hermano?

   HORTENSIA Sí. Mis padres están con él día y noche. Está un poco mejor.

5 RENATA Entiendo. Pienso que el amor de la familia es tan importante como el médico.

   HORTENSIA De acuerdo. Ahí viene el ómnibus. Vamos.

∽

José María y Luisa están en el centro. Ven un letrero que dice: El Domingo 17—Día de la Madre.

6 LUISA ¡Ay, es cierto! Mañana es el Día de la Madre.

   JOSÉ MARÍA Sí. Tengo que buscar un regalo para mi mamá.

7	LUISA	Yo también. Mi mamá trabaja mucho en casa y también en la oficina de mi papá.
	JOSÉ MARÍA	Tienes que comprar un regalo muy bueno.
8	JOSÉ MARÍA	Pero Luisa, hay muchas personas en tu familia, ¿no? ¿Cuántos hermanos tienes?
	LUISA	Tengo dos hermanos y dos hermanas. Además están en casa mi abuela, mi tía y mis primos.
9	JOSÉ MARÍA	Es una familia grande.
	LUISA	Hombre, ¡ya lo creo!

PREGUNTAS
SOBRE EL DIÁLOGO

1 ¿Dónde viven Hortensia y su amiga?
2 ¿Por qué busca Hortensia a Renata?
3 ¿Cuándo prefiere ir Renata?
4 ¿Qué tiene que comprar Hortensia?
5 ¿Cómo está su hermano?
6 ¿Es importante el amor de la familia?
7 ¿Cuándo es el Día de la Madre?
8 ¿Dónde trabaja la mamá de Luisa?
9 ¿Qué tiene que comprar Luisa?
10 ¿Hay muchas personas en la familia de Luisa?
11 ¿Cuántos hermanos y hermanas tiene?
12 ¿Tiene una familia grande Luisa?

Are there many people in your family?

Hortensia and her friend Renata live in Montevideo, the capital of Uruguay. Hortensia is going downtown. She looks for Renata to see if she wants to go downtown too.

RENATA	Hi, Hortensia! Where are you going?
HORTENSIA	I'm going downtown. Do you want to come?
RENATA	When, now? I prefer to go tomorrow.
HORTENSIA	I have to go right now. I'm going to take the twenty-five (bus route).
RENATA	Well, I'll go with you. But what's the matter?
HORTENSIA	I have to buy some medicine for my brother.
RENATA	Is your brother still sick?
HORTENSIA	Yes. My parents are with him day and night. He is a little better.
RENATA	I see. I think that love from (of) the family is as important as the doctor.
HORTENSIA	I agree. Here comes the bus. Let's go.

José María and Luisa are downtown. They see a sign that says: Sunday the 17th—Mother's Day.

LUISA   Oh, that's right! Tomorrow is Mother's Day.

JOSÉ MARÍA   Yes. I have to look for a gift for my mother.

LUISA   Me too. My mom works a lot at home and also at my dad's office.

JOSÉ MARÍA   You have to buy a really nice gift.

JOSÉ MARÍA   But Luisa, there are many people in your family, right? How many brothers and sisters do you have?

LUISA   I have two brothers and two sisters. In addition, my grandmother, my aunt, and my cousins are at home.

JOSÉ MARÍA   It's a big family.

LUISA   Man, I believe it. [Compare English: You'd better believe it!]

La pronunciación

Spanish b, v   Be careful to pronounce **b** and **v** exactly alike. When **b** or **v** is initial in a breath group or follows **m** or **n,** it is a voiced stop. It is a fricative continuant when it falls between two vowels and in all other positions.

VOICED-STOP **b**	FRICATIVE **b**
Vamos	Trabajo mucho
Bueno	¿Quieres venir?
Buenas tardes	Návajo
¿Verdad?	Córdoba
Venezuela	Ómnibus

Spanish o   Avoid the English glide and do not prolong the vowel sound in the unstressed position.

cinco	comprar
centro	tomar
como	¿Cómo estás?
no	Vamos a tomar el ómnibus.

Spanish u   Pay particular attention to the **u** in the initial position. Keep the sound pure.

una
muchacho
¿Cómo está usted?
¿Es usted estudiante?

La familia hispanoamericana. Spanish-speaking families are usually close-knit; family members have a great sense of loyalty to each other and to the family as a whole. In many areas, children are bound by law to accept the dictates of the family until they reach the age of twenty-one. Children in most families address their parents with the **usted** form or formal Spanish, while the parents nearly always use **tú** or familiar Spanish with their children. Signs of the generation-gap problem have begun to appear in recent years, leading to some erosion of the traditional Hispanic family structure and values, but family authority still remains dominant.

Sociologists distinguish between the nuclear family (husband, wife, dependent children) and the extended family (the nuclear group plus grandparents, aunts and uncles, cousins, and other relatives). Extended families are often found housed under one roof in Hispanic countries. Traditionally, when a family is financially able to do so, it is expected to help care for needy cousins,

A Mexican family in
Jocotepec, Jalisco.

aunts, uncles, or grandparents by taking them in. The children of the family treat all older relatives in the home with great respect.

El papel de la madre (*the mother's role*). Men in Latin America often work very long hours at one or even two jobs, staying away from home during the majority of their children's waking hours. For this reason and others, family life revolves around the mother to such an extent that many areas in Latin America are considered matriarchal rather than patriarchal societies. Several governments provide extra compensation and benefits to mothers with large families. Mother's Day in Spanish-speaking countries is a very special day and is celebrated with more intense feeling than is customary in the United States.

Los apellidos. Spanish-speaking people have two surnames, their father's and then their mother's. Luisa Martínez Sarmiento is a typical name; the first surname of her father is Martínez, and the first surname of her mother is Sarmiento. Informally, a person may use just a given name and first surname (Luisa Martínez), but one's legal name includes both surnames. Some families choose to use **y** (*and*) between the two surnames, as in Luisa Martínez y Sarmiento. When a woman marries, she will add the husband's name to her full name using **de.** To continue with the example, if Luisa marries a man named Gómez, she would become Luisa Martínez (y) Sarmiento de Gómez as well as Señora Gómez. The **lectura** in this chapter takes up the system of Hispanic names in greater detail.

Stem-changing verbs, **e** to **ie**

Certain verbs change a stem vowel **e** to **ie** in the present tense when the stress falls on its syllable, that is, in all persons except the **nosotros** and **vosotros** forms. The endings are regular. Verbs with a stem change of this kind will be listed in the vocabulary with the signal (**ie**) after the infinitive: **pensar (ie).**

Pensar (ie)	pienso	pensamos
to think	piensas	~~pensáis~~
Present tense	piensa	piensan

Preferir (ie)	prefiero	preferimos
to prefer	prefieres	~~preferís~~
Present tense	prefiere	prefieren

Entender (ie)	entiendo	entendemos
to understand	entiendes	~~entendéis~~
Present tense	entiende	entienden

Other examples of **e** to **ie** stem-changing verbs are **querer (quiero)** and **comenzar (comienzo)**.

Querer (ie)	quiero	queremos
to wish, to want, to love	quieres	~~queréis~~
Present tense	quiere	quieren

Conteste según el modelo.

A Tú no quieres trabajar. ¿Y Luisa?
Sí, quiere trabajar.

¿Y ellos? ¿Y nosotros? ¿Y él? ¿Y ustedes?

B No quiero trabajar. ¿Y usted?
No, no quiero trabajar.

¿Y él? ¿Y ellas? ¿Y el profesor?

Conteste.

1 ¿Quiere usted[1] aprender la lección? *Sí Quiero aprendo la lecci...*
2 ¿Quiere usted vivir en México? *Quiero vivo en Mexic...*
3 ¿Quiere usted ser médico(–a)? *Sí* *do you wish to be doctor*
4 ¿Quieren ustedes venir mañana? *to come*
5 ¿Quiere usted ser profesor(–a)? *sí quiero ser profesora*
6 ¿Quiere usted ser secretario(–a)? *sí quiero ser secretaria* *to be*

Tener (ie)	tengo	tenemos
to have	tienes	~~tenéis~~
Present tense	tiene	tienen

Tener has an irregular **yo** form: **tengo.** In the **tú, usted,** and **ustedes** forms, the stem vowel **e** changes to **ie** as in other stem-changing verbs.

Conteste según el modelo.

Luisa tiene un hermano. ¿Y usted?
Sí, tengo un hermano.
No, no tengo hermanos.

¿Y ellos? ¿Y ustedes? ¿Y tú? ¿Y ella?

Conteste.

1 ¿Tiene usted hermanos? *Tengo*
2 ¿Tienen ustedes un profesor?
3 ¿Tiene hermanos el profesor? *la professor*

[1]Note that the subject pronoun is used here for clarity and contrast.

In the central marketplace,
Caracas, Venezuela.

Tener que plus infinitive

Tener que is always followed by the infinitive form of the verb. It indicates strong obligation.

Mi mamá tiene que trabajar.	*My mother has to work.*
Tenemos que aprender.	*We have to learn.*
Tengo que comprar un regalo.	*I have to buy a gift.*

Conteste.
1 ¿Tiene usted que trabajar?
2 ¿Tienen ustedes que aprender mucho?
3 ¿Tenemos que hablar español?
4 ¿Tienen ustedes que estudiar mucho?

Personal a

The personal **a** is used before a noun which is (1) a direct object of the verb, and (2) refers to a specific person. Verb + **a** + direct object person:

Hortensia busca a Renata.

But when the direct object is not a specific person, no personal **a** is used:

Luisa busca un regalo.

NOTE: **Querer,** when used with a direct object, means *to love.*

Luisa quiere trabajar.	*Luisa wants to work.*
Luisa quiere a su hermano.	*Luisa loves her brother.*

Responda con una frase completa.*

A Busco a mi amigo.
   ¿Y Carlos? ¿Y José? ¿Y usted? ¿Y ellos?

B Luisa quiere a su hermano.
   ¿Y usted? ¿Y ustedes? ¿Y ellos?

The irregular verbs **venir** and **ir**

Venir (ie) *to come*
Present tense

vengo	venimos
vienes	venís
viene	vienen

Venir has an irregular form: **vengo.** Compare it with **tener** and the other stem-changing verbs discussed before.

Conteste según el modelo.

A Luisa viene mañana. ¿Y usted también?
   Sí, vengo mañana.

   ¿Y ellos? ¿Y nosotros? ¿Y ella? ¿Y yo?

B Renata no viene mañana. ¿Y usted?
   No, no vengo mañana.

   ¿Y él? ¿Y tú? ¿Y Luisa? ¿Y nosotros?

*See "The possessive adjectives", pages 66–67.

Conteste.
1 ¿Viene el profesor mañana? *sí, el profesor viene mañana*
2 ¿Vienen los estudiantes mañana? *los estudiantes vienen mañana*
3 ¿Viene usted mañana? *sí, vengo mañana*
4 ¿Vienen Carlos y Luisa mañana? *sí, Carlos y Luisa vienen mañana*
5 ¿Cuándo vienen ustedes? *venimos mañana.*

Ir *to go*
Present tense

voy *I*	vamos *we*
vas *you*	~~vais~~
va *he/she*	van *they*

Compare the irregularity of the **yo** form of this verb with that of
ser (soy) and **estar (estoy)**.

Conteste según el modelo.
A Luisa va al centro. ¿Y Renata también?
Sí, va también.

¿Y Carlos? ¿Y ellos? ¿Y tú? ¿Y nosotros? ¿Y ella?
sí, va también sí, van también sí, voy también sí, vamos también sí, va también

B Yo no voy al centro. ¿Y usted?
Sí, voy.

¿Y él? ¿Y ella? ¿Y ellos? ¿Y nosotros?
sí, va sí, va sí, van sí, vamos

Conteste.
1 ¿Va usted al centro?
2 ¿Va Luisa al banco?
3 ¿Van ellos al mercado?
4 ¿Va usted al restaurante?
5 ¿Quién va al parque?
6 ¿Adónde va usted?

Contraction of **a** plus **el→al**

When **a** and **el** occur together they contract to **al.**

Voy al centro.	*I am going downtown.*
Luisa quiere al joven.	*Luisa loves the young man.*

The other combinations of **a** plus the definite article do not contract.

Voy a la universidad.	
Voy a los teatros.	*I'm going to the theaters.*
Voy a las clases.	

Vocabulario suplemental

LUGARES Y EDIFICIOS PÚBLICOS

el **café**   *café*

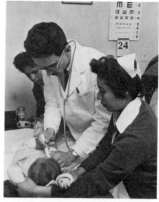

el **hospital**
hospital

el **cine**   *movies, movie theater*

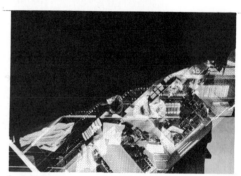

la **biblioteca**   *library*

el **bar** *bar*   la **taberna** *tavern*

el **teatro**   *theater*

¿Adónde va Luisa?
Luisa—el centro
Luisa va al centro.
el médico—el hospital
Carlos—la biblioteca
el profesor—el café
Pedro—el teatro
José María—la universidad
Hortensia—el cine
Renata—las clases

Cardinal numbers 1 to 30

0	cero	11	once	22	veintidós
1	uno	12	doce	23	veintitrés
2	dos	13	trece	24	veinticuatro
3	tres	14	catorce	25	veinticinco
4	cuatro	15	quince	26	veintiséis
5	cinco	16	dieciséis (diez y seis)	27	veintisiete
6	seis	17	diecisiete	28	veintiocho
7	siete	18	dieciocho	29	veintinueve
8	ocho	19	diecinueve	30	treinta
9	nueve	20	veinte		
10	diez	21	veintiuno (veinte y uno)		

Cuente con el profesor el número de los estudiantes en la clase.[1]

Use of hay

The form **hay** has no subject expressed. It means either *there is* or *there are*. It should not be confused with **es,** which means *it is,* nor with **son,** which means *they are.*

¿Cuántas personas hay en tu familia?	*How many persons are there in your family?*
Hay siete muchachos en mi clase.	*There are seven boys in my class.*
Hay un profesor en mi clase.	*There is one professor in my class.*

[1]Count with the professor the number of students in the class.

Conteste.

1 ¿Cuántos[1] estudiantes hay aquí?   4 ¿Cuántas clases tiene usted?
2 ¿Cuántas chicas hay?   5 ¿Cuántos libros hay aquí?
3 ¿Cuántos jóvenes hay?

Conteste según el modelo.

1 ¿Cuántos son dos y dos?   **Dos y dos son cuatro.**
2 ¿Cuántos son cinco y cuatro?   5 ¿Cuántos son seis y tres?
3 ¿Cuántos son diez y quince?   6 ¿Cuántos son siete y diez?
4 ¿Cuántos son ocho y nueve?   7 ¿Cuántos son ocho y ocho?

Uses of un, uno, and una

Un and una are used as the equivalent of *a* or *an*.

Es un profesor bueno.   *He is a good professor.*
Es una enfermera buena.   *She is a good nurse.*

Uno is used in counting. However, before a masculine noun, uno becomes un.

Tengo un amigo.   *I have one friend.*
Tengo veintiún amigos.   *I have twenty-one friends.*

Before a feminine noun, uno becomes una.

Hay una enfermera aquí.   *There is one nurse here.*
Hay veintiuna enfermeras aquí.   *There are twenty-one nurses here.*

The possessive adjectives

SINGULAR	PLURAL	
mi	mis	*my*
tu	tus	*your* (familiar)
su	sus	*his, her, its, your* (formal)
nuestro, –a	nuestros, –as	*our*
~~vuestro, –a~~	~~vuestros, –as~~	*your* (familiar plural)
su	sus	*their, your* (plural)

[1]Notice that the adjective ¿Cuánto? (*How much, how many*) agrees with the noun modified in number and gender:

¿Cuánto?   ¿Cuántos?   ¿Cuánta?   ¿Cuántas?

The possessive adjectives precede the noun they modify and agree in number and gender with the thing possessed, not with the possessor.

Luisa estudia con sus amigos.   (her friends)
José y yo hablamos con nuestra amiga.   (our friend)

Possession with de

Spanish has no apostrophe as English does in *Mother's Day* or *Carlos's family*. **De** is used instead.

el Día de la Madre   *Mother's Day (The day of the mother)*
la familia de Carlos   *Carlos's family (The family of Carlos)*

De is used with the third person pronouns to form a structure equivalent to English *of hers, of yours,* and the like.

un amigo de ella   *a friend of hers*
unas amigas de él   *some friends of his*
una amiga de ustedes   *a friend of yours*
un amigo de ellas   *a friend of theirs*

This structure may be substituted for **su** or **sus** when the context does not make the meaning of **su** or **sus** clear enough.

	MIGHT MEAN:	TO CLARIFY, USE:
su amigo	*your friend*	**el amigo de usted,** *or* **el amigo de ustedes**
	her friend	**el amigo de ella**
	his friend	**el amigo de él**
	their friend	**el amigo de ellos,** *or* **el amigo de ellas**
sus amigos	*your (or her, his, their) friends*	**los amigos de usted** (*or* **de ustedes, de ella,** etc.)

Contraction of **de** plus **el**→**del**

When **de** and **el** occur together they contract to **del.**

Es hermano del profesor.

Other combinations of **de** plus the definite article do not contract.

Es hermano de la chica.
Es hermano de los jóvenes.
Es hermano de las chicas.

Repita y substituya.   **A**   Somos amigos **del joven.**
chica, profesor, estudiantes, mexicano, señor, hermanas

B   ¿Viene usted de **la facultad?**
cine, clase, oficina, centro

Conteste.   **1**   ¿Es usted amigo del venezolano?
2   ¿Vienes de la clase?
3   ¿Es ella amiga de los mexicanos?
4   ¿Dónde está la mamá del estudiante?
5   ¿Va usted al centro?
6   ¿Quién va al centro?
7   ¿Adónde va usted?

LECTURA

La familia de Luisa

Yo soy Luisa. Mis apellidos son Martínez y Sarmiento. Mi papá es médico. Mi mamá es enfermera. Vivo en Montevideo.
Tengo dos hermanos y dos hermanas. Amerina, mi hermana mayor, está casada y tiene un hijo. Vive en un apartamento.
Nuestra abuela vive con nosotros. Es muy anciana. También mi tía Marta y sus dos hijas viven con nosotros.
En casa hay diez personas—mis padres, mi abuela, mi tía, mis primos y los cuatro hijos. Somos una familia muy grande. Por eso tienen que trabajar mucho mis padres.

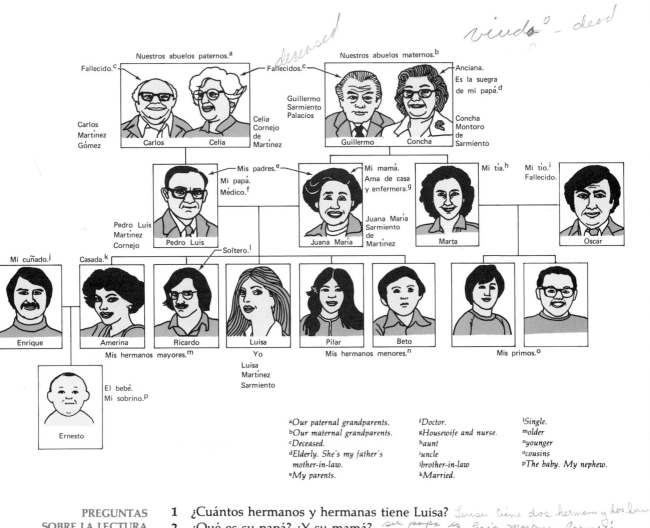

viuda° - dead

Nuestros abuelos paternos.[a]

Fallecido.[c] ← → Fallecidos.[c] *deceased*

Anciana.
Es la suegra
de mi papá.[d]

Nuestros abuelos maternos.[b]

Carlos
Martínez
Gómez

Celia
Cornejo
de Martínez

Guillermo
Sarmiento
Palacios

Concha
Montoro
de
Sarmiento

Carlos **Celia** **Guillermo** **Concha**

Mis padres.[e]

Mi papá.
Médico.[f]

Mi mamá.
Ama de casa
y enfermera.[g]

Mi tía.[h]

Mi tío.[i]
Fallecido.

Pedro Luis
Martínez
Cornejo

Juana María
Sarmiento
de Martínez

Pedro Luis **Juana María** **Marta** **Oscar**

Soltero.[l]

Mi cuñado.[j]

Casada.[k]

Enrique **Amerina** **Ricardo** **Luisa** **Pilar** **Beto**

Mis hermanos mayores.[m]

Yo
Luisa
Martínez
Sarmiento

Mis hermanos menores.[n]

Mis primos.[o]

El bebé.
Mi sobrino.[p]

Ernesto

[a]*Our paternal grandparents.*
[b]*Our maternal grandparents.*
[c]*Deceased.*
[d]*Elderly. She's my father's mother-in-law.*
[e]*My parents.*

[f]*Doctor.*
[g]*Housewife and nurse.*
[h]*aunt*
[i]*uncle*
[j]*brother-in-law*
[k]*Married.*

[l]*Single.*
[m]*older*
[n]*younger*
[o]*cousins*
[p]*The baby. My nephew.*

PREGUNTAS
SOBRE LA LECTURA

1 ¿Cuántos hermanos y hermanas tiene Luisa? *Luisa tiene dos herman y dos her*
2 ¿Qué es su papá? ¿Y su mamá? *su papa es Luis Martínz Cornejo su mama es*
3 ¿Cuántas personas hay en su familia? *diez personas en su familia*
4 ¿Cómo se llama su sobrino? *su sobrino se llama ernesto*
5 ¿Viven sus abuelos?
6 ¿Cuántos primos tiene Luisa? *Luisa tiene dos primos*
7 ¿Tiene que trabajar mucho su papá? *si su papa tiene que trabjar mucho*
8 ¿Quién es Marta? *Marta es Luisas tía.*
9 ¿Dónde está el hermano de usted?
10 ¿Están aquí sus amigos?
11 ¿Está en casa su mamá?
12 ¿Van al cine sus amigos?
13 ¿Habla español su abuelo? *su abuelo habla español*
14 ¿Quiere usted mucho a su hermano?
15 ¿Quieren estudiar sus amigos?
16 ¿Quieren trabajar sus hermanas?

Lectura 69

Plaza Independencia,
Montevideo, Uruguay.

FORME FRASES
COMPLETAS[1]

1 Mi familia _viven en_ Estados Unidos
2 Vamos a _____.
3 Yo quiero _voy al banco_
4 ¿Cuántos _tienes_ ? primos
5 ¿Dónde están _____?

FORME PREGUNTAS[2]

1 Mi abuelo está en casa.   **¿Dónde está su abuelo?**
2 Roberto tiene muchos amigos.
3 Nuestro amigo está bien. _Esta su amigo bien?_
4 Voy al centro. _¿Adónde vas?_
5 Quiero ir a México. _Quieres ir a mexico?_

[1] _Make complete sentences._
[2] _Make questions._

Is your friend well?

Pregúntele a _____

dónde está su abuela.　　　　cómo está su cuñado.
dónde está su tío.　　　　　　cómo está su madre.
dónde están sus hermanos.　　cómo están sus amigas.
dónde está su abuelo.　　　　cómo está su amiga.
dónde están sus primos.　　　cómo está su tía.
cómo está su primo.　　　　　adónde va.

PREGUNTAS
PERSONALES

1　¿Quién es usted? *mi ellma Violeta*
2　¿Es usted casado(-a) o soltero(-a)? *yo soy casado*
3　¿Tiene usted una familia grande?
4　¿Cuántas personas hay en su familia? *Tuno seis personas en mi familia*
5　¿Vive su abuela con ustedes? *no, vive abuela con nosotros*
6　¿Cuántos hermanos y hermanas tiene usted? *Tuno cinco y cuatro*
7　¿Cuántos tíos tiene usted?
8　¿Quiere usted mucho a sus primos?
9　¿Cuántos amigos tiene usted?
10　¿Tiene usted un sobrino? *Tengo sobrino*
11　¿Cuándo va usted al centro?
12　¿Cuándo vamos a hablar español, ahora mismo?
13　¿Cómo se llama su primo? *mi primo se llama Alice*
14　¿Quién tiene que trabajar mucho?
15　¿Trabaja usted mucho? *si, Trabaja mucho*
16　¿Cuándo compra usted un regalo? *Tengo comprar dos regalo*
17　¿Trabajan mucho sus padres? *mi padres no trabajar*
18　¿Adónde va usted mañana? *Voy al cine*
19　¿Viene usted a la clase mañana? *no Vengo la Clase manana*
20　¿Viene el profesor también?

TAREAS ORALES

1　Introduce yourself and your family to the class, telling about your brothers and sisters and relatives.
2　Find out all you can about a classmate and tell about his or her family.
3　Count from one to thirty with correct pronunciation and without reference to any written material.

PROVERBIOS

Lo que bien se aprende, tarde se olvida.
Del viejo el consejo.
La caridad empieza por nosotros mismos.
Suegra, abogado y doctor, cuanto más lejos, mejor.

What is well learned is not soon forgotten.
Take advice from old age.
Charity begins at home.

Mother-in-law, lawyer, and doctor, the farther away the better.

Vocabulario

abuelo:		el **letrero**	*sign*
el abuelo	*grandfather*	**lindo**	*nice, pretty, good*
la abuela	*grandmother*	la **madre**	*mother*
además	*moreover, besides*	**materno**	*maternal*
¿adónde?	*where, to where*	**mayor**	*older*
ahí	*there*	**mejor**	*better*
al (a + el)	*to the, at the, into the*	**menor**	*younger*
el **ama de casa** *f*	*housewife*	**mi, mis**	*my, my (plural)*
el **amor**	*love*	**nosotros**	*us, after preposition*
anciano	*elderly*	**nuestro**	*our*
el **apellido**	*surname*	el **ómnibus**	*bus*
la **biblioteca**	*library*	el **padre**	*father*
casado	*married*	los **padres**	*parents*
el **centro**	*downtown*	**para**	*for, in order to*
el **cine**	*movie*	**paterno**	*paternal*
como	*as, like*	**primo:**	
con	*with*	el primo, la prima	*cousin*
contigo	*with you (familiar)*	**que**	*who, whom, which, that,*
¿cuándo?	*when*		*than, for*
¿cuánto?, ¿cuántos?	*how much, how many*	el **regalo**	*present, gift*
cuñado:		el **remedio**	*remedy*
el cuñado	*brother-in-law*	**si**	*if*
la cuñada	*sister-in-law*	**sobrino:**	
del (de + el)	*of the*	el sobrino	*nephew*
el **domingo**	*Sunday*	la sobrina	*niece*
enfermero:		**soltero:**	
el enfermero,		el soltero, la soltera	*single, unmarried*
la enfermera	*nurse*	**su**	*his, her, its, your (formal)*
la **escuela**	*school*	**sus**	*their, your (plural)*
fallecido	*deceased*	**suegro:**	
grande	*large*	el suegro	*father-in-law*
hay	*there is, there are*	la suegra	*mother-in-law*
hermano:		**tan:**	*so, as*
el hermano	*brother*	tan . . . como	*as . . . as*
la hermana	*sister*	tan pronto como	*as soon as*
los hermanos	*brothers and sisters*	**tío:**	
hijo:		el tío	*uncle*
el hijo	*son*	la tía	*aunt*
la hija	*daughter*	**todavía**	*yet*
los hijos	*sons and daughters*	**tu, tus**	*your (familiar)*
el **hombre**	*man*	**vuestro**	*your (familiar plural)*

Numbers

cero	zero	dieciséis	sixteen
uno	one	diecisiete	seventeen
dos	two	dieciocho	eighteen
tres	three	diecinueve	nineteen
cuatro	four	veinte	twenty
cinco	five	veintiuno	twenty-one
seis	six	veintidós	twenty-two
siete	seven	veintitrés	twenty-three
ocho	eight	veinticuatro	twenty-four
nueve	nine	veinticinco	twenty-five
diez	ten	veintiséis	twenty-six
once	eleven	veintisiete	twenty-seven
doce	twelve	veintiocho	twenty-eight
trece	thirteen	veintinueve	twenty-nine
catorce	fourteen	treinta	thirty
quince	fifteen		

Cognates

el **apartamento**	apartment	**importante**	important
el **bar**	bar	la **mamá**	mama, momma
bebé:	baby	la **taberna**	tavern
el, la bebé		el **teatro**	theater
la **capital**	capital	el **Uruguay**	Uruguay
el **hospital**	hospital		

Verbs

buscar	to look for	**preferir (ie)**	to prefer
comprar	to buy	**querer (ie)**	to want, to love
entender (ie)	to understand	**tener (ie) (tengo)**	to have
hacer (hago)	to do	**tomar**	to take
ir (voy)	to go	**trabajar**	to work
pasar	to pass, come to pass	**venir (ie) (vengo)**	to come
pensar (ie)	to think	**ver (veo)**	to see

Idiomatic expressions

ahora mismo	right now	**Ya lo creo**	I believe it
¡Qué te pasa?	What's wrong with you?	**Es cierto**	That's right
De acuerdo	I agree	**tener que**	to have to
Día de la Madre	Mother's Day		

❧ DIÁLOGO

¿Qué carrera sigues?

Varios grupos de estudiantes se encuentran en la ciudad universitaria de la Universidad Nacional Autónoma de México (UNAM). Están hablando de las clases que tienen este semestre.

1   FELIPE   Hola, Ricardo. ¿Qué tal? ¿Son difíciles o fáciles tus cursos este semestre?

     RICARDO   Difíciles. Matemáticas, historia y química.

2   FELIPE   ¿Por qué pides materias tan difíciles?

     RICARDO   Porque las necesito para mi carrera.

3   FELIPE   ¿Qué carrera sigues?

     RICARDO   Quiero ser ingeniero.

4   FELIPE   Felicitaciones.

     ❧

5   MIGUEL   ¿Cuándo vas a tomar una clase de francés conmigo?

     ALBERTO   Este semestre no puedo. Voy a estudiar alemán.

6   MIGUEL   Sí, vas a estudiarlo porque María lo estudia.

     ALBERTO   Tienes celos, ¿no?

7   MIGUEL   Puede ser. No la conozco, pero dicen que es muy lista.

     ALBERTO   Ah, ¡lista también!

     ❧

8   OLIVIA   ¿Ya sabes a qué hora comienzan tus clases?

     DOLORES   Creo que comienzan a las ocho todos los días.

9   OLIVIA   Pero si duermes hasta las nueve. . . .

     DOLORES   Ya lo sé. ¿Qué hora es ahora?

10   OLIVIA   Ya son las diez de la noche. ¿Adónde vas? ¿Vas a salir?

     DOLORES   Solo para buscar cigarrillos. Vuelvo en seguida. Quiero oír música y ver un programa de televisión.

1 ¿Son difíciles los ~~cúrsos~~ *courses* de Ricardo? *Sí los cursos son difíciles*
2 ¿Qué cursos tiene? *mathematicas, historia y quimica*
3 ¿Por qué pide materias difíciles? *por que los necesito para mi carrera*
4 ¿Qué carrera sigue Ricardo? *Quiere ser ingeniero*
5 ¿Qué va a estudiar este semestre Alberto? *alberto estudia aleman*
6 ¿Por qué va a estudiarlo? *por que maria lo estudia este semestre*
7 ¿Tiene celos Miguel? *Puede Ser*
8 ¿Es muy lista María? *Sí es muy lista*

9 ¿A qué hora comienzan las clases de Dolores?
10 ¿Quién duerme hasta las nueve?
11 ¿Qué va a buscar Dolores? *Va buscar cigarillos Dolores*
12 ¿Qué quiere oír Dolores? *Quiere oír música Dolores*
    wants listen music

What's your major?

Several groups of students meet on the campus of the National Autonomous University of Mexico (UNAM). They are talking about the classes they have this semester.

FELIPE Hi, Ricardo. How are you? Do you have difficult or easy courses this semester?

RICARDO Difficult. Math, history, and chemistry.

FELIPE Why do you ask for such difficult subjects?

RICARDO Because I need them for my major (career).

FELIPE What's your major?

RICARDO I want to be an engineer.

FELIPE Congratulations.

MIGUEL When are you going to take a French class with me?

ALBERTO I can't this semester. I'm going to study German.

MIGUEL Yes, you're going to study it because María is studying it.

ALBERTO You're jealous, right?

MIGUEL Could be. I don't know her, but they say she's real sharp (intelligent).

ALBERTO Sharp, too?

OLIVIA Do you know what time your classes start?

DOLORES I think they begin at eight o'clock every day.

OLIVIA But if you sleep until nine. . . .

DOLORES I know it. What time is it now?

OLIVIA It's already 10:00 P.M. Where are you going? Are you going to leave?

DOLORES Just to get cigarettes. I'll be right back. I want to listen to music and watch a television program.

La pronunciación

Spanish c Before the vowels **a, o,** and **u** or before a consonant, Spanish **c** is pronounced like a *k*.

con   conozco   clases   poco
creo   buscar   música

Before vowels **e** or **i** Spanish **c** is pronounced like an *s*. In this lesson are the following examples:

celos   dicen   fácil
cigarrillos difícil
ciudad   nacional

Spanish rr Spanish **rr** is always trilled.

cigarrillos   carrera   ferrocarril   guitarra   barril

Spanish r At the beginning of a word or after the consonants **n, s,** or **l,** Spanish **r** is trilled.

regalo   Ricardo
Enrique   enredo
los regalos   Israel
alrededor   remedio

Elsewhere **r** is pronounced with a single tap of the tongue against the gum ridge behind the upper teeth.

tarde   dormir   grupos   cursos
quiero   hora   programa

🙠 NOTAS CULTURALES

La ciudad universitaria. The universities of Santo Domingo (America's oldest), Mexico, and Puerto Rico are among the institutions whose buildings have been consolidated in this century on a separate campus called **la ciudad universitaria.** Many other Latin American universities are spread throughout the city; though some of their buildings may be clustered on a central campus, others are located considerable distances away. The University of Buenos Aires, for example, has approximately 80,000 students. The **Facultad de Ingeniería** (College of Engineering) is more than a kilometer from the **Facultad de Filosofía y Letras** (Humanities), four kilometers from the **Facultad de Medicina** (Medicine), and

Library, Universidad Nacional Autónoma de México, Mexico City. Mosaic mural by Juan O'Gorman. Graduates of this influential university frequently go on to important careers in Mexican government and industry.

four kilometers in another direction from the **Facultad de Derecho y Ciencias Sociales** (Law and Social Sciences). Such dispersion hampers the growth of an active, integral university social life of the kind familiar in the United States.

La facultad. Students usually refer to the **facultad** rather than the **universidad.** For example, it is more common to hear **Voy a la facultad** than **Voy a la universidad.** The word **facultad** does not refer to the faculty but to the college: **Facultad de Medicina** (College of Medicine). The word for *faculty* is **profesorado.** The student body is called the **estudiantado.**

Las carreras. Law, engineering, and medicine were traditionally the careers which most university students in Latin America wished to pursue. Few if any students from the lower classes could afford the time and money necessary for the training required. Engineers and technicians are particularly in demand. In recent years more persons have begun to study management and business administration because those skills are especially needed by Latin America's expanding industries. Nursing, teaching, and secretarial work have been three of the professions or careers chosen most often by women.

El sistema educativo. Free public education, available in several Latin American countries and in Spain, is enabling more peo-

POLYFORUM CULTURAL SIQUEIROS
d o d e c á g o n o
entrada a: f o r o   u n i v e r s a l
       f o r o   n a c i o n a l
       foro de las artesanías
       taller escuela siqueiros
b o l e t o   nº   estudiantes **$10.00**
19223
centro cívico turístico y cultural
e l   h o t e l   d e   m é x i c o
MEXICO   2000

ple to improve their standard of living and pursue careers of a better technical or professional nature. The educational institutions of the Hispanic world generally include the following:

Escuela primaria—an elementary school of six grades or years. (Ages 5 or 6 through 11 or 12.)

Escuela secundaria—roughly equivalent to seventh and eighth grades plus the four years of high school. (Ages 12 through 18.)

Colegio—generally refers to a private school, either elementary or secondary, sponsored by the Catholic church or some private institution; sometimes it includes grades one through twelve. Some feature study in a foreign language (for example, a **colegio francés**); some include housing for students.

Liceo—generally a government sponsored school on the secondary school level. (Ages 12–18.)

Escuela preparatoria (la preparatoria)—a school which prepares students for entrance into a specialized college (**facultad**) of the university such as the college of humanities, medicine, or sciences.

Escuela normal—specializes in teacher education; the preparation generally is of two years' duration.

ॐ

Stem-changing verbs, **e** to **i**

This group of verbs changes the stem vowel **e** to **i** in all present tense forms except **nosotros** and **vosotros**. The endings are regular. These verbs will be listed in the vocabulary with the signal **(i)** after the infinitive: **seguir (i).**

Seguir (i) *to follow*		
Present tense	sigo	seguimos
	sigues	~~seguís~~
	sigue	siguen

Pedir (i) *to ask for*		
Present tense	pido	pedimos
	pides	~~pedís~~
	pide	piden

Decir (i) *to say, to tell*		
Present tense	digo	decimos
	dices	~~decís~~
	dice	dicen

Other verbs which change stem vowel **e** to **i** are **servir** *to serve*, **vestir** *to dress*, and **medir** *to measure*.

Conteste según el modelo.   Siempre digo la verdad. ¿Y usted?
No, no siempre digo la verdad.

¿Y María? ¿Y el profesor? ¿Y ellos? ¿Y ustedes?

Conteste.
1 ¿Qué carrera sigue usted?
2 ¿Siguen una carrera las chicas?
3 ¿Pide usted materias difíciles?
4 ¿Piden ustedes materias fáciles?
5 ¿Qué dicen de María?
6 ¿No dice usted buenos días?

Pedir versus preguntar

Preguntar means to ask a question.

Pregúntele si sabe la lección.	*Ask him if he knows the lesson.*
¿Qué preguntan los estudiantes?	*What do the students ask?*

Pedir means to request or ask for something.

Siempre pido clases fáciles.	*I always ask for easy classes.*
Yo pido más tiempo.	*I ask for more time.*

A escoger entre **pedir** *y* **preguntar.**

1 He asks for a pencil.
_____ un lápiz.

2 He asks if she is tired.
_____ si ella está cansada.

3 The professor asks for our papers.
El profesor _____ nuestros papeles.

4 They ask for money.
_____ dinero.

5 Ask her if she wants to speak.
_____ si quiere hablar.

Stem-changing verbs, o to ue

This group of verbs changes the stem vowel **o** to **ue** in all present tense forms except **nosotros** and **vosotros**. The endings are regular. These verbs will appear in the vocabulary with the signal **(ue)**: **dormir (ue)**.

Dormir (ue) *to sleep*
Present tense

duermo	dormimos
duermes	~~dormís~~
duerme	duermen

Conteste según el modelo.

A Siempre duermo hasta las nueve. ¿Y usted?
No, no duermo hasta las nueve.
¿Y Ricardo? ¿Y María y Luisa? ¿Y ustedes? ¿Y tú?

B 1 ¿Quién duerme hasta las nueve?
2 ¿Duermes tú hasta las nueve?
3 ¿No duerme tu mamá hasta las nueve?
4 ¿Cuándo duerme usted hasta las nueve?

Poder (ue) *to be able to*
Present tense

puedo	podemos
puedes	~~podéis~~
puede	pueden

Conteste según el modelo.

No puedo estudiar ahora. ¿Y Alberto?
No, no puede estudiar ahora.

¿Y tú? ¿Y ustedes? ¿Y ellos?

Conteste.

1 ¿Puede usted estudiar esta noche?
2 ¿Pueden ustedes estudiar mañana?
3 ¿Cuándo pueden ellos estudiar?
4 Podemos estudiar español. ¿Verdad?

Volver (ue) *to return*
Present tense

vuelvo	volvemos
vuelves	~~volvéis~~
vuelve	vuelven

Conteste según el modelo.

Yo vuelvo mañana. ¿Y usted?
También vuelvo mañana.

¿Y Dolores? ¿Y ellos? ¿Y ustedes?

Conteste.

1 ¿Cuándo vuelve usted?
2 ¿Vuelve Dolores en seguida?
3 ¿Quién vuelve mañana?
4 ¿Cuándo volvemos nosotros?

Another verb that changes stem vowel **o** to **ue** is **encontrar** *to find*
(**encuentro**).

The three irregular verbs oír, conocer, and saber

Oír *to hear*
Present tense

oigo	oímos
oyes	oís
oye	oyen

Conteste según el modelo.

Oigo música todas las noches. ¿Y usted?
Sí, también oigo música.

¿Y ustedes? ¿Y nosotros? ¿Y Dolores? ¿Y ellos?

Conteste.

1 ¿Oye usted la música?
2 ¿No oyen ustedes?
3 ¿Oyen ellos la radio?
4 ¿Cuándo oye usted música?

Conocer *to know,*
to be acquainted with
Present tense

conozco	conocemos
conoces	conocéis
conoce	conocen

This **-er** verb is regular in the present except for the first person singular: **conozco.** Other verbs which also change **c** to **zc** before **o** in the **yo** form of the present are **ofrecer** *to offer,* **deducir** *to deduce,* and **conducir** *to drive.*

Conteste.

A Yo conozco a María. ¿Y usted?
No, no conozco a María.

¿Y Carlos? ¿Y Felipe y Ricardo? ¿Y ustedes? ¿Y nosotros?

B 1 ¿Conoce usted a María?
2 ¿Conocen ellos a Ricardo?
3 ¿No conocen ustedes a María?
4 ¿Quién conoce a María?

Saber *to know* (a fact),
or *to have information*
Present tense

sé	sabemos
sabes	sabéis
sabe	saben

Notice that **saber** is regular in the present except for the first person singular.

Conteste según el modelo.

No sé a qué hora comienza la clase. ¿Y usted?
No, no sé.

¿Y Olivia? ¿Y ellos? ¿Y ustedes?

Conteste. **1** ¿Miguel no sabe hablar francés, ¿verdad?
2 ¿Sabe usted la lección?
3 ¿Saben ustedes mucho de España?

Conocer versus saber

Both **conocer** and **saber** mean to know.
Conocer means to be acquainted with a person, place, or thing.
The personal **a** is used before a direct object that is a definite person.

Conozco a María.
No conozco Nueva York.

Saber means to have information about something, or to know a fact or a subject.

Él no sabe a qué hora comienzan las clases.
Yo no sé la lección.
Ella ya sabe francés.

A biology lab for medical students, Universidad Central, Quito, Ecuador.

Forestry students using optical device to estimate volume of lumber in a stand of trees near Medellín, Colombia.

A escoger entre **conocer y saber.**

1 Ricardo no _____ España.
2 María _____ que es difícil.
3 El profesor _____ hablar español.
4 María estudia poco porque _____ mucho.
5 Yo _____ a todos los estudiantes de esta clase.

Direct object pronouns

A direct object pronoun takes the place of a noun used as a direct object. It agrees in number and gender with the noun it replaces.

me	me	nos	us
te	you	os	you
lo	it, you, him	los	them, you
la	it, you, her	las	them, you

María estudia español.   ¿Conoces a María?
María **lo** estudia.   No, no **la** conozco.

Many Spanish-speakers use **le** in place of **lo** as the masculine singular direct object form when referring to persons. This variation is now heard in all regions because of modern population movements.

¿Conoces a Felipe?	Sí, **lo** conozco.
	Sí, **le** conozco.

When an idea or statement, not a simple noun, is being replaced, the direct object pronoun used is always **lo.**

Tienes cursos difíciles.	*You have difficult courses.*	Duermes hasta las nueve.	*You sleep until nine.*
Ya **lo** creo.	*I believe it.*	Ya **lo** sé.	*I know it.*

The direct object pronoun precedes a conjugated verb.

No **las** quiero estudiar.   **Las** necesito.

The direct object pronoun may also follow an infinitive. In this position, it is attached to the infinitive.

Voy a estudiar **español**.   Voy a **estudiarlo**.

Conteste según el modelo.

A ¿Estudia usted español?   **Sí, lo estudio.**
   1 ¿Estudia usted las materias?
   2 ¿Estudia usted los libros?

B ¿Conoce usted a María?   **No, no la conozco.**
   1 ¿Conoce a sus primos?
   2 ¿Conoce a mi amiga?

C ¿Va usted a estudiar español?   **Sí, voy a estudiarlo.**
   1 ¿Va usted a comprar el regalo?
   2 ¿Va usted a estudiar la carrera?

D ¿Quiere usted el libro?   **Sí, lo quiero.**
   1 ¿Quiere usted a su mamá?
   2 ¿Quiere usted a sus primos?

Responda según el modelo.

A ¿Me conoces?   **Sí, te conozco.**
   1 ¿Nos conoces?   2 ¿Me oyes?   3 ¿Nos oyes?   4 ¿Me quieres?

B ¿Puedes oírme?   **Sí, ahora puedo oírte.**
   1 ¿Puedes comprarlos?   3 ¿Puedes escribirlas?
   2 ¿Puedes estudiarlos?

C ¿Tienes el libro?   **No, no lo tengo.**
   1 ¿Conoces al hombre?   4 ¿No estudias historia?
   2 ¿No oyes a la señorita?   5 ¿No aprendes francés?
   3 ¿No quieres a la tía?

Vocabulario suplemental

In the following exercises the names of classes, professions, and places where people work are all *cognates;* that is, they have the same derivation as their English equivalents.

Notice that in Spanish the indefinite article **una** is omitted in the negative: **No tengo clase de biología.**

ॐ

Conteste según el modelo.
A escoger entre **sí** *o* **no.**

¿Tienes una clase de biología?
Sí, tengo una clase de biología.
No, no tengo clase de biología.

música	filosofía	zoología	matemáticas
sociología	geografía	ingeniería	literatura
física	botánica	francés	

Conteste según el modelo.

PROFESOR ¿Dónde trabaja el piloto? el aeropuerto
ESTUDIANTE **El piloto trabaja en el aeropuerto.**

el profesor, la profesora—la universidad
el médico, la médica—el hospital
el dentista, la dentista—la clínica
el policía, la policía—el centro
el veterinario, la veterinaria—la clínica
el mecánico—el garage
el modista, la modista[1]—la tienda

address

from **pesar** *to weigh, conjugated like* **hablar;** *75 kilos, 165 pounds; from* **medir** *to measure; 1.72 meters, 5 feet eight inches*
few

from **escuchar** *to listen to*

▷ LECTURA

Ricardo quiere ser ingeniero

Me llamo Ricardo. Soy estudiante en la Universidad Nacional Autónoma de México. Soy de Guadalajara. Ahora vivo en la capital.

Mi dirección° es calle Morelos 328 (tres veintiocho). Mi teléfono es 542–3367 (cinco cuarenta y dos, treinta y tres sesenta y siete).

Hablo español, italiano, y el inglés un poco. Peso° setenta y cinco kilos° y mido° un metro setenta y dos centímetros.°

Tengo pocos° amigos pero son muy buenos. También tengo una familia muy grande. Todos los domingos comemos en casa. Escuchamos° la radio y vemos un programa de televisión pero la conversación con la familia es lo más importante.

Sigo la carrera de ingeniero. Por eso tengo que estudiar materias muy difíciles.

Tengo un tío que es ingeniero. Es un hombre muy interesante y simpático. Habla mucho de la satisfacción que tiene en su trabajo. Yo también quiero ser ingeniero.

PREGUNTAS SOBRE LA LECTURA

1 ¿Quién es el joven?
2 ¿Cómo se llama?
3 ¿Dónde vive?
4 ¿Cuál[2] es su dirección?
5 ¿Qué número de teléfono tiene?

6 ¿Qué idioma habla?
7 ¿Cuánto mide?
8 ¿Cuánto pesa?
9 ¿Qué carrera estudia?
10 ¿Cuántos amigos tiene?
11 ¿Dónde come los domingos?

[1] *modiste, dressmaker*   [2] *What*

ॐ

Cardinal numbers 30 to 200

ॐ
Repita.

30	treinta	80	ochenta
40	cuarenta	90	noventa
50	cincuenta	100	cien
60	sesenta	101	ciento uno
70	setenta	200	doscientos

Notice that Spanish use of **y** is the opposite of English use of *and* in numbers. Between tens and units, Spanish uses **y,** English does not use *and*. After hundreds, Spanish does not use **y,** English often uses *and*.

31	treinta y uno	*thirty-one*
45	cuarenta y cinco	*forty-five*
101	ciento uno	*one hundred [and] one*
140	ciento cuarenta	*one hundred [and] forty*

Spanish-speakers usually refer to telephone numbers in multiples of ten rather than hundreds or thousands.

542   cinco cuarenta y dos   3367   treinta y tres sesenta y siete

ॐ
Conteste según el modelo.

¿Cuál es tu número de teléfono? *What (which) is your telephone number?* **Es el 542-3367.**

377-3893   203-5852   922-9434

A pay telephone, Mexico City.

ॐ

El sistema métrico[1]

1 kilo (kilogramo) = 2,2 libras (pounds)

Libras a kilos

$$2{,}2 \overline{)\,165 \text{ libras}}^{\,75 \text{ kilos}}$$

Kilos a libras

$$\begin{array}{r} 75 \text{ kilos} \\ \times\ 2{,}2 \\ \hline 165 \text{ libras} \end{array}$$

[1] *The metric system*

Notice that most Spanish-speaking countries use a comma where English uses a period (decimal point): **2,2—dos coma dos.**

45 kg = 100 lbs.   68 kg = 150 lbs.
50 kg = 110 lbs.   80 kg = 176 lbs.
54 kg = 120 lbs.   90 kg = 198 lbs.
59 kg = 130 lbs.   100 kg = 220 lbs.
64 kg = 140 lbs.

Responda a las preguntas.

1   Mi papá pesa 80 kilos. ¿Cuántas libras son?
2   Mi amiga Margarita pesa ciento diez libras. ¿Cuántos kilos son?
3   Mi hermano menor pesa 30 kilos. ¿Cuántas libras son?
4   ¿Cuánto pesa usted? ¿Cuántos kilos son?

1 metro[1] = 3,28 pies[2]
1 pulgada[3] = 2,54 centímetros

Pulgadas a metros y centímetros:

Ricardo mide 5 pies 8 pulgadas, o 68 pulgadas.

$$\begin{array}{r} 68 \text{ pulgadas} \\ \times \quad 2{,}54 \\ \hline 172 \quad \end{array}$$

172   centímetros, o 1 metro 72 centímetros

Centímetros a pies y pulgadas:

Ricardo mide 1 metro 72 centímetros.

68 pulgadas, o 5 pies 8 pulgadas
$2{,}54 \overline{)172}$ centímetros

1 metro = 3′28″
1 metro 50 cm = 5′   1 metro 76 cm = 5′ 10″
1 metro 55 cm = 5′ 2″   1 metro 83 cm = 6′
1 metro 60 cm = 5′ 4″   1 metro 90 cm = 6′ 3″
1 metro 65 cm = 5′ 6″   2 metros = 6′ 7″
1 metro 70 cm = 5′ 8″

Responda a las preguntas.

1   Mi mamá mide un metro cincuenta y ocho centímetros. ¿Cuántos pies y pulgadas son?
2   Mi amiga Margarita mide cinco pies con dos pulgadas. ¿Cuántos metros y centímetros son?
3   Mi hermano mayor mide un metro veintisiete centímetros. ¿Cuántos pies y pulgadas son?
4   ¿Cuánto mide usted? ¿Cuántos metros y centímetros son?

[1] *meter*   [2] *feet*   [3] *inch*

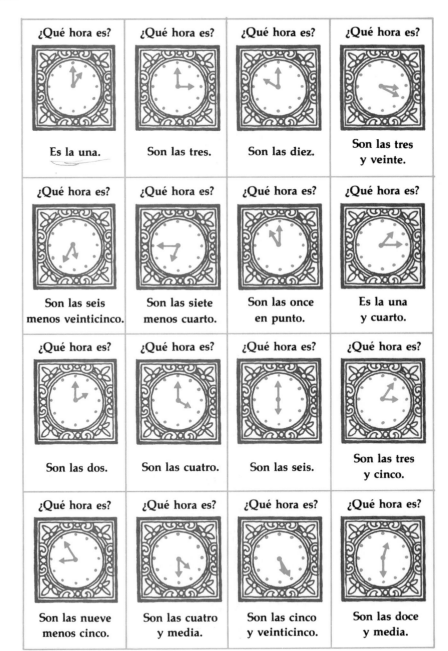

Telling time

clock
el reloj

Conteste.

¿Qué hora es?	¿Qué hora es?	¿Qué hora es?	¿Qué hora es?
Es la una.	Son las tres.	Son las diez.	Son las tres y veinte.
¿Qué hora es?	¿Qué hora es?	¿Qué hora es?	¿Qué hora es?
Son las seis menos veinticinco.	Son las siete menos cuarto.	Son las once en punto.	Es la una y cuarto.
¿Qué hora es?	¿Qué hora es?	¿Qué hora es?	¿Qué hora es?
Son las dos.	Son las cuatro.	Son las seis.	Son las tres y cinco.
¿Qué hora es?	¿Qué hora es?	¿Qué hora es?	¿Qué hora es?
Son las nueve menos cinco.	Son las cuatro y media.	Son las cinco y veinticinco.	Son las doce y media.

ᘐ

Repita y substituya. **A** Es **la una.**

tres, una y media, dos y cuarto, doce

B Son las **seis y diez.**

tres y treinta y cinco, nueve y ventidós, ocho y cinco

ᘐ

Conteste según el modelo.

A PROFESOR ¿Qué hora es?
  ESTUDIANTE **Son las seis menos cuarto de la tarde.**

5:45 P.M.	3:05 P.M.	11:18 A.M.
1:10 P.M.	10:40 P.M.	2:28 P.M.
6:20 A.M.	6:15 P.M.	
8:34 A.M.	10:10 A.M.	

B PROFESOR ¿A qué hora va usted a casa? (10:00 P.M.)
  ESTUDIANTE **Voy a casa a las diez de la noche.**

1 ¿A qué hora va usted a casa? (8:00 P.M.)
2 ¿A qué hora va él a casa? (4:30 P.M.)
3 ¿A qué hora vamos a casa? (9:20 P.M.)
4 ¿A qué hora van ellos a casa? (12:00 P.M.)
5 ¿A qué hora vas a casa? (1:25 A.M.)
6 ¿A qué hora va usted a casa? (3:18 P.M.)

ᘐ

Expresiones de la hora

Either **por** or **en** may be used to express *in* meaning *during.*

Por la mañana.	En la mañana.	*In the morning.*
Por la tarde.	En la tarde.	*In the afternoon.*
Por la noche.	En la noche.	*In the evening.*

When a specific hour or time is mentioned, **de** is required.

A las seis de la mañana.	*At six o'clock in the morning.*
A las cuatro de la tarde.	*At four o'clock in the afternoon.*
A las diez de la noche.	*At ten o'clock in the evening.*

ᘐ

Conteste según el modelo. ¿A qué hora vas a la clase?
Voy a la clase a las dos de la tarde.

1 ¿A qué hora vas a casa?   3 ¿A qué hora vas a estudiar?
2 ¿A qué hora vas a trabajar? 4 ¿A qué hora vas a dormir?

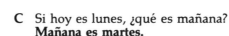

Días de la semana[1]

domingo	*Sunday*	jueves	*Thursday*
lunes	*Monday*	viernes	*Friday*
martes	*Tuesday*	sábado	*Saturday*
miércoles	*Wednesday*		

Use of the definite article for special meanings.

todos los días	*every day*
todos los jueves	*every Thursday*
Los martes tengo dos clases.	*On Tuesdays I have two classes.*
El martes voy al centro.	*On Tuesday I am going downtown.*

Conteste según el modelo.

A Hoy es lunes, ¿verdad?
Sí, señor, hoy es lunes.
(No, señor, hoy no es lunes. Hoy es _____.)

martes	viernes
miércoles	sábado
jueves	domingo

B ¿Vas a la facultad los martes?
Sí, voy a la facultad los martes.

al centro los lunes
a la biblioteca los martes
a la clase los miércoles
a la escuela los jueves
a casa los viernes
al cine los sábados

C Si hoy es lunes, ¿qué es mañana?
Mañana es martes.

sábado	jueves
martes	miércoles
viernes	domingo

D ¿Va usted a la facultad el sábado?
No, no voy a la facultad el sábado.

al centro el lunes	a la escuela el jueves
a la universidad el martes	a casa el viernes
a la clase el miércoles	al cine el sábado

Library, UNAM, Mexico City.

[1] *Days of the week*

Summary of question words

¿Cómo?	How?	¿Cuánto, -os, -a, -as?	How much, how many?
¿Dónde?	Where?	¿Por qué?	Why?
¿Quién?	Who, whom?	¿Adónde?	[To] where?
¿De quién?	Whose?	¿Cuándo?	When?
¿De dónde?	From where?	¿Cuál?	Which? Which one?
¿Qué?	What?		

Note the difference between **¿dónde?**, **¿adónde?**, and **¿de dónde?**

¿Dónde está Ricardo?	Where is Ricardo?
¿Adónde va Luisa?	[To] where is Luisa going? (Indicates motion toward.)
¿De dónde es usted?	Where are you from?

¿Quién? is a pronoun. Its plural form **¿quiénes?** is required when the pronoun stands for more than one person.

Señor, ¿quién es usted?	Sir, who are you (singular)?
Señores, ¿quiénes son ustedes?	Gentlemen, who are you (plural)?
¿De quién es el dinero? ¿Es de Paco?	Whose (singular) is this money? Is it Paco's?
¿De quiénes es el dinero? ¿Es de Paco y María?	Whose (plural) is this money? Is it Paco and María's?

¿Cuál? is also a pronoun. Its plural form is used when the noun to which it directs our attention is plural.

| María, ¿cuál es tu foto? | María, which (one) is your photo? |
| María, ¿cuáles son tus fotos? | María, which (ones) are your photos? |

The interrogative **¿cuánto?** is sometimes an adjective, sometimes a pronoun. It agrees in gender and number with the noun to which it refers or which it modifies.

| Hay muchachas en la clase, pero, ¿cuántas? | There are girls in the class, but how many? |

ફ
Conteste.

1 ¿Adónde vamos a las doce?
2 ¿De dónde son sus padres?
3 ¿Quién es usted?
4 ¿De quién es el libro?
5 ¿De quiénes son los libros?
6 ¿Qué clase tiene a la una?
7 ¿Por qué viene a la universidad?
8 ¿Cuántas personas hay aquí?

1 ¿Qué dice Miguel?
2 ¿Qué dice Alberto?
3 ¿Por qué estudia alemán Alberto?
4 ¿Quién tiene celos?

1 ¿Conoce usted a este estudiante?
2 ¿Qué materias estudia?
3 ¿Por qué?
4 ¿Qué carrera sigue?

1 Tell what is happening.
2 What are they saying?
3 Ask a question.
4 Answer the question.

1 ¿Cuál es la dirección de María?
2 ¿Qué número de teléfono tiene?
3 ¿Cuánto mide?
4 ¿Cuánto pesa?

FORME FRASES COMPLETAS

1 Mis clases _____.
2 El sábado _____.
3 Siempre duermo _____.
4 Los domingos _____.
5 Estudio la lección _____.

FORME PREGUNTAS

1 Sí, los cursos son muy difíciles.
2 Duermo hasta las nueve los domingos.
3 No, no veo televisión todos los días.[1]
4 Escucho la radio todas las noches.
5 Ricardo estudia la historia de los Estados Unidos.

[1] *every day*

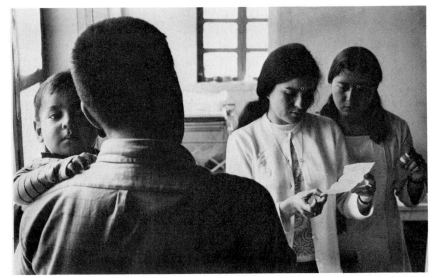

Government health clinic, Guayllabamba, Ecuador. Like all medical school graduates in her country, this doctor must work one year in a rural area before she can obtain a license to practice on her own.

Pregúntele a ———

si va al parque el miércoles o el domingo.
si comienza la clase de español a las diez o a las doce.
si es interesante o no la clase de español.
si es fácil o difícil la lección de español.
si tiene cuatro o cinco clases.
si habla mucho o poco el profesor.
si estudia clases fáciles o difíciles.
si hay quince o veinte estudiantes en la clase.

PREGUNTAS
PERSONALES

1 ¿Son difíciles sus materias de la universidad?
2 ¿Por qué pide usted materias fáciles?
3 Hoy es domingo, ¿verdad?
4 ¿Va usted al cine con su amigo?
5 ¿Qué aprende usted en la clase de español?
6 ¿Por qué no trabaja usted los domingos?
7 ¿Qué carrera sigue usted?
8 ¿Cuántas personas hay en su familia?
9 ¿A qué hora termina la clase de español?
10 Ricardo estudia día y noche, ¿no?
11 Él tiene una clase de biología. ¿Y usted?
12 ¿A qué hora comienza la clase de español?
13 ¿Cuándo duerme usted hasta las nueve?
14 ¿Cuándo vuelve usted a casa?
15 La clase es muy interesante, ¿no?
16 ¿Cuándo oye usted música?

17 ¿Va usted a estudiar la lección ahora?

18 ¿Cuándo ve usted programas de televisión?

19 ¿Quién estudia la historia de los Estados Unidos?

20 ¿Cuál es tu número de teléfono?

TAREAS ORALES

1 Find out from another student what classes he has, if they are easy, when he studies, and when he works. Then report to the group.

2 Tell the class what time it is now, what time your Spanish class starts, when it ends, if it is interesting, if the professor is a man or a woman, and if you study a lot.

3 Tell the class your address, weight, height, what you are studying, and what you want to be.

PROVERBIOS

Quien mucho duerme, poco aprende.	*He who sleeps a lot learns little.*
Adonde el corazón se inclina, el pie camina.	*Where there's a will, there's a way.*
Al hombre osado la fortuna le da la mano.	*Fortune favors the bold.*
El comenzar las cosas es tenerlas medio acabadas.	*Well begun is half done.*

Vocabulario

el **aeropuerto**	*airport*	el **lunes**	*Monday*
la **carrera**	*career, major*	el **martes**	*Tuesday*
la **ciudad universitaria**	*university campus*	**medio**	*half*
conmigo	*with me*	el **miércoles**	*Wednesday*
¿cuál?	*what or which*	**modista:**	
el **curso**	*course*	el, la **modista**	*maker of women's clothing*
¿de quién?	*whose, of whom*	el **papel**	*paper*
el **dinero**	*money*	el **pie**	*foot*
la **dirección**	*address, direction*	**¿por qué?**	*why*
fácil	*easy*	**porque**	*because*
las **felicitaciones**	*congratulations*	la **pulgada**	*inch*
el **grupo**	*group*	la **química**	*chemistry*
la **hora**	*hour*	el **sábado**	*Saturday*
hoy	*today*	**sólo**	*only, solely*
el **jueves**	*Thursday*	el **tiempo**	*time, weather*
la **libra**	*pound*	la **tienda**	*store*
el **libro**	*book*	**varios (-as)**	*various, several*
listo (ser)	*sharp, bright*	el **viernes**	*Friday*

Days of the week

domingo	*Sunday*	**jueves**	*Thursday*
lunes	*Monday*	**viernes**	*Friday*
martes	*Tuesday*	**sábado**	*Saturday*
miércoles	*Wednesday*		

Cardinal numbers

cuarenta	forty	noventa	ninety
cincuenta	fifty	cien	one hundred
sesenta	sixty	ciento uno	one hundred one
setenta	seventy	doscientos	two hundred
ochenta	eighty		

Cognates

la biología	biology	la música	music
la botánica	botany	nacional	national
el centímetro	centimeter	el número	number
el cigarrillo	cigarette	piloto:	
la clínica	clinic	el piloto, la piloto	pilot
dentista:		policía:	
el, la dentista	dentist	el, la policía	police
la filosofía	philosophy	el programa	program
la física	physics	la radio	radio
la foto (fotografía)	photo, photograph	la satisfacción	satisfaction
el garage	garage	el semestre	semester
la geografía	geography	siempre	always
la historia	history	el sistema	system
la ingeniería	engineering	la sociología	sociology
el ingeniero	engineer	el teléfono	telephone
el kilo	kilo[gram]	la televisión	television
la literatura	literature	veterinario:	
las matemáticas	mathematics	el veterinario,	
el mecánico	mechanic	la veterinaria	veterinarian
métrico	metric	la zoología	zoology

Verbs

comenzar (ie)	to begin, commence	poder (ue)	to be able to
dormir (ue)	to sleep	saber (sé)	to know
medir (i)	to measure	salir	to leave
necesitar	to need	seguir (i)	to follow
oír	to hear	terminar	to terminate, end
pedir (i)	to ask	volver (ue)	to return
pesar	to weigh		

Idiomatic expressions

¡Ya lo sé!	I know it!	en seguida	right away
tener celos	to be jealous	esta noche	tonight

LECCIÓN
5

 DIÁLOGO

¿Les gusta la nieve?

En el avión de Aerolíneas Peruanas que llega a Nueva York de Lima. Jim (pasajero) habla con Gloria (azafata) y Anabel (otra azafata).

1 JIM ¿Qué le parece el invierno de Nueva York? A mí me gusta la nieve.

GLORIA Yo, personalmente, prefiero el clima del Perú.

2 JIM Porque hace calor ahí, ¿no?

GLORIA ¡Pensar que en estos momentos en Lima hay flores y mariposas en la plaza!

3 JIM A muchas personas les gusta la nieve para esquiar.

GLORIA Sí, es cierto. En el Perú hay nieve también, pero sólo en la cordillera de los Andes.

4 JIM Lo siento mucho pero en Nueva York hace mucho frío en diciembre.

Esperando el autobús fuera del aeropuerto.

5 JIM Ustedes tienen que cuidarse mucho o se van a resfriar. La temperatura es de 5 grados bajo cero. Y dicen que mañana va a nevar.

ANABEL Con este viento tengo un frío bárbaro.

6 GLORIA Creo que ya estoy resfriada.

JIM Usted necesita un abrigo más pesado.

7 GLORIA ¿De veras? Yo no tengo otro abrigo.

ANABEL No hay problema. Yo te presto uno.

Llega el autobús.

8   JIM   Bueno, señoritas, ahí viene mi autobús. Con permiso. Adiós.

ANABEL   Adiós.

GLORIA   ¡Que le vaya bien!

9   ANABEL   En los Estados Unidos creen que tienen todo. Pues, necesitan una cosa.

GLORIA   Sí, un clima agradable, ¿no?

10   ANABEL   No. ¡Hombres interesantes! Sólo saben hablar del tiempo.

PREGUNTAS SOBRE EL DIÁLOGO

1   ¿De dónde viene el avión?
2   ¿Qué clima prefiere Gloria?

3   ¿Qué hay en la plaza de Lima?
4   ¿Hace mucho frío en Nueva York en diciembre?

5   ¿Qué temperatura hay en Nueva York?
6   ¿Tiene mucho frío Anabel?
7   ¿Quién está resfriada?
8   ¿Quién necesita un abrigo más pesado?

9   ¿Quién va en el autobús?
10   ¿Qué creen en los Estados Unidos?
11   ¿Qué necesitan en los Estados Unidos?
12   ¿Sólo hablan del tiempo los norteamericanos?

AeroPeru

TARJETA DE EMBARQUE
BOARDING PASS

VUELO/FLIGHT

432

Y

ASIENTO/SEAT

Do you like snow?

On the Aerolíneas Peruanas plane which is arriving in New York from Lima. Jim, a passenger, is speaking with Gloria, a stewardess, and Anabel, another stewardess.

JIM   What do you think of winter in New York? I like snow.

GLORIA   I personally prefer the climate of Peru.

JIM   Because it's warm there, right?

GLORIA   To think that at this moment in Lima there are flowers and butterflies in the plaza.

JIM   Many people like the snow for skiing.

GLORIA   Yes, that's true. In Peru there's snow, too, but only in the Andes mountain range.

JIM   I'm sorry but in New York it's very cold in December.

Waiting for the bus outside the airport.

JIM   You have to take good care of yourselves or you will catch cold. The temperature is 5 degrees centigrade below zero. And they say that tomorrow it's going to snow.

ANABEL   With this wind I'm really cold.

GLORIA   I think I've already caught a cold.

JIM   You need a heavier coat.

GLORIA   Really? I don't have another coat.

ANABEL   No problem. I'll lend you one.

The bus arrives.

JIM   Well, ladies, here comes my bus. If you'll excuse me. Good-bye.

ANABEL   Good-bye.

GLORIA   Good luck!

ANABEL   In the United States they think they have everything. They need one thing.

GLORIA   Yes, a nice climate, right?

ANABEL   No—interesting men! They only know how to talk about the weather.

La pronunciación

Spanish g, j, x   Spanish **g** before **e** and **i** and Spanish **j** are pronounced like an English aspirated *h*. Spanish **x** also has this aspirated sound between two vowels in some words.

Julia	Gilberto
México	agente
pasajeros	viaje
Jesusita	generoso

Before the vowels **a, o,** and **u,** Spanish **g** has two pronunciations. At the beginning of an utterance, or after a nasal, it is essentially identical to the English sound *g* in *gum* or *angle.*

gato	tengo	guerra
Guatemala	lengua	ganga

In all other positions, Spanish **g** is pronounced like a relaxed version of English *g* in *sugar* or *beggar.*

hago	San Diego	Hugo
agua	mucho gusto	agosto

Spanish ll, y   In most parts of Latin America, Spanish **ll** is pronounced like the *y* in English *yes*. Spanish **y** between vowels has approximately the same sound.

maravillosa	Nueva York	Se llama Anabel
Ya estoy	Yo no estudio	¿Cómo se llama usted?

Review of Spanish b, v   The letters are pronounced alike. Each has two pronunciations, depending on position.

bárbaro	conversar	vamos
maravillosa	la nieve	se van a resfriar
hombres	ahí viene	un feliz viaje
está bien	mi autobús	vienes al hotel
¿de veras?		

✍ NOTAS CULTURALES

El frío y el viajero. Most Latin American visitors to the United States find it very difficult to adjust to the cold of our large Northern cities. It is a shock for anyone to leave summer in the Southern Hemisphere and fly into winter in the North. But beyond that, Río de Janeiro, Buenos Aires, Santiago, Lima, Bogotá, Caracas, Mexico, and the other metropolises where most Latin Americans live never have snow, so people there do not learn what it is like to shovel snow or cope with ice on the streets. No wonder, then, that visitors from the tropics frequently long to go back to their more ideal climate.

El clima. A widespread belief in the United States is that a tropical or temperate climate makes people less energetic or industrious, and we tend to think of Mexico—and indeed all of Latin America—as a place where people sleep under the palms, have little need for central heating, and generally speaking have a more relaxed way of life. Yet while the weather is generally milder, life in Latin America is no easier for most people, for often they must continually struggle against a wide spectrum of natural forces. Peru, for example, has three principal climatic zones: (1) the dry, hot coastal region where people work long hours irrigating cotton, sugar, and other semitropical crops, (2) the rugged Andean cordilleras where people live at altitudes of over 10,000 feet working in mines or cultivating steeply terraced fields on the mountainsides, and (3) the semitropical slopes and the tropical Amazon region in eastern Peru where people battle the problems of remoteness and the encroaching rain forest as they attempt to

Agricultural terraces, still in use, built by the Incas in the Peruvian Andes.

Woman spinning wool while tending sheep, Pampa de Cangallo, in the Peruvian Andes.

Rain forest and river typical of the tropical interior of South America.

"Limeña"—resident of Lima, Peru.

raise crops and deliver raw materials such as oil and rubber to distant marketplaces.

Los contrastes de clima. The seasons of the year in southern South America are the reverse of our own. The school year there ordinarily begins in March and ends December 21, the day that summer in South America officially begins. The normal excitement felt by students when school is out is thus compounded by the fact that everyone is getting ready for the big Christmas and New Year celebrations. Americans who fly to South America during the Christmas holidays find people spending their leisure time swimming and fishing. Then again, while we are celebrating the Fourth of July in the heat of 35 to 38 degrees centigrade in the North, Santiago and Buenos Aires are experiencing their rainy and windy winters.

The indirect object pronouns

Indirect object pronouns take the place of a noun used as an indirect object. They indicate to whom or for whom something is done or said, etc. Indirect object pronouns are the same in form as the direct object pronouns except in the third person singular and plural.

me	*me*	nos	*us*
te	*you*	os	*you*
le	*him, her, you*	les	*them, you*

They may either precede the conjugated verb or follow and be attached to the infinitive form.

¿Tú **me** prestas un abrigo?	*Will you lend me a coat (a coat to me)?*
Sí, **te** presto un abrigo.	*Yes, I will lend you a coat (a coat to you).*
¿Qué quiere prestar**le** Anabel?	*What does Anabel want to lend her?*
Quiere prestar**le** un abrigo.	*She wants to lend her a coat.*

Spanish sentences often emphasize or clarify the exact meaning of an indirect object pronoun by adding **a** plus the original noun or **a** plus another pronoun.

| ¿Usted les escribe muchas cartas a sus padres? | Do you write many letters to your parents? |
| No, yo no les escribo muchas cartas a ellos. | No, I don't write them many letters. |

Substituya y repita.

1 Él **me** presta un abrigo.
  nos, les, le, te

2 ¿Tú **le** escribes una carta **a Gloria?**
  a él, a ellos, al profesor, a tus hermanas, a mi padre

3 El quiere hablar**le a Rodolfo,** ¿verdad?
  a ellos, a usted, a él, a ustedes, a ella, a María y a Luisa

Cuzco, Peru, altitude 3416 meters, once the administrative capital of the vast Inca Empire, then a center of Spanish colonial civilization and art, now one of the chief tourist attractions in Spanish America.

Conteste según el modelo.

A ¿Le presta Anabel un abrigo a usted?
Sí, me presta un abrigo.

   1 ¿Les presta Anabel un abrigo a ellos?
   2 ¿Le presta Anabel un abrigo a ella?
   3 ¿Me presta Anabel un abrigo?
   4 ¿Nos presta Anabel un abrigo?

B ¿Tú le escribes una carta a Gloria?
Sí, le escribo una carta.

   1 ¿Tú le escribes una carta a él?
   2 ¿Tú le escribes una carta al profesor?
   3 ¿Tú les escribes una carta a tus hermanas?
   4 ¿Tú le escribes una carta a mi padre?

C Él quiere hablarle a Renaldo, ¿verdad?
Sí, quiere hablarle.

   1 Él quiere hablarles a ellos, ¿verdad?
   2 Él quiere hablarle a usted, ¿verdad?
   3 Él quiere hablarles a ustedes, ¿verdad?
   4 Él quiere hablarle a ella, ¿verdad?
   5 Él quiere hablarles a Gloria y a Isabel, ¿verdad?

Prepositional object pronouns

The pronouns used as objects of the prepositions **a, de, para, por, en,** etc., are the same as the subject pronouns except in the first and second persons singular.

mí	*me*	nosotros	*us*
ti	*you*	vosotros	*you*
él	*him*	ellos	*them*
ella	*her*	ellas	*them*
usted	*you*	ustedes	*you*

The forms **mí** and **ti** combine with the preposition **con** *with* to form **conmigo** and **contigo.** The other pronouns do not combine.

Él va conmigo.	*He is going with me.*
¿Va él contigo?	*Is he going with you?*
Él va con ella.	*He is going with her.*

ॐ

Indirect object constructions with **gustar**

me		gusta(n)	nos		gusta(n)
te			os		
le			les		

Gustar is used where English uses the verb *to like*. But the Spanish sentence equivalent to *I like the book* has *book* as the subject rather than *I*. That is because **gustar** really means *to be pleasing*.

Me gusta el libro.   *The book is pleasing to me.* (I like the book.)

The Spanish equivalent of *I like it* has *it* as the subject. The equivalent of *I like them* has *they* as the subject. (As subjects, the equivalents of *it* and *they* are not expressed in Spanish.)[1]

Me gusta el libro.

Me gusta.   *It is pleasing to me.* (I like it.)

Me gustan los libros.

Me gustan.   *They are pleasing to me.* (I like them.)

ॐ

Conteste.
A escoger.

A ¿A ti te gustan las lecciones de español?
Sí, a mí me gustan las lecciones de español.
No, a mí no me gustan las lecciones de español.

a él—los programas de televisión
a ustedes—el calor
a usted—el frío
a nosotros—el profesor
a ellas—los muchachos simpáticos

B ¿A ti te gusta estudiar?
Sí, a mí me gusta estudiar.
No, a mí no me gusta estudiar.

a él—trabajar
a usted—leer
a ellos—escribir
a ustedes—aprender
a nosotros—hablar

C ¿A usted le gusta la nieve?
Sí, me gusta.
No, no me gusta.

el calor   el viento
el frío   la nieve
el sol   la lluvia

[1] As we have seen, when used as an object, the equivalent of *it* is expressed: **Lo estudio** *I study it.*

Stem-changing and -go irregular verbs

Sentir (ie)	siento	sentimos
to feel, to be	sientes	sentís
sorry, to regret	siente	sienten
Present tense		

When used in combination with **lo, sentir** expresses regret: **lo siento** *I'm sorry.*

Conteste según el modelo.

Yo lo siento mucho. ¿Y el piloto?
También lo siente mucho.

¿Y ellos? ¿Y usted? ¿Y nosotros? ¿Y él? ¿Y el señor Smith?

Conteste.

1 ¿Lo siente usted mucho?
2 ¿Lo sienten mucho las chicas?
3 Anabel no lo siente, ¿verdad?
4 ¿No lo siente mucho el profesor?
5 Yo lo siento mucho, ¿y ustedes?

Hacer *to do, to make*	hago	hacemos
Present tense	haces	hacéis
	hace	hacen

Poner *to put*	pongo	ponemos
Present tense	pones	ponéis
	pone	ponen

Salir *to leave*	salgo	salimos
Present tense	sales	salís
	sale	salen

These three verbs are regular in the present tense except for the first person singular.

Substituya y repita.

¿Qué hacen **ustedes?**[1]

ellos, usted, nosotros, Rodolfo, la chica, yo

You may answer a question with **hacer** that asks what you are doing by saying:

No hago nada.[2]

[1] *What are you doing? (What are you making?)*   [2] *I'm not doing anything.*

The Look Of The People

College students in San José, Costa Rica.

A matador in Mexico.

At the Seville Fair.

In the Alameda Park, Mexico City.

Café con leche makes a textbook

But to give a positive answer and supply new information about what you are doing, ordinarily another verb is required.

¿Qué hace usted? Trabajo.
¿Qué hacen ellos? Leen.
¿Qué hace Roberto? Estudia.
¿Qué hace usted los lunes? Los lunes voy a las clases.

Conteste.

1 ¿Qué hacen las chicas?
2 ¿Qué hacen ellos?
3 ¿Qué hace Rodolfo?
4 Y tú, ¿qué haces?
5 ¿Qué hacemos nosotros ahora?

Conteste según el modelo.

¿Qué haces los lunes? Voy a las clases.
Los lunes voy a las clases.

los domingos—voy al parque
los sábados—voy al cine
de noche—estudio español
por la mañana—voy a las clases
por la tarde—trabajo
los martes—voy a la facultad
los miércoles—tengo que trabajar

Expresiones con **tener**[1]

Tengo calor.	*I'm warm.*	Tengo sueño.	*I'm sleepy.*
Tengo sed.	*I'm thirsty.*	Tengo prisa.	*I'm in a hurry.*
Tengo hambre.	*I'm hungry.*	Tengo miedo.	*I'm afraid.*
Tengo razón.	*I'm right.*	Tengo diecinueve años.	*I'm nineteen years old.*
Tengo frío.	*I'm cold.*	Tengo celos.	*I'm jealous.*

These idioms consist of a form of **tener** plus a noun. To modify them, an adjective like **mucho** is used. (Never use the adverb **muy.**)

Tengo mucho frío.	*I'm very cold.*
Tengo mucha prisa.	*I'm in a big hurry.*
Tengo muchos celos.	*I'm very jealous.*

[1] *Expressions with* **tener**

"Arequipeña"—resident of Arequipa, Peru's second largest city.

To use these idioms with a modifier, you must know the gender of the nouns.

el frío	la prisa	el año	el hambre *f* [1]
el sueño	la razón	el celo	
el miedo	la sed	el calor	

Conteste según el modelo.

A Tengo mucha hambre. ¿Y usted?
Yo tengo mucha hambre también.

¿Y ellos? ¿Y ustedes? ¿Y él? ¿Y el profesor?

B ¿Tienes frío ahora?
Sí, tengo mucho frío ahora.
No, ahora no tengo mucho frío.

(el) calor	(el) sueño	(el) hambre *f*	(el) miedo
(la) sed	(la) prisa	(la) razón	

C ¿Cuántos años tiene el profesor?
El profesor tiene veintinueve años.

Rodolfo—26	tu hermano—6
Gloria—20	tu tío—95
Anabel—19	usted—?
su padre—43	

Vocabulario suplemental

bonito	beautiful	la **nieve**	snow
buen tiempo	good weather	**nublado**	cloudy
calor	heat	el **otoño**	autumn
fresco	cool	la **primavera**	spring
frío	cold	el **sol**	sun
el **invierno**	winter	el **verano**	summer
lluvioso	rainy	el **viento**	wind
mal tiempo	bad weather		

El tiempo[2]

¿Qué tiempo hace?	*What's the weather like?*
Hace mal tiempo.	*It's bad weather.*
Hace buen tiempo.	*It's good weather.*
Hace calor.	*It's hot.*
Hace frío.	*It's cold.*

[1] **Hambre** is feminine but it uses the singular form **el. El** is used before all feminine nouns beginning with stressed **a** or **ha.** (Modifying adjectives nevertheless end in **-a. Las** is used in the plural.)

[2] *The weather*

Lección 5

¿Cómo está el día?	*What's the day like?*
Está nublado.	*It's cloudy.*
Está lluvioso.	*It's rainy.*
Está bonito.	*It's beautiful.*
Está fresco.	*It's cool.*
Hace sol.	*It's sunny.*
Hace viento.	*It's windy.*
Hay nieve.	*There's snow.*

Estaciones del año[1]

la **primavera**	*spring*	el **otoño**	*autumn, fall*
el **verano**	*summer*	el **invierno**	*winter*

৯

Conteste.
1. ¿En qué estación hace mucho frío?
2. ¿En qué estación hace mucho calor?
3. ¿En qué estación llueve mucho?
4. ¿En qué estación hace mucho viento?

EL TIEMPO

Por Manuel TOHARIA

INFORMACION BASICA DEL SERVICIO METEOROLOGICO NACIONAL

Tiempo todavía inestable en España, pero con tendencia ya a mejorar gradualmente. Las temperaturas seguirán bajas, subiendo las máximas poco a poco

○ CIELO DESPEJADO
◔ NUBES Y CLAROS
◑ MUCHAS NUBES
● NUBLADO

R TORMENTAS
≡ NIEBLAS
∥ VIENTOS FUERTES
∥ LLUVIAS
✳ NIEVES

[1] *Seasons of the year*

Expresiones con **hacer**

Idiomatic expressions consisting of a form of **hacer** plus a noun may not be translated word for word. (**Hace calor** literally means *it makes heat.*) To modify one of these idioms, the adjective **mucho** is used.

Hace mucho calor.	*It is very hot.*
Hace mucho frío.	*It is very cold.*

Idioms consisting of **hay** plus a noun are also modified by mucho.

Hay mucha nieve.   Hay mucho sol.

Conteste.
A escoger entre **sí** *o* **no.**[1]

1 ¿Hace buen tiempo hoy?
   Sí, hace buen tiempo hoy.
   No, no hace buen tiempo hoy.
2 ¿Hace mal tiempo hoy?
3 ¿Hace mucho sol hoy?

4 ¿Hace viento hoy?
5 ¿Hace calor hoy?
6 ¿Está fresco hoy?
7 ¿Hay nieve hoy?

Conteste.
A escoger entre **sí** *o* **no.**

A 1 Está nublado el día, ¿no?
   Sí, está nublado.
   No, no está nublado.
   2 Está lluvioso el día, ¿no?
   3 Está bonito el día, ¿no?
   4 Está feo el día, ¿no?
   5 Está fresco el día, ¿no?

B 1 ¿Hay mucho sol hoy?
   Sí, hay mucho.
   No, no hay mucho.
   2 ¿Hay mucho viento hoy?
   3 ¿Hay mucha nieve hoy?

Conteste.
A escoger entre **sí** *o* **no.**

1 ¿Llueve mucho aquí?
   No, no llueve mucho aquí.
   Sí, llueve mucho aquí.
2 ¿Nieva mucho aquí?
3 ¿Llueve mucho en Seattle?
4 ¿Nieva mucho en Los Ángeles?
5 ¿Dónde llueve mucho?
6 ¿Dónde nieva mucho?

[1] *Choose between* yes *and* no.

Los meses del año[1]

enero	*January*	julio	*July*
febrero	*February*	agosto	*August*
marzo	*March*	septiembre	*September*
abril	*April*	octubre	*October*
mayo	*May*	noviembre	*November*
junio	*June*	diciembre	*December*

Conteste según el modelo.

PROFESOR ¿En qué mes hace viento?
ESTUDIANTE **Hace mucho viento en marzo.**

1 ¿En qué mes hace mucho frío?
2 ¿En qué mes hace mucho calor?
3 ¿En qué mes hay mucho sol?
4 ¿En qué estación hace buen tiempo?
5 ¿En qué estación hace mal tiempo?
6 ¿En qué estación hay mucha lluvia?
7 ¿En qué estación hay mucha nieve?

La fecha[2]

¿Cuál es la fecha?	*What is the date?*
¿A cuántos estamos?	*What day of the month is it?*
Estamos al quince.	*It's the fifteenth.*

☙ LECTURA

Un piloto peruano

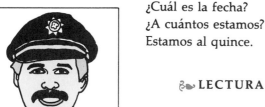

Soy Rodolfo Casós, piloto de Aerolíneas Peruanas. Hablo español y aprendo inglés porque es el idioma universal de los pilotos. Soy de Lima, capital del Perú, y me gusta mucho el clima de ahí° porque no hay nieve y la temperatura normal es de 20 grados centígrado. En Cuzco, que tiene una altura° de 3400 metros, no

the climate there

altitude

[1] *The months of the year* [2] *The date*

near the equator

hay mucha nieve y el clima no es tan severo porque está cerca del ecuador.°

I make trips

oil fields

takes many days in arriving from Lima

Como piloto hago viajes° al Cuzco y también a Tingo María en la zona tropical. En Tingo María no hace mucho calor, y es una región dinámica porque tiene depósitos de petróleo.° El tren tarda muchos días en llegar de Lima.° En avión hago el viaje en dos horas.

entire world

Me gusta mi profesión porque puedo hacer muchos viajes y conocer muchos países de Sud América y del mundo entero.° Prefiero los climas tropicales donde hace calor y no hay nieve.

PREGUNTAS
SOBRE LA LECTURA

1   ¿De dónde es Rodolfo?
2   ¿Qué profesión tiene?
3   ¿Cuál es la temperatura normal de Lima?
4   ¿Hay mucha nieve en Lima?
5   ¿A cuántos metros de altura está el Cuzco?
6   ¿Cuántos pies son más o menos?
7   ¿Dónde está Tingo María?
8   ¿Cuánto tarda el avión en llegar ahí de Lima?
9   ¿Por qué le gusta su profesión a Rodolfo?
10 ¿Qué clima prefiere Rodolfo? ¿Por qué?

Puno, Peru. On the way to a carnival parade.

ᘖ

La temperatura—sistema métrico[1]

	el agua se congela[2]			temperatura del cuerpo humano[3]		el agua hierve[4]	
C	−40	−20	0	20	37	40	100	Celsius (centígrado)
F	−40	−4	32	68	98.6	104	212	Fahrenheit

25°F   25°C

ᘖ

Conteste según el modelo. ¿A qué temperatura hierve el agua?
El agua hierve a cien grados centígrado.

1 ¿A qué temperatura se congela el agua?
2 ¿Cuál es la temperatura normal del cuerpo humano?
3 ¿Qué temperatura tenemos ahora en la clase?
4 ¿Cuál va a ser la temperatura máxima hoy?
5 ¿Cuál es su temperatura favorita?

ᘖ

Conteste.

En Nueva York la temperatura está a veinte grados centígrado. ¿Hace mucho frío?

[1] *The temperature—metric system* [2] *Water freezes.* [3] *Body temperature.* [4] *Water boils.*

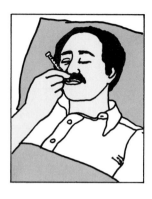

En Lima la temperatura está a veinticinco grados centígrado. ¿Hace mucho frío?

Mi sobrino tiene una temperatura de treinta y ocho grados centígrado. ¿Está muy enfermo?

En Miami la temperatura está a treinta y cinco grados centígrado. ¿Hace mucho frío?

¿Prefiere usted treinta y cinco o cuarenta y cinco grados de temperatura centígrado?

RECAPITULACIÓN DEL DIÁLOGO

1 ¿Es piloto Gloria?
2 ¿Qué trabajo tiene Gloria?
3 ¿Le gusta la nieve a Gloria?
4 ¿Qué prefiere ella?

1 ¿Qué tiene Anabel?
2 ¿Hace mucho frío en Nueva York?
3 ¿Qué temperatura hay?
4 ¿Qué necesita Anabel?

1 What is happening?
2 What are they saying?
3 Ask a question.
4 Make a statement.

FORME FRASES
COMPLETAS

1 ¿Cuántos _____?
2 Hace frío _____.
3 A mí _____.

4 Tengo _____.
5 Me _____.

FORME PREGUNTAS

1 Sí, me gustan los deportes.
2 Hay nieve en el invierno.
3 Tengo diecinueve años.
4 Mi cumpleaños es en el mes de mayo.
5 No, no me gusta cuando hace calor.

BREVES
CONVERSACIONES

Pregúntele a una señorita si le gusta la primavera.
            un muchacho si hace calor ahora.
            una joven si hace buen tiempo ahora.
            un estudiante si tiene sueño.
            al profesor cuántos años tiene.
            una muchacha si tiene hambre.
            un joven si el día está bonito.
            un señor si está resfriado.
            una amiga si le gustan los muchachos simpáticos.

PREGUNTAS
PERSONALES

1 ¿Tiene miedo en la clase de español?
2 ¿Siempre tiene razón el profesor?
3 ¿Le gusta a usted estudiar?
4 ¿Le gusta el otoño?
5 ¿Está usted resfriado?
6 ¿En qué estación está usted más contento?
7 ¿Le gusta la nieve?
8 ¿En qué mes va usted a esquiar?
9 ¿A usted le gusta esquiar?
10 ¿A cuántos estamos hoy?
11 ¿En qué mes es el cumpleaños de su novio (-a)?

Preguntas ᘓ᷒ 117

ENAFER PERU F. C. SUR

TURISMO A MACHUPICCHU

Coche No. 1 6 4 1

Asiento No. 9

INSTITUTO NACIONAL DE CULTURA

CENTRO REGIONAL SUR DE INVESTIGACION Y RESTAURACION DE BIENES MONUMENTALES

PARQUE ARQUEOLOGICO NACIONAL
"MACHUPIJCHU"
CIUDADELA, WIÑAY WAYNA, WAYNA PIJCHU
TEMPLO DE LA LUNA, MUSEO DE SITIO
BOLETO DE INGRESO-TICKET FOR ENTRANCE

FECHA

D. L. 19288 11-1-72

S/. 100,000

N° 87557

Válido por el día de su expedición — Good only for today
Agradecemos su visita, que servirá para la conservación de este Monumento Arqueológico.

Machu Picchu, ruins of an Inca fortress city overlooking the Río Urubamba, hidden on a mountain peak in the central Andes of Southern Peru, rediscovered in 1912 by the American archaeologist Hiram Bingham.

12 ¿Cuándo es su cumpleaños?
13 Cuando hace buen tiempo, ¿adónde va usted?
14 Cuando hace mal tiempo, ¿con quién le gusta estar?
15 ¿Le escribe usted muchas cartas a su novio (-a)?
16 ¿Quiere usted prestarme un abrigo?
17 Voy al centro. ¿Quiere usted venir conmigo?
18 Hoy no hay nieve. Yo lo siento mucho. ¿Y usted?
19 ¿Cuánto mide usted?
20 ¿Cuánto pesa usted?

TAREAS ORALES

1 Tell the class about the weather in the area where you live and why you do or do not like it.
2 Tell the class about your favorite weather and why you like it.
3 Describe in detail the weather conditions today, giving the temperature in Celsius degrees and telling about the wind, snow, and rain.
4 Compare the general weather conditions here and now to those of Buenos Aires.

PROVERBIOS

Después de la lluvia sale el sol.
No hay miel sin hiel.

Lo que no se puede remediar, se ha de aguantar.

Every cloud has a silver lining.
One must take the bitter with the sweet.
What can't be cured must be endured.

118 🐌 Lección 5

Vocabulario

el **abrigo**	coat	el **mes**	month
agradable	pleasant	el **miedo**	fear
el **agua**	water	el **minuto**	minute
el **año**	year	el **momento**	moment
aproximadamente	approximately	**nada**	nothing
el **autobús**	bus	la **nieve**	snow
el **avión**	airplane	**novio:**	
la **azafata**	stewardess	el **novio**	boyfriend
bajo	below	la **novia**	girlfriend
bárbaro	terrible, terrific	**nublado**	cloudy
bonito	nice, beautiful (weather)	**nuevo**	new
el **calor**	heat, warmth	el **otoño**	autumn, fall
la **carta**	letter	**otro**	other, another
el **celo, los celos**	jealousy, suspicion	**pasajero:**	
cierto	sure	el **pasajero,**	
el **clima**	climate	la **pasajera**	passenger
la **cordillera**	mountain range	**personalmente**	personally
la **cosa**	thing	**pesado**	heavy
el **cuerpo**	body	la **primavera**	spring
el **cumpleaños**	birthday	la **prisa**	hurry, rush, haste
la **estación**	season	el **pronóstico**	forecast
la **fecha**	date	**próximo**	next
felicidad	happiness	**pues**	well . . .
la **flor**	flower	la **razón**	reason
fresco	brisk, cool	**resfriado**	cold (sickness)
el **frío**	cold	la **sed**	thirst
fuera	outside	**simpático**	likable, pleasant, nice (people)
el **grado**	degree		
el **hambre**	hunger	el **sol**	sun, sunny
el **invierno**	winter	el **sueño**	sleep
le	to you, to him, to her	**todo**	all
les	to them	**todos, todas**	every, everything, everybody
la **lluvia**	rain	el **trabajo**	work, job
lluvioso	drizzly	el **verano**	summer
la **mariposa**	butterfly	el **viento**	wind, breeze

Months

enero	January	**julio**	July
febrero	February	**agosto**	August
marzo	March	**septiembre**	September
abril	April	**octubre**	October
mayo	May	**noviembre**	November
junio	June	**diciembre**	December

Cognates

capitán:			**máximo**	*maximum*
el capitán,			la **plaza**	*main square, plaza*
la capitana	*captain*		el **problema**	*problem*
el **centígrado**	*centigrade*		el **sistema**	*system*
contento	*content*		la **temperatura**	*temperature*
favorito	*favorite*			
humano	*human*			

Verbs

anunciar	*to announce*		**llegar (gu)**	*to arrive*
aterrizar	*to land*		**llover (ue)**	*to rain*
congelarse	*to freeze*		**nevar (ie)**	*to snow*
creer	*to believe, to think*		**parecer (zc)**	*to appear, to seem*
cuidarse	*to take care of oneself*		**poner (pongo)**	*to put*
desear	*to desire*		**prestar**	*to lend*
esperar	*to wait*		**resfriar**	*to catch cold*
esquiar (í)	*to ski*		**salir (salgo)**	*to leave*
gustar	*to be pleasing to*		**sentir (ie)**	*to feel, to sense*
hervir (ie)	*to boil*			

Idiomatic expressions

de parte de	*on behalf of*		**Tengo frío.**	*I'm cold.*
de veras	*really*		**Tengo hambre.**	*I'm hungry.*
¡qué (te) le vaya bien!	*good luck (may all go well with you)*		**Tengo miedo.**	*I'm afraid.*
de noche	*at night*		**Tengo prisa.**	*I'm in a hurry.*
Tengo calor.	*I'm warm.*		**Tengo razón.**	*I'm right.*
Tengo celos.	*I'm jealous.*		**Tengo sed.**	*I'm thirsty.*
Tengo diecinueve años.	*I'm nineteen years old.*		**Tengo sueño.**	*I'm sleepy.*

Primer Repaso

LECCIONES 1 - 5

1. Negative sentences

Conteste según el modelo.
¿Habla usted español?   **No, no hablo español.**
1 ¿Es usted boliviano?
2 ¿Está en la clase Carlos?
3 ¿Es usted de México?
4 ¿Hablan francés Carlos y Antonio?
5 ¿Va usted al parque el domingo?

2. Question formation

Forme las preguntas.
Sí, son muy simpáticos.   **¿Son simpáticos los muchachos?**
1 Sí, voy a estudiar el lunes.
2 Sí, leemos el periódico todas las noches.
3 Sí, los profesores son buenos.
4 Sí, quiero ir a España.
5 Sí, tengo cuatro hermanos.

3. Days of the week

Responda según el modelo.

DAY OF THE WEEK	WHAT DAY PRECEDES IT?	WHAT DAY FOLLOWS IT?
lunes	domingo	martes
miércoles	————	————
viernes	————	————
domingo	————	————
jueves	————	————
martes	————	————
sábado	————	————

4. Telling time

Responda. ¿Qué hora es? (1) **Son las tres y veinticinco.**

1	3:25 P.M.	**3**	9:50 P.M.	**5**	2:40 A.M.
2	10:30 A.M.	**4**	1:00 A.M.	**6**	4:45 P.M.

5. Possessive adjectives

Responda según el modelo. Luisa tiene un regalo. **Es su regalo.**
1 Tenemos una casa.
2 Ellos tienen amigos.
3 El profesor tiene muchos libros.
4 Ustedes tienen dos mapas.
5 Tú tienes una carta.

6. Direct object pronouns

Conteste según el modelo. ¿Oye usted la música? **Sí, la oigo.**
1 ¿Lee usted el periódico?
2 ¿Escribe usted las cartas?
3 ¿Hace usted el trabajo?
4 ¿Ve usted televisión?
5 ¿Estudia usted la lección?

7. Ser **versus** estar

A escoger entre María _____ simpática.
ser *y* **estar.**[1] _____ aquí.
_____ una muchacha inteligente.
_____ chilena.
_____ bien.
_____ secretaria.
_____ en México.
_____ enfermera.
_____ de California.

[1] *Choose between* **ser** *and* **estar.**

8. Contraction of de + el

A escoger entre **del, de la, de los, de las.**

Yo soy amigo del chileno.
_____ mexicanos.
_____ muchacha.
_____ estudiante.
_____ muchachas.

9. Contraction of a + el

A escoger entre **al, a la, a los, a las.**

Voy al centro.
_____ universidad.
_____ clases.
_____ oficina.
_____ banco.

10. Interrogative words

Dé el equivalente en español de las palabras subrayadas.[1]

1 <u>Where</u> are you going?
2 <u>Where</u> is Alfredo?
3 <u>What</u> do you learn?
4 <u>Who</u> is that young man?
5 <u>Where</u> are you <u>from</u>?

6 <u>How many</u> sisters do you have?
7 <u>What</u> is your name?
8 <u>Why</u> do you work?
9 <u>How</u> are you?
10 <u>At what time</u> do you eat?

11. General review of articles and personal a

Dé el equivalente en español.

1 Luisa likes snow.
2 Rodolfo prefers a tropical climate.
3 Hortensia is looking for Renata.
4 They are going to write us a letter.
5 He is sorry but he works on Sundays.
6 We have to study tonight.
7 What time do you have?
8 She doesn't know the lesson today.
9 Does she take a siesta every day?
10 What is her major?

[1] *Give the Spanish equivalent for the underlined words.*

12. Adjectives of nationality

Responda según los modelos.

Juan es de Guadalajara.
Sí, es mexicano.

María y Luisa son de Nueva York, ¿no?
Sí, son americanas.

1 Rodolfo es de Lima, ¿no?
2 Rosa es de Lisboa, ¿no?
3 Luisa es de Santiago, ¿no?
4 Luis es de Río de Janeiro, ¿no?
5 María es de Roma, ¿no?

13. Stem-changing verbs

1 **e** to **ie: pensar, tener, venir, querer, sentir**
Give the present tense of **querer (ie).**

2 **o** to **ue: dormir, encontrar, poder, volver**
Give the present tense of **poder (ue).**

3 **e** to **i: decir, seguir, vestirse, pedir**
Give the present tense of **pedir (i).**

14. Stem-changing and irregular verbs

Dé la forma apropiada del verbo.[1]

1 (pensar) Yo _____ que el amor es importante.
2 (volver) Alejandro dice que _____ mañana.
3 (estar) Sus hermanos _____ aquí.
4 (tener) Yo _____ que comprar un regalo.
5 (ir) Nosotros _____ al parque hoy.

15. Adjective and noun agreement

Dé la forma apropiada del adjetivo.

1 (simpático) Los muchachos son _____.
2 (interesante) Las lecciones son _____.
3 (rico) Es una muchacha _____.
4 (contento) La profesora está muy _____.
5 (difícil) La clase no es muy _____.
6 (bueno) El doctor Méndez es un médico _____.
7 (enfermo) Maricarmen y Luisa están _____.

---

[1] *Give the appropriate form of the verb.*

16. Use of articles and names of languages

Conteste según el modelo.

¿Qué idioma hablan en Alemania?[1]
Hablan alemán.

en Italia?	en Portugal?
en México?	en el Brasil?
en Francia?	en España?

IDIOMA	NACIÓN	NACIONALIDAD
El español	España	español *m*, española *f*
El español	México	mexicano (-a)
El español	El Perú	peruano (-a)
El francés	Francia	francés, francesa
El alemán	Alemania	alemán, alemana
El italiano	Italia	italiano (-a)
El portugués	Portugal	portugués, portuguesa
	El Brasil	brasilero (-a)
El español	La Argentina	argentino (-a)

17. Seasons of the year

Conteste.

1 ¿En qué mes hace más frío en Nueva York?
2 ¿En qué mes hace más frío en Buenos Aires?
3 ¿Cuándo hace más calor en Lima, Perú?
4 ¿En qué meses pueden esquiar en Chile?
5 ¿Hay mucha nieve en Puerto Rico?

[1] Germany

ॐ► DIÁLOGO

¡Qué bonito es descansar!

1	JORGE	Alfredo, ¿estás listo? ¡Ya es hora de salir para la boda!
	ALFREDO	Ah, un momentito. Ya me levanto.
2	JORGE	¿Cómo? ¿Ahora te levantas de la siesta? ¿No te das cuenta de que te casas en dos horas?
	ALFREDO	Precisamente por eso me hace falta una buena siesta.
3	JORGE	Siempre estás atrasado. Tienes que vestirte rápido.
	ALFREDO	De acuerdo. Ahora me baño, me afeito, me lavo los dientes con calma y. . . .
4	JORGE	Y después de vestirte vas a leer el periódico, ¿no?
	ALFREDO	¡Tranquilo! ¡tranquilo! Hay tiempo para todo.
5	JORGE	Yo, en cambio, me acuesto temprano, me levanto temprano y ando corriendo todo el día.
	ALFREDO	En mi casa tenemos costumbre de trabajar mucho, pero sabemos gozar de la vida también.
6	JORGE	Bueno, es que en el mundo de hoy no hay tiempo.
	ALFREDO	Te vas a morir joven, Jorge. Hay que descansar un poco también.
7	JORGE	Después de casarte vas a cantar otro canto.
	ALFREDO	No señor. Julia y yo estamos de acuerdo en que hay que disfrutar de la vida.
8	JORGE	Bueno, vamos, joven. Si no te apuras, no vas a disfrutar de la vida ni de la boda tampoco.

1   ¿Adónde van Jorge y Alfredo?
2   ¿Quién se casa?
3   ¿Cuándo se casa?
4   ¿Por qué le hace falta una siesta a Alfredo?

5   ¿Qué significa "atrasado"?
6   ¿Qué tiene que hacer Alfredo?
7   ¿Se lava los dientes con calma?
8   ¿Quién cree que hay tiempo para todo?

9   ¿Se acuesta temprano Jorge?
10 ¿Trabajan mucho en casa de Alfredo?
11 ¿Cuándo va a cantar otro canto Alfredo?
12 ¿En qué están de acuerdo Julia y Alfredo?

How nice it is to rest!

JORGE   Alfredo, are you ready? It's time to leave for the wedding!

ALFREDO   Oh, just a minute. I'm getting up now.

JORGE   What? Now you're getting up from a nap? Don't you realize you're getting married in two hours?

ALFREDO   That's exactly why I need a good nap.

JORGE   You're always late. You'll have to get dressed fast.

ALFREDO   Agreed. Now I'll bathe, shave, calmly brush my teeth, and. . . .

JORGE   And after you get dressed you're going to read the newspaper, right?

ALFREDO   Easy. Easy. There's time for everything.

JORGE   I, on the other hand, go to bed early, get up early, and go full speed all day long.

ALFREDO   In my house, we are accustomed to working a lot, but we know how to enjoy life, too.

JORGE   Well, it's that in today's world there isn't time.

ALFREDO   You're going to die young, Jorge. One has to rest a little also.

JORGE   After you get married you'll sing another tune.

ALFREDO   No sir, Julia and I agree that you have to enjoy life.

JORGE   Well, let's go, young man. If you don't hurry, you're not going to enjoy life nor your wedding either.

La pronunciación

Spanish ñ   This sound is similar to English *ni* in *onion*. However, the middle of the tongue, not the tip, makes contact with the roof of the mouth.

me baño	mañana	diecinueve años
señor	español	España

Café con leche. In Spanish-speaking countries the day usually starts with a continental breakfast of **café con leche** (coffee mixed with milk) and rolls, not the big breakfast eaten in the United States.

Las horas de comer. The principal difference between the daily schedule of Americans and the people of the Hispanic world is the time and nature of the noon and evening meals. The great majority of people in Spain and Latin America are away from work for from two to four hours for the noon meal and eat dinner much later than we do. At noon buses, subways, and taxicabs are extremely busy carrying people to their homes for a large midday meal, after which many quietly relax with their family before returning to work at 3:00 or 3:30 P.M.

The great shopping streets in the Hispanic world—most notably Buenos Aires' stylish Calle Florida, Madrid's Gran Vía, and Mexico City's Avenida Juárez—are filled to overflowing with shoppers and strollers from 4:00 P.M. until 7:30 or 8:00 in the evening. Whereas Americans tend to be home for supper at six o'clock, Hispanic citizens are still downtown shopping or busy in the office until after seven in the evening. Dinner accordingly comes

A family in Spain enjoys a relaxed breakfast on the terrace.

at a much later hour, especially in Spain, where the evening meal tends to begin after 9:00 P.M. The American tendency just to "grab a bite" for lunch and to eat the evening meal on a first-come, first-served basis stands in sharp contrast to the Hispanic routine of a leisurely midday **comida** and a more formal evening **cena** with the whole family present.

The reflexive construction

In a reflexive construction, the action of the verb is often directed back upon the verb's subject.

Me afeito.   *I shave myself.*

When a verb is used reflexively, it is used with a reflexive pronoun that corresponds to its subject. The English reflexives are the **-self** words like *myself, themselves.* The Spanish reflexive pronouns are as follows.

SUBJECT	REFLEXIVE	
yo	me	*myself*
tú	te	*yourself*
él		*himself*
ella	se	*herself*
usted		*yourself*

SUBJECT	REFLEXIVE	
nosotros, -as	nos	*ourselves*
vosotros, -as	os	*yourselves*
ellos		
ellas	se	*themselves*
ustedes		*yourselves*

Notice that the reflexive pronouns are the same as the object pronouns except in the third person.

THIRD-PERSON PRONOUNS		
Reflexive	*Indirect object*[1]	*Direct object*
se	le les	lo los
		la las

[1]**Se** is substituted for **le** and **les** in one situation, examined in Lesson 7.

Reflexive pronouns, like other object pronouns, are either placed before the conjugated verb form (**me levanto, me estoy levantando**) or attached to the end of an infinitive, present participle, or—as we shall see in Lesson 7—a command form.

Quiero levantarme.	*I want to get up.*
Estoy levantándome.	*I'm getting up.*

When used together with another object pronoun, the reflexive pronoun always comes first.

Me lavo las manos.   **Me las lavo.**

In vocabulary lists, a reflexive-pronoun **-se** attached to an infinitive indicates that the verb can be used reflexively: **lavarse.** The following verbs are generally used in the reflexive. (Notice that the equivalents in English for these verbs do not happen to be reflexive.)

La Universidad de Barcelona.

Me despierto a las seis.	*I wake up at six.*
Me levanto a las seis y media.	*I get up at six-thirty.*
Se acuesta a las once.	*He goes to bed at eleven.*
Jorge se viste rápido.	*He dresses quickly.*
Nos lavamos las manos.	*We wash our hands.*
Me siento.[1]	*I sit down.*
Jorge se afeita.	*Jorge shaves.*
Ella no se queda.	*She's not staying.*

In the sentence **Me lavo las manos,** Spanish uses the definite article **las** where English uses the possessive *my*. In Spanish the definite article is used when one refers to parts of his own body. **Me lavo las manos,** equivalent to English *I wash my hands,* literally means *I wash myself the hands.* Some verbs become more emphatic or change their meaning when used reflexively.

NONREFLEXIVE		REFLEXIVE	
ir	*to go*	**irse**	*to go away*
comer	*to eat*	**comerse**	*to eat up, devour*
dormir	*to sleep*	**dormirse**	*to fall asleep*
llevar	*to carry*	**llevarse**	*to carry off*
poner	*to put*	**ponerse**	*to put on*

Se lo come todo.	*He eats it all up.*
Juan **se duerme** en la clase.	*John falls asleep in class.*

---

[1] From **sentarse.**

Model reflexive verbs

Lavarse *to wash* **Present tense**	me lavo	nos lavamos
	te lavas	os laváis
	se lava	se lavan

Levantarse *to get up* **Present tense**	me levanto	nos levantamos
	te levantas	os levantáis
	se levanta	se levantan

In the following exercise three verbs are regular. The others have the stem changes indicated.

Conteste. A escoger entre **sí** *o* **no.**

Lavarse
Yo me lavo las manos. ¿Y ustedes? ¿Y ellos?

Levantarse
Ellos se levantan temprano. ¿Y usted? ¿Y Jorge?

Dormirse (ue)
No me duermo en la clase. ¿Y el profesor? ¿Y ella?

Despertarse (ie)
El no se despierta a las seis. ¿Y nosotros? ¿Y usted?

Sentarse (ie)
Nos sentamos aquí. ¿Y ustedes? ¿Y ellos?

Acostarse (ue)
Siempre nos acostamos tarde. ¿Y ella? ¿Y ustedes?

Afeitarse
Alfredo se afeita con calma. ¿Y Jorge? ¿Y ellos?

Vestirse (i)
Los chicos se visten rápido. ¿Y usted? ¿Y Alfredo?

Conteste.

1 ¿A qué hora se despierta usted?
2 ¿Cuándo se levanta?
3 ¿Se acuesta usted temprano?
4 ¿Quién se duerme en la clase?
5 ¿Tiene usted tiempo para sentarse en casa?
6 ¿Cómo se viste Alfredo?
7 ¿Quiere lavarse las manos?
8 ¿Le gusta levantarse?
9 ¿Cómo se afeita Alfredo?
10 ¿Se queda usted aquí esta noche?

Several cafés in the Plaza Mayor, Madrid, set up chairs in front of their establishments during the warm months of summer.

The present progressive

A present participle is a form of the verb. In English it ends in *-ing*, in Spanish it ends in **-ndo.**

hablando   *speaking*

The present progressive tense consists of a present tense form, usually of **estar,** plus the present participle.

Estoy hablando.   *I am speaking.*

The tense places emphasis on the fact that the action indicated is in progress at the present time.

Estoy estudiando la lección.   *I'm studying the lesson* (right now).
Él está escribiendo una carta.   *He's writing a letter.*

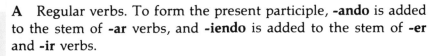

The present participle

A Regular verbs. To form the present participle, **-ando** is added to the stem of **-ar** verbs, and **-iendo** is added to the stem of **-er** and **-ir** verbs.

habl-ar   **habl-**ando
aprend-er   **aprend-**iendo
viv-ir   **viv-**iendo

B When the stem of an **-er** or **-ir** verb ends in a vowel, the present participle ending becomes **-yendo.**

traer—trayendo   *bringing*   leer—leyendo   *reading*
caer—cayendo   *falling*   oír—oyendo   *hearing*
creer—creyendo   *believing*

C Some **-ndo** forms are irregular in the vowel of the stem.

venir—viniendo   poder—pudiendo
decir—diciendo   vestir—vistiendo
dormir—durmiendo

D Reflexive and object pronouns may either be attached to the end of the present participle, becoming part of the verb, or be placed before the conjugated form of **estar.**

Estoy lavándo**me.**   **Me** estoy lavando.
Estamos aprendiéndo**lo.**   **Lo** estamos aprendiendo.
Está lavándo**se.**   **Se** está lavando.

When a pronoun is attached to the participle, an accent must be written on the stressed vowel of the participle to show that its pronunciation does not change. For example, the participle **lavando** is stressed on the next to the last syllable. When a pronoun is added, an accent must be placed on that syllable **(lavándolo),** since the stressed syllable is no longer next to last.

Conteste según el modelo.

A Alfredo está leyendo. ¿Y usted?
Sí, estoy leyendo también.

¿Y nosotros? ¿Y ella? ¿Y ustedes? ¿Y yo?

B Estamos estudiando. ¿Y usted?
Sí, estoy estudiando.

¿Y él? ¿Y ellos? ¿Y yo? ¿Y ustedes?

Responda según el modelo.

A Leo el libro.
Estoy leyendo el libro.

Ellos estudian español.   Aprendemos mucho.
El trabaja ahora.   Digo la verdad.
Desayuno en casa.

B ¿Está comiendo?
Sí, estoy comiendo.

estudiando   escuchando
cenando   almorzando
hablando

C ¿Está usted aprendiendo la lección?
Sí, la estoy aprendiendo.

escribiendo la carta   haciendo el trabajo   durmiendo la siesta

D ¿Está usted levantándose?
No, no me estoy levantando.

vistiéndose   acostándose   afeitándose

Hay que and tener que

Hay que is always used with an infinitive; in meaning it is equivalent to *one must, it is necessary to.* **Tener que** is also used with an infinitive. It connotes greater personal obligation.

Hay que acostarse temprano.   *One must go to bed early.*
Tengo que acostarme temprano.   *I've got to go to bed early.*

Conteste según el modelo.

A ¿Te acuestas temprano?
Sí señor, hay que acostarse temprano.

¿Te levantas temprano?
¿Te despiertas temprano?
¿Te vistes temprano?

B ¿Vas a estudiar mucho?
Sí, hay que estudiar mucho.

¿Vas a aprender mucho?
¿Vas a trabajar mucho?
¿Vas a hablar mucho?

C ¿Tienes que llegar temprano?
Sí, hay que llegar temprano.

¿Tienes que salir temprano?
¿Tienes que desayunar temprano?
¿Tienes que venir temprano?

ह

Conteste según el modelo. ¿Qué haces después de despertarte? (levantarse)
Después de despertarme, me levanto.

> después de levantarte (bañarse)
> después de vestirte (desayunar)
> después de desayunar (lavarse los dientes)
> después de lavarte los dientes (salir de casa)
> después de salir de casa (llegar a la universidad)
> después de llegar a la universidad (ir a las clases)
> después de ir a las clases (almorzar)
> después de almorzar (ir al trabajo)
> después de trabajar (ir a casa)
> después de ir a casa (cenar con la familia)
> después de cenar con la familia (estudiar)
> después de estudiar (acostarse)

Conteste según el modelo.

A ¿Aprende usted la lección?
Sí, la aprendo.

1 ¿Estudia usted el español?
2 ¿Lee usted el libro?
3 ¿Necesita usted el lápiz?

4 ¿Conoce usted a María?
5 ¿Tiene usted la música?

B ¿Habla usted español?
Sí, estoy hablándolo.

1 ¿Oye usted la música?
2 ¿Aprende usted la lección?
3 ¿Dice usted la verdad?

4 ¿Busca usted la biblioteca?
5 ¿Estudia usted la geografía?

C ¿Conoce usted a Antonio?
No, pero quiero conocerlo.

1 ¿Lee usted el periódico?
2 ¿Tiene usted el abrigo?
3 ¿Aprende usted el francés?

4 ¿Estudia usted la filosofía?
5 ¿Escucha usted la radio?

Vocabulario suplemental

ADJETIVOS DE PERSONALIDAD—CONTRASTES[1]

The adjectives that change in the feminine are marked with an **-a.**

ambicioso, -a	*ambitious*	**perezoso, -a**	*lazy*
optimista	*optimistic*	**pesimista**	*pessimist*
fuerte	*strong*	**débil**	*weak*
capaz[2]	*capable*	**incapaz**[2]	*incapable*
tranquilo, -a	*calm*	**nervioso, -a**	*nervous*
		flojo, -a	*lazy*

[1] *Adjectives of personality—contrasts*
[2] Note the spelling of the plural forms: **capaz, capaces; incapaz, incapaces.**

Complete las frases.

1 Una persona que trabaja mucho es _____.
2 Un estudiante que no estudia es _____.
3 El _____ cree que todo va mal.
4 El _____ cree que todo va bien.
5 Una persona que no puede estar tranquila es _____.
6 Un estudiante que no puede hacer nada es _____.
7 Un chico flojo no es muy _____.
8 Una persona _____ no es muy fuerte.

Conteste.

1 ¿Es usted ambicioso o perezoso?
2 ¿Sus amigos son optimistas o pesimistas?
3 ¿Su hermano es fuerte o débil?
4 ¿Usted es nervioso o tranquilo?
5 ¿Es usted una persona capaz o una persona incapaz?
6 ¿Tiene usted complejo de inferioridad?

LECTURA

El ambicioso[1]

journalist; people

Soy Jorge Acuña. Soy de Barcelona y vivo solo aquí. Soy estudiante en la Universidad de Madrid. Estoy estudiando idiomas y literatura porque quiero ser periodista°. Me interesa mucho la gente° y me gusta escribir.

newspaper
at night

Trabajo durante el día en las oficinas de *Ya*, un diario° importante de Madrid. De noche° voy a las clases de la universidad.

Soy un poco perezoso y flojo como todos pero yo sé que si uno quiere tener seguridad económica tiene que prepararse bien.

some

I am a very strong personality
slave of the clock; The fact is

dreams

Algunos° de mis amigos creen que soy optimista y ambicioso. Otros creen que soy egoísta. Es cierto que soy de carácter un poco fuerte° como mi papá. Él es una persona nerviosa pero muy capaz. Siempre está trabajando y es un esclavo del reloj.° De verdad° muchas veces tengo un complejo de inferioridad. No soy completamente pesimista porque tengo mis ilusiones.°

[1] *The ambitious one*

I dream of being, one day, editor and owner; my own publishing firm

I hope not

Sueño con ser, algun día, redactor y dueño° de mi propia casa editorial° y publicar las cosas que me gustan. ¿Quién sabe si sólo son ilusiones? Espero que no.°

PREGUNTAS SOBRE LA LECTURA

1 ¿Qué quiere ser Jorge?
2 ¿Cuáles son las cosas que le gustan a Jorge?
3 ¿Es perezoso Jorge?
4 ¿Cómo es el papá de Jorge?
5 ¿Tiene complejo de inferioridad Jorge?
6 ¿Qué ilusiones tiene Jorge?

(Left) The Gran Vía, one of the principal streets in the older or central section of Madrid, lined with fashionable shops, theaters, bookstores, and cafés. (Right) Calle Florida, a 12-block shopping mall created in the heart of downtown Buenos Aires, another great Hispanic fashion center.

RECAPITULACIÓN
DEL DIÁLOGO

1 ¿Qué está haciendo Alfredo?
2 ¿Le gusta descansar?
3 ¿Por qué tiene que levantarse?
4 ¿Qué dice Alfredo?

1 ¿Qué está haciendo Jorge?
2 ¿A qué hora se levanta Jorge?
3 ¿Por qué no está tranquilo Jorge?
4 ¿Qué dice Jorge?

1 ¿Qué dice Julia?
2 ¿Qué dice Alfredo?
3 ¿Qué van a hacer?

FORME FRASES
COMPLETAS

1 ¿Se lava _____?
2 ¿Tiene usted que _____?
3 ¿Qué haces _____?
4 ¿Jorge va _____?
5 ¿Hay que _____?

FORME PREGUNTAS

1 Me levanto a las seis.
2 Sí, las muchachas se visten rápido.
3 Estoy escribiendo una carta.
4 Después de levantarme me baño.
5 Descanso todos los días.

BREVES
CONVERSACIONES

Pregúntele a _____ a qué hora se despierta.
a qué hora se levanta.
a qué hora se viste.
si se lava los dientes después del desayuno.
si sale de casa después de cenar.
si llega temprano a la facultad.
si almuerza en el restaurante.
a qué hora se acuesta.

1 ¿A qué hora se levanta usted?
2 ¿Qué hace usted después de levantarse?
3 ¿A qué hora tiene usted que estar en la clase?
4 ¿Tiene usted miedo de la noche? ¿Por qué?
5 ¿Se lava usted los dientes todas las mañanas?
6 ¿Tiene usted que trabajar por la tarde?
7 ¿Come usted siempre en el restaurante?
8 ¿Qué hace usted después de las clases?
9 ¿A qué hora se acuesta usted?
10 ¿Estamos aprendiendo la lección?
11 ¿Está usted escribiendo una carta ahora?
12 ¿Qué hace usted después de cenar?
13 ¿Siempre llega usted temprano a la universidad?
14 ¿Descansa usted por la tarde?
15 ¿Hay que acostarse temprano?
16 ¿A usted le gusta la siesta?
17 ¿Tiene usted que estudiar mucho?
18 ¿Tiene usted que despertarse temprano?

TAREAS ORALES

1 Tell all you can about your morning routine in getting up and getting ready to leave for the day.
2 Tell all you can about your daily class schedule and the classes you like.
3 Tell all you can about your work or after-class activities.
4 Describe yourself and your friends by using at least three adjectives for each.

PROVERBIOS

Más vale tarde que nunca.
Antes que ates, mira qué desates.
El día que te casas, o te matas o
  te sanas.

Better late than never.
Look before you leap.
The day you marry you either kill
  yourself or save yourself.

Vocabulario

el **almuerzo**	lunch	la **cena**	supper
ambicioso	ambitious	la **comida**	food, noon meal
atrasado	late	el **complejo**	complex
la **boda**	wedding	el **contrato**	contract
el **canto**	song, tune	la **costumbre**	custom
capaz	capable	**débil**	weak

The Look Of Life

Dancing at Carnival,
Baranquilla, Colombia.

Bookstore in Colombia

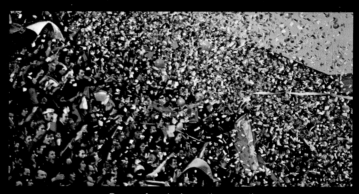

Soccer fans in Argentina greeting
their team.

At a **tapas** bar in Seville.

A Mexican family visiting the
archaelogical site of Teotihuacan near
Mexico City.

Sidewalk café, La Paz, Bolivia.

Chile vendor in Mexico.

Architectural conference in
Caracas, Venezuela.

el **desayuno**	breakfast	el **momentito**	moment
después	after, afterward, later	el **mundo**	world
los **dientes**	teeth	**perezoso**	lazy
flojo	loose, lax, lazy	el **periódico**	newspaper
fuerte	strong	**precisamente**	precisely, exactly
incapaz	incapable	**temprano**	early
la **leche**	milk	**ya**	now, right away, already
listo (estar)	ready		

Cognates

el **adjetivo**	adjective	la **personalidad**	personality
la **calma**	calmness	**pesimista:**	
el **contraste**	contrast	el, la **pesimista**	pessimist
la **inferioridad**	inferiority	**rápido**	quick, rapid, fast
nervioso	nervous	la **siesta**	siesta, nap
optimista:			
el, la **optimista**	optimist		

Verbs

acostarse (ue)	to go to bed	**disfrutar**	to enjoy
afeitarse	to shave (oneself)	**dormir (ue)**	to sleep
almorzar (ue)	to lunch	**dormirse (ue)**	to fall asleep
apurarse	to hurry	**gozar (c)**	to enjoy
bañarse	to take a bath	**irse (me voy)**	to go away
caer (caigo)	to fall	**lavarse**	to wash (oneself)
cantar	to sing	**levantarse**	to get up
casarse	to get married	**llevarse**	to carry off
cenar	to eat dinner, to dine	**morirse (ue)**	to die
comerse	to eat up, devour	**ponerse (me pongo)**	to put on (oneself)
desayunarse	to eat breakfast	**quedarse**	to stay, remain
descansar	to rest	**sentarse (ie)**	to sit down
despertarse (ie)	to awaken	**vestirse (i)**	to dress (oneself)

Idiomatic expressions

tranquilo	tranquil, calm; also take it easy	**darse cuenta de**	to realize, to be aware of
		de verdad	really, honestly
en cambio	on the other hand	**quiere decir**	to mean
hacer falta	to be needed, to be lacking	**es que**	it's that
hay que	one must, it is necessary to	**estar de acuerdo**	to agree
ando corriendo	I'm off and running		

≳ DIÁLOGO

Vamos al baile de Año Nuevo

Los jóvenes se preparan para ir al gran baile de gala en el Club Embajador. Elena va a la casa de la modista para recoger un vestido nuevo hecho a la medida.

1 ELENA   ¿Se puede?

   TERESA   ¡Cómo no! Pase y siéntese.

2 ELENA   Perdone usted la molestia a la hora de comer.

   TERESA   No se preocupe, ya le traigo el vestido.

3 ELENA   Quiero probármelo. ¿Está bien? Lo voy a llevar al baile, pero es también para el día de mi santo.

   TERESA   Sí, póngaselo. Le va a gustar. Es de última moda.

4 ELENA   Quiero cambiar de vida. Ya no me gusta tanto llevar sólo pantalones, camisa y sandalias.

   TERESA   Con ese vestido va a causar sensación en el baile. Le queda muy bien.

5 ELENA   Muchas gracias. Ahora, en cuanto al dinero. . . . Usted le manda la cuenta a mi mamá. ¿Verdad?

   TERESA   Sí, no tenga usted cuidado. Adiós.

6 ELENA   Hasta luego, y buen provecho.

     ≳

Juan y Samuel están en su residencia vistiéndose de smoking.

7 JUAN   ¡Con ese smoking pareces un pingüino hecho y derecho!

   SAMUEL   Dicen que aunque la mona se vista de seda, mona se queda.

8 JUAN   Estás muy elegante. No van a saber que eres un mono.

	SAMUEL	¿Sabes una cosa? Necesito unos zapatos negros y no tengo.
9	JUAN	No hay problema. Llevamos el mismo tamaño y tengo dos pares.
	SAMUEL	¿Puedes prestármelos?
10	JUAN	¡Cómo no! Te los doy en seguida.
	SAMUEL	¡Eres un gran amigo! Muchísimas gracias.
11	JUAN	No hay de qué.

PREGUNTAS
SOBRE EL DIÁLOGO

1 ¿A qué baile van los jóvenes?
2 ¿Quién hace los vestidos hechos a la medida?
3 ¿Cuándo llega Elena a la casa de la modista?
4 ¿Cómo es el nuevo vestido de Elena?
5 ¿Cómo piensa Elena cambiar de vida?
6 ¿Cómo va a causar sensación Elena?
7 ¿A quién tiene que mandar la cuenta la modista?
8 ¿Por qué le dice Elena "buen provecho" a la modista?
9 ¿Qué parece Samuel en su smoking?
10 ¿Qué necesita Samuel para vestirse?
11 ¿Cómo es que puede llevar los zapatos de Juan?
12 ¿Por qué le dice Samuel a Juan que es un gran amigo?

Let's go to the New Year's dance

The young people prepare to go to the formal dance in the Ambassador Club. Elena goes to the house of the dressmaker to pick up a new dress made to order.

ELENA	May I?
TERESA	Of course. Come in and sit down.
ELENA	Excuse me for bothering you (Pardon the disturbance) at mealtime.
TERESA	Don't worry about it, I'll bring you the dress.
ELENA	I want to try it on. Is that all right? I'm going to wear it to the dance, but it's also for my saint's day.
TERESA	Yes, put it on. You're going to like it. It is the latest fashion.
ELENA	I want to change my life style. I no longer like (now it doesn't appeal to me so much) to wear only pants, shirt, and sandals.
TERESA	With that dress you'll create a sensation at the dance. It fits you very well.
ELENA	Thank you very much. Now, about the money. . . . You will send the bill to my mother, right?

TERESA Yes, don't worry. Good-bye.

ELENA See you later, and enjoy your meal.

Juan and Samuel are in their dorm dressing in tuxedos.

JUAN With that tuxedo you look like a dyed-in-the-wool penguin!

SAMUEL They say that even though a monkey dresses in silk, he is still a monkey.[1]

JUAN You look very elegant. They're not going to know you're a monkey.

SAMUEL Do you know something? I need black shoes and I don't have any.

JUAN No problem. We wear the same size and I have two pairs.

SAMUEL Can you loan them to me?

JUAN Of course. I'll give them to you right away.

SAMUEL You're a great friend. Many thanks.

JUAN Don't mention it.

[1] An equivalent English proverb is "You can't make a silk purse out of a sow's ear."

La pronunciación

Spanish s and z These letters are pronounced alike. Retain the *s* sound of English *sour* in the following words. (Consonants may be voiceless or voiced. The *s* in English *sour* is voiceless. Spanish **s** and **z** are voiceless when they occur between vowels, in initial position, or in final position, as in these examples.)

residencia	Rosa	zapatos
presidente	Luisa	Cortés
Isabel	azul	

The *s* in English *residence* or *rose* is voiced, or buzzed. Before another voiced consonant (in certain positions, Spanish **d, m, n, b, g** may be voiced), Spanish **s** is also slightly voiced or buzzed. In these instances a hissing *s* as in English *sissy* should be avoided.

buenos días	es mi amigo
es nuevo	mismo

Spanish c before e or i Remember that in Spanish America, **c** before **e** or **i** is pronounced like English *s*. Avoid the *sh* sound of *c* in the English word *official*.

gracias	condición
precioso	estación
nación	pronunciación

Spanish t   The **t** in Spanish is pronounced by placing the tip of the tongue against the upper teeth. It is not accompanied by a puff of air as in English.

te gusta a ti	portugués
Portugal	natural
cultura	yo no, ¿y tú?

🐦 NOTAS CULTURALES

Modos de vestir. In the Hispanic countries many restaurants require that men wear a coat and a tie. Except in tropical cities, city businessmen usually dress with white shirt, tie, and suit as do their North American counterparts; sports clothes are generally worn at sporting events, picnics, and the like. Many Latins react negatively to the American tourists who wear sport shirts or Bermuda shorts on the street. They react strongly against sloppy dress, bright colors, and extravagant attire, especially in the larger cities and downtown areas. It is normal to expect a Sunday dress for any special occasion such as a wedding or birthday party. For funerals, something dark, preferably black or gray, is appropriate to wear.

Luto. Most Spanish-speaking people who follow the Catholic religion observe a period of mourning after the death of a relative or loved one. Dressing in black is very common among the women; men will wear black armbands or a black lapel button rather than dress constantly in black. During the mourning period, devout mourners decline to participate in any type of entertainment such as movies or parties. The length of the **luto** varies according to the individual and the closeness of the lost loved one, with some **lutos** lasting even as long as several years.

El día del santo. A custom practiced by many people in Latin America is to name their children according to the day on which they are born. In almost all the almanacs there is a complete list of all the names of the saints (a name for each day). For example, July 16 is the day of the Virgin of Carmen. Therefore, a girl born on that day could be called Carmen. Some other important saints' names and birthdates are: San José, March 19; San Antonio, June 13; San Luis, June 21; San Juan, June 24; San Pedro and San Pablo, June 29; Santa Rosa, August 30; and Santa María, September 12.

People born at or near a favorite saint's day are usually given the name of that saint. Many times, nevertheless, the calendar of saints is not taken into account, and the child is given a name according to the desire of the parents. In this case, the child has two days that are celebrated. If a child born December 1, for example, is nevertheless given the name Juan, his birthday is celebrated December 1 and his saint's day is June 24.

Certain saints' days are national holidays in some countries. It is common to carry a memento or image of a saint around one's neck or in one's wallet.

El sastre y la modista. Excellent tailors and seamstresses are very prevalent in Spanish America. With great skill and attention to fine detail, they design and fashion clothing to suit the individual client. Patterns are not generally used, since they are imported from the United States and are therefore very expensive. Instead,

*The **pollera,** a traditional dress worn in Panama for the celebration of Carnival, just before the beginning of Lent.*

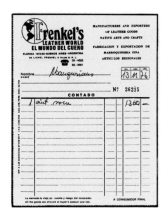

the client merely takes the tailor or seamstress a picture of the style desired, designates the fabric to be used, and the article of clothing is then created. One does not have to be a millionaire to have a suit or dress made by a tailor. It is usually less expensive than even ready-to-wear clothing in the United States.

Direct and indirect object pronouns in sequence

INDIRECT		*before*	DIRECT	
me	nos		me	nos
te	os		te	os
le (se)	les (se)		lo, la	los, las

Esteban **me** presta los zapatos.	*Esteban lends me the shoes.*
Esteban **me los** presta.	*Esteban lends them to me.*

An indirect object pronoun always precedes a direct object pronoun. Direct and indirect object pronouns generally follow and are attached to the infinitive, present participle, and affirmative command forms.

Quiero prestár**selos.**	(after the infinitive)
Estoy prestándo**selos.**	(after the present participle)
Préste**melos.**	(after the affirmative command)

In other cases, the object pronouns precede the verb.

Esteban **me los** presta.	(conjugated verb)
No **me los** preste usted.	(negative command)
Esteban **me los** va a prestar. ⎱	(a choice—before the conjugated
Esteban va a prestár**melos.** ⎰	verb, or after the infinitive)

The substitute form **se** replaces **le** or **les** before the direct objects **lo, la, los,** and **las.** (Never use two pronouns in a row beginning with **l.**)

Esteban **le** presta los zapatos a Samuel.

Esteban **se los** presta.

Vocabulario suplemental

LA ROPA[1]

la **corbata**	*tie*	los **aretes**	*earrings*
la **camisa**	*shirt*	el **sombrero**	*hat*
el **cinturón**	*belt*	los **calcetines**	*socks* (boys')
el **traje**	*suit*	las **medias**	*stockings* (girls')
los **pantalones**	*trousers*	la **blusa**	*blouse*
el **vestido**	*dress*	la **falda**	*skirt*

Responda según el modelo.

A Esteban me presta los zapatos.
Esteban me los presta.
1 Luisa te presta la blusa.
2 Juan nos presta el sombrero.
3 Teresa me presta las medias.
4 Ellos nos prestan los pantalones.

B Gerardo le presta la corbata.
Gerardo se la presta.
1 Cecilia les presta los aretes.
2 Samuel le presta el cinturón.
3 Juan le presta los calcetines.
4 Ella les presta el vestido.

Repita y substituya.

Juan se la presta **a él.**
a nosotros, a mí, a él, a ella, a ti, a ustedes, a usted, a Olivia

Conteste según el modelo.

¿Me prestas los aretes?
Sí, te los presto.

la corbata	el vestido	el sombrero
las camisas	el cinturón	la blusa

Dar *to give*
Present tense

doy	damos
das	dais
da	dan

The present of **dar** is regular in all persons except the **yo** form.

Conteste según el modelo.

Usted le da el dinero. ¿Y Mamá?
Sí, le da el dinero.

¿Y nosotros? ¿Y él? ¿Y ustedes? ¿Y tú? ¿Y yo?

[1] *Clothing*

Conteste según el modelo.

¿Le da usted el dinero?
Sí, yo le doy el dinero.
1 ¿Le damos el dinero?
2 ¿Le dan ustedes el dinero?
3 ¿Le da el profesor el dinero?

Conteste según el modelo.

Teresa le da el vestido a Elena.
1 ¿Qué le da?   **Le da el vestido.**
2 ¿A quién le da el vestido?   **Se lo da a Elena.**
3 ¿Quién se lo da a Elena?   **Teresa se lo da a Elena.**

Juan le presta los zapatos a   Elena le trae las medias a
 Samuel.   Carmen.
1 ¿Qué le presta?   1 ¿Qué le trae?
2 ¿A quién le presta los zapatos?   2 ¿A quién le trae las medias?
3 ¿Quién se los presta a Samuel?   3 ¿Quién se las trae a Carmen?

Usted me da la camisa a mí.   Usted me trae el sombrero a mí.
1 ¿Qué me da usted?   1 ¿Qué me trae?
2 ¿A quién le da la camisa?   2 ¿A quién le trae el sombrero?
3 ¿Quién me la da a mí?   3 ¿Quién me lo trae a mí?

Conteste según el modelo.

¿Usted me da el dinero?   ¿Me dan ustedes el dinero?
Sí, le doy el dinero.   ¿Me lo dan?

¿Me lo da?   ¿Carlos me da el dinero?
Sí, se lo doy.   ¿Me lo da?

¿Ellos me dan el dinero?
¿Me lo dan?

Argentina's gauchos were cowboys living in the vast dirt plains, or pampas, fanning outward from the Río de la Plata. Appreciation of horsemanship and gaucho lore remains strong in Argentina.

Usted command forms

The command forms of the verb are used when telling someone to do something or not to do something. For example, to tell someone, "Speak," or "Don't speak," requires the use of a command form which is also referred to as the imperative form of the verb.

Spanish has a formal set of command forms for use with people you address as **usted,** and a familiar set for people you address as **tú**—see Lesson 9.

For **-ar** verbs, the **usted** command-form endings are **-e** and **-en.**

Hable usted.   *Speak.*
Hablen ustedes.   *Speak.*

For **-er** and **-ir** verbs, the **usted** command-form endings are **-a** and **-an.**

Aprenda usted.   *Learn.*   Escriba usted.   *Write.*
Aprendan ustedes. *Learn.*   Escriban ustedes. *Write.*

The stem of the **usted** command forms is nearly always the same as the stem of the **yo** form of the present tense.

INFINITIVE	PRESENT TENSE	**usted** COMMAND FORMS
hablar	(yo) hablo	hable, hablen
tener	(yo) tengo	tenga, tengan

The **usted** commands are used in both the affirmative and the negative: **hable, no hable.** Ordinarily the subject pronouns are omitted, but a command can be made more polite by using **usted** or **ustedes** after it: **hable usted, no hablen ustedes.**

Conteste según el modelo.

A Affirmative commands
Quiero hablar. *I want to speak.*
Pues, hable usted. *Well, speak then.*
1 Quiero estudiar.
2 Quiero comer.
3 Quiero leer.
4 Quiero escribir.

B Negative commands
¿Puedo escribir? *May I write?*
No, no escriba usted. *No, don't write.*
1 ¿Puedo leer?
2 ¿Puedo hablar?
3 ¿Puedo estudiar?
4 ¿Puedo comer?

Position of object pronouns with commands

Direct and indirect object pronouns follow and are attached to affirmative command forms. Notice that when a pronoun is attached, an accent mark often must be written on the stressed vowel to show that pronunciation has not changed.

In negative commands, object pronouns precede the command form.

AFFIRMATIVE		NEGATIVE	
Léalo usted.	*Read it.*	No **lo** lea usted.	*Don't read it.*
Lláme**los** usted.	*Call them.*	No **los** llame usted.	*Don't call them.*

Conteste según el modelo.

A ¿Puedo comprarlo?
Sí, cómprelo.
1 ¿Puedo tomarlos?
2 ¿Puedo comerlas?
3 ¿Puedo aprenderlo?
4 ¿Puedo estudiarla?

B ¿Puedo escribirlo?
No, no lo escribas.
1 ¿Puedo leerlo?
2 ¿Puedo escucharlo?
3 ¿Puedo estudiarlo?
4 ¿Puedo llamarlos?

The **usted** commands for **dar** are irregular: **dé usted, den ustedes.** In the following exercise, remember that **le** or **les** becomes **se** before **lo, la, los,** or **las.**

Responda.

PROFESOR	ESTUDIANTE 1	ESTUDIANTE 2
A El vestido.	¿Le doy el vestido a Samuel?	Sí, déselo.
Los vestidos.	¿Le doy los vestidos a Samuel?	
El sombrero.	¿Le doy el sombrero a Samuel?	
El zapato.	¿Le doy el zapato a Samuel?	
Los zapatos.	¿Le doy los zapatos a Samuel?	
B La blusa.	¿Le doy la blusa a Teresa?	No, no se la dé.
La camisa.	¿Le doy la camisa a Teresa?	
Los calcetines.	¿Le doy los calcetines a Teresa?	
La corbata.	¿Le doy la corbata a Teresa?	
Los sombreros.	¿Le doy los sombreros a Teresa?	
El cinturón.	¿Le doy el cinturón a Teresa?	
El traje.	¿Le doy el traje a Teresa?	

	PROFESOR	ESTUDIANTE 1	ESTUDIANTE 2
C	¿Le doy la camisa?	Sí, démela.	No, no me la dé.
	¿Le doy el libro?		
	¿Le doy los calcetines?		
	¿Le doy los pantalones?		
	¿Le doy el traje?		

Practice with another student for classroom presentation.

FIRST STUDENT

SECOND STUDENT

1 ¡Qué bonita blusa tiene! ¿Me la presta?
   Sí, se la presto mañana.

   No, préstemela esta noche.
   No puedo prestársela esta noche.

   Por favor, préstemela.
   Bueno, se la presto.

2 ¿Tiene usted un sombrero?
   Sí, tengo un sombrero.

   ¿Me lo da usted?
   No, no se lo doy.

   ¿Por qué no me lo da?
   Porque no quiero dárselo.

   Por favor, démelo.
   Bueno, se lo doy.

3 ¡Qué bonitos aretes! ¿Me los presta?
   Sí, se los presto mañana.

   No, préstemelos esta noche.
   No puedo prestárselos esta noche.

   Por favor, préstemelos.
   Bueno, se los presto.

4 ¿Tiene usted dinero?
   Sí, tengo dinero.

   ¿Me lo da?
   No, no se lo doy.

   ¿Por qué no me lo da?
   Porque no quiero dárselo.

   Por favor, démelo.
   Bueno, se lo doy.

Use and position of reflexive pronouns

When a reflexive pronoun and a direct object pronoun occur together, the reflexive verb comes first. Both immediately precede a conjugated verb.

	REFLEXIVE PRONOUN	DIRECT OBJECT	VERB	
Elena se lava las manos.	**Se**	**las**	**lava.**	*She washes them.*

Like any single object pronoun, a two-pronoun combination follows an infinitive, present participle, or affirmative command.

Elena quiere lavarse las manos.	(reflexive after infinitive)
Quiere lavárselas.	(reflexive plus direct object after infinitive)
Lávese las manos, Elena.	(reflexive after affirmative command)
Está lavándoselas.	(reflexive plus direct object after present participle)

Responda según el modelo.   **A** Quiero acostarme.
  Bueno, acuéstese.

  1 Quiero levantarme.
  2 Quiero bañarme.
  3 Quiero afeitarme.
  4 Quiero dormirme.

B ¿No te vas a sentar?
  Sí, estoy sentándome ahora.

  1 ¿No te vas a despertar?
  2 ¿No te vas a levantar?
  3 ¿No te vas a dormir?

Usted command forms for irregular and stem-changing verbs

Most irregular and all stem-changing verbs follow the rules for regular verbs in forming **usted** commands: The stem is the same as the stem of the **yo** form in the present indicative. The endings are **-e** and **-en** for **-ar** verbs, **-a** and **-an** for **-er** and **-ir** verbs.

Irregular verbs

INFINITIVE	yo FORM, PRESENT INDICATIVE	usted COMMAND FORM, SINGULAR	usted COMMAND FORM, PLURAL
decir	digo	diga	digan
hacer	hago	haga	hagan
pedir	pido	pida	pidan
poner	pongo	ponga	pongan
salir	salgo	salga	salgan
tener	tengo	tenga	tengan
traer	traigo	traiga	traigan
venir	vengo	venga	vengan
ver	veo	vea	vean

Stem-changing verbs

INFINITIVE	yo FORM, PRESENT INDICATIVE	usted COMMAND FORM, SINGULAR	usted COMMAND FORM, PLURAL
pensar	pienso	piense	piensen
vestir	visto	vista	vistan
volver	vuelvo	vuelva	vuelvan

The command forms for the following five verbs are not derived from the first person singular of the present, and must be learned separately.

INFINITIVE	SINGULAR	PLURAL
dar	dé usted	den ustedes
estar	esté	estén
ir	vaya	vayan
ser	sea	sean
saber	sepa	sepan

Responda según el modelo.

¿Digo la verdad? *Shall I tell the truth?*
Sí, diga usted la verdad. *Yes, tell the truth.*

1 ¿Traigo el dinero?
2 ¿Vengo esta noche?
3 ¿Pongo la mano?
4 ¿Hago la tarea?
5 ¿Pido los libros?
6 ¿Vuelvo mañana?
7 ¿Voy contigo?
8 ¿Le doy el contrato?

No voy al baile. *I'm not going to the dance.*
Sí, vaya usted al baile. *Yes, go to the dance.*

1 No salgo esta noche.
2 No pienso más.
3 No hago el trabajo.
4 No digo más.
5 No veo la película.
6 No traigo el libro.

*Dé el equivalente en español para **usted**.*

A 1 Please study.
   2 Don't read now.
   3 Sit down.
   4 Please write.
   5 Listen.

B 1 Give it to me.
   2 Don't tell it to him.
   3 Bring them to me.
   4 Will you lend them to me?
   5 I am giving them to him.

Vocabulario suplemental

DIAS FESTIVOS IMPORTANTES[1]

el **Año Nuevo**
New Year's Day

la **Navidad**
Christmas

el **Día de la Raza**[2]
Day of the Race, or
Columbus Day

el **Día de la Madre**
Mother's Day

el **Día de los Novios**
Valentine's Day

el **Día del Trabajo**
Labor Day

el **Día de la Independencia**
Independence Day

el **Día de mi cumpleaños**
My birthday

🔊

Conteste. 1 ¿En qué mes es el Día del Trabajo?
2 ¿En qué día es el Día de la Independencia?
3 ¿Qué compra usted para el Día de la Madre?
4 ¿Cuándo es su cumpleaños?
5 ¿En qué mes es el Día de la Raza?
6 ¿En qué día y mes es la Navidad?
7 ¿Qué hace usted el Día de los Novios?

[1] *Important holidays*
[2] In Hispanic countries, race is a matter of language and customs, not genetic factors. See
Lección 10.

ॐ

Expresiones de cortesía[1]

You step on someone's toe.

1 Perdone usted.   *Pardon me.*

He or she replies:

2 No hay de qué.   *It's nothing.*

You bump into someone.

1 Disculpe usted.   *Excuse me.*
2 Pierda usted cuidado.   *Think nothing of it.*

You enter someone's home or a restaurant where people are eating.

1 Buen provecho.   *Enjoy your meal.*
2 Gracias. Si gusta. . . .   *Thanks. If you wish. . . .*

Someone sneezes in your presence.

1 Salud.   *(Bless you.) (Your) health.*
2 Gracias.   *Thanks.*

To ask permission to get by in a crowd.

1 Con permiso, por favor.   *With your permission, please.*
2 ¡Cómo no! Pase usted.   *Of course. Go ahead.*

To take leave of an important person.

1 Con permiso, señor(-a).   *With your leave, sir (ma'am).*
2 ¡Cómo no! Pase usted.   *Of course. Go ahead.*

To ask permission to enter a classroom or a room within a home.

1 ¿Se puede?   *May I?*
2 ¡Adelante!   *Come in! (Ahead)*

Practice   With your books closed, practice giving both parts of these exchanges. When the instructor reads the situation, one student makes the statement or request numbered 1, and another student will give the response, numbered 2. Notice that **disculpe** (from **disculpar**) and **perdone** (from **perdonar**) are polite command forms. They are **-ar** verbs and take the **-e** ending for the command.

[1] *Expressions of courtesy*

Fashionable leather clothing sold in a shop on Calle Florida, Buenos Aires.

I feel happy, lucky, fortunate

❧ LECTURA

La soltera[1]

Soy Olivia Espener. Tengo 25 años y vivo en un departamento° en la Avenida Rivadavia en Buenos Aires.

Me siento muy feliz.° Tengo un trabajo interesante y muchos

[1] *The single girl*

Barrio Caballito, a residential section of Buenos Aires.

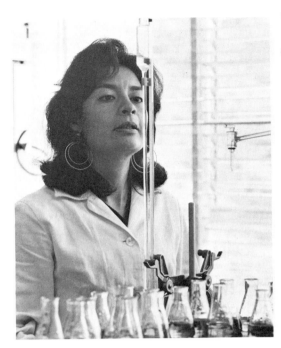

Women in Argentina have held responsible jobs in many fields; one was president of the nation. Here a research chemist analyzes the protein content of different varieties of potatoes.

designer of women's clothing
leather clothing

amigos y amigas. Soy estilista en ropa de mujer° y mi especialidad es la ropa de cuero.°

I'm comfortable, I enjoy being there
employees are high-spirited; depressed
right away she feels better

En el trabajo estoy a gusto° porque los otros empleados están animados.° Sólo hay una señora que está siempre deprimida.° Nosotros le hablamos y pronto se siente mejor.°

sad
happy, gay
never; bored

Cuando me siento triste° llamo a mi amiga Berta y vamos al cine o al teatro. Berta es una persona alegre° y cuando estoy con ella nunca° estoy aburrida.°

gang, beloved group; We get together
I intend to marry; someday
happy, satisfied

También tenemos el grupo de amigos y amigas que es nuestra "barra querida."° Nos juntamos° todos los días festivos y en muchas otras ocasiones. Pienso casarme° algún día° pero por el momento estoy contenta.°

PREGUNTAS
SOBRE LA LECTURA

1 ¿Cuántos años tiene Olivia?
2 ¿Dónde vive?
3 ¿Qué trabajo tiene?
4 ¿A quién llama Olivia cuándo está triste?
5 ¿Cuándo se juntan los amigos?
6 ¿Cuándo piensa casarse Olivia?

1 ¿Qué pasa?
2 ¿Qué dice Elena?
3 ¿Qué dice Teresa?
4 Haga una pregunta.
5 Conteste la pregunta.

1 Haga una pregunta.
2 Conteste la pregunta.
3 ¿Qué pasa?
4 ¿Qué dice Elena?
5 ¿Qué dice Teresa?

1 Haga una pregunta.
2 Conteste la pregunta.
3 ¿Qué dice Samuel?
4 ¿Qué dice Juan?

FORME FRASES
COMPLETAS

1 No puedo _____.
2 No tengo _____.
3 Juan me _____.
4 Abra usted _____.
5 Cierre usted _____.

1 No, no quiero prestárselos.
2 Se lo doy mañana.
3 Sí, me lo pongo ahora.
4 Le hacen falta tres pesos.
5 Sí, me gusta el clima de aquí.

BREVES
CONVERSACIONES

Pregúntele a _____ si quiere prestarle diez pesos.
    si le da a usted el dinero.
    si le gustan los zapatos del profesor.
    si le hace falta dinero.
    si tiene un vestido nuevo.
    si hay baile esta noche.
    si tiene un vestido hecho a medida.
    si quiere prestarle a usted un lápiz.
    si tiene un "smoking."
    si puede hablar español.

PREGUNTAS
PERSONALES

1 ¿Tiene usted un traje nuevo?
2 ¿Es de última moda?
3 ¿Está usted contento hoy?
4 ¿Hay fiesta esta noche?
5 ¿Me trae usted el libro?
6 ¿Me presta usted un lápiz?
7 ¿Quiere prestarme un peso?
8 ¿Por qué no me lo presta?
9 ¿Quiere usted darme ese papel?
10 ¿Me lo da ahora?
11 ¿Cuándo me lo da?
12 ¿Qué le hace falta a usted?
13 ¿Cómo está usted hoy?
14 ¿Qué me dice usted?
15 ¿Cuándo se pone usted una corbata?
16 Yo le doy un libro. Y usted, ¿qué me da?
17 ¿Me lo da ahora?
18 ¿Siempre lleva usted pantalones y sandalias?
19 ¿Tiene usted un gran amigo?
20 ¿Le gusta el español?

TAREAS ORALES

1 Tell the group what you are going to do this weekend, what you are going to wear, and what you need.
2 With another student, work out a dialog to be presented orally in class. One person asks the other if he or she has a certain article of clothing; if you both wear the same size; if the person will lend the article; if so, when; if not, why not.
3 Tell a classmate which is your favorite holiday and why.

No es oro todo lo que reluce.   All that glitters is not gold.
No con quién naces, sino con   Not with whom you are born,
  quién andes.   but with whom you associate.
El hábito no hace al monje.   The clothes don't make the
                                  man.

Vocabulario

adelante	*ahead, forward, come in*
algo	*something*
el **arete**	*earring*
aunque	*though*
el **baile de gala**	*formal dance*
la **blusa**	*blouse*
el **calcetín**	*sock*
la **camisa**	*shirt*
el **cinturón**	*belt*
la **corbata**	*tie*
la **cuenta**	*bill*
embajador:	
el **embajador,**	
la **embajadora**	*ambassador*
en cuanto a	*as for*
la **falda**	*skirt*
la **gana**	*desire*
gran	*great, large* (from **grande**)
la **media**	*stocking, hosiery (girls')*
mismo	*same*
la **molestia**	*bother*

mono:	
el **mono,** la **mona**	*monkey*
muchísimo	*very much*
negro	*black*
el **número**	*size* (new meaning)
los **pantalones**	*pants*
el **par**	*pair*
pingüino:	
el **pingüino,**	
la **pingüina**	*penguin*
la **residencia**	*dormitory*
la **ropa**	*clothing*
la **salud**	*health*
santo:	
el **santo,** la **santa**	*saint*
la **seda**	*silk*
el **smoking**	*tuxedo*
el **sombrero**	*hat*
tanto, tantos	*as (so) much; as (so) many*
la **tarea**	*task, assignment*
el **traje**	*suit*
el **vestido**	*dress*
el **zapato**	*shoe*

Días festivos

el **Año Nuevo**	*New Year's Day*
la **Navidad**	*Christmas*
el **Día de la Raza**	*Day of the Race [of Columbus]*

el **Día de la Madre**	*Mother's Day*
el **Día de los Novios**	*Valentine's Day*
el **Día del Trabajo**	*Labor Day*
el **Día de la Independencia**	*Independence Day*

Cognates

el **club**	*club*
la **condición**	*condition*
la **cortesía**	*courtesy*
la **cultura**	*culture*
elegante	*elegant*
la **expresión**	*expression*

la **nación**	*nation*
natural	*natural*
el **peso**	*peso (currency)*
la **pronunciación**	*pronunciation*
la **sandalia**	*sandal*
la **sensación**	*sensation*

Verbs

calzar	to wear (a shoe)	perdonar	to forgive
causar	to cause	ponerse (me pongo)	to put on (clothing)
dar (doy)	to give	preocuparse	to concern oneself
disculpar	to excuse	preparar	to prepare
escuchar	to listen (to)	probarse (ue)	to try on
llamar	to call	quedar	to stay, remain
llevar	to wear, carry	recoger (j)	to pick up
mandar	to send, order	traer (traigo)	to bring

Idiomatic expressions

buen provecho	enjoy the meal	¿Se puede?	May I?
cambiar de vida	to change life style	no hay de qué	think nothing of it
hecho a la medida	custom-made	de última moda	in the latest style or fashion
hecho y derecho	dyed in the wool	días festivos	holidays
la hora de comer	mealtime	en seguida	right away
no tenga cuidado	don't worry	está bien	it's okay
pierda usted cuidado	think nothing of it	bueno	OK.; all right
por favor	please	Le queda muy bien.	It fits you very well.

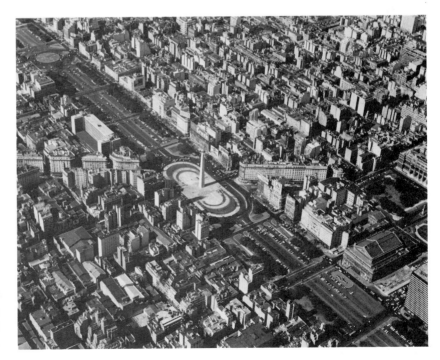

Avenida de Mayo in Buenos Aires. The city's metropolitan area has a population of 9 million.

⅋❧DIÁLOGO

¡Zas, me dio calabazas!

Eduardo y Luis son estudiantes del Instituto Politécnico en Monterrey, México.

1	EDUARDO	¡Ay! ¡Qué sueño tengo!
	LUIS	¿Qué pasó anoche? ¿Estuviste de fiesta?
2	EDUARDO	No. Anoche fue un desastre y hoy tuve que levantarme a las cinco.
	LUIS	Hablé con Pablo y supe que al fin terminaste el artículo para la revista estudiantil.
3	EDUARDO	Sí, al fin lo pude terminar pero no estudié nada.
	LUIS	Yo no estudié tampoco. A propósito, anoche no te vimos en la reunión de los Rebeldes. ¿Qué hiciste?
4	EDUARDO	Estuve con Elena. Primero fuimos al cine y luego la llevé de paseo al parque.
	LUIS	Hombre, ¡qué interesante!
5	EDUARDO	Al principio sí, después comenzó a hablar de mis otras amigas.
	LUIS	¿Qué le respondiste?
6	EDUARDO	Que me gustan todas las chicas . . . rubias . . . morenas . . . pero que ella es la única.
	LUIS	Y ella, ¿qué te contestó?
7	EDUARDO	¡Zas, me dio calabazas! Nunca quiere verme la cara otra vez.
	LUIS	¡Vaya, qué celosa! ¿Y por eso te pusiste de mal humor?
8	EDUARDO	No fue la tragedia más grande del mundo. Como dice la canción, "Tengo mil novias, de los amores yo soy el campeón."

The School of Engineering, Institute of Technology, in Monterrey, a dynamic industrial city of nearly 2 million people, located 700 kilometers north of Mexico City.

PREGUNTAS
SOBRE EL DIÁLOGO

1 ¿Dónde estudian Eduardo y Luis?
2 ¿Por qué tiene sueño Eduardo?
3 ¿A qué hora tuvo que levantarse?
4 ¿Pudo terminar el artículo?
5 ¿Fue a la reunión Eduardo?

6 ¿Con quién estuvo Eduardo?
7 ¿Adónde fueron?
8 ¿De qué le habló Elena a Eduardo?
9 ¿Le gustan las rubias o las morenas?
10 ¿Es celosa Elena?
11 ¿Qué le dio a Eduardo?
12 ¿Cuántas novias tiene Eduardo?

Boom, she dumped me!

Eduardo and Luis are students at the Polytechnic Institute in Monterrey, Mexico.

EDUARDO Wow! Am I sleepy!

LUIS What happened last night? Were you partying?

EDUARDO No. Last night was a disaster and today I had to get up at five.

LUIS I spoke with Pablo and found out that you finally finished the article for the student magazine.

EDUARDO Yes, I was finally able to finish it but I didn't study at all.

LUIS I didn't study either. By the way, last night we didn't see you at the meeting of the Rebels. What did you do?

EDUARDO	I was with Elena. First we went to a show and then I took her for a walk in the park.
LUIS	Man, how interesting!
EDUARDO	At first, yes; afterwards she began talking about my other girlfriends.
LUIS	What did you respond to her?
EDUARDO	That I like all girls . . . blondes . . . brunettes . . . but that she is the only one.
LUIS	And how did she answer you?
EDUARDO	Boom, she dumped me. She never wants to see my face again.
LUIS	Go on! How jealous! And for this you became upset?
EDUARDO	It wasn't the world's greatest tragedy. Like the song says, "I have a thousand girlfriends, in love affairs I am the champion."

La pronunciación

Spanish p and the k -sound

The letter **p** and the *k*-sound in Spanish are not aspirated. Avoid the puff of air typical of English *k* and *p*.

poco	no quiere
a propósito	soy el campeón
¿por qué?	¿qué pasó?
papá	

Spanish r (single tap)

To produce this sound, the tongue taps the gumridge above the upper teeth, much as it does in producing *tt* in the English word *latter*. Except at the beginning of a word or after **n, s,** or **l,** the letter **r** receives this single-tap pronunciation.

al principio	lo terminé
hablarme	otras
fue un desastre	entre ellas

Pronounce **r** between two vowels with a single tap.

para	no quiere	cara
pero	los amores	Laura
fuera	espera	hablaron

ᕔ NOTAS CULTURALES

Los piropos. A **piropo** is a compliment paid to a woman by a man. Men of the Hispanic world consider it an art to be able instantly to devise a **piropo** appropriate to a particular occasion. This cus-

tom is usually not taken as harmful or offensive. Some compliments are very ingenious. They may be quite romantic: **Quien fuere estrella para vivir en el cielo [noche] de sus ojos** *I wish I were a star so that I could live in the heaven* [if her eyes are blue; *darkness* if her eyes are dark] *of your eyes.* They sometimes are unfortunately prosaic: **¡Qué lindo budín para la Navidad!** *What a beautiful dish [fruitcake] for Christmas!* Other common compliments are: **¡Una muñeca que camina!** *A walking doll!* and **¡Qué monumento!** *What a monument!*

El cortejo *(courtship).* Dating in the Hispanic world was formerly much more restricted and chaperoned than now. Dating patterns of the current generation are becoming similar to dating customs in the United States, with still a few restrictions. However, in upper-class and upper-middle-class families traditions prevail and dates still involve the presence of another member of the girl's family.

El matrimonio *(marriage).* The following pattern would be typical of Chile, a country where some traditional customs are still observed. If the dating of a couple evolves into serious courtship with the prospect of marriage, the boy takes his parents to the home of the intended bride. His father asks the girl's father for her hand in marriage on behalf of his son. The girl's father accepts or rejects the proposal. If the offer of marriage is accepted, both sets of parents plan the wedding, assuming that they are in the middle or upper class—this contrasts to wedding preparations in the United States, in which the bride's family usually dominates the planning. In lower-class families, whoever has the most money usually plans the wedding party or festivities. The poorer parents might pay for the church ceremonies as their contribution. Such an arrangement would result from discussions among the parties.

Throughout Spanish America, men often do not marry until their late twenties or until they are well established in their profession or vocation. It is common for a couple to go steady for several years while the young man is establishing financial security.

Once engaged, the couple will buy the furniture for their house or apartment together. They receive no bridal shower, as in the United States, but both may have a **despedida de soltero** or **soltera** (farewell-to-single-life party) in their own circle of friends, commonly a dinner at a fine restaurant.

The preterit tense of regular verbs

	hablar			**aprender**			**vivir**	
habl-é	**habl-**amos		**aprend-**í	**aprend-**imos		**viv-**í	**viv-**imos
habl-aste	**habl-**asteis		**aprend-**iste	**aprend-**isteis		**viv-**iste	**viv-**isteis
habl-ó	**habl-**aron		**aprend-**ió	**aprend-**ieron		**viv-**ió	**viv-**ieron

The preterit is one of several past tenses in Spanish. To form it, regular **-ar** verbs add one set of endings, while regular **-er** and **-ir** verbs add a second set.

With verbs that are regular in the preterit, stress falls on the endings, not the stem. This means that **-ar** and **-er** verbs that change a stem vowel in the present tense (**e** to **ie**, **o** to **ue**) do not change the stem vowel in the preterit.[1]

[1] Lesson 9 will present the preterit of **-ir** verbs with stem changes.

Novios. *Cali, Colombia.*

ह

Use of the preterit

The preterit has more than one equivalent in English.

> hablé—*I spoke, I did speak*
> aprendí—*I learned, I did learn*
> viví—*I lived, I did live*

In Spanish the preterit is used to report what happened in the past. It views past events, past acts, or conditions as completed or terminated.

Me dio calabazas.	*She dumped me.*
La llevé al cine.	*I took her to the movies.*
No te vimos.	*We didn't see you.*
Hablé con Pablo.	*I spoke with Paul.*

Hablar *to speak*
preterit tense

hablé	hablamos
hablaste	hablasteis
habló	hablaron

ह

Conteste según el modelo.   Hablé mucho anoche. ¿Y usted?
Sí, también hablé mucho.

¿Y ellos? ¿Y los estudiantes? ¿Y Eduardo? ¿Y ustedes?

ह

Conteste.

1 ¿Habló usted con la profesora?
2 ¿Quién te habló anoche?
3 ¿Hablaste español con tu amigo?
4 ¿Hablamos francés ayer?
5 ¿Hablaron ustedes mucho?

Aprender *to learn*
Preterit tense

aprendí	aprendimos
aprendiste	aprendisteis
aprendió	aprendieron

Ver *to see*
Preterit tense

vi	vimos
viste	visteis
vio	vieron

Responder *to respond*
Preterit tense

respondí	respondimos
respondiste	respondisteis
respondió	respondieron

Conteste según el modelo. Ella no aprendió nada. ¿Y usted?
Sí, aprendí mucho.
¿Y ellos? ¿Y su amigo? ¿Y nosotros?

Conteste.
1 ¿Aprendió usted mucho?
2 ¿No aprendieron ustedes nada?
3 ¿Aprendió usted algo?
4 ¿Respondió usted bien?
5 ¿Lo vimos ayer?

Escribir *to write*		
Preterit tense	escribí	escribimos
	escribiste	escribisteis
	escribió	escribieron

Vivir *to live*		
Preterit tense	viví	vivimos
	viviste	vivisteis
	vivió	vivieron

Conteste según el modelo. Nosotros le escribimos una carta. ¿Y ustedes?
Sí, también le escribimos.
¿Y ellos? ¿Y él? ¿Y Luis? ¿Y yo? ¿Y ella?

Conteste.
1 ¿Le escribió usted?
2 ¿Le escribieron ustedes?
3 ¿Le escribió él?
4 ¿Vivió usted en México?
5 ¿Vivieron ustedes en España?

Cambie al pretérito según el modelo.[1] Hablo con la profesora. *I speak with the professor.*
Hablé con la profesora. *I spoke with the professor.*

1 Aprendo la lección.
2 Vivo en Los Ángeles.
3 Aprendemos español.
4 Elena habla rápido.
5 Eduardo aprende inglés.
6 Eduardo vive en México.
7 Ellos me hablan.
8 Ellas lo aprenden.
9 Ellos viven en España.
10 Escribimos una carta.
11 Me levanto tarde.
12 Termino el artículo.
13 Usted estudia mucho.
14 Ellos cantan bien.
15 Ella sale de la casa.
16 Ustedes comen mucho.
17 La lleva al cine.

[1]*Change to the preterit according to the model.*

Irregular preterit forms

The following verbs have irregular stems as well as irregular endings. The set of irregular endings may be added to any of the stems listed.

INFINITIVE	STEMS WITH u	ENDINGS	
poder	pud-		
poner	pus-	-e	-imos
saber	sup-	iste	-isteis
tener	tuv-	-o	-ieron
estar	estuv-		
	STEMS WITH i		
querer	quis-		
hacer	hic-		
venir	vin-		

Only one of the above verbs has a spelling change. In the verb **hacer, c** becomes **z** before **o.**

hacer — yo hice, tú hiciste, él hizo

Verbs with a different meaning in the preterit

Each of the following verbs has a meaning different in the preterit from its meaning in other tenses.

poder *to be able to*
Puedo ir.   *I can go.*
Pude ir.   *I managed to go.*

saber *to know*
Él lo sabe.   *He knows it.*
Él lo supo.   *He found it out.*

querer *to wish, want*
Ella no quiere salir.   *She doesn't want to leave.*
Ella no quiso salir.   *She refused to leave.*
Ella quiso salir.   *She tried to leave.*

Conteste.

Poder

1 ¿Pudo usted dormir anoche?
2 ¿Pudieron ustedes salir?
3 Yo no pude estudiar, ¿y usted?

Poner

1 ¿Pusiste el lápiz ahí?
2 ¿Dónde pusieron ustedes el libro?
3 ¿Te pusiste de mal humor?

Saber

1 ¿Supiste que Eduardo terminó?
2 ¿Supieron ellos también?
3 ¿Y ustedes?

Tener

1 ¿Tuvo que levantarse a las seis?
2 ¿Tuvieron ustedes que salir?
3 ¿Tuvo clases hoy?

Estar

1 ¿Estuviste aquí ayer?
2 ¿Quién estuvo en casa?
3 Ellos estuvieron enfermos. ¿Y usted?

Querer

1 ¿Usted no quiso ir?
2 ¿Y ellos?
3 Ustedes tampoco quisieron, ¿verdad?

Hacer

1 Yo no lo hice. ¿Y usted?
2 ¿Lo hizo él?
3 ¿Lo hicieron ustedes?

Venir

1 ¿Vino usted temprano?
2 ¿Cuándo vino ella?
3 ¿Ustedes vinieron anoche?

Vocabulario suplemental

REFERENCIAS AL TIEMPO PASADO.[1]

anoche	*last night*	el **año pasado**	*last year*
ayer	*yesterday*	el **mes pasado**	*last month*
la **semana pasada**	*last week*	**anteayer**	*day before yesterday*

ᢓᐁ

Responda según el modelo.

Hoy no puedo salir. (ayer)
Ayer no pude salir.

1 Ahora lo pongo aquí. (anoche)
2 Ahora ponen el libro aquí. (anteayer)
3 Ahora sabemos la verdad. (el mes pasado)
4 Ya lo saben todos. (ayer)
5 No tienen clases ahora. (el mes pasado)
6 Están aquí hoy. (anoche)
7 Hoy quieren hablar con usted. (la semana pasada)
8 Ahora hacen el trabajo. (el año pasado)
9 Hoy es una señora importante. (el año pasado)

---

[1] *References to past time.*

🦢

The preterit of **ir** and **ser**

These two verbs have the same preterit forms. The context makes clear which verb is meant.

ir *to go*		**ser** *to be*	
fui	fuimos	fui	fuimos
fuiste	fuisteis	fuiste	fuisteis
fue	fueron	fue	fueron

🦢

Conteste según el modelo.   Bolívar fue un gran hombre. ¿Y San Martín?
También fue un gran hombre.
¿Y su abuelo? ¿Y el presidente?

🦢

Conteste.   1 ¿Quién fue el presidente el año pasado?
2 ¿Fueron ustedes estudiantes en España?
3 ¿Fue un gran hombre su abuelo?

🦢

Conteste según el modelo.   Ayer fuimos al cine. ¿Y ustedes?
Sí, fuimos al cine.
¿Y el joven? ¿Y las señoritas?

🦢

Conteste.   1 ¿Fue usted al cine ayer?
2 ¿Fueron ustedes al parque?
3 ¿Adónde fue usted anoche?

🦢

Dé el equivalente en español.

1 I found out.
2 They managed to finish it.
3 We refused to go.
4 Where were you last night?
5 I had to get up.

6 They came early.
7 What did you respond?
8 I didn't study.
9 I did speak.
10 I didn't see you.

🦢

Responda según el modelo.   Me levanté.   **Nos levantamos.**
Salí de casa.
Fui a la universidad.

Repita con **usted,**
tú, él, nosotros, ustedes   Tuve clases toda la mañana.
Comí a las doce.

Trabajé hasta las cinco.
Estuve en el parque.
Estudié hasta las once.
Me acosté.

A   Hoy usted aprende la lección. ¿Qué hizo usted ayer?
    Ayer aprendí la lección.

trabaja mucho	come mucho
sale de casa	estudia poco
escribe una carta	se acuesta a las seis
compra un regalo	se lava las manos
estudia la lección	se pone el sombrero
ve el programa	se levanta temprano

B   1   ¿Escribiste la carta?   **Sí, la escribí.**
    2   ¿Compraste los regalos?   5   ¿Hiciste el trabajo?
    3   ¿Estudiaste las lecciones?   6   ¿Escuchaste la radio?
    4   ¿Viste el programa?

C   1   Préstele a Roberto el libro.   **Ya se lo presté.**
    2   Escríbale una carta a María.   4   Léame el periódico.
    3   Préstele la casa a Juan.   5   Póngase el sombrero.

    1   ¿Qué hizo usted ayer?
    2   ¿Adónde fue usted anteayer?
    3   ¿Dónde estuvo usted esta mañana?
    4   ¿Dónde vivieron ustedes el año pasado?
    5   ¿Fue usted al cine la semana pasada?
    6   ¿Con quién estudió usted anoche?
    7   ¿Dónde trabajó usted el año pasado?
    8   ¿Tuvieron que estudiar mucho el semestre pasado?
    9   ¿Qué hizo usted la semana pasada?
    10   ¿Qué hicieron ustedes el mes pasado?

*A chaperoned date in the Salón
Tenampa, a mariachi bar in
Mexico City.*

The preterit of ir and ser ८~ **175**

The negatives tampoco, nunca, nada

The negatives **tampoco, nunca,** and **nada** may come before or after the verb. When they come afterward, **no** must be used before the verb.

No estudié tampoco.	*I didn't study either.*
Tampoco estudié.	*Neither did I study.*
No quiere verme nunca.	*She doesn't want to see me ever.* (never)
Nunca quiere verme.	*She never wants to see me.*
No aprendí nada.	*I didn't learn anything.* (nothing)

Notice the double negative in the dialog phrase **no estudié nada.** Literally this says *I didn't study nothing,* which is contrary to English usage *I didn't study anything.* (Sometimes the best equivalent for **nada** is *at all:* **No estudié nada** *I didn't study at all.*) Double negatives with **no . . . nada, no . . . tampoco, no . . . nunca,** and other combinations are standard Spanish usage.

    Yo tampoco is the equivalent of *nor I either* or *me neither.* **Yo también** means *I too* or *me too.* Compare the following negative and affirmative response patterns.

NEGATIVE	AFFIRMATIVE
Yo no estudié. ¿Y usted?	
Yo no estudié tampoco.	**Sí, algo estudié.** *Yes, I studied some.*
Yo tampoco.	**Sí, estudié algo.**
Tampoco estudié.	**Sí, algo.** *Yes, some.*
Yo estudié anoche. ¿Y usted?	
Yo, no.	**Yo también.**
¿Tu amiga quiere verte?	
No quiere verme nunca.	**Sí, quiere verme.**
Nunca quiere verme.	
Nunca.	
¿Aprendió algo usted?	
No. No aprendí nada.	**Sí, algo aprendí.**
No. Nada aprendí.	**Sí, aprendí algo.**
Nada.	**Sí, algo.**

Conteste.
A escoger entre sí o no.

1 Yo no fui al cine. ¿Y usted?
2 Luis no fue al parque. ¿Y usted?
3 Nosotros aprendimos mucho. ¿Y usted?
4 Elena no aprendió nada. ¿Y usted?
5 ¿Tu amiga nunca quiere verte?
6 Yo no hablé con Luis. ¿Y usted?

LECTURA

Adelita tiene un problema

Soy Adelita López, de Monterrey. Tengo un problema muy grande. Hoy me pasó una cosa horrible° en el trabajo. Soy contadora° en la Compañía Nacional de Acero° y esta mañana vino a hablar conmigo el señor Rojas que es el jefe de la sección de contabilidad.° Es soltero, joven, buen mozo,° muy inteligente . . . y un verdadero tenorio.¹ Me habló como° una hora y me preguntó muchas cosas personales. Hizo vagas° referencias a la necesidad de colaborar más con él y de conocernos mejor.° También me prometió° mucho progreso en el futuro. Ya tuve esperanzas° de

¹*A real don Juan [don Juan Tenorio, great lover, from a play by Tirso de Molina].*

Something horrible happened to me today

accountant; National Steel Company

the accounting department; single, young, good-looking
about
vague

get to know each other better

promised; hopes

Students at the University of Costa Rica, San José.

raise; success

to dine; he got mad

lack

scoundrel [**gu** before **e** or **i** is pronounced like English *h*, but **gü** before **e** or **i** is pronounced like English *gw*]

un aumento de salario° y mucho éxito° en la oficina. Luego me invitó a cenar° con él pero cuando supo que tengo novio se enojó° y no quiso creerlo ni aceptarlo. Me explicó que si no salgo con él . . . adiós progreso y aumento de salario en esa oficina. ¡Qué falta° de respeto! ¿Verdad? Es un sinvergüenza.°

raise; success

to dine; he got mad

lack

scoundrel [**gu** before **e** or **i** is pronounced like English *h*, but **gü** before **e** or **i** is pronounced like English *gw*]

PREGUNTAS SOBRE LA LECTURA

1 ¿Qué trabajo tiene Adelita?
2 ¿Quién vino a hablarle?
3 ¿Cómo es el señor?
4 ¿De qué le habló el jefe?
5 ¿Qué le prometió a Adelita?
6 ¿Qué supo luego el jefe?
7 ¿Qué tiene que hacer Adelita?

RECAPITULACIÓN DEL DIÁLOGO

1 ¿Estuvo de fiesta Eduardo?
2 ¿Qué pasó?
3 Haga una pregunta.
4 ¿Por qué está cansado Eduardo?

1 Haga una pregunta.
2 Conteste la pregunta.
3 ¿Adónde fue Eduardo?
4 ¿Estuvo solo Eduardo?

1 ¿Qué pasó con Elena?
2 ¿Qué dijo Eduardo?
3 ¿Qué dijo Elena?
4 Haga una pregunta.

1 _____ sueño.

2 _____ a las siete.

3 _____ tampoco.

4 Fui _____.

5 Nada _____.

FORME PREGUNTAS

1 Fui al cine porque me gusta.

2 Sí, me gustó el baile.

3 Me acosté a la una.

4 Sí, escribí una.

5 Trabajé cinco horas ayer.

BREVES
CONVERSACIONES

Pregúntele a _____ a qué hora se despertó esta mañana.

a qué hora se levantó esta mañana.

si se lavó la cara esta mañana.

si escribió la carta a su papá.

si estuvo en la clase ayer.

si fue al cine ayer.

si fue de paseo al parque.

si escribió un artículo ayer.

si estudió la lección de español.

si le gustaron los zapatos nuevos.

si volvió tarde a casa anoche.

si se acostó temprano.

si Bolívar fue un gran hombre.

si tuvo que estudiar anoche.

PREGUNTAS
PERSONALES

1 ¿Qué hizo usted ayer después de la clase?

2 ¿Cuándo fue usted al cine?

3 ¿Por qué no vino usted a la clase ayer?

4 ¿Dónde estuvo usted ayer por la tarde?

5 ¿Cuántas horas trabajamos ayer?

6 ¿Por qué no estudió usted anoche?

7 ¿Fue usted de paseo al parque con su novio?

8 ¿Qué hizo usted anoche?

9 ¿No tuvo usted que escribir cartas?

10 ¿A qué hora se acostó usted anoche?

11 ¿Pudo usted dormir anoche?

12 El profesor se levantó a las seis. ¿Y usted?

13 ¿Se lavó usted la cara o las manos esta mañana?

14 ¿Dónde vivió usted antes de venir a la universidad?

15 ¿Cuándo puso usted este lápiz aquí?

16 ¿Nunca le dio calabazas una chica?

17 ¿Estuvo usted de fiesta el sábado pasado?

Mexico. A wedding mass in a small village.

TAREAS ORALES

1 Tell the class where you met your best friend, what you did, where you went, and what you talked about.
2 Tell the class what work you do, where you work, where you learned that work, and what you want to do.

PROVERBIOS

A más servir, menos valer.
No hay rosas sin espinas.
Como se viene, se va.
La belleza es para la mujer lo que el dinero es para el hombre: poder.

Merits are often overlooked.
There are no roses without thorns.
Easy come, easy go.
Beauty is to a woman what money is to a man: power.

Vocabulario

anoche	last night	nunca	never
anteayer	day before yesterday	pasado	past, last
¡Ay!	Wow!	el paseo	trip, stroll, walk
ayer	yesterday	primero	first
el campeón	champion	el principio	beginning
la canción	song	al principio	at first
la cara	face	la reunión	meeting
celoso	jealous	la revista	magazine
el desastre	disaster	la semana	week
entre	among	tampoco	neither, not . . . either
estudiantil	student (adj.)	el trabajo	work
la mano	hand	¡Zas!	Boom!
mil	thousand		

Cognates

el artículo	article	el rebelde	rebel
el instituto	institute	la tragedia	tragedy
el matrimonio	matrimony		

Idiomatic expressions

a propósito	by the way	estar de fiesta	to be partying
Me dio calabazas.	She dumped me.	la única	the only one
ponerse de mal humor	to get upset	¡vaya!	Wow!
ir de compras	to go shopping	al fin	at last, finally

Lunch at an outdoor restaurant along the road to Aeroparque airport, Buenos Aires. Argentines love thick steaks.

☙ DIÁLOGO

¡Qué sabrosos estuvieron los churrascos!

ANITA	¡Hola, Carmen! ¿Qué hay de nuevo?
CARMEN	Nada de particular. ¿Te divertiste mucho anoche?
ANITA	¡Chica, ni te imaginas! Cenamos en el restaurante más famoso de Buenos Aires.
CARMEN	Pues, cuéntame todo. Saliste con Raúl otra vez, ¿no?
ANITA	Sí. Sus padres nos llevaron a cenar a La Cabaña.
CARMEN	¡No me digas! Entonces, ¿no estuvieron solos?
ANITA	No, estuvimos por primera vez con sus padres y me trataron como una reina.
CARMEN	Supongo que comieron muy bien. ¿Qué pediste?
ANITA	¡Ay! ¡Qué sabrosos estuvieron los churrascos! ¿Ya fuiste alguna vez a La Cabaña?
CARMEN	Sí, y me gustó mucho. Claro que la especialidad de la casa es el churrasco, pero yo comí unos chorizos que me encantaron.
ANITA	Lo que nos gustó mucho también fueron los postres que sirvieron. Y ¡qué surtido de vinos! ¿Verdad?
CARMEN	Sí, ¿los probaste?
ANITA	Yo sí. El papá de Raúl bebió mucho y su esposa lo regañó. El prefirió no discutir y simplemente contestó lo que el mosquito le dijo a la rana—Más vale morir en el vino que vivir en el agua.
CARMEN	¿Así que volviste temprano a casa?
ANITA	Sí, llegué antes de medianoche y me acosté en seguida. Y hoy me puse a dieta. No quiero engordar, ¿sabes?
CARMEN	¡Tú! ¿A dieta? ¡Imposible! ¿Por qué quieres adelgazar?

Parrillada mixta. *Beef and sausages being grilled for ranch hands, Estancia Mangrullo, Argentina.*

1 ¿Qué hizo Anita anoche?
2 ¿Se divirtió mucho?
3 ¿Salió con Raúl otra vez?
4 ¿Quiénes los llevaron a cenar?

5 ¿Cómo la trataron a Anita?
6 ¿Qué pidió Anita?
7 ¿Fue Carmen alguna vez a La Cabaña?
8 ¿Le gustó? ¿Qué comió?

9 ¿Qué le gustó más?
10 ¿Probó los vinos Anita?
11 ¿Qué le dijo el mosquito a la rana?
12 ¿Por qué se puso a dieta Anita?

What delicious steaks!

ANITA Hi, Carmen. What's new?

CARMEN Nothing special. Did you have fun last night?

ANITA Sweetie, you can't even imagine! We had dinner in the most famous restaurant in Buenos Aires.

CARMEN Well, tell me everything. You went out with Raúl again, right?

ANITA Yes. His parents took us to dinner at La Cabaña.

CARMEN	You don't say! You weren't alone, then?
ANITA	No, we were with his parents for the first time and they treated me like a queen.
CARMEN	I suppose you ate very well. What did you order?
ANITA	Boy! What delicious steaks! Did you ever go to La Cabaña?
CARMEN	Yes, and I liked it very much. Of course the specialty of the house is steak, but I ate some pork sausages that delighted me.
ANITA	What we liked very much also were the desserts they served. And what a wide variety of wines, right?
CARMEN	You're right. Did you try them?
ANITA	Yes, I did. Raúl's father drank a lot and his wife scolded him. He preferred not to argue and just answered what the mosquito said to the frog: "It's better to die in wine than to live in water."
CARMEN	So you returned home early?
ANITA	Yes, I arrived before midnight and went to bed at once. And today I went on a diet. I don't want to get fat, you know?
CARMEN	You on a diet! Impossible! Why do you want to lose weight?

La pronunciación

Spanish d (fricative)

In the following words, **d** is a fricative and is pronounced like English *th* in *they*. Place the tongue against the upper front teeth. (The only **d**'s that are not pronounced this way, the stop **d**'s, occur at the beginning of a breath group, after **l,** or after **n.**)

¿Qué hay de nuevo?	¡Qué surtido!
no estudié nada	¿Verdad?
sus padres	engordar
especialidad	adelgazar

Macarrones Trípoli

Por Ma. Luisa Fdz. Vda. de Barrera

 NOTAS CULTURALES

Las comidas. The foods of Spanish America are varied and colorful. From Mexico, land of the **charro,** to heavily industrialized Argentina, land of the **gaucho,** 4000 miles away, each city, region, and country seems to have developed characteristic recipes of its own to take advantage of local fruits, vegetables, and meats. Most Hispanic Americans do not live on corn tortillas and highly seasoned dishes. The mainstay of many cattle-raising nations and regions is beef served with rice, spaghetti, or potatoes—a vegeta-

A Paraguayan farmer eating
melon from the tip of his knife.

ble first developed by the Indians of Peru. People living along the Pacific coast of South America speak of fish, meats, and soups as their favorite foods. Chicken or fish with rice is characteristic of the Caribbean. Although in some areas a few dishes are highly seasoned, they are not the regular diet of the people.

Examples of main dishes are **anticuchos** (barbecued beef heart) from Peru; **empanadas** (meat turnovers) from Argentina, Uruguay, Chile, and Mexico (some **empanadas** contain a sweet filling and are served as dessert); **asado** (barbecued meats) from southern South America; **pastel de choclo** (scalloped corn dishes) typical of Chile; **paella** (fish, shrimp, chicken, rice), the specialty of Spain that is also popular in Central America and Bolivia. Other entrées such as **sesos** (brains), **mondongo** (tripe), and **guiso de lengua** (tongue), are considered delicious and appetizing by Spanish Americans.

Staple vegetables besides **maíz** (corn) and **papas** (potatoes) in Spanish America include **frijoles** (kidney beans), **plátanos** (large green bananas, often fried), **yuca** (cassava root), and **mandioca** (manioc, from which tapioca is made). The very poor people eat these staples and little else.

Perhaps the chief glory of Spanish American food, certainly of the countries bordering the Caribbean, is fruit. North Americans accustomed to bananas and citrus fruits picked many weeks before they are ripe are often startled by the luscious taste of fresh oranges and the infinite variety of bananas sold in local markets. **Mangos, tunas** (the fruit of a cactus), **papaya,** pineapple, **membrillo** (quince), lemons (green and small as limes), apples, grapes, and scores of more exotic fruits are seasonally or permanently available in various regions. Roadside stands often sell cool, watery fruit or coconut drinks prepared for the traveler in electric blenders along with juice squeezed at the stand from raw sugar cane, marvelous local coffees, **chocolate, cerveza** (beer), and the ever-present **refrescos** (soda pop).

As in the United States, fine restaurants in Spanish America serve more elaborate meals. Many restaurants include an **entrada** (appetizer), **sopa** (soup), **plato principal** (main course), and **postre** (dessert). Wine is usually served during the meals and coffee afterward.

Spanish Americans ordinarily go to dinner at a restaurant for special occasions, not on the spur of the moment for a casual meal. Heavily commercialized fast food operations have only begun to develop in the largest cities. People go instead to **cafés,** coffee shops which are the counterparts of the American snack bar, whose best customers are local merchants transacting business over a cup of coffee or tea.

🦢

Stem-changing verbs in the preterit

Acostarse *to lie down*
Preterit tense

me acosté	nos acostamos
te acostaste	os acostasteis
se acostó	se acostaron

Volver *to return*
Preterit tense

volví	volvimos
volviste	volvisteis
volvió	volvieron

All **-ar** and **-er** stem-changing verbs are regular in the preterit.

🦢

Conteste.
1 ¿Te acostaste a la una?
2 ¿Cuándo se acostó Raúl?
3 ¿Y ustedes?
4 ¿Volvió usted antes de medianoche?
5 ¿Cuándo volvieron ellos?
6 ¿No volvieron ustedes?

All **-ir** stem-changing verbs change **e** to **i** or **o** to **u** in the third person singular and plural.

Examples of **-ir** verbs that change stem vowel **e** to **i**:

Servir *to serve*
Preterit tense

serví	servimos
serviste	servisteis
sirvió	sirvieron

Pedir *to ask for*
Preterit tense

pedí	pedimos
pediste	pedisteis
pidió	pidieron

Other examples of verbs that change **e** to **i** in the third person singular and plural are **divertirse** and **preferir**.

🦢

Conteste.
1 ¿Sirvieron frutas también?   5 ¿Cuánto le pidió su hermano?
2 ¿Qué sirvieron ustedes?   6 ¿Ustedes le pidieron algo?
3 ¿Qué le sirvió el mozo?   7 ¿Se divirtió anoche?
4 ¿Le pediste dinero?   8 ¿Prefirieron quedarse en casa?

Examples of **-ir** verbs that change stem vowel **o** to **u** in the preterit:

Morir *to die*
Preterit tense

morí	morimos
moriste	moristeis
murió	murieron

Dormir *to sleep*
Preterit tense

dormí	dormimos
dormiste	dormisteis
durmió	durmieron

Conteste.
1. ¿Murieron muchos soldados en Vietnam?
2. ¿No murió nadie en su familia?
3. ¿Cuándo murió el presidente Kennedy?
4. ¿Durmió usted mucho anoche?
5. ¿Durmieron ustedes ocho horas?
6. ¿Quién no durmió nada?

Irregular preterit forms of decir **and** traer

In addition to the irregular stem, these verbs have **-eron** rather than **-ieron** as the third person plural ending:

decir *to tell, say*		**traer** *to bring*	
dije	dijimos	traje	trajimos
dijiste	dijisteis	trajiste	trajisteis
dijo	dijeron	trajo	trajeron

Conteste.
1. ¿Usted se lo dijo a Anita?
2. ¿Ustedes se lo dijeron también?
3. ¿Y ellos?
4. ¿Trajiste el dinero?
5. ¿Trajeron dinero ellos?
6. ¿Qué trajeron ustedes?

Irregular preterit of dar *to give*

The verb **dar** is irregular in the preterit. It ends in **-ar** but takes the **-er, -ir** endings.

di	dimos
diste	disteis
dio	dieron

Conteste.
1. ¿Raúl le dio una propina?
2. ¿Qué le dio usted?
3. Nosotros no le dimos nada. ¿Y ustedes?

Irregular preterit forms of *leer, oír, creer, and* *construir*

The third person singular ends in **-yo** and the third person plural ends in **-yeron**. An unaccented **i** cannot stand between two vowels in Spanish. Examples:

leer *to read*		**oír** *to hear*		**creer** *to believe*		**construir** *to construct*	
leí	leímos	oí	oímos	creí	creímos	construí	construimos
leíste	leísteis	oíste	oísteis	creíste	creísteis	construiste	construisteis
leyó	leyeron	oyó	oyeron	creyó	creyeron	construyó	construyeron

Conteste.

1 Ustedes no lo creyeron, ¿verdad?
2 ¿Lo creyó usted?
3 Tú lo creíste. ¿Y ella?
4 ¿Leyó usted la lección?
5 ¿La leyeron ellos?
6 ¿Construyó usted una casa?
7 ¿No oyeron ellos la música?
8 Tu compañero no oyó nada. ¿Y tú?

Spelling changes in the preterit of verbs in **-car,** **-gar** and **-zar**

Llegar *to arrive*
Preterit tense

llegué	llegamos
llegaste	llegasteis
llegó	llegaron

Comenzar *to begin*
Preterit tense

comencé	comenzamos
comenzaste	comenzasteis
comenzó	comenzaron

Buscar *to look for*
Preterit tense

busqué	buscamos
buscaste	buscasteis
buscó	buscaron

In the **yo** form of the preterit, verbs whose infinitive ends in **-car** change c to **qu;** verbs in **-gar** change g to **gu;** and verbs in **-zar** change z to **c.** These spelling changes are made to show that the addition of the **-é** ending does not change the pronunciation of the stem.

Other verbs with this spelling change are **tocar** to touch **(toqué), entregar** to hand over **(entregué), empezar (empecé),** and **jugar** to play **(jugué).**

Freshly baked bread. Oaxaca, Mexico.

Conteste.

1 ¿Llegaste temprano a la clase?
2 Y usted, ¿cuándo llegó?
3 ¿Cuándo comenzó la clase?
4 ¿Ya comenzó usted a estudiar?
5 ¿Buscaste a Anita?
6 ¿Quién la buscó?
7 ¿Jugó bien usted?
8 ¿A qué hora empezamos la clase?
9 ¿Me entregó la carta?

Conteste según el modelo.

A ¿Están ustedes contentos hoy?
Sí, pero ayer no estuvimos contentos.
No, y no estuvimos contentos ayer tampoco.
1 ¿Está usted contento hoy?
2 ¿Está contenta Anita hoy?
3 ¿Están contentos ellos hoy?
4 ¿Estás contento hoy?

B ¿Vuelve usted temprano?
Sí, y ayer volví temprano también.
No, ayer tampoco volví temprano.
1 ¿Vuelven ellos temprano?
2 ¿Vuelven ustedes temprano?
3 ¿Vuelve él temprano?
4 ¿Vuelve Anita temprano?

C Yo duermo la siesta todos los días.
No es cierto. Ayer no durmió usted la siesta.
1 Ella duerme la siesta todos los días.
2 Nosotros dormimos la siesta todos los días.
3 Ellos duermen la siesta todos los días.
4 Ustedes duermen la siesta todos los días.

D Yo no me divierto nunca.
   No es cierto. Anoche se divirtió bastante.
   1 Él se divierte nunca.
   2 Ellas no se divierten nunca.
   3 Nosotros no nos divertimos nunca.
   4 Usted no se divierte nunca.

Vocabulario suplemental

LAS COMIDAS [1]

el **desayuno**	*breakfast*	**desayunar**	*to have breakfast*
el **almuerzo**	*lunch*	**almorzar**	*to have lunch*
la **cena**	*dinner*	**cenar**	*to have dinner*
		comer	*to eat*

DEL MENÚ[2]

el **jugo de naranja**	*orange juice*	la **leche**	*milk*
el **café con leche**	*coffee with milk*	**café solo**	*black coffee*
una **taza de chocolate**	*a cup of chocolate*		

el **sandwich**	las **enchiladas**	los **tacos**
la **hamburguesa**	los **chorizos**	la **ensalada**
las **tortillas**	la **fruta**	

[1] *Meals*   [2] *From the menu*

*Restaurante Puerta de Moros,
Madrid.*

Using this dialog as a model, order a complete meal from the menu on the next page. Use all the appropriate command forms.

En el restaurante

EL MAYORDOMO°	¿Tienen los señores° reservaciones?
CLIENTE 2	Sí, una mesa° para dos a nombre de Tobías.
MAYORDOMO	Pasen ustedes por aquí,° por favor.
MOZO°	¿Están los señores listos para pedir°?
CLIENTE 1	Sí. Tenga la bondad de traerme° _____.
CLIENTE 2	Tráigame, por favor,° _____.
MOZO	¿Cómo quiere usted la carne°?
CLIENTE 2	Bien asada.°
	[Término medio.°]
	[Poco asada.°]
CLIENTE 1	¿Cuánto tarda?
MOZO	Tarda media hora.
	[No tarda mucho.]
	[Ya está preparada.]
MOZO	¿Y para tomar,° señores?
CLIENTE 2	A mí me trae un vino blanco° y a la señora una sangría.°
CLIENTE 2	¡Pssssss!¹ Mozo, ¿me trae la cuenta,° por favor?
MOZO	Sí, ¡cómo no!
CLIENTE 1	¿Dejaste propina° para el mozo?
CLIENTE 2	Sí, se la dejé° en la mesa.

Glossary (left margin):

maitre d', headwaiter [la **mayordoma** if a woman]; gentlemen, ladies and gentlemen [use **señoras** or **señoritas** if all participants are women]
table

this way
waiter [use **señorita** if the waiter is a woman]; ready to order

Please bring me

Please bring me

meat

well done

medium

rare

to drink
white
a drink of red wine, brandy, soda, and fruit served over ice

the bill

Did you leave a tip?

I left it for him

PREGUNTAS SOBRE LA LECTURA

1 ¿Qué desayunó usted esta mañana?
2 ¿Tomó usted jugo de naranja?
3 ¿A qué hora almorzamos?
4 ¿Qué comió usted en el almuerzo?
5 ¿Prefiere usted hamburguesas o tacos?
6 ¿Le gustan las enchiladas?
7 ¿Cenaste bien anoche?
8 ¿Qué comiste en la cena?
9 ¿No le gustan los churrascos?
10 ¿Qué postre sirvieron en la cena?

¹This sound, traditionally used to call the waiter, is not offensive, as might be expected. It is the accepted way of attracting someone's attention.

La Cabaña
Menú

Entre Ríos 436
Buenos Aires

Fiambre surtido	Salpicón de ave	Jamón con melón

꒰ꔛ

Sopa de verduras Ensalada mixta Ensalada rusa
Arroz con atún y mayonesa

꒰ꔛ

Merluza al horno Langosta Langostino
Fiesta de mariscos Trucha asada

꒰ꔛ

Bife de lomo Bife a caballo Chorizos
Filet mignon Chateaubriand Chuletas de cordero
Costeleta Lechón asado Parrillada mixta Pollo al horno
Chivito a la parrilla Canelones Lengua a la vinagreta

꒰ꔛ

Puré de papas Papas fritas Papas rebosadas

꒰ꔛ

Flan Fruta de la estación Queso surtido Dulce de membrillo
Budín Manzana asada Dulce de batata Dulce de leche

꒰ꔛ

Café Té

la sal   la pimienta   el azúcar

la mantequilla

el platillo   el vaso

el pan

El cubierto
Place setting

la servilleta   el tenedor   el plato   el cuchillo   la cuchara

Conteste según el modelo.   **A**   ¿Le traigo un cuchillo?
Sí, tráigame un cuchillo por favor.
un tenedor   un vaso
una cuchara   un plato
una servilleta

B   Páseme la sal, por favor.
Aquí la tiene.
la pimienta   el agua *f*
la mantequilla   el pan
la salsa de tomate   el azúcar

Conteste según el modelo.   **A**   ¿Lo puso usted en la mesa?
Sí, lo puse en la mesa.
No, no lo puse en la mesa.

1   ¿Lo pusieron ustedes en la mesa?

2   ¿Lo pusiste en la mesa?

3   ¿Lo puso Julio en la mesa?

4   ¿Lo pusieron ellos en la mesa?

B   ¿Tomaste chocolate esta mañana?
Sí, tomé chocolate esta mañana.
No, no tomé chocolate esta mañana.
una taza de chocolate   leche
jugo de naranja   café con leche

C   ¿Comió usted una ensalada ayer?
Sí, comí una ensalada ayer.
No, no comí una ensalada ayer.
un sandwich   enchiladas
una hamburguesa   tacos   un churrasco

(Above) Meat, sausage, and beer, the staples at every small Argentine restaurant.

(Left) Mexico City. Tortillas made of corn dough form the basis of the most characteristic Mexican dishes.

Sign in a Puerto Rican restaurant in New York City: "Speciality of the house, chicken cracklings and fried rice."

ESPECIALIDAD
DE LA CASA
CHICHARRONES
DE POLLO
Y ARROZ FRITO

৪

Tú command forms

In addition to formal **usted** commands for use with people you address as **usted** (pages 151–155), Spanish has a familiar set of **tú** commands for people you address as **tú.**

Affirmative The affirmative **tú** command for all regular and stem-changing verbs is the same as the **él, ella** form of the present indicative. The pronoun **tú** itself is generally not used with the command.

Negative The negative **tú** command is the same as the **usted** command with the addition of an **-s.**

él, ella FORM *Present indicative*	**AFFIRMATIVE** **tú** *command*
Ella habla español. *She speaks Spanish.*	**Habla español.** *Speak Spanish.*
Él aprende ruso. *He learns Russian.*	**Aprende ruso.** *Learn Russian.*
Juan escribe la carta. *Juan writes the letter.*	**Escribe la carta.** *Write the letter.*
NEGATIVE **usted** *command*	**NEGATIVE** **tú** *command*
No hable español. *Don't speak Spanish.*	**No hables español.** *Don't speak Spanish.*
No aprenda ruso. *Don't learn Russian.*	**No aprendas ruso.** *Don't learn Russian.*
No escriba la carta. *Don't write the letter.*	**No escribas la carta.** *Don't write the letter.*

৪

Conteste según el modelo. ¿Puedo comprar el libro? **Sí, compra el libro.**
1 ¿Puedo comer la ensalada? 4 ¿Puedo leer la lección?
2 ¿Puedo escribir la carta? 5 ¿Puedo estudiar ruso?
3 ¿Puedo hablar ahora?

¿Puedo leer el libro? **No, no leas el libro.**
1 ¿Puedo comer el postre? 4 ¿Puedo comprar el libro?
2 ¿Puedo escribir la lección? 5 ¿Puedo estudiar la lección?
3 ¿Puedo hablar inglés?

Irregular **tú** command forms

The following verbs have irregular forms in the affirmative **tú** command.

INFINITIVE	AFFIRMATIVE **tú** COMMAND	NEGATIVE **tú** COMMAND
decir	di	no digas
tener	ten	no tengas
venir	ven	no vengas
ir	ve	no vayas
ser	sé	no seas
poner	pon	no pongas
hacer	haz	no hagas
salir	sal	no salgas

Responda según el modelo.

A Juan no sale del cuarto.　　**Juan, sal del cuarto.**
   1 Luis no viene con nosotros.
   2 Anita no va a la clase.
   3 Elena no dice la verdad.
   4 Alicia no hace el trabajo.
   5 Juana no pone el libro en la mesa.

B No quiero venir esta noche.　　**Pues, no vengas.**
   1 No quiero salir de aquí.
   2 No quiero ir.
   3 No quiero decir todo.
   4 No quiero hacer el trabajo.
   5 No quiero poner el plato en la mesa.

Position of pronouns with commands

Affirmative　Reflexive and object pronouns follow an affirmative command and are attached to it.[1]

Acuéstate, Carlos.	*Go to bed, Carlos.*	Dímelo ahora.	*Tell it to me now.*
Siéntate, Anita.	*Sit down, Anita.*	Póntelo, Juan.	*Put it on, Juan.*

[1]The sequence of pronouns, as always, is reflexive, indirect, direct. Remember spelling rules—add a written accent when necessary to keep the written form of the command plus pronoun from giving a false report of the way the command sounds.

Negative   Reflexive and object pronouns precede negative commands.

No te acuestes, Carlos.
No te sientes, Anita.
No me lo digas ahora.
No te lo pongas, Juan.

ಎಲ

Conteste según el modelo.
*A escoger entre **sí** o **no.***

A   ¿Escribo la carta?
Sí, escríbela.
No, no la escribas.
  1   ¿Como la ensalada?
  2   ¿Tomo el vino?
  3   ¿Bebo la leche?
  4   ¿Digo la verdad?
  5   ¿Escribo la carta?

B   ¿Me acuesto ahora?
Sí, acuéstate ahora.
No, no te acuestes ahora.
  1   ¿Me siento ahí?
  2   ¿Me pongo el sombrero?
  3   ¿Me levanto ahora?
  4   ¿Me baño aquí?
  5   ¿Me lavo las manos?

Exhibitions of prize cattle in Buenos Aires are among the most important social events of the year. Championship bulls frequently sell for hundreds of thousands of dollars as wealthy ranchers vie to improve the quality of their herds.

C ¿Te presto los zapatos?
Sí, préstamelos.
No, no me los prestes.

1 ¿Te paso la sal?
2 ¿Te doy la servilleta?
3 ¿Te digo la verdad?
4 ¿Te leo el menú?
5 ¿Te escribo la carta?

COMPLETE LAS
FRASES

1 Te vi _____.
2 ¿_____ adelgazar?
3 _____ divierto _____.
4 Tomé _____.
5 _____ la sal _____.

FORME PREGUNTAS

1 No estuve porque fui al banco.
2 Me puse a dieta ayer.
3 Estuve en casa anoche.
4 Sí, me hace falta un cuchillo.
5 Yo les di el dinero ayer.

BREVES
CONVERSACIONES

Pregúntele a un amigo si tomó jugo de naranja en el desayuno.
a una señorita si comió tacos en el almuerzo.
a un muchacho si tomó un vaso de leche en el almuerzo.
a una muchacha si comió enchiladas en la comida.
a una joven si comió chorizos en la cena.
a un estudiante si comió mucho postre.

PREGUNTAS
PERSONALES

1 ¿Qué hay de nuevo?
2 ¿Usted se durmió en la clase?
3 ¿Qué hizo usted el domingo?
4 ¿Por qué no estuvo usted en la clase el martes?
5 ¿Dónde estuvo usted ayer por la mañana?
6 ¿Qué comió usted al mediodía?
7 ¿Estuvo en casa ayer por la tarde?
8 ¿Qué hizo usted anoche?
9 ¿Por qué no fue usted al cine anoche?
10 ¿Se divirtió mucho?
11 ¿Qué comiste en la cena anoche?
12 ¿Le gustó la cena?
13 ¿Qué desayunó esta mañana?
14 ¿A qué hora desayunó usted esta mañana?

15 ¿Cuándo se puso usted a dieta?
16 ¿Cuándo le dio dinero a usted su papá?
17 ¿Por qué no aprendió usted todos los verbos irregulares?
18 Él leyó muchos libros. ¿Y usted?
19 ¿Qué trajimos a la clase hoy?
20 ¿Qué les dijo a sus padres cuando llegó tarde?

TAREAS ORALES
1 Ask another student where he had breakfast, what he ate, what he drank, and how he liked it.
2 Using the menu from La Cabaña and the dialog **En el restaurante** (pages 192–193), order a complete dinner. Students may take turns being the waiter and the customer.
3 Tell the group about an excellent dinner you had.

PROVERBIOS

Dijo el mosquito a la rana, Más vale morir en el vino que vivir en el agua.

La mesa pobre es madre de la salud.

De la mano a la boca se pierde la sopa.

Said the mosquito to the frog, It's better to die in wine than to live in water.

Frugal meals are best for health.

There's many a slip twixt the cup and the lip.

Vocabulario

alguno	some, any	la **mantequilla**	butter
así	so, thus	la **medianoche**	midnight
el **azúcar**	sugar	el **mediodía**	noon, midday
el **café**	coffee	la **mesa**	table
el **campo**	country	**mozo:**	
la **cena**	dinner	el **mozo**	waiter
el **cubierto**	place setting	la **moza**	waitress
la **cuchara**	spoon	**nadie**	no one
el **cuchillo**	knife	la **naranja**	orange
el **chorizo**	sausage	**otra vez**	again
el **churrasco**	steak	el **pan**	bread
la **ensalada**	salad	la **pimienta**	pepper
esposo:		el **postre**	dessert
el **esposo**	spouse, husband	la **propina**	tip
la **esposa**	wife	la **rana**	frog
el **frijol**	bean	la **reina**	queen
imaginarse	to imagine	el **ruso**	Russian
el **jugo**	juice	**sabroso**	savory, delicious
la **leche**	milk		

la **sal**	salt	la **taza**	cup
la **salsa de tomate**	catsup, tomato sauce	el **tenedor**	fork
la **servilleta**	napkin	el **vaso**	glass
solo	alone (new meaning without accent)	la **vez**	time (in a series)
el **surtido**	selection	el **vino**	wine

Cognates

el **chocolate**	chocolate	el **mosquito**	mosquito
la **enchilada**	enchilada	el **plato**	plate
la **especialidad**	specialty	el **sandwich**	sandwich
famoso	famous	la **sangría**	sangria
la **fruta**	fruit	**simplemente**	simply
la **hamburguesa**	hamburger	el **taco**	taco
imposible	impossible	el **tamal**	tamale
irregular	irregular	la **tortilla**	tortilla (piece of round flat cornmeal bread)
el **menú**	menu		

Verbs

adelgazar (c)	to lose weight	**engordar**	to fatten, get fat
beber	to drink	**imaginarse**	to imagine
construir (y)	to construct	**probar (ue)**	to prove, try, test
contar (ue)	to count, tell	**regañar**	to scold
discutir	to argue, discuss	**suponer (supongo)**	to suppose
divertirse (ie, i)	to have a good time	**tratar**	to treat
encantar	to enchant, delight		

Idiomatic expressions

nada de particular	nothing special	**ponerse a dieta**	to go on a diet
¿Qué hay de nuevo?	What's new?	**no te imaginas**	you'd never guess, you would never imagine
más vale	it's worth more, it's better to		

Chicano.

ཉ DIÁLOGO

¡Viva la Raza!

SILVIA   Así que es importante aprender inglés, ¿eh?

JUANA   ¡Importantísimo! Es la única forma de sobrevivir aquí en Los Ángeles.

SILVIA   Sin embargo hay barrios donde hablan más español que inglés.

JUANA   Y yo insisto en que el inglés es tan importante como el español si quieres seguir una carrera aquí.

SILVIA   Cuando vivíamos en México estudiaba inglés, pero ya se me olvidó todo.

JUANA   En la frontera tuve que aprenderlo a la fuerza. Cuando comencé la escuela de niña no sabía ni una palabra.

SILVIA   ¿Cómo? ¿Los maestros no hablaban español?

JUANA   ¡Qué esperanza! No se podía hablar español. Nos castigaban si hablábamos en la clase o en el recreo. Fue el peor año de mi vida.

SILVIA   Para mí fue el mejor año. Estaba a gusto en la escuela. Además, los fines de semana siempre había fiesta en casa de mis abuelos.

JUANA   Había mucha discriminación en mi escuela. Yo estudiaba tanto como los otros pero no aprendía mucho a causa del idioma.

SILVIA   Parece que tuviste más paciencia que yo. ¿Cómo podías aguantar esas condiciones?

JUANA   Quería aprender. Mis padres no asistieron a la escuela. Así que yo decidí aprovechar la oportunidad.

SILVIA   Todavía falta mucho para eliminar los prejuicios contra nosotros, pero yo, por lo menos, estoy orgullosa de ser mexicana.

JUANA   Y yo estoy orgullosa de ser chicana. ¡Viva la Raza!

Chicago. A Mexican-American parade.

1 ¿Por qué tiene que aprender inglés Silvia?
2 ¿Qué idioma hablaba Silvia antes?
3 ¿Qué idioma estudiaba Silvia?
4 ¿Sabía inglés Juana cuando comenzó la escuela?
5 ¿Hablaban español los maestros?
6 ¿Qué hacían si los niños hablaban español?

7 ¿Dónde había fiesta?
8 ¿Por qué no aprendía Juana?
9 ¿Cómo podía aguantar esas condiciones?
10 ¿Qué decidió Juana?
11 ¿De qué está orgullosa Silvia?
12 ¿Y Juana?

Long live la Raza!

SILVIA   So it's important to learn English, right?

JUANA   Very important. It's the only way to survive here in Los Angeles.

SILVIA   Nevertheless there are sections where they speak more Spanish than English.

JUANA   And I insist that English is as important as Spanish if you want to have a career here.

SILVIA   When we lived in Mexico I studied (used to study) English, but now I've forgotten (I already forgot) everything.

JUANA	On the Border I had to learn it by force. When I began school as a child I didn't know a word (not even one word).
SILVIA	What? The teachers didn't speak Spanish?
JUANA	How ridiculous (What a hope!)! One couldn't speak Spanish. They punished us if we spoke Spanish in class or at recess. It was the worst year of my life.
SILVIA	For me it was the best year; I was very happy in school. Besides, on the weekends there was always a fiesta at the home of my grandparents.
JUANA	There was a lot of discrimination in my school. I used to study as much as the others but I didn't learn much because of the language.
SILVIA	It seems you had more patience than I. How could you stand those conditions?
JUANA	I wanted to learn. My parents didn't go to school. So I decided to take advantage of the opportunity.
SILVIA	There is a long way to go (still much is lacking) to eliminate prejudices against us, but I, at least, am proud of being a Mexican.
JUANA	And I am proud of being a Chicana. Long live the Raza!

La pronunciación

Review of Spanish trilled r, written rr and r

Practice the trilled **rr** which occurs between vowels.

los churrascos	la guitarra	en los barrios
las sierras	el desarrollo	

When a single letter **r** occurs at the beginning of a word or after **l** or **n,** it is trilled the same as **rr.** Practice the trilled **r** in the following examples. Work across the columns.

recreo	en el recreo
Rodolfo	¿Dónde está Rodolfo?
raza	¡Viva la Raza!
repleto	un estómago repleto
Enrique	Enrique es mexicano.

ᨆ◆NOTAS CULTURALES

La Raza y los valores culturales. La Raza (the race) refers to the Hispanic peoples who share a common language, literature, religious heritage, and way of life. **El Día de la Raza** gained prominence as a celebration at the turn of the century when the Hispanic world sought to raise popular consciousness of its cultural unity to counteract the influence of Anglo-American cultural pat-

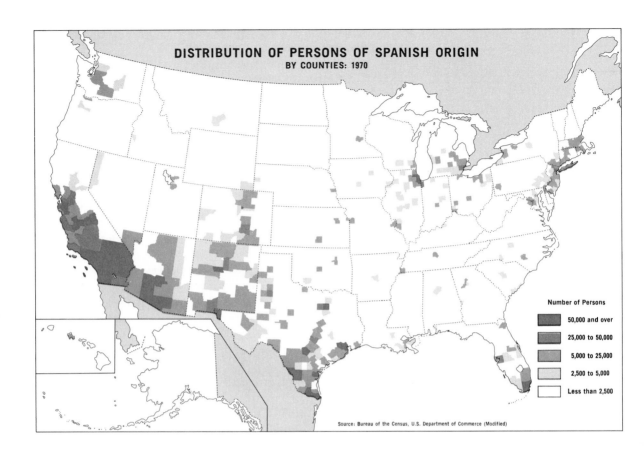

DISTRIBUTION OF PERSONS OF SPANISH ORIGIN
BY COUNTIES: 1970

Number of Persons

50,000 and over

25,000 to 50,000

5,000 to 25,000

2,500 to 5,000

Less than 2,500

Source: Bureau of the Census, U.S. Department of Commerce (Modified)

terns, especially in the Caribbean area. More recently ¡**Viva la Raza!** has become a unifying slogan in the United States for the Chicano movement, to which many Mexican-Americans now look for help in obtaining increased economic opportunities, social justice, and the preservation of their language and cultural heritage. Other Mexican-Americans are making an effort to preserve their culture without joining the Chicano movement.

The following is a summary of some of the principal differences in the cultural values of Anglos and Mexican-Americans. Since many Mexican-Americans are bilingual and bicultural, not all would exhibit every trait, but the general pattern of differences is widely encountered.

ANGLO VALUES	MEXICAN-AMERICAN VALUES
Man as doer (*homo faber*) is highly regarded. Work and	Man the knower (*homo sapiens*) is the ideal person. Material

accomplishments bring desirable material rewards and personal satisfaction. Responsible people work first to enjoy leisure later. Businessmen, financiers, engineers, and doctors who cure people are respected.

The Anglo-American:
Has a tendency to judge the success of others in terms of the presence or absence of material comforts. Often considers a person culturally deprived if he does not have material comfort.

Tends to live in a future time orientation, postponing enjoyment and pleasure in order to accomplish more at present. Compartmentalizes work and play time.

Mayan vase from Copán, Honduras, showing a quetzal bird.

Takes pride in being open, frank, and "telling it like it is." Desires to get down to the facts of the case. Has a tendency to express himself briefly and bluntly. May become impatient with the indirect approach.

Tends to be unemotional, objective, and may adopt a cold, matter-of-fact approach to conversation and interpersonal relationships.

things are not considered ends in themselves in the good life. There is a tendency to respect the philosopher, poet, musician, and artist more than the doer.

The Mexican-American:
Resents being judged by what he has, rather than what he is. Considers himself part of a traditional heritage of civilized and cultured people who arrived in this country before the pilgrims.

Is more likely to live and experience life more completely in the present. Those who have more options are prone to look toward the future and plan for it. After working hard for many hours, finds time to enjoy friends and family.

Is more given to flowery speech with a diplomatic approach to controversial issues. May choose to agree outwardly in order to avoid being impolite or offending someone's dignity in a private conversation.

Is more likely to want to touch, feel, or be close to an object or a person under consideration. Tends to make use of a wider range of emotions in relating to his own environment.

ॐ❧

The imperfect tense of regular verbs

hablar		aprender		vivir	
habl–aba	habl–ábamos	aprend–ía	aprend–íamos	viv–ía	viv–íamos
habl–abas	habl–abais	aprend–ías	aprend–íais	viv–ías	viv–íais
habl–aba	habl–aban	aprend–ía	aprend–ían	viv–ía	viv–ían

The imperfect is a second past tense in Spanish. To form it, **-ar** verbs add one set of endings, while **-er** and **-ir** verbs add a second set.

Notice that only the **nosotros** form of **-ar** verbs has a written accent on the ending: **hablábamos.** All the **-er, -ir** endings have written accents.

ॐ❧

Uses of the imperfect

The imperfect is used to report past actions or conditions which are viewed by the speaker as being in progress or continuing. No reference is made to the beginning or ending of the action or condition. (The preterit, not the imperfect, is used to report actions and conditions which the speaker views as starting, ending, or complete.)

The imperfect expresses a past action viewed by the speaker as a customary occurrence.

Juana estudiaba mucho en la escuela.	*Juana used to study a great deal in school.*
Siempre hablábamos español.	*We always spoke Spanish.*

The imperfect expresses a past action viewed as progressive or continuing.

Yo estudiaba pero no aprendía.	*I was studying but I wasn't learning.*

The imperfect expresses a condition viewed as existing over an undefined period in the past.

Eran las diez de la mañana.	*It was ten o'clock in the morning.*
Yo tenía cinco años.	*I was five years old.*

Hablar *to speak* **Imperfect tense**	hablaba	hablábamos
	hablabas	hablabais
	hablaba	hablaban

ౡ

Conteste según el modelo.

Yo siempre hablaba inglés en casa. ¿Y usted?
Sí, también hablaba inglés.
¿Y Anita? ¿Y ustedes? ¿Y nosotros? ¿Y su abuelo?

ౡ

Conteste.

1 ¿Siempre hablaba usted inglés en casa?
2 ¿Qué idioma hablaba usted en la escuela?
3 ¿Hablaban ustedes español?
4 ¿Hablaba usted inglés o francés?
5 ¿Hablaba usted inglés cuando tenía cuatro años?

Aprender *to learn* **Imperfect tense**	aprendía	aprendíamos
	aprendías	aprendíais
	aprendía	aprendían

ౡ

Conteste según el modelo.

En la escuela yo no aprendía mucho. ¿Y usted?
No, no aprendía mucho. Sí, aprendía mucho.
¿Y ellos? ¿Y ella? ¿Y Juan? ¿Y ustedes?

ౡ

Conteste.

1 ¿No aprendía usted mucho en la escuela?
2 ¿No aprendía él mucho en casa?
3 ¿Aprendía Juana mucho de niña?
4 ¿Qué aprendía usted en casa?
5 ¿Por qué no aprendía usted español?

Vivir *to live* **Imperfect tense**	vivía	vivíamos
	vivías	vivíais
	vivía	vivían

ౡ

Conteste según el modelo.

Yo vivía en los Estados Unidos. ¿Y usted?
Sí, vivía en los Estados Unidos.
¿Y Anita? ¿Y ustedes? ¿Y nosotros? ¿Y ellos?

ౡ

Conteste.

1 ¿Antes vivía usted en la Argentina?
2 ¿Antes vivía usted en los Estados Unidos?
3 ¿Dónde vivía usted antes?
4 ¿Vivía usted con sus abuelos?
5 ¿Vivía usted con su tío?

🦆

Three verbs irregular in the imperfect

With the exception of the verbs **ir, ser,** and **ver,** all verbs are regular in the imperfect.

<table>
<tr><td rowspan="3">Ir to go
Imperfect tense</td><td>iba</td><td>íbamos</td></tr>
<tr><td>ibas</td><td>ibais</td></tr>
<tr><td>iba</td><td>iban</td></tr>
</table>

🦆

Conteste según el modelo.   Yo siempre iba a la escuela. ¿Y usted?
Sí, siempre iba a la escuela. No, no iba siempre.
¿Y ellos? ¿Y Anita? ¿Y el profesor? ¿Y ustedes?

🦆

Conteste.
1 ¿Iba usted al teatro de niño?
2 ¿Iban ustedes al cine en esos días?
3 ¿Iba él a la escuela de niño?
4 ¿Iban ustedes al campo?
5 ¿Adónde iban ustedes?

<table>
<tr><td rowspan="3">Ser to be
Imperfect tense</td><td>era</td><td>éramos</td></tr>
<tr><td>eras</td><td>erais</td></tr>
<tr><td>era</td><td>eran</td></tr>
</table>

🦆

Conteste según el modelo.   Antes yo era muy listo. ¿Y usted?
Sí, también era muy listo. No, no era muy listo.
¿Y Anita? ¿Y ellos? ¿Y ustedes? ¿Y el profesor?

🦆

Conteste.
1 ¿Era usted muy listo de niño?
2 ¿Anita era muy lista de niña?
3 ¿Quién era muy lista de niña?
4 Antes Carlos era muy bueno, ¿verdad?
5 ¿Y Juan?

<table>
<tr><td rowspan="3">Ver to see
Imperfect tense</td><td>veía</td><td>veíamos</td></tr>
<tr><td>veías</td><td>veíais</td></tr>
<tr><td>veía</td><td>veían</td></tr>
</table>

🦆

Conteste según el modelo.   Yo lo veía todos los días. ¿Y usted?
Sí, lo veía todos los días.
¿Y su mamá? ¿Y ellos? ¿Y ustedes? ¿Y nosotros?

Mayan ruins in Uxmal,
Yucatán, Mexico.

ૡ

Conteste. 1 ¿Lo veía usted todos los días?
2 ¿Quién lo veía todos los días?
3 ¿No lo veían ellos todos los días?
4 ¿Cuándo lo veían ellos?
5 ¿Flora lo veía en la escuela?

Hay *there is, there are* comes from the verb **haber.** Its imperfect
form is **había** *there was, there were.*

Cambie según el modelo. Hay mucho tiempo.
Había mucho tiempo.

Hay fiestas en marzo.   Ramón está cansado.
Silvia es lista.   Hay mucho dinero.
Veo el sol.   Yo vivo en Norteamérica.
Vamos a la escuela.   No hablo español.

Three verbs irregular in the imperfect ૡ **211**

Formation of adverbs in -mente

The suffix **-mente** is the equivalent of the *-ly* ending in English. This suffix is attached to the feminine form of adjectives with **-o, -a** endings. It is attached directly to the end of other adjectives.

feliz	felizmente
habitual	habitualmente
usual	usualmente
frecuente	frecuentemente

Adverbs retain the stress of the adjective form and are also stressed on the first syllable of the suffix **-mente.**

ADJECTIVE	ADVERB
solo	solamente
fácil	fácilmente

Vocabulario suplemental

EXPRESIONES ADVERBIALES DE TIEMPO[1]

Siempre hablaba inglés.	*I always spoke English.*
De vez en cuando hablaba inglés.	*Sometimes, once in a while.*
A menudo hablaba inglés.	*Often.*
De costumbre hablaba inglés.	*Usually, customarily.*
Antes hablaba inglés.	*Before, formerly.*
Cuando era niño aprendía español.	*When I was a child I used to learn Spanish.*
Cuando era joven aprendía español.	*When I was a young man, woman*
De niño (-a) aprendía español.	*As a child.*
En esos días vivía en Texas.	*In those days.*

Responda según el modelo.

A Ahora vivo en Texas. (el año pasado)
El año pasado vivía en Texas.

1 Ahora hablo inglés. (siempre)
2 Ahora estudio geografía. (a menudo)
3 Ahora aprendo alemán. (de costumbre)
4 Ahora duermo la siesta. (antes)
5 Ahora me divierto. (de vez en cuando)

[1] *Adverbial expressions of time*

B Ahora hablo español. (el año pasado)
El año pasado no hablaba español.
1 Ahora soy muy listo. (en esos días)
2 Ahora trabajo mucho. (de niño)
3 Ahora me gusta el fútbol. (cuando era niño)
4 Ahora estudio mucho. (la semana pasada)
5 Ahora me interesan los chicos. (de costumbre)

Conteste.
A escoger entre **sí** *o* **no.**

¿Lee usted mucho? (Do you read much?)
Ahora no, pero cuando era niño (–a), leía mucho.
Ahora sí, pero cuando era niño (–a), no leía mucho.

¿Estudia usted mucho?   ¿Está usted contento (–a)?
¿Se levanta usted temprano?   ¿Tiene usted que estudiar?
¿Va usted al cine mucho?   ¿Le gusta estudiar?
¿Vive usted en el campo?   ¿Prefiere usted el campo?
¿Se lava usted las manos?   ¿Trabaja usted mucho?
¿Se acuesta usted temprano?   ¿Duerme usted mucho?

Cambie según el modelo.

Son las tres y media de la tarde.
Eran las tres y media de la tarde.

Son las dos y media de la tarde.   Son las doce de la noche.
Son las diez de la noche.   Es la una de la tarde.
Es la una y media de la tarde.   Son las seis de la mañana.

José Clemente Orozco (1883–1949), one of Mexico's great muralists, at work in his studio in Mexico City.

Vocabulario suplemental 213

ॐ

Comparisons of equality

tanto, –a, –os, –as . . . como
tanto como
tan como

To formulate a comparison of equality based on a noun, **tanto, –a, –os, –as** is used before the noun and **como** is used after it. **Tanto** agrees in gender and number with the noun.

Soledad tenía tanto dinero como su tía.	*Soledad had as much money as her aunt.*
Falta tanta pimienta como sal.	*It needs as much pepper as salt.*
Comieron tantos tacos como enchiladas.	*They are as many tacos as enchiladas.*
Mercedes sabía tantas palabras en ruso como yo en francés.	*Mercedes knew as many words in Russian as I in French.*

Comparisons of equality in terms of a verb are formed by using **tanto como** after the verb.

Claudia estudiaba tanto como los otros.	*Claudia studied as much as the others.*

Comparisons of equality in terms of an adjective are formed by using **tan** before the adjective and **como** after it.

El postre es tan importante como la sopa.	*Dessert is as important as soup.*

ॐ

Conteste según el modelo.

A ¿Era usted tan fuerte como Osvaldo?
Sí, yo era tan fuerte como Osvaldo.
listo   alto   trabajador
bueno   rico   inteligente

B ¿Estudiaba usted tanto como Jaime?
Sí, yo estudiaba tanto como Jaime.
trabajaba   corría
leía   dormía
hablaba   escribía

C ¿Tenía usted tanto dinero como el embajador?
No, yo no tenía tanto dinero como el embajador.
tantos zapatos   tanto tiempo
tanta habilidad   tanta ropa
tantas casas

౭ఴ

Comparative of adjectives

To form the comparative of a regular adjective, **más** or **menos** is placed before it.

Orlando es más guapo.   *Orlando is more handsome.*
Luz es menos simpática.   *Luz is less likable.*

౭ఴ

Comparisons of inequality

To form a comparison of inequality with a noun or regular adjective, **más** or **menos** is placed before it, and **que** is placed after it.

Miguel llevó más pasajeros que   *Miguel took more passengers than*
  Felipe.   *Felipe.*
Felipe tenía menos tiempo que   *Felipe had less time than Miguel.*
  Miguel.
Miguel es más rico que Felipe.   *Miguel is richer than Felipe.*
Felipe es menos gordo que   *Felipe is less fat than Miguel.*
  Miguel.

Más que and **menos que** are used after a verb.

Amanda aprendía más que Victor.   *Amanda learned more than Víctor.*
Pero aprendía menos que yo.   *But she learned less than I.*

Before numbers the Spanish equivalent of *than* is **de,** not **que.**

Tengo más de diez dólares. *(more than)*
Ella tiene menos de diez dólares. *(less than)*

Responda según el modelo.

౭ఴ

A Silvia es muy rica.
  Sí, es más rica que Juana.
  lista   inteligente
  pobre   bonita

B ¿Silvia estudiaba mucho?
  Sí, estudiaba más que ellos.
  ¿Silvia leía mucho?
  ¿Silvia trabajaba mucho?

C Ella aprendía poco, ¿no?
  Sí, aprendía menos que ellos.
  Ella hablaba poco, ¿no?
  Ella bailaba poco, ¿no?

D Jesús no es muy rico.
  Sí, es menos rico que Pedro.
  listo   inteligente
  pobre   guapo

E ¿Tiene Emilio más de diez dólares?
  No, tiene menos de diez dólares.
  ¿Tiene ella más de diecinueve años?
  ¿Necesita Eduardo más de cinco dólares?
  ¿Le dieron más de tres libros?

Superlative of adjectives

To form the superlative of an adjective, a definite article is used before the comparative.

Yolanda es alta.	*tall*	adjective
Cecilia es más alta que Juana.	*taller*	comparative
Ana es la más alta de todas.	*tallest*	superlative
Mateo es listo.	*alert, smart*	adjective
Roberto es menos listo que Mateo.	*less alert*	comparative
Luis es el menos listo de todos.	*least alert*	superlative

Irregular comparisons of adjectives

The adjectives **bueno, malo, pequeño,** and **grande** have irregular comparative and superlative forms.

ADJECTIVE	COMPARATIVE	SUPERLATIVE
bueno *good*	mejor *better*	el mejor *the best*
malo *bad*	peor *worse*	el peor *the worst*

Mejor and **peor** do not change their ending to show the gender of the noun they modify. In the plural, they add **-es** for both genders.

Esta clase es mejor que la otra.	*This class is better than the other one.*
Ellos tenían peores libros que ustedes.	*They had worse books than you.*

Superlatives with **mejor** and **peor** generally precede the noun they modify.

Fue el peor año de mi vida.	*It was the worst year of my life.*
Fueron las mejores amigas que tuve.	*They were the best friends I had.*

Pequeño and **grande** have alternate comparative and superlative forms, depending on their meaning.[1]

[1] In the chart, only the masculine singular forms are shown. **Pequeño** has the standard endings: **-o, -a, -os, -as. Grande** adds **-s** and the others add **-es** to show the plural.

ADJECTIVE		COMPARATIVE	SUPERLATIVE
pequeño *small*	age	menor *younger*	el menor *youngest*
	size	más pequeño *smaller*	el más pequeño *smallest*
grande *big*	age	mayor *older*	el mayor *oldest*
	size	más grande *bigger*	el más grande *biggest*

The comparatives **menor** and **mayor** are used with people to refer to age and mean younger and older, respectively.

The comparatives **más pequeño** and **más grande** refer to physical size and mean smaller and bigger, respectively.

Mi hermano menor es más pequeño que yo.	*My younger brother is smaller than I.*
Ella es la mayor y la más grande también.	*She is the oldest and the biggest, too.*

Mejor and peor as adverbs

As adverbs, **mayor** and **peor** are used as the comparatives for **bien** and **mal.**

> Anita juega bien.
> Carmen juega mejor.
> Pedro canta mal.
> Carlos canta peor.

The absolute superlative

The absolute superlative of adjectives is formed by dropping the final vowel, if any, and adding **–ísimo, –ísima, –ísimos,** or **–ísimas.**

El inglés es importantísimo.	*English is most (very) important.*
Las clases son interesantísimas.	*The classes are very interesting.*

Conteste según el modelo. **A** ¿Canta Ana muy bien?
Sí, canta mejor que yo.

¿Juega Juan muy bien?
¿Escribe Pedro muy bien?
¿Habla Silvia muy bien?

B Silvia canta mal, ¿no?
Sí, canta peor que yo.

juega   escribe
habla   ve

C El inglés no es importante, ¿eh?
Sí señor, es importantísimo.

La clase no es interesante, ¿eh?
Las muchachas no son simpáticas, ¿eh?
El español no es fácil, ¿eh?
La clase no es grande, ¿eh?

Se used as a nonpersonal subject

The reflexive pronoun **se** is used with third person verb forms as the equivalent of English *one* or impersonal *you*. Who is doing the action is not indicated.

No **se** podía hablar español en la escuela.

One could not speak Spanish in school.

Se puede entrar en el cuarto.

One can enter the room.

Se habla español aquí.

Spanish is spoken here. (One speaks Spanish here.)

Se aprende mucho aquí.

One learns a lot here.

Se come bien aquí.

One eats well here.

Conteste según el modelo. **A** ¿Dónde se puede estudiar?
Se puede estudiar en la facultad.

aprender—la clase
ir al teatro—el centro
ir al mercado—en México.

B ¿Dónde se podía bailar?
Se podía bailar en la fiesta.

hablar español—en casa
ir al cine—el centro
esquiar—la cordillera

C ¿Se aprende mucho en la clase de español?
Sí señor, se aprende mucho en la clase de español.

se estudia   se trabaja
se habla   se escribe

Conteste.

1 ¿Dónde se aprende español?
2 ¿Dónde se habla francés?
3 ¿Cuándo se estudia la gramática?
4 ¿Por qué se piden clases fáciles?

gringo is a familiar, sometimes pejorative, term used by Mexicans to describe North Americans; **pocho** is a usually pejorative term used by Mexicans for those Mexicans who live on the other side of the border, i.e., in the United States.

the fact is

equality

right as a citizen; fight, struggle

descendants

𝄞 LECTURA

La Paradoja[1]

Yo soy Jacinto Córdoba. Vivo en Colorado. En la escuela los maestros gringos° no sabían pronunciar mi nombre. Tampoco sabían si era latino, mexicano, hispano, mexicoamericano, hispanoamericano, pocho° o chicano. No importa. Somos todos de la Raza.

De verdad,° soy chicano. Prefiero ese nombre porque indica que estoy buscando la justicia y la igualdad° de oportunidad que es mi derecho como ciudadano° americano. Nosotros luchamos° por el Plan Espiritual de Aztlán. Muchos de nosotros, los chicanos, somos descendientes° de los Aztecas que vivían aquí en el norte

[1] *The paradox*

Chicanos at a conference in Denver discuss their crusade for social justice.

Heroes of the Mexican Revolution. Pancho Villa, center, meeting with Emiliano Zapata (with largest hat), in the Presidential Palace, Mexico City, January 2, 1915.

antes de establecerse en lo que es ahora la capital de México. Queremos reconstruir Aztlán y la civilización Azteca aquí en esta región del suroeste.° Vivimos en los estados de Arizona, Colorado, Nuevo México, Texas y California. Hay otros cuatro o cinco millones que viven en Illinois, Michigan, y en otras partes del este que son nuestros hermanos también. En este espíritu de hermandad° y unión podemos defender la causa común de la Raza.

Estamos orgullosos de nuestros líderes° del pasado. Los grandes inspiradores° de la Raza fueron Benito Juárez, presidente de México que siempre defendió la justicia, y Emiliano Zapata, que ayudó a los pobres° en México proclamando que la tierra era de los que la trabajaban.° En tiempos modernos los líderes del chicanismo° son Reies Tijerina de Nuevo México que también luchó por sus tierras,° César Chávez que organizó a los agricultores de California, y Rodolfo González de Colorado que nos inspiró a unirnos con los propósitos° del Plan Espiritual de Aztlán.

Queremos preservar nuestra lengua y nuestra cultura. A veces para hacerlo tenemos que escoger° entre la necesidad económica y nuestros ideales. Aquí tienen ustedes una parte del poema épico de Rodolfo González que expresa elocuentemente el dilema de los chicanos en cuanto a la preservación de la cultura.

Southwest

brotherhood

leaders
inspirers

helped the poor people
land belonged to those who worked it
the Chicano movement
land, fields

aims

choose

Yo soy Joaquín (fragmentos) *selections*
de Rodolfo González

Yo soy Joaquín
perdido en un mundo de confusión,
enganchado en el remolino de una sociedad gringa
confundido por las reglas,
despreciado por las actitudes,
sofocado por manipulaciones,
y destrozado por la sociedad moderna.
Mis padres
   perdieron la batalla económica
y conquistaron
   la lucha de supervivencia cultural.

Y ¡ahora!
   yo tengo que escoger
      en medio
       de la paradoja de
       triunfo del espíritu,
       a despecho de hambre física,
         o
       existir en la empuñada
      de la neurosis social
      americana,
      esterilización del alma
       y un estómago repleto.

I am Joaquín
lost in a world of confusion,
caught up in the whirl of a gringo society,
confused by the rules,
scorned by attitudes,
suppressed by manipulation,
and destroyed by modern society.
My parents
   have lost the economic battle
and won
   the struggle of cultural survival.

And now!
   I must choose
      between
       the paradox of
       victory of the spirit,
       despite physical hunger,
         or
       to exist in the grasp
      of American social
      neurosis,
      sterilization of the soul
       and a full stomach.

PREGUNTAS SOBRE LA LECTURA

1 ¿Quién es Jacinto Córdoba?
2 ¿Qué problema tuvo con su nombre en la escuela?
3 ¿Dónde vivían los Aztecas antes de establecerse en México?
4 ¿Dónde vive el 80 por ciento de los mexicoamericanos?
5 ¿Quiénes fueron los grandes líderes del pasado?
6 ¿Cuál es el dilema de Joaquín?

COMPLETE LAS FRASES

1 Se podía _____.
2 _____ me gustaba _____.
3 _____ cuando era pequeño.
4 Yo estudiaba tanto _____.
5 ¿Por qué _____?

FORME PREGUNTAS

1 No, de costumbre no bailaba cuando era niña.
2 En mi casa hablaban inglés.

3 Me gusta el cine tanto como el teatro.
4 Sí, yo estaba contenta cuando era niña.
5 No, no me gusta el alemán.

BREVES
CONVERSACIONES

Pregúntele a _____ si antes estudiaba mucho.
si siempre iba a clase.
si ayer quería ir al parque.
si siempre decía la verdad.
si antes vivía en California.
si de costumbre leía mucho.
si de costumbre escribía cartas.
si antes hablaba francés.
si antes prefería el inglés.
si de niño se acostaba temprano.
si iba a menudo a bailar.

PREGUNTAS
PERSONALES

1 ¿Qué hacía usted cuando era niño?
2 ¿Dónde vivía usted cuando era niño?
3 ¿Le gustaba a usted esquiar?
4 ¿Qué se hace en la universidad?
5 ¿Qué se puede hacer en la ciudad?
6 ¿Estaba usted contento cuando era niño?
7 ¿Fue usted al cine ayer?
8 ¿Había mucha gente en el cine?
9 ¿Dormía la siesta cuando era niño?
10 ¿Qué hacía usted de costumbre los domingos?
11 ¿Qué hacía usted de costumbre los lunes?
12 ¿De niño le gustaba estudiar?
13 ¿Iba usted a menudo al centro cuando era niño?
14 ¿Tiene usted tanto dinero como el profesor?
15 ¿Es usted más alto que sus amigos?
16 ¿Dónde asistió usted a la escuela?
17 ¿Había muchas injusticias?
18 ¿Está usted orgulloso de ser norteamericano?
19 ¿Cómo pasó usted la juventud?
20 ¿Era usted muy lista de niña?

TAREAS ORALES

1 Ask another student to tell you four things he used to do when he was a child. Then report to the group.
2 Tell the group all you can about your school and home life as a child.

PROVERBIOS

La astucia vale más que la fuerza.   *Intelligence is better than force.*
La codicia rompe el saco.   *Covet all, lose all.*
Más vale maña que fuerza.   *Skill is better than strength.*

Vocabulario

el **barrio**	section (of town)	el **peor**	worst
contra	against	**pequeño**	small
el **desarrollo**	development	el **prejuicio**	prejudice
el **estómago**	stomach	el **recreo**	recess, recreation
el **fin de semana**	weekend	**rico**	rich
la **frontera**	border, frontier	la **sierra**	mountain
la **habilidad**	ability	**trabajador:**	
importantísimo	very important	el **trabajador,**	
interesantísimo	very interesting	la **trabajadora**	worker
la **juventud**	youth	el **valor**	value
el **orgullo**	pride		
orgulloso	proud		

Cognates

la **condición**	condition		
chicano:		la **forma**	form
el **chicano,**	Chicano	la **injusticia**	injustice
la **chicana**	Chicana	la **oportunidad**	opportunity
la **discriminación**	discrimination		

Verbs

aguantar	to endure, withstand	**faltar**	to lack
aprovechar	to take advantage of	**haber**	to have (auxiliary verb)
bailar	to dance	**insistir (en)**	to insist
castigar	to punish	**interesar**	to interest
decidir	to decide	**olvidarse**	to forget
eliminar	to eliminate	**sobrevivir**	to survive

Idiomatic expressions

a la fuerza	by force	**¡Viva la Raza!**	Long live la Raza!
¡Qué esperanza!	How ridiculous!	**de niño**	as a child
por lo menos	at least	**estar a gusto**	to feel comfortable
a menudo	often	**de costumbre**	usually, customarily
a causa de	because of	**sin embargo**	nevertheless

Soccer game in Manizales, Colombia.

☙ **DIÁLOGO**

El rey de los deportes

Debbie es una norteamericana que está estudiando en la Universidad de Bogotá. Está hablando por teléfono con su compañera, Alicia, acerca de Federico, un famoso deportista chileno, que acaba de llegar a Bogotá.

DEBBIE Aló. Diga.

ALICIA ¡Hola, Debbie! Te habla Alicia. ¿Cómo te va?

DEBBIE Muy bien, Alicia. Esperaba tu llamada. ¿Qué pasó?

ALICIA Quería decirte que ya llegó Federico.

DEBBIE ¿No es el gran deportista de que me hablaste?

ALICIA Sí, es el mejor futbolista de Chile. Su equipo ganó el campeonato.

DEBBIE Yo creía que los chilenos sólo eran aficionados al esquí y al polo.

ALICIA Bueno, como sabes, en Sudamérica el fútbol es el rey de los deportes.

DEBBIE Y ese Federico, ¿cómo es? ¿Divertido?

ALICIA Ya lo verás. Es un tipo chévere. Anoche nos decía que ahora prefiere otras diversiones.

DEBBIE ¿Por ejemplo?

ALICIA Ahora le gusta más el baile.

DEBBIE A propósito, ¿se divirtieron anoche?

ALICIA Sí, mucho. Estábamos bailando cuando vino Federico.

DEBBIE ¿Y qué hicieron?

ALICIA Bailamos una salsa y luego Federico nos enseñó unos pasos estupendos.

DEBBIE ¡Ay, los latinos! ¡Cómo bailan!

ALICIA Sí, pero ese Federico es de los que no hay.

DEBBIE Sí, parece que es campeón de baile también. ¿Cuándo me lo presentas?

ALICIA Te lo presento esta noche.

1 ¿De quién están hablando Debbie y Alicia?
2 ¿Cuándo llegó Federico?
3 ¿Qué ganó el equipo de Federico?
4 ¿Cuál es el rey de los deportes?
5 ¿Qué es un deportista?
6 ¿A qué son aficionados los chilenos?

7 ¿Qué otra diversión le gusta a Federico?
8 ¿Qué hacía Alicia cuando vino?
9 ¿Qué les enseñó Federico?
10 ¿A usted le gusta bailar?
11 ¿Quiere Debbie conocer a Federico?
12 ¿Cuándo se lo presenta Alicia?

The king of sports

Debbie is a North American who is studying at the University of Bogotá. She is talking on the telephone with her friend Alicia about Federico, a famous Chilean athlete, who has just arrived in Bogotá.

DEBBIE Hello.

ALICIA Hi, Debbie. This is Alicia. How are you?

DEBBIE Just fine, Alicia. I was waiting for your call. What's new?

ALICIA I wanted to tell you that Federico already arrived.

DEBBIE Isn't he the great athlete you spoke to me about?

ALICIA Yes, he's the best soccer player in Chile. His team won the championship.

DEBBIE I thought that the Chileans were only fans of skiing and polo.

ALICIA Well, as you know, in South America soccer is the king of sports.

DEBBIE And that Federico. What's he like? Fun?

ALICIA You'll see him. He's a sharp guy. Last night he was telling us that now he prefers other amusements.

DEBBIE For example?

ALICIA Now he likes dancing better.

DEBBIE By the way, did you have fun last night?

ALICIA Yes, a lot. We were dancing when Federico came.

DEBBIE And what did you do?

ALICIA We danced salsa and then Federico taught us some wonderful steps.

DEBBIE Oh, the Latins! How they dance!

ALICIA Yes, but there is no one like Federico [that Federico is of those who don't exist].

DEBBIE Yes, it appears that he is the dancing champion also. When are you going to introduce him to me?

ALICIA I'll introduce him to you tonight.

La pronunciación

Spanish diphthongs   The following words contain the diphthongs **ai, ia, ie, ei,** and **io.**
A diphthong is usually a combination of a strong vowel **(a, e, o)**
and a weak vowel **(u, i).**[1] The combination is pronounced as one
syllable. The strong vowel is stressed.

ai	ia	ie	ei	io
bailan	Alicia	bien	béisbol	aficionados
traigo		tiene		lección
		divirtieron		

❧ NOTAS CULTURALES

Los deportes. Bullfighting is not the national pastime or sport of
the Hispanic world; soccer **(fútbol)** reigns as the king of sports.
Enthusiasm and loyalty border on fanaticism. Increasingly, horse-
racing, basketball, baseball, track, golf, fishing, and other sports
are becoming popular. One's interest in these different sports
seems to be in direct proportion to ability to afford either tickets
to watch as a spectator or the equipment needed to participate.

El fútbol. Soccer is the number-one sport for participants as
well as spectators. Children and energetic people of all ages can be
seen at any time of the day or night playing a game in the park, in
the street, or at school. If no one has a ball, a substitute is improvised from paper, a cardboard box, rags, or anything else available.

El béisbol. Baseball is very popular in Cuba and Puerto Rico
and is becoming more and more popular in Mexico, Central
America, and Venezuela. It is not played to any great extent in the
other Latin American countries. Many North American major-
league baseball players are from the Caribbean area.

Los aficionados. Fútbol as a spectator sport is generally
played on Sunday afternoon. Some teams are sponsored by universities and by cities but the general public is most interested in
the professional teams, which are sponsored by clubs. The enthusiasm of the fans at the games, whether between local clubs or
between national selections in a world competition, is so intense
that rioting is not uncommon.

American athletes playing in Latin America or Spain need to

---

[1]Two weak vowels can also combine to form a diphthong: **Luis, ciudad.**

understand that whistling at a performance or an athletic event is considered a sign of extreme disapproval.

La salsa. The **salsa,** a dance that originated in Puerto Rico, has grown in popularity throughout Latin America. It has also become popular in the United States, thanks originally to the discotheques in New York City and other areas with large Puerto Rican populations. One may occasionally see the **salsa** performed by dancers in a television or nightclub act.

Comparison of the imperfect and preterit (summary)

The preterit places emphasis on the completion of a past action or situation. The imperfect describes a noncompleted action or condition which existed in the past. It views past events as continuing or in progress.

Emphasis on completion—preterit:

Ya llegó Federico.	*Federico already arrived.*
Nos enseñó unos pasos estupendos.	*He taught us some wonderful steps.*

Emphasis on continuation—imperfect:

Yo iba a la escuela todos las días.	*I used to go to school every day.*
Yo hablaba español de niño.	*I used to speak Spanish as a child.*

The preterit indicates outcome or change.

Yo estudié una hora. (then I stopped)

The imperfect does not consider the outcome.

Antes yo estudiaba mucho. (used to)

Cambie al pretérito según el modelo.

En esos días salía con Federico. (el sábado)	*In those days I used to go out with Federico.*
El sábado salí con Federico.	*Saturday I went out with Federico.*

1 Antes no me gustaba. (ayer)
2 Siempre estudiábamos en la biblioteca. (esta mañana)
3 De costumbre ella leía mucho. (en esa ocasión)
4 Federico jugaba mucho en esos días. (ese día)
5 Todos los días bailábamos con Federico. (todo el día)
6 Antes nos enseñaba unos pasos estupendos. (anoche)

Both the imperfect and the preterit may be used in the same sentence. The imperfect describes a past condition or an action in progress, and the preterit reports an interrupting, completed action.

Bailábamos cuando **vino** Federico.   *We were dancing when Federico came.*

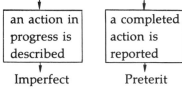

an action in progress is described	a completed action is reported
Imperfect	Preterit

Repita y substituya.   El profesor siempre **llegaba** tarde pero ayer llegó temprano.
comía, comenzaba, volvía, entraba, venía, terminaba

Conteste.
A escoger entre **sí** *o* **no.**

A Yo sabía inglés cuando entré en la escuela. ¿Y usted?
¿Y Juana? ¿Y los mexicanos?

B Ella estudiaba cuando vino el profesor. ¿Y ustedes?
¿Y ellos? ¿Y usted?

C Cuando tenía dieciocho años salí de casa. ¿Y usted?
¿Y ella? ¿Y sus hermanos?

D Él dijo que iba al cine mañana. ¿Y usted?
¿Y sus compañeras? ¿Y su amigo?

The preterit is used when a series of actions in the past is considered completed by the speaker. Compare the following.

Le escribía todos los días.	*I used to write to her every day.*
Le escribí todos los días.	*I wrote to her every day.*
Le escribí siete veces.	*I wrote to her seven times.*

The imperfect is used to indicate two simultaneous actions or conditions in progress in the past.

Mientras que yo estudiaba ellos jugaban.	*While I was studying they were playing.*
Yo cantaba y mi novia escuchaba.	*I was singing and my fiancé was listening.*

Cambie al imperfecto según el modelo.

Yo como y usted lee.
Yo comía y usted leía.
Yo pregunto y usted contesta.   Yo entro y usted sale.
Yo me acuesto y usted se levanta.   Yo comienzo y usted termina.

Vocabulario suplemental

LOS DEPORTES

¿Juega usted al **fútbol?**   Sí, es mi deporte favorito.
                básquetbol?
                golf?
                béisbol?
                tenis?
                dominó?
                ajedrez? [1]
¿Le gusta a usted **esquiar?**
                nadar?[2]

Federico es **jugador** de fútbol. Es **futbolista.** Alicia es **aficionada** al fútbol.
Federico es un gran **deportista.**
Nuestro equipo siempre **juega** los domingos.
                        gana
                        pierde[3]
Ganamos el **partido.** *We won the game.*
Perdimos el **campeonato.** *We lost the championship.*

[1] *chess*   [2] *to swim*   [3] [from **perder**] *loses*

In the Argentine sport of **pato,** *horsemen pass a ball with handles back and forth and attempt to score by pitching it through an upright basket.*

The past progressive with the preterit and imperfect of estar

Either the preterit or imperfect of **estar** may be used to form past progressive constructions. Note the differences in meaning.

- An imperfect form of **estar** + present participle

Estábamos bailando.   *We were dancing.*   (Expresses an action which continued over an indefinite time in the past, with no reference to its termination.)

- A preterit form of **estar** + present participle

Estuvimos bailando.   *We were dancing.*   (Expresses a continuing action which terminated in the past.)

The difference between the simple imperfect **(bailábamos)** and the past progressive **(estábamos** or **estuvimos bailando)** is a matter of emphasis. The past progressive emphasizes that the action was actually in progress at the moment.

Bailábamos.   *We were dancing.*   (Action continued over a period of time in the past.)

Estábamos bailando.   *We were dancing.*   (Emphasis on action in progress.)

Conteste según el modelo.

A ¿Va a aprenderlo?
Lo estaba aprendiendo cuando usted entró.

tomarlo   escribirlo   comerlo   bailarlo
escucharlo   llamarlo   mirarlo

B ¿Estaba usted jugando al golf cuando él llegó?
Sí, yo estaba jugando al golf cuando él llegó.
No, yo no estaba jugando al golf cuando él llegó.

al fútbol   al béisbol
al básquetbol   al tenis

C ¿Estaba usted hablando con Carlos?
Sí, yo hablaba con Carlos.
No, yo no hablaba con Carlos.

¿Estaba usted escribiendo una carta?
¿Estaba usted leyendo un libro?
¿Estaba usted trabajando en casa?
¿Estaba usted escuchando el programa?
¿Estaba usted comiendo despacio?
¿Estaba usted vistiéndose?

ह०

Ser, ir, venir—no past progressive

Ser, ir, and **ver** are never used in the past progressive. The simple imperfect is used instead.

Yo iba al partido.	*I was going to the game.*
Él venía a casa.	*He was coming home.*
Carmela era muy lista.	*Carmela was very sharp.*

ह०

Conteste según el modelo.

¿Iba usted al mercado?
Sí, iba al mercado.

¿Venía usted a casa?
¿Era usted lista de niña?

ह०

Verbs with different meanings in the preterit and the imperfect

Certain verbs, especially ones which in the imperfect describe a mental state, have a distinctly different meaning when used in the preterit.

conocer

Lo **conocí** ayer.	*I met him yesterday.*
¿Lo **conocía** usted de niño?	*Did you know him as a child?*

saber

Lo **supo** ayer.	*He found it out yesterday.*
Ya **sabía** que no iba a venir.	*I already knew he wasn't going to come.*

poder

¿**Pudo** hacerlo Pepe?	*Did Pepe manage to do it?*
Podía hacerlo.	*He was able to do (capable of doing) it.*

querer

Quiso abrirla.	*He tried to open it.*
Quería abrirla.	*He wanted to open it.*
No **quiso** venir.	*He refused to come.*
No **quería** venir.	*He didn't want to come.*

Conocer *to know,*	conocí	conocimos
to be acquainted with	conociste	conocisteis
Preterit tense	conoció	conocieron

ॐ

Conteste según el modelo.

Yo conocí a Federico. ¿Y usted?
Sí, conocí a Federico.
¿Y ella? ¿Y nosotros? ¿Y él? ¿Y tú? ¿Y ellos?

ॐ

Conteste.

1 ¿Conoció usted a Federico?
2 ¿Conoció ella a Federico?
3 ¿Conocieron ellos a Federico?
4 ¿Tú conociste a Federico?
5 ¿Conocieron ustedes a Federico?

Bogotá, Colombia's capital city, is situated at the foot of the Andes mountains at an altitude of 2600 meters.

Saber *to know,*	supe	supimos
to know how	supiste	supisteis
Preterit tense	supo	supieron

Conteste según el modelo.
¿Lo supo usted anoche?
Sí, lo supe anoche.
¿Y nosotros? ¿Y él? ¿Y ellos? ¿Y ella?

Conteste.

1 ¿Cuándo lo supo usted?
2 ¿Cuándo lo supo ella?
3 ¿Cuándo lo supiste?

4 ¿Cuándo lo supieron ellos?
5 ¿Cuándo lo supieron ustedes?

Poder *to be able to*	pude	pudimos
Preterit tense	pudiste	pudisteis
	pudo	pudieron

Conteste según el modelo.
Yo no pude venir temprano. ¿Y usted?
No, no pude venir temprano.
¿Y nosotros? ¿Y Felipe y Ana? ¿Y ustedes? ¿Y tú? ¿Y tú y yo?

Conteste.

1 ¿Pudo usted terminar el partido?
2 ¿No pudo usted terminarlo?
3 ¿Pudiste jugar al tenis?

4 ¿No pudieron ustedes venir anoche?
5 ¿Quién pudo aprender a jugar al ajedrez?

Querer *to wish,*	quise	quisimos
to want, to love	quisiste	quisisteis
Preterit tense	quiso	quisieron

Conteste según el modelo.
Ella no quiso comerlo. ¿Y usted?
No, tampoco quise comerlo.
¿Y ellos? ¿Y yo? ¿Y usted? ¿Y él y Pepe? ¿Y ellas? ¿Y nosotros?

Conteste.

1 ¿No quiso usted comerlo?
2 ¿No quisieron presentártelo?
3 ¿No quisiste dormir?

4 ¿No quisieron ustedes bailar?
5 ¿No quisimos jugar con ellos?

Conteste según el modelo.
¿No quiso usted ir al baile?
Quise pero no pude.

1 ¿Quisieron ustedes ir al partido?
2 ¿Quiso él ir al campeonato?
3 ¿Quisieron ellos salir?

4 ¿Quisiste ir al baile?
5 ¿Quisimos aprender a nadar?

Mario y sus diversiones

country

fairly

game

to see the best teams play; almost; the full historical name of Bogotá is Santa Fe de Bogotá

Liberators' Cup [Simón Bolívar, 1783–1830, and José de San Martín, 1778–1850, are known as "the Liberators" for their role as the architects of the independence of Spanish South America]; fans

come to blows

fishing

scuba diving

far away

beach

fashionable

Soy Mario Varela y vivo en Bogotá. En mi país° el béisbol es bastante° popular pero no hay nada como el fútbol para nosotros. Todos los domingos hay partido° y en diciembre cuando juegan el campeonato nacional muchas veces vamos al partido para ver jugar a los mejores equipos.° El gran partido final es casi° siempre entre el Club Comercio y el Club Santa Fe.° Son los dos rivales tradicionales de Colombia. Hay otro campeonato que es internacional que se llama «la Copa Libertadores»° en que juegan equipos de la Argentina, el Perú, Venezuela y el Brasil. En esos partidos el entusiasmo es tremendo y a veces los aficionados° llegan a las manos.°

Cuando era pequeño mi diversión favorita era la pesca.° Iba casi todos los sábados al campo para pescar con mis amigos. En el colegio nuestro deporte favorito era el buceo.° Vivíamos un poco lejos° del océano pero muchas veces íbamos en grupo a pasar el día jugando al vólibol y practicando el buceo en la playa.° El vólibol todavía está muy de moda° en Colombia y yo juego mucho con mis compañeros de clase.

PREGUNTAS SOBRE LA LECTURA

A
1 En Colombia, ¿cuál es el rey de los deportes?
2 ¿Qué es "la Copa Libertadores"?
3 Cuando era pequeño, ¿adónde iba Mario los fines de semana?
4 ¿Dónde hacían el buceo?
5 ¿Qué otro deporte juega ahora Mario?

B
1 ¿Es usted deportista?
2 ¿Cuál es su deporte favorito como participante?
3 ¿Y como espectador?
4 ¿Juega usted al golf?
5 ¿Le gusta ver el fútbol americano en la televisión?
6 ¿Cuál es su equipo favorito?
7 ¿Y su jugador favorito?
8 ¿Le interesan los Juegos Olímpicos?
9 ¿No practica usted ningún deporte?
10 ¿Prefiere usted bailar?

Frontón México, Mexico City. In jai alai, a fast and dangerous form of handball, a basket fastened to the wrist is used to hurl a hard rubber ball against the **frontón,** *or front wall.*

A escoger entre el imperfecto y el pretérito.

Ayer yo _____ a ver el campeonato de fútbol. Me _____ muchísimo
         (ir)   (gustar)
    porque _____ El Club Comercio, mi equipo favorito.
         (ganar)
María no _____ acompañarme.
     (poder)
De costumbre ella _____ a todos los partidos conmigo pero la semana
               (ir)
    pasada _____ a trabajar y no _____ perder el trabajo.
        (comenzar)   (querer)
Los dos equipos _____ muy bien pero todo el mundo _____ que El
              (jugar)   (saber)
    Club Comercio _____ a ganar.
           (ir)
Cuando yo _____ del estadio _____ muy contento.
       (salir)   (estar)

Conocer versus saber (review)

Remember that **conocer** means to be acquainted with someone or some place, while **saber** means to know a fact or to have information about something.

Responda.
A escoger entre **conozco**
y **sé** *según el caso.*

Yo conozco a Carmela y a Alicia.
        Madrid.
        que Federico ya vino.
        al profesor.
        esquiar en la nieve.

Responda.
A escoger entre
conocía y sabía.

Carmela sabía que él venía.
                    todos los estados de México.
                    a Vicente.
                    bailar muy bien.
                    mucho.
                    a muchas personas.
                    que era muy importante.

COMPLETE LAS
FRASES

1 Estudiaba _____.
2 Carmela tuvo _____.
3 Supe _____.
4 Eran las seis _____.
5 ¿Qué deporte _____?

FORME PREGUNTAS

1 Sí, me divertía mucho en los deportes.
2 No, no sé jugar al tenis.
3 Conocimos a Federico en Chile.
4 No, no quise ir a la clase.
5 Sí, cuando éramos jóvenes jugábamos mucho.

CONTESTE

1 En la universidad, ¿trabajabas o estudiabas?
2 Antes de venir aquí, ¿estudiabas o trabajabas?
3 Cuando te vi, ¿ibas al mercado o venías del mercado?
4 De costumbre, ¿leías el periódico o escuchabas la radio?
5 Antes de venir aquí, ¿vivías solo o estabas con la familia?
6 Cuando eras niño, ¿vivías en el campo o en la ciudad?

BREVES
CONVERSACIONES

Pregúntele a _____ qué hora era cuando él llegó.
                    qué tiempo hacía cuando salió.
                    si estaban bailando cuando llegó Federico.
                    si estaba él en casa cuando vino Juan.
                    si eran las siete cuando él comió.
                    si escribía ella la lección cuando entró Juan.
                    si recibió una carta ayer.
                    si conoció a Ricardo anoche.
                    por qué no quiso comerlo.
                    cuándo lo supo.

PREGUNTAS
PERSONALES

1 ¿Tenía usted novia cuando era joven?
2 ¿Dónde conoció usted a su mejor amigo?
3 ¿Conocieron ustedes a todos los estudiantes?
4 ¿Recibió usted una carta de sus padres ayer?

5   ¿Estudiaba usted mucho cuando estaba en casa?
6   ¿Hablaba mucho cuando era niño?
7   ¿Fue usted al cine ayer?
8   ¿Hacía mucho calor en el cine?
9   ¿Tenía usted mucha hambre cuando se acostó?
10 ¿Tenía usted miedo cuando le habló el profesor?
11 ¿Por qué no quiso estudiar anoche?
12 ¿Qué hora era cuando llegó a la facultad?
13 ¿Qué hacía Carlos cuando usted lo vio?
14 ¿Qué hacía su compañero cuando usted llegó a casa?
15 ¿Qué estudiaba usted cuando lo vi anoche?
16 ¿Hacía mal tiempo cuando usted se levantó?
17 ¿Dónde estaba Carmela cuando la conoció?
18 ¿Cuándo supo usted del accidente?
19 ¿Qué estaba usted leyendo cuando entró el profesor?
20 ¿Hacía mal tiempo cuando usted llegó?

TAREAS ORALES   1   Ask another student where she went, what she did, and if she had fun last summer.
2   Find out from another student what his favorite sport was when he was a child and what it is now.

PROVERBIOS

Poco a poco se va lejos.   Little by little one goes far.
Quien no arrisca, no aprisca.   Nothing ventured, nothing gained.
Un asno rasca a otro.   One fool praises another.
A quien madruga, Dios le   The early bird catches the worm.
  ayuda.

La Universidad de los Andes, Colombia.

Vocabulario

acerca de	about	estupendo	stupendous
aficionado:		el fútbol	football (soccer)
el aficionado,		futbolista:	
la aficionada	fan	el, la futbolista	soccer player
el ajedrez	chess	el juego	game
el campeonato	championship	jugador:	
la ciudad	city	el jugador,	
el deporte	sport	la jugadora	player
deportista:		la llamada	call
el, la deportista	athlete	mientras (que)	while
despacio	slow, slowly	ninguno	none, no, not any
el dominó	dominoes	el partido	game
el ejemplo	example	el paso	step
el equipo	team	la pelota	ball
el esquí	skiing	el rey	king
el estadio	stadium	la salsa	salsa (dance)
el estado	state	Sudamérica	South America
el estudio	study		

Cognates

el accidente	accident	latino:	
el básquetbol	basketball	el latino, la latina	Latin
el béisbol	baseball	la ocasión	occasion
la colección	collection	olímpico	Olympic
la diversión	diversion, pastime	participante:	
espectador:		el, la participante	participant
el espectador,		el polo	polo
la espectadora	spectator	el tenis	tennis
el golf	golf		

Verbs

acompañar	to accompany		
bailar	to dance	interesar	to interest
correr	to run	limpiar	to clean
entrar	to enter	mirar	to look, watch
escuchar	to listen to	nadar	to swim
ganar	to win	perder (ie)	to lose, miss

Idiomatic expressions

acabar de + inf.	to have just (done something)	de los que no hay	there is no one like, one of a kind

Segundo Repaso

1. Reflexive verbs, present tense.

Dé el equivalente en español.

1 I get up.
2 They get dressed.
3 We sit down.
4 They wash their hands.

2. Regular and irregular verbs in the preterit.

Cambie al pretérito según el modelo.

Yo hablo.   **Yo hablé.**
1 Él aprende.
2 Ellos escriben.
3 Él va a casa.
4 Ella no puede ir.
5 Nosotros lo ponemos aquí.
6 Yo no quiero ir.
7 Él no lo sabe.
8 Yo estoy aquí.
9 Yo no lo hago.
10 Ella no viene.
11 Ellos no lo tienen.

3. Stem-changing verbs in the preterit.

Cambie al pretérito según el modelo.

Yo me acuesto.   **Yo me acosté.**
1 Él se divierte.
2 Ella duerme.
3 Ellos me dicen.

4. Pronouns with the present participle.

Conteste según el modelo. ¿Va a estudiar la lección?　　**Estoy estudiándola.**
　　　　　　　　　　　　　　　　　　La estoy estudiando.

1　¿Va a decirle?
2　¿Van a vestirse?
3　¿Va a hacerlo?

Conteste según el modelo. ¿Quiere leer el libro?　　**Lo estoy leyendo.**
　　　　　　　　　　　　　　　　　Estoy leyéndolo.

1　¿Quiere acostarse?
2　¿Quiere darle la carta?
3　¿Quiere lavarse las manos?

5. Indirect and direct objects: se replaces le before lo, la, los, or las.

Conteste según el modelo. ¿Cuándo le prestan el dinero?　　**Se lo prestan mañana.**
1　¿Cuándo le venden las camisas?
2　¿Cuándo nos dicen la verdad?
3　¿Cuándo les mandan el cheque?

6. Usted commands with pronouns.

Conteste según el modelo. ¿Le presto el vestido?　　**Sí, préstemelo.**
　　　　　　　　　　　　　　　　No, no me lo preste.

1　¿Le leo la lección?
2　¿Les cuento el secreto?
3　¿Le lavo las medias?

7. Tú commands with pronouns.

Conteste según el modelo. ¿Puedo hablarle?　　**Sí, háblale.**
　　　　　　　　　　　　　　No, no le hables.

1　¿Puedo traerlos?
2　¿Puedo dárselos?
3　¿Puedo lavársela?

8. Regular and irregular verbs in the imperfect.

Complete las frases según el modelo.

Ahora no tomamos leche.   **Antes la tomábamos siempre.**

1 Ahora no sé nada. Antes _____ mucho.
2 Ahora voy a la universidad. Antes no _____ nunca.
3 Ahora mi amigo está presente. Antes no _____ presente nunca.
4 Ahora hay dos estudiantes. Antes _____ veinte.
5 Ahora lo veo muy poco. Antes lo _____ todos los días.
6 Ahora no soy muy listo. Antes _____ muy listo.
7 Ahora no leo nada. Antes _____ mucho.
8 Ahora no hago nada los lunes. Antes _____ algo todos los días.
9 Ahora vivo en California. Antes _____ en Arizona.
10 Ahora no me gusta pescar. Antes me _____ mucho.

9. Preterit versus imperfect.

Dé el equivalente en español de las palabras en cursivas.[1]

1 *I used to play* football.
2 *I played* for an hour.
3 He always *arrived* late.
4 Yesterday *he arrived* late.
5 *He said* he was going.
6 *We were eating* when *he came in.*
7 While *I was studying* you *were working.*
8 *She refused* to go.
9 *It was* six o'clock.

10. Conocer **versus** saber.

Complete las frases. A escoger entre **saber** *y* **conocer.**

1 Ese joven dice que _____ a Luisa.
2 Maricarmen no _____ Santa Fe.
3 Pregúntele si _____ algo de geografía.
4 Yo no _____ jugar al tenis.
5 Juan _____ que el español es importante.

[1] *italics.*

11. Equal and unequal comparisons.

Complete las frases según el modelo.

Ella tenía **tanto** dinero **como** Carlos.
El era **tan** rico **como** ella.
María tiene **tantos** hermanos **como** Felipe.
Ellos jugaban **tanto como** nosotros.

1 Yo era _____ fuerte _____ Guillermo.

2 Yo tenía _____ amigos _____ María.

3 Ella estudia _____ _____ yo.

4 Nadie tenía _____ dinero _____ el profesor.

5 Nosotros corríamos _____ _____ ellos.

6 Flora comió _____ _____ Anita.

7 Ángel tiene _____ camisas _____ Alberto.

8 Yo era _____ bueno _____ mi hermano.

9 Ellos son _____ listos _____ las muchachas.

10 Claudia baila _____ bien _____ Elisa.

12. The comparison of adjectives.

Complete las frases según el modelo.

Esta fruta es rica.
Ésa es más rica.
Aquélla es la más rica.

This fruit is delicious.
That one is more delicious.
That one (over there) is the most delicious.

1 Este vino es caro.
Ése _____.
Aquél _____.

2 Estas sillas son fuertes.
Ésas _____.
Aquéllas _____.

3 Este café es bueno.
Ése _____.
Aquél _____.

Trying on jewelry in Lima, Peru.

⮞ DIÁLOGO

¡Es una ganga!

*Mario y Cecilia son de Colombia. Están viajando con un grupo de universi-
tarios por Sudamérica. Antes de volver a Bogotá pasarán dos días en Lima.*

MARIO   ¿Hasta cuándo insistirás en ir de compras? Tenemos
dos días en Lima y vas a pasar un día entero com-
prando recuerdos.

CECILIA   Iré de compras y no me importa el tiempo. . . Según
mi horóscopo hoy es un día de gran suerte para los de
escorpio.

MARIO   ¿Me vas a decir que crees en los signos del zodíaco?

CECILIA   ¡Vamos al centro y verás! Serán cosas de niñas, pero
el zodíaco siempre me pinta como soy y me da buenos consejos.

⮞

En el centro.

CECILIA   Dicen que aquí en Lima se venden joyas de oro que
son muy finas.

MARIO   También dicen que son caras. Te costarán un ojo de
la cara.

CECILIA   Eso lo veremos. Aquí hay una joyería que anuncia
una gran oferta. ¡A ver si tengo suerte!

VENDEDORA   Buenos días. ¿En qué podré servirles?

CECILIA   ¿Quiere usted mostrarnos por favor unos collares y
broches de oro?

VENDEDORA   ¡Cómo no! Ya les traeré una selección.

CECILIA	¿Te gusta este broche, Mario?
MARIO	Sí, es bonito. ¡Y aquél! Pero me gusta más esa cadena de oro. ¡Qué cosas más bonitas!
CECILIA	¿Cuánto vale éste, señorita?
VENDEDORA	Ese broche lo vendemos siempre en mil soles. Con ocasión de la gran oferta de hoy, se lo dejaremos en 500.
CECILIA	¿Qué te dije, Mario?
MARIO	¡No me dirás que éstas son cosas del horóscopo!
CECILIA	No te digo nada. Pero es seguro que me llevaré el broche. ¡Es una ganga!

PREGUNTAS
SOBRE EL DIÁLOGO

1 ¿En qué ciudad están Mario y Cecilia?
2 ¿Por qué insiste Cecilia en ir de compras?
3 ¿Cuál es el signo de Cecilia?
4 ¿Por qué le gusta el zodíaco a Cecilia?
5 ¿Cómo son las joyas de Lima?
6 ¿Cuestan mucho?
7 ¿Qué venden en una joyería?
8 ¿Qué joyas le interesan a Cecilia?
9 ¿Qué joyas le gustan a Mario?
10 ¿Qué ganga encontró Cecilia?
11 ¿Cree Mario en el zodíaco?
12 ¿Cuánto pagó Cecilia por el broche?

It's a bargain!

Mario and Elena are from Colombia. They are touring with a group of university students through South America. Before returning to Bogotá they will spend two days in Lima.

MARIO	How long (until when) will you insist on going shopping? We have two days in Lima and you are going to spend one whole day buying souvenirs.
CECILIA	I will go shopping and time is not important. . . According to my horoscope, today is a very lucky day for those whose sign is (who are of) Scorpio.
MARIO	Are you going to tell me that you believe in the signs of the zodiac?
CECILIA	Let's go downtown and you'll see. Maybe its childish, but the zodiac always paints me as I am and gives me good advice.

Downtown.

CECILIA	They say that here in Lima they sell gold jewelry that is excellent (jewels of gold that are very fine).

MARIO	They also say that they are expensive. They will cost you a mint (an eye of your face).
CECILIA	That we shall see. Here is a jewelry store that is advertising a big sale. Let's see if I have (any) luck.
CLERK	Good morning. How can I serve you?
CECILIA	Will you please show us some gold necklaces and brooches?
CLERK	Of course! I will bring you a selection.
CECILIA	Do you like this brooch, Mario?
MARIO	Yes, it's beautiful. And that one! But I like most that gold chain. What beautiful things!
CLERK	We always sell that brooch for a thousand soles. During today's big sale we can let you have it for five hundred.
CECILIA	What did I tell you, Mario?
MARIO	You are not going to tell me that these things are caused by the (of the) horoscope!
CECILIA	I'm not telling you anything. But it is certain that I will take this brooch. It's a bargain!

La pronunciación

Spanish words with many syllables   The following words contain three syllables or more. Make sure you keep all the vowels pure, avoiding the schwa or *uh*-sound typical of English pronunciation.

pasarán	horóscopo	mostrarnos
Bogotá	escorpión	selección
insistirás	solteros	bonitas
comprando	anuncian	señorita
dejaremos		

❧NOTAS CULTURALES

Tiendas. In Hispanic America, stores and shops tend to be very specialized. All-purpose department stores are less common than in the United States. The noun ending **-ería** often indicates that the word is the name of a place where something is made or sold—very common examples include **panadería** (bakery), **lechería** (dairy), **carnicería** (butcher shop), **zapatería** (shoe-repair shop), **ferretería** (hardware), **frutería** (fruit), **joyería** (jewelry), **peluquería** (barbershop), **perfumería** (toiletries and cosmetics store).

Street vendors at the edge of the Plaza San Martín, the heart of the business and commercial district of Lima.

Mercados. Major Hispanic cities nearly always have large public or sidewalk markets; some are very famous. The person selling a product in such a market is often the one who produced it, and it is also often the only item he has for sale. Many people regularly shop in the markets because of the unusual bargains. The prices posted or announced are rarely fixed, either in the large market or the small shop. The buyer is expected to bargain (**regatear**) with the seller. He passes up a bargain if he doesn't.

Confitería. In southern South America, especially in the countries bordering the Río de la Plata (Argentina, Uruguay), the **confitería** is very popular as a social gathering place. It offers French pastries, elegant little sandwiches, and other specialized desserts and sweets as well as soft drinks. In summer some **confiterías** have tables and chairs outside along the sidewalk. Many boys and girls as well as older people regularly meet their friends at the **confitería.**

Tintorería. Traditionally in Spanish-speaking countries, upon the death of a member of the family people dyed their clothing black in order properly to observe the customs of **luto** or mourning. Rather than buy new clothing, people took their suits and dresses for dying to a **tintorería** (**tintar** *to tint, to dye*). The main business of these establishments is now dry cleaning. In some regions where the traditional **luto** customs are not so strictly observed, the traditional word **tintorería** has been replaced with the more modern **lavandería en seco** *(dry cleaning)*.

Almacenes. General grocery stores go by many different names in the Spanish-speaking countries. In Argentina, for example, it may be an **almacén,** while in Mexico it will probably be a **tienda de abarrotes,** especially in rural areas. In Spain one very frequently sees the sign **ultramarinos,** which literally means *overseas* and which originally referred to goods, especially food products, imported from abroad.

The future tense

The future tense of regular verbs is formed by adding a set of endings to the complete infinitive. These endings are the same for all three conjugations.

$$\text{INFINITIVE} + \left\{ \begin{array}{ll} \text{-é} & \text{-emos} \\ \text{-ás} & \text{-éis} \\ \text{-á} & \text{-án} \end{array} \right.$$

The future tense in Spanish is the equivalent of English *will* or *shall* plus the verb.

Hablaremos español.	*We'll speak Spanish.*
Veremos.	*We shall see.*
Elena irá de compras.	*Elena will go shopping.*

The future may also be expressed in Spanish by using a form of **ir** + **a** + an infinitive.

Elena va a estudiar mañana.	*Elena is going to study tomorrow.*
Voy a cantar.	*I'm going to sing.*

The future tense of regular verbs

comprar		vender		insistir	
compraré	compraremos	venderé	venderemos	insistiré	insistiremos
comprarás	compraréis	venderás	venderéis	insistirás	insistiréis
comprará	comprarán	venderá	venderán	insistirá	insistirán

These model verbs are regular. **Hablar, aprender,** and **vivir** are conjugated in the same manner.

Conteste según el modelo. **A** Cecilia comprará algo en el centro. ¿Y ustedes?
No, no compraremos nada.
Sí, compraremos algo.

¿Y Mario? ¿Y tú? ¿Y ellos? ¿Y nosotros?

B Yo no venderé mi coche. ¿Y usted?
Sí, yo venderé el mío.
No, no venderé el mío.

¿Y Cecilia? ¿Y ustedes? ¿Y ellos? ¿Y el profesor?

C Cecilia insistirá en ir de compras. ¿Y usted?
Sí, yo insistiré también.
No, yo no insistiré nunca.

¿Y Mario? ¿Y usted? ¿Y ellos? ¿Y tú? ¿Y tu hermano?

Conteste. **1** ¿Qué comprará usted en la joyería?
2 ¿Comprará usted algo en la tienda hoy?
3 ¿Comprarán sus padres un coche nuevo este año?
4 ¿Cuándo comprará usted nuevos zapatos?

1 ¿No me venderás tu coche?
2 ¿Cuándo venderás tus esquís?
3 Yo no venderé mis libros. ¿Y tú?
4 ¿Quién me venderá una bicicleta?

1 ¿Insistirá usted en ir de compras?
2 ¿Insistirán ellos en venderme el broche?
3 ¿Insistirá el profesor en hablar español?
4 ¿Insistirá usted en ir al cine?

At a street market in Cuzco,
old rubber tires are sold for
making shoes.

A wine shop in Santiago, Chile. The wines of Chile have an international reputation for quality. The largest number of vineyards is in the Santiago area.

Verbs irregular in the future tense

Most verbs use the infinitive as the future stem. The following verbs have irregular future stems. To these stems the regular endings are added.

INFINITIVE	FUTURE STEM	FUTURE TENSE (yo form)
haber	habr-	habré
poder	podr-	podré
saber	sabr-	sabré
querer	querr-	querré

These replace the **e** or **i** of the infinitive ending with **d.**

tener	tendr-	tendré
venir	vendr-	vendré
poner	pondr-	pondré
valer	valdr-	valdré
salir	saldr-	saldré

The following lose the stem consonant.

hacer	har-	haré
decir	dir-	diré

The future tense of irregular verbs

	saber		venir		salir
sabré	sabremos	vendré	vendremos	saldré	saldremos
sabrás	sabréis	vendrás	vendréis	saldrás	saldréis
sabrá	sabrán	vendrá	vendrán	saldrá	saldrán

Conteste según el modelo.

A Ustedes lo sabrán mañana, ¿verdad?
Sí, lo sabremos mañana.
No, no lo sabremos mañana.

¿Y ellos? ¿Y Ernesto? ¿Y nosotros? ¿Y tú?

B Ellos no vendrán nunca, ¿verdad?
No, no vendrán nunca.
Sí vendrán pronto.

¿Y sus padres? ¿Y el presidente? ¿Y ustedes? ¿Y Mario? ¿Y Cecilia?

C Yo saldré mañana temprano. ¿Y ustedes?
Sí, saldremos mañana también.
No, no saldremos mañana.

¿Y Mario? ¿Y usted? ¿Y ellos? ¿Y tú? ¿Y tu hermano?

Conteste.

1 ¿Lo sabrán ustedes mañana?
2 ¿Cuándo lo sabrá usted?
3 ¿Quién lo sabrá hoy?
4 ¿Lo sabrán Rafael y Anabel esta semana?

1 ¿Vendrás temprano al baile?
2 ¿Cuándo vendrán ustedes a mi casa?
3 ¿Cuándo vendrá su amigo?
4 ¿Quién vendrá a visitar hoy?

1 ¿Saldrás después de la clase?
2 ¿Saldrán ustedes temprano?
3 ¿Quién saldrá tarde?
4 ¿Cuándo saldrá usted?

The future tense of irregular verbs

	decir		hacer
diré	diremos	haré	haremos
dirás	diréis	harás	haréis
dirá	dirán	hará	harán

ぞ

Conteste según el modelo.

A Ella les dirá la verdad. ¿Y usted?
Sí, yo les diré la verdad.
No, yo no les diré la verdad.

¿Y ellos? ¿Y yo?
¿Y Mario y Cecilia? ¿Y ustedes?

B Usted hará el trabajo, ¿no?
Sí, yo haré el trabajo.
No, yo no haré el trabajo.

¿Y ustedes? ¿Y Alberto?
¿Y nosotros? ¿Y ellas?

ぞ

Conteste.

1 ¿Cuándo harás el trabajo?
2 ¿Quién no lo hará?
3 ¿Lo harán ustedes?
4 ¿Cuándo lo harán?

1 ¿Me dirá usted la verdad?
2 ¿Cuándo me la dirá?
3 ¿Dirán ustedes siempre la verdad?
4 ¿Quién no la dirá?

ぞ

Responda según el modelo.

A ¿Tienes que estudiar la lección ahora?
Ahora no. La estudiaré más tarde.

aprender la lección   decir la verdad   escribir la carta
comprar el regalo   leer el periódico   comer la ensalada
hacer el trabajo

B ¿Va a desayunar ahora?
Ahora no. Desayunaré más tarde.

ir a la clase   ir de compras   acostarse
volver a casa   ir al cine   levantarse
comer

C ¿Habrá clase mañana?
Sí, creo que habrá clase mañana.

¿Hará buen tiempo mañana?
¿Irán al parque los estudiantes?
¿Dirá la verdad Vicente?
¿Estudiarán la lección ellos?
¿Se lavará Roberto los dientes?
¿Habrá partido de fútbol el sábado?

ぞ

The future used to express probability

The future tense is commonly used to express probability. The English equivalent is always in the present tense.

¿Tendrá sueño el profesor?

I wonder if the professor is sleepy?
Can the professor be sleepy?

Tener **Future tense**		
tendré	tendremos	
tendrás	tendréis	
tendrá	tendrán	

The future used to express probability ぞ **253**

Conteste según el modelo. Tendrá sueño el piloto. ¿Y la azafata?
No, no tendrá sueño.

¿Y los pasajeros? ¿Y ella? ¿Y Felipe?

Conteste.
1 ¿Tendrá sueño el piloto?
2 ¿Tendrán sueño ellos?
3 ¿Quién tendrá sueño?
4 ¿Por qué tendrá sueño el piloto?

Estar
Future tense

estaré	estaremos
estarás	estaréis
estará	estarán

Conteste según el modelo. Estará Gloria. ¿Y nosotros?
Sí, estaremos.

¿Y el profesor? ¿Y los estudiantes? ¿Y ellas? ¿Y su amigo?

Conteste.
1 ¿Dónde estará su amigo?
2 ¿Estarán en el laboratorio los estudiantes?
3 ¿Estará en casa Mario?
4 ¿Estará en casa su mamá?

Present tense with future meaning

In spoken Spanish the present indicative is often used to mention a future action. The element of time is not emphasized by this construction.

Lo hago mañana.   *I'll do it tomorrow.*

Responda según el modelo.
A ¿Va a comprarlo?
Bueno, si usted quiere, lo compro.

leerlo	escribirlo	llamarlo
estudiarla	comerlo	hacerlo
aprenderla	llevarlo	venderla

B ¿Me ayuda usted a hacerlo?
Sí, más tarde le ayudo.

¿Le habla usted del accidente?
¿Nos escribe usted una carta?
¿Les dice usted la verdad?
¿Me vende usted una revista?

Spanish present for English *shall* or *will*

English *will* and *shall* appear in questions about willingness. These have nothing to do with future time. Spanish uses present tense verbs to formulate such questions.

Querer is used to express the notion of wish or wanting. In the following examples, one person questions another regarding his or her willingness to do something.

¿Quieres ir al centro?	*Will you (Do you want to) go downtown?*
¿Quiere venir conmigo?	*Will you come with me?*
¿Vamos de compras?	*Shall we go shopping?*
¿Voy al centro ahora?	*Shall I go downtown now?*

Conteste según el modelo.

A ¿Voy?
Sí, y yo voy también.

¿Salgo?   ¿Trabajo?
¿Entro?   ¿Me acuesto?
¿Vuelvo?   ¿Me levanto?

B ¿Trabajamos ahora?
No, después trabajamos.

¿Comemos?   ¿Lo llamamos?
¿Entramos?   ¿Lo vendemos?
¿Estudiamos?

Demonstrative adjectives *(this, that, these, those)*

Spanish has three demonstrative adjectives: **este** *this* (near me), **ese** *that* (near person spoken to), and **aquel** *that* (over there, away from both of us). These adjectives precede the noun they modify and agree with it in gender and number.

	MASCULINE	FEMININE
Singular	este	esta
	ese	esa
	aquel	aquella
Plural	estos	estas
	esos	esas
	aquellos	aquellas

Este traje es nuevo.	*This suit is new.*
Ese muchacho es mi amigo.	*That boy is my friend.*
Aquel hombre no vive aquí.	*That man does not live here.*
Estos señores llegaron primero.	*These gentlemen arrived first.*
Esos papeles son de usted.	*Those papers are yours.*
En aquellos países hablan español.	*In those countries they speak Spanish.*

❧

The demonstrative pronouns

The demonstrative pronouns are the same as the demonstrative adjectives except that the demonstrative pronouns have a written accent.

	MASCULINE	FEMININE
Singular	éste	ésta
	ése	ésa
	aquél	aquélla
Plural	éstos	éstas
	ésos	ésas
	aquéllos	aquéllas

¿Zapatos? Me gustan éstos.	*Shoes? I like these.*
Esta camisa es mía, aquélla, no.	*This shirt is mine, that one isn't.*
De todos los autos éste es el mejor.	*Of all the cars this one is the best.*
Estas muchachas no vienen, ésas sí.	*These girls aren't coming, those are.*

Demonstrative pronouns agree in gender and number with the noun they replace. When a demonstrative stands for an idea, situation, or unspecified action, one of the following three neuter forms is used. (The neuter forms do not have a written accent.)

esto	*this*
eso	*that*
aquello	*that*

Eso no me gusta.	*I don't like that.*
Esto es ridículo.	*This is ridiculous.*
Aquello es absurdo.	*That's absurd.*

❧

Conteste según el modelo. **A** ¿Te gustan estos zapatos?
No, prefiero ésos.

este abrigo	esta blusa
esta camisa	estas medias
estos pantalones	este traje
este sombrero	este vestido

B ¿Qué te parece este traje?
Ése (aquél) me gusta más.

esta camisa	este anillo
este broche	esta corbata

Vocabulario suplemental

ESTABLECIMIENTOS DE SERVICIOS PERSONALES[1]

Peluquería — Barber shop
   lavar el cabello — to wash the hair
   cortar el pelo — to cut the hair

Lavandería (en seco) — Laundry—dry cleaner
   lavar (en seco) la ropa — to wash (dry-clean) the clothes
   limpiar la ropa — to clean the clothes

Sastrería — Tailor shop
   hacer un traje — to make a suit
   hacer un vestido — to make a dress

Zapatería — Shoe store
   vender zapatos — to sell shoes
   lustrar los zapatos — to shine the shoes

Salón de belleza — Beauty salon
   arreglar el cabello — to set the hair
   dar un champú — to give a shampoo

[1] *Personal-service establishments*

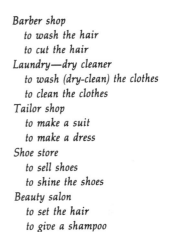

Conteste según el modelo.

¿Dónde me lavan el cabello? *Where will they wash my hair?*
En la peluquería. *In the barber shop.*

1 ¿Dónde me hacen un traje?
2 ¿Dónde me venden zapatos?
3 ¿Dónde me dan un champú?
4 ¿Dónde me limpian la ropa?
5 ¿Dónde me cortan el pelo?
6 ¿Dónde me lustran los zapatos?
7 ¿Dónde me arreglan el cabello?

Conteste según el modelo.

A ¿Dónde se venden aspirinas?
Se venden aspirinas en la farmacia.

joyas—joyería
carne—carnicería
libros—librería
zapatos—zapatería

B ¿Por qué vas a la lavandería?
Ahí me lavarán la ropa.

—¿a la sastrería?
—¿a la zapatería?
—¿a la peluquería?
—¿al salón de belleza?

Lottery ticket office, Puerta del Sol, Madrid.

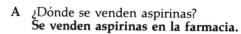

LECTURA

La lotería

prize; to get, to take out, to pull out

En el mundo hispánico es muy común comprar un número de lotería con la esperanza de ganar un premio° y sacar° mucho dinero. En España y en todos los países de Latinoamérica hay lotería. Generalmente está en manos del gobierno central y algunos de los beneficios° son para los hospitales y la asistencia pública.°

benefits, profits
welfare

En la lotería hay muchos premios de diferentes valores. El premio más grande se llama «el gordo»° y paga° miles de pesos o pesetas. Los premios más grandes se pagan en la Navidad, el Año Nuevo y los días festivos como el Día de la Independencia. A muchas personas les gusta comprar los números de la lotería a los ciegos° porque creen que tienen mejor suerte.° A otros les gusta comprar a los niños. Algunos prefieren comprar un número de lotería aunque necesitan el dinero para comer. Hay personas muy ricas y

"the fat one"; pays

blind people

luck

lottery tickets

hopes
newspaper
disappointment

muy pobres que compran billetes de lotería.° Algunos ganan una fortuna. Muchos se acuestan con ilusiones° de ser ricos y en la mañana se levantan temprano para ver los resultados en el diario° pero . . . nada. No hay suerte esta vez. Otra decepción.°

1 ¿En manos de quién está la lotería?
2 ¿Qué hace el gobierno central con los beneficios?
3 ¿Qué es «el gordo»?
4 ¿Cuándo pagan los premios más grandes?
5 ¿Quiénes compran billetes de lotería?
6 ¿Por qué compran algunos a los ciegos y a los niños?
7 ¿Qué decepción hay para muchos?
8 ¿Quiere usted comprar un número de lotería?
9 ¿Existe la lotería en los EE.UU.?

COMPLETE LAS
FRASES

1 Mañana lo _____.
2 _____ a la sastrería esta noche.
3 ¿_____ conmigo?
4 Ellos tendrán que _____.
5 Tú me _____. ¿Verdad?

FORME PREGUNTAS

1 Compraré zapatos con ese dinero.
2 Mañana saldré a las cuatro.
3 No, no le gustará el perfume.
4 Yo prefiero ésta.
5 Pepe tendrá veinte años.

BREVES
CONVERSACIONES

Pregúntele a _____ si le gusta esta lección.
si le gusta su vestido nuevo.
si le gusta el traje del profesor.
si irá de compras el sábado.
si tendrá que estudiar el viernes.
si irá al parque el domingo.
si se levantará a las seis.
si se acostará a las diez.
si aprenderá la lección mañana.
si comprará un regalo para su amigo.

PREGUNTAS
PERSONALES

1 ¿Le gusta ir de compras?
2 ¿Cuándo recibirá usted un cheque?
3 ¿Irá usted de compras el sábado?
4 ¿No comprará usted ese vestido?
5 Yo no voy a comprar nada este mes. ¿Y usted?

6   Según el horóscopo, ¿será un mes de mucha suerte para usted?
7   ¿No cree usted en los signos del zodíaco?
8   ¿Es nueva esa blusa o aquélla?
9   ¿Habrá clases mañana? ¿Por qué?
10 Cuando no hay clases, ¿adónde va usted?
11 ¿Usted llevará la ropa a la lavandería?
12 ¿Se lavará el cabello en casa o irá a la peluquería?
13 ¿Pondrá media suela a aquellos zapatos o comprará otro par?
14 Los estudiantes no se lustran los zapatos. ¿Verdad?
15 ¿Prefieres estos zapatos o aquéllos?
16 ¿Cuántos años tendrá el profesor?
17 ¿Dónde estará usted mañana a las seis?
18 ¿Por qué tendrá sueño el profesor?
19 ¿Va usted al cine este domingo?
20 ¿Cuándo estudiará usted?

TAREAS ORALES

Assume that your check has just arrived. Tell your classmate:
1   To which shops you will go and which articles of clothing you will buy.
2   Which personal services you will buy and the shops where you will go to buy them.
3   What you will do next Saturday and Sunday.

PROVERBIOS
ॐ
Escoja la traducción apropiada.

☐ Lo que mucho vale, mucho cuesta.
☐ Más mató la cena, que sanó Avicena.
☐ Hombre prevenido nunca fue vencido.

| a | *Forewarned is forearmed.*
| b | *Good merchandise is seldom cheap.*
| c | *Suppers have killed more than Avicena[1] ever cured.*

[1] **Avicena.** Celebrated Arabic doctor mentioned in certain proverbs.

Vocabulario

el **almacén**	*(general) grocery store*	la **confitería**	*pastry shop*
el **anillo**	*ring*	el **consejo**	*counsel, advice*
la **belleza**	*beauty*	el **champú**	*shampoo*
el **broche**	*brooch, pin*	**fino**	*fine, excellent*
el **cabello**	*hair on the head*	la **ganga**	*bargain*
la **cadena**	*chain*	la **joya**	*jewel*
la **carne**	*meat*	la **joyería**	*jewelry store*
la **carnicería**	*butcher shop*	la **lavandería (en seco)**	*laundry, dry cleaners*
caro	*expensive*	la **oferta**	*offer*
el **collar**	*necklace*	el **oro**	*gold*

el **pelo**	hair	el **tacón**	heel
la **peluquería**	barbershop	el **taller de calzado**	shoe-repair store
el **recuerdo**	souvenir	la **tienda**	store, shop
la **sastrería**	tailor shop	la **tintorería**	dry cleaners
según	according to	**universitario:**	
seguro	sure	el **universitario,**	
el **sol**	Peruvian currency	la **universitaria**	university student
la **suela**	sole	la **venta**	sale
la **suerte**	luck	la **zapatería**	shoe store

Cognates

la **aspirina**	aspirin	el **perfume**	perfume
el **cheque**	check	**personal**	personal
escorpio	Scorpio	el **salón**	salon
el **establecimiento**	establishment	la **selección**	selection
la **farmacia**	pharmacy	el **servicio**	service
el **horóscopo**	horoscope	el **signo**	sign
el **laboratorio**	laboratory	el **zodíaco**	zodiac

Verbs

anunciar	to announce, to advertise	**mostrar (ue)**	to show
arreglar	to arrange, to fix	**participar**	to participate
cortar	to cut	**peinarse**	to comb one's hair
costar (ue)	to cost	**pintar**	to paint
importar	to be of importance	**valer (valgo)**	to be worth
limpiar	to clean	**vender**	to sell
lustrar	to shine	**viajar**	to travel

Idiomatic expressions

un ojo de la cara	mint, arm and a leg	**el año que viene**	next year
a ver	let's see		
Se lo dejarmos en	We can let you have it for . . .		

The sidewalk cafés along the Gran Vía, Madrid, are popular meeting places in the early evening.

☙ DIÁLOGO

¡Madrid de noche!

Fernando y Arturo, jóvenes representantes de Petróleos Venezolanos, son de Maracaibo. Están en Madrid con su jefe para negociar un contrato. Miguel y Manolo, jóvenes españoles que trabajan para el gobierno, los invitaron al Café Gijón en la Avenida Castellana para tomar café.

MIGUEL ¡Pssssst! Mozo, tres con leche y un corto. Así que trabajaron hasta muy tarde anoche. ¿A qué hora terminaron?

FERNANDO Me imagino que serían las once.

ARTURO Hoy por la tarde hicimos mucho progreso.

FERNANDO Es cierto. Para un negocio tan complicado no está mal.

ARTURO El ministro dijo que para mañana firmaría el contrato.

MIGUEL En ese caso saldrían pronto para Venezuela, ¿no?

MANOLO Por favor, hace más de seis horas que hablamos de petróleos y contratos. ¿No sería bueno invitar a los amigos venezolanos a conocer Madrid de noche? La noche es para divertirse.

FERNANDO ¡Hombre! Buena idea. No le prometimos a nadie que trabajaríamos por la noche. ¿Podría ayudarnos a encontrar un buen cine? O si no, ¿habría un cabaret? Madrid tiene de eso, ¿no?

ARTURO Te estás portando como un verdadero turista. A mí me gustaría ver algo más típico de España. Y no quiero gastar una fortuna.

MANOLO ¡Claro! ¡El Tablao Flamenco en los Canasteros sería estupendo! Buscarían en vano algo más español que el flamenco.

MIGUEL   Podríamos ir a ver una obra de García Lorca.* En el Teatro Nacional dan *Bodas de Sangre.*

FERNANDO   ¡Ya está! Primero vamos a la obra de García Lorca y luego pasaremos por los Canasteros para ver el Tablao.

MIGUEL   Así quedarían satisfechos todos. Cultura española para complacer a los venezolanos y el flamenco para complacer a Manolo, el amigo andaluz que no puede deshacerse de su espectáculo.

MANOLO   Por mí sólo no lo hagan. Y con perdón de ustedes, el flamenco no es un espectáculo. Es más bien un rito.

1   ¿Por qué están Fernando y Arturo en Madrid?
2   ¿Quiénes son Miguel y Manolo?
3   ¿Hasta cuándo trabajaron anoche?
4   ¿Qué quiere hacer Manolo?

5   ¿Para qué es la noche, según Manolo?
6   ¿A quién prometieron que trabajarían por la noche?
7   ¿Quién se está portando como turista?
8   A Arturo, ¿qué le gustaría ver?

9   ¿Es muy español el flamenco?
10   ¿Quién es García Lorca?
11   ¿Qué espectáculo le gusta a Manolo?
12   Según Manolo, ¿qué es el flamenco?

Madrid at night!

Fernando and Arturo, young representatives of Petróleos Venezolanos, are from Maracaibo. They are in Madrid with their boss to negotiate a contract. Miguel and Manolo, young Spaniards who work for the government, invited them to the Café Gijón on the Avenida Castellana to have coffee.

MIGUEL   Psssssst! Waiter, three with milk and one black [a short one]. So you worked until late last night. What time did you finish?

FERNANDO   I imagine it was eleven o'clock.

ARTURO   This afternoon we made a lot of progress.

FERNANDO   That's right. For such a complicated matter that's not bad.

ARTURO   The minister said that by tomorrow he would sign the contract.

MIGUEL   In that case you would leave soon for Venezuela, wouldn't you?

MANOLO   Please! We have been talking about oil and contracts for six hours. Wouldn't it be good to invite our Venezuelan friends to get acquainted with Madrid at night? The night is for having fun.

*Escritor español del Siglo XX, dramaturgo y poeta.

FERNANDO	Man! A good idea! We didn't promise anybody we would work at night. Could you help us find a good movie? Or if not, would there be a cabaret? Madrid has some of that, doesn't it?
ARTURO	You are behaving like a real tourist. I would like to see something more typical of Spain. And I don't want to spend a fortune.
MANOLO	Of course! The Tablao Flamenco at the Canasteros would be stupendous! You would look in vain for anything more Spanish than flamenco.
MIGUEL	We could go see a García Lorca* play. They are presenting *Bodas de Sangre [Blood Wedding]* at the Teatro Nacional.
FERNANDO	That's it! First we will go to the García Lorca play and then we will go by the Canasteros to see the Tablao.
MIGUEL	In that way everyone would be satisfied. Spanish culture to please the Venezuelans and flamenco to please Manolo, the Andalusian friend who cannot pull himself away from his spectacle.
MANOLO	Don't do it just for me. And begging your pardon, flamenco is not a spectacle. It's more of a rite.

La pronunciación

Review of the Spanish s-sound

Spanish **s** and the **z** between vowels are pronounced like English *s* in *sing*. Avoid buzzing Spanish **s** as is done in pronouncing the English cognates of these words.

representantes	andaluz
venezolanos	Venezuela
danzas	

Spanish **c** followed by **e** or **i** is pronounced like an English *s*. Do not make a *sh*-sound as is done in pronouncing the English cognates of these words.

francés	lección
negociar	elección

Review of Spanish u

Spanish **u** is pronounced like English *oo* in *moon*. The sound is pure—do not add a trailing *i*-sound as in pronouncing cognate words in English.

película	cultura
espectáculo	turista
seguro	Arturo

* Federico García Lorca, 20th-century Spanish dramatist and poet.

Madrid de noche. In Madrid, as in all the larger cities of Spain, night life begins relatively late. "Matinee" performances of movies, plays, and other cultural events begin at 7:00 P.M.; regular performances begin at 10:30 or 11:00. Flamenco shows begin even later, with the first show at midnight and the second around 3:00 A.M. (In Granada and elsewhere, special earlier shows are sometimes staged for tourists brought to the site in buses.)

El tablao flamenco. Flamenco music is of gypsy origin and is internationally accepted as an art form. It is especially popular in the southern regions of Spain, although excellent flamenco shows, or **tablaos,** can be found throughout the country. The **tablao** usually begins with a solo guitarist strumming different types of songs, such as **sevillanas, seguidillas,** or **malagueñas.** He is then joined by a vocalist, usually male, who sings a few numbers. Many of these songs are mournful or share a quality with soul music. As the atmosphere livens up, these first artists are joined by a group of dancers and other guitarists. The dancers perform their powerful, vigorous, electrifying dances, in both solo and group numbers. When not dancing, they clap and shout encouragement to those performing. In addition to a regular troupe of musicians, many **tablaos** feature well-known individual dancers or vocalists as part of their show. For example, the famous dancer Lucero Tena has often been the featured star of the **Corral de la Morería,** a **tablao** in Madrid.

Coros y danzas. A popular type of entertainment in Madrid is the **cuadro de coros y danzas,** a show featuring different regional songs and dances. One of the more popular dances is **la jota,** from the region of Aragón. Usually a soloist sings, accompanied by mandolins and guitars, while couples dance various **coplas** or routines. The **jota** is a fiery, passionate dance with some oriental influence. Another popular dance is the **sardana** from Cataluña. This dance is very serene, somewhat mysterious and deliberate, as the dancers always keep one foot on the ground. It is of Greek origin, and is usually danced with a large number of dancers. Mixed choruses sing songs from their respective regions, sometimes as an ensemble group alone, sometimes as accompaniment to one of the **danzas.**

Flamenco dancer in a Madrid nightclub, "Las Brujas" ("The Witches").

The conditional

The conditional of regular verbs is formed by adding a set of endings to the complete infinitive. These endings are the same for all three conjugations.

$$
\text{INFINITIVE} + \left\{
\begin{array}{ll}
\text{-ía} & \text{-íamos} \\
\text{-ías} & \text{-íais} \\
\text{-ía} & \text{-ían}
\end{array}
\right.
$$

The conditional in Spanish is sometimes used to express a hypothetical action. In these uses it is the equivalent of *would* plus a verb in English. (Notice that the action named is in the future.)

¿Viviría usted ahí?	*Would you live there?*
Sí, yo viviría ahí.	*Yes, I'd live there.*

In English, *would* sometimes means *used to*. (The action named in this case is in the past, not the future.) Spanish uses the imperfect in these situations, not the conditional.

Siempre íbamos en autobús.	*We would (used to) always go by bus.*

The conditional is used to indicate an action that would occur if a condition were met. The condition to be met may be either implied or expressed.

En ese caso saldríamos el viernes.	*In that case we would leave Friday.*
Así se quedarían satisfechos.	*That way they would be satisfied.*
Yo preferiría ir al teatro.	*I would prefer to go to the theatre.*

The conditional is used to refer to an action which is projected forward in time from a point in the past.

Dijo que mañana firmaría.	*He said that we would sign tomorrow.*
Prometió que lo aprendería más tarde.	*He promised he would learn it later.*

It is to the past what the future is to the present.

PRESENT → FUTURE
Dice que firmará mañana. *He says he will sign tomorrow.*

PAST → CONDITIONAL
Dijo que firmaría mañana. *He said he would sign tomorrow.*

On a street in Jerez.

🦢

The conditional of regular verbs

trabajar		ver		vivir	
trabajaría	trabajaríamos	vería	veríamos	viviría	viviríamos
trabajarías	trabajaríais	verías	veríais	vivirías	viviríais
trabajaría	trabajarían	vería	verían	viviría	vivirían

🦢

Conteste según el modelo. **A** Yo no trabajaría día y noche. ¿Y usted?
Sí, yo trabajaría día y noche.
No, yo no trabajaría día y noche.

¿Y ellos? ¿Y ustedes? ¿Y Manolo? ¿Y los venezolanos? ¿Y tú?

B Con gusto vería un tablao flamenco. ¿Y ustedes?
Sí, con gusto lo veríamos.
No, no lo veríamos.

¿Y Arturo? ¿Y Miguel y Manolo? ¿Y usted? ¿Y ellos?

C Yo no viviría en Europa. ¿Y usted?
Sí, yo viviría en Europa.
No, yo no viviría en Europa.

¿Y ellos? ¿Y su tío? ¿Y sus padres? ¿Y ustedes? ¿Y sus abuelos?

Conteste.   **A 1** ¿Trabajaría usted en Europa?
    2 ¿Trabajarían ellos día y noche?
    3 ¿Trabajaríamos más en otro país?
    4 ¿Trabajarían ustedes en México?

    B 1 ¿Vería usted una obra de Lorca?
    2 ¿Verían ustedes un tablao flamenco?
    3 ¿Qué vería usted en Madrid?
    4 ¿Vería usted una película esta noche?

    C 1 ¿Viviría usted en España?
    2 ¿Viviría usted con los españoles?
    3 ¿Viviría usted en un hotel?
    4 ¿Cuánto tiempo viviría usted ahí?

Conteste según el modelo.   ¿Le gustaría ir al teatro?
Sí, con gusto iría al teatro.
No, no iría al teatro.
ver un tablao flamenco
comprar un auto
viajar mucho
tocar la guitarra
trabajar de noche

Verbs irregular in the conditional

The verbs that have irregular stems in the future have the same irregular stems in the conditional.

INFINITIVE	FUTURE AND CONDITIONAL STEM	CONDITIONAL (yo form)
haber	habr-	habría
poder	podr-	podría
saber	sabr-	sabría
poner	pondr-	pondría
tener	tendr-	tendría
venir	vendr-	vendría
salir	saldr-	saldría
valer	valdr-	valdría
querer	querr-	querría
decir	dir-	diría
hacer	har-	haría

Cambie y respondan
según el modelo.

Dice que habrá fiesta mañana.
Dijo que habría fiesta mañana.

1 Dice que podrá venir más tarde.
2 Dice que lo hará después.
3 Dice que saldrá pronto.
4 Dice que sabrá el martes.
5 Dice que lo tendrá esta tarde.
6 Dice que vendrá a las ocho.

Cambie y responda
según el modelo.

¿Qué le prometió usted a la profesora, estudiar más?
Sí, le prometí que estudiaría más.
No, no le prometí que estudiaría más.

hablar mejor	ir a España
llegar a la clase	no dormir en la clase
aprender los verbos	

¿Qué les prometió a sus padres, trabajar mucho?
Sí, les prometí que trabajaría mucho.
No, no les prometí que trabajaría mucho.

comer muy poco	decir la verdad	volver a casa
gastar poco dinero	no salir nunca	buscar una novia
portarse bien		

The Plaza Mayor, one of the oldest parts of Madrid, was built in 1619. The statue is of Philip III. The plaza has been the scene of tournaments, bullfights, and **autos de fe** (the burning of heretics condemned by the Inquisition).

The conditional in softened requests

The conditional is used in softened requests and suggestions.

¿Podrías dirigirnos a un buen
cine?

Could you direct us to a good movie?

Usted debería estudiar más.

You should study more.

Responda según el modelo.

¿Puede usted decirme la hora?
¿Podría usted decirme la hora?

¿Debe usted estudiar más?
¿Tiene usted que firmarlo?
¿Quiere usted ayudarme?
¿Me presta usted cinco dólares?
¿Me da usted el menú?
¿Me pasa usted la sal?

The conditional for probability in the past

The conditional is also used to express probability in the past.

¿Dónde estaban sus padres
anoche?

Where were your parents last night?

No sé. Estarían con los vecinos.

*I don't know. They were probably at
the neighbors.*

¿A qué hora llegaste al hotel?
Serían las once.

When did you arrive at the hotel?
It was probably eleven.

¿Quién era esa chica?

Who was that girl?

¿Quién sabe? Sería una
estudiante.

*Who knows? She was probably a
student.*

Remember that the future is used to express probability in the
present.

¿Dónde está Carlos?
Estará en casa de su amigo.

Where is Charles?
He is probably at his friend's home.

Responda según el modelo.

Creo que Jorge tenía que trabajar anoche.
Sí, tendría que trabajar.
No, no tendría que trabajar.

Creo que ella no sabía la hora.
Creo que Juan no la conocía.
Creo que ella no quería salir.
Creo que no estaban en casa.
Creo que no era su sobrina.

Conteste según el modelo.

A ¿Qué le dijiste a tu amigo? ¿Vienes o no vienes?
Le dije que no vendría.

¿Quieres o no quieres?
¿Bailas o no bailas?
¿Sales o no sales?
¿Puedes o no puedes?

B Con más tiempo, ¿podría usted visitar a sus amigos?
Sí, visitaría a mis amigos.
No, no visitaría a mis amigos.

¿hacer turismo en Madrid?
¿leer más?
¿dormir más?
¿escuchar la radio?
¿pasar más tiempo en casa?

C ¿Le parece que la profesora le dará una A?
Sí, me dijo que me daría una A.
No, no me dijo que me daría una A.

¿su amigo traerá la guitarra?
¿su mamá le mandará un chequé?
¿su papá le regalará un coche?
¿Santa Clos le dejará una bicicleta?

Conteste según el modelo.

A ¿Qué hora era cuando llegaste anoche?
No sé. Serían las doce.

¿Qué hora era cuando entró tu compañero de cuarto?
¿Qué hora era cuando salieron?
¿Qué hora era cuando vinieron?

B ¿Dónde estaría José a esas horas? (en casa)
No tengo idea. Estaría en casa.

¿Dónde estaba Gerardo cuando salieron? (en el cine)
¿Dónde estaba María cuando comenzó la función? (en casa)
¿Dónde estaba el profesor cuando usted llegó? (en la clase)

C ¿Quién era ese ministro de Madrid?
No estoy seguro. Sería el señor Martínez.

¿Quién era esa chica? (la secretaria)
¿Quién era ese joven? (el hermano de Soledad)
¿Quién era el presidente en ese tiempo? (Benito Juárez)

ह

Hacer and expressions of time

Hace plus the present tense of the main verb is the formula used to mention actions which began in the past and are still going on at the present time.

hace + length of time + que + present tense

Hace dos horas y media que　　　*You have been studying for two hours*
ustedes estudian.　　　　　　　*and a half.*

ह
Conteste.

1　¿Cuánto tiempo hace que estudia usted español?
2　¿Hace mucho que no va al cine?
3　¿Hace cuántos años que está usted en la universidad?
4　¿Cuántas horas hace que se levantó?
5　¿Cuántos minutos hace que está en esta clase?

Hace with a preterit expresses the time since something happened. (Two word-order formulas are used.)

preterit + hace + length of time

Lo terminé hace veinticinco　　　*I finished it twenty-five minutes ago.*
minutos.

Alternate wording:

hace + length of time + que + preterit

Hace veinticinco minutos que lo　　*I finished it twenty-five minutes ago.*
terminé.

ह
Conteste según el modelo.

¿Cuándo vio usted esa película?
La vi hace un año.

1　¿Cuándo comenzó la función? (un cuarto de hora)
2　¿Cuándo entraste al cine? (veinte minutos)
3　¿Cuándo comenzaron a dar esta película? (dos días)
4　¿Cuándo llegó Fernando? (un minuto)
5　¿Cuándo lo hizo Arturo? (cinco años)
6　¿Cuándo vino ella? (media hora)
7　¿Cuándo estuvo usted aquí? (un año)
8　¿Cuándo volvió Miguel? (tres meses)

ॐॐ

Uses of por and para

Por and para both frequently are equivalent to English *for*, but they have many other uses.

por	**para**
Por IS USED IN EXPRESSIONS OF:	**Para** IS USED IN EXPRESSIONS OF:
Exchange (in exchange for) Pagué doscientas pesetas por los boletos (*I paid two hundred pesetas for the tickets.*)	*Intended recipient* (intended for) Los boletos son para Fernando. (*The tickets are for Fernando.*) ¿Hay una carta para mí? (*Is there a letter for me?*)
Cause or motive (because of, for the sake of) Por mí sólo no lo hagan. (*Don't do it for me alone.*) Lo hice por amor. (*I did it because of love.*)	*Purpose* (for the purpose of, in order to) Los invitaron para tomar café. (*They invited them to have coffee.*) La noche es para divertirse. (*Night is for having a good time.*) Han ido a Madrid para negociar un contrato. (*They have gone to Madrid to negotiate a contract.*)
Replacement (for, in place of, instead of) Fernando trabajó por Arturo ayer. (*Fernando worked for Arturo yesterday.*)	*Beneficiary* (for the benefit of) Arturo trabaja para una compañía de petróleos. (*Arturo is working for an oil company.*)
Duration of time (for) Hablamos de contratos por cinco horas. (*We spoke about contracts for five hours.*)	*Time deadline* (by a certain time or happening) Dijo que firmaría el contrato para mañana. (*He said he would sign the contract by tomorrow.*)
Measure or number (per) Vuelan a 250 kilómetros por hora. (*They fly at 250 kilometers per hour.*)	

General location in time or space (by, along, through, around, in, at)
No vamos a trabajar por la noche.
(We are not going to work at night.)
Pasaremos por los Canasteros
(We will go by the Canasteros.)
Hay buenos cines por aquí.
(There are good movie theaters around here.)

Object of errand (to go for)
Miguel fue por los boletos.
(Miguel went for the tickets.)

Mistaken identity
A Manolo lo toman por mexicano.
(They take Manolo for a Mexican.)

Direction toward a place
Saldremos para Venezuela.
(We shall leave for Venezuela.)

Unequal comparison
Para un negocio complicado no está mal.
(For a complicated matter that's not bad.)
Fernando es muy niño para su edad.
(Fernando is very childish for his age.)

The sardana danced in the plaza in front of the cathedral of Barcelona.

Uses of por and para 275

Responda empleando **para.**

1 ¿Para qué han ido a Madrid Fernando y Arturo? (negociar un contrato)
2 ¿Para qué los han invitado al café? (tomar café)
3 ¿Para dónde saldrán Fernando y Arturo? (Venezuela)
4 Según Manolo, ¿para qué es la noche? (divertirse)
5 ¿Para complacer a quién van a ver algo de la cultura española? (los venezolanos)
6 ¿Para complacer a quién van a ver el tablao flamenco? (Manolo)
7 ¿Para cuándo dijo que firmaría el contrato? (mañana)
8 ¿Para quién son los boletos? (Fernando)
9 ¿Quién no está mal para actor americano? (Clint Eastwood)
10 ¿Para qué clase de compañía trabajan Fernando y Arturo? (compañía de petróleos)

Responda empleando **por.**

1 ¿Cuánto pagaron por los boletos? (trescientas pesetas)
2 ¿Por quién trabajó Fernando en enero? (Arturo)
3 ¿Quién fue por los boletos? (Miguel)
4 ¿Cuándo no van a trabajar Fernando y Arturo? (la noche)
5 ¿Quién dice, «por mí sólo no lo hagan»? (Manolo)
6 ¿Por cuánto tiempo hablaron de contratos? (seis horas)
7 ¿A cuántos kilómetros por hora vuelan? (a doscientos kilómetros)
8 ¿Por dónde hay buenos cines? (por aquí)
9 ¿Por dónde pasarán después de ver la obra? (los Canasteros)
10 A Manolo, ¿por quién lo toman? (mexicano)

Complete las frases empleando **por** *o* **para.**

1 Estoy en esta clase _____ aprender español.
2 Para aprender mucho tengo que estudiar _____ la noche.
3 Me gustaría ir a Madrid _____ ver un tablao flamenco.
4 En el viaje sería bueno pasar _____ Portugal.
5 Si hablo muy bien el español me van a tomar _____ español.
6 Estoy seguro que hay buenos cines _____ aquí.
7 Clint Eastwood no es mi favorito pero no está mal _____ actor americano.
8 Yo creo también que la noche es _____ divertirse.
9 Aquí sólo se puede viajar a 55 millas _____ hora.
10 En Madrid tendríamos que pagar sólo 250 pesetas _____ los boletos.
11 Ayer no había carta _____ mí.
12 Me gustaría salir mañana temprano _____ España.
13 Yo quiero trabajar también _____ una compañía de petróleos.
14 _____ el momento no tengo dinero ni trabajo tampoco.
15 Ayer estudiamos español _____ dos horas.

Vocabulario suplemental

SOME SET PHRASES USING **por**

por el momento	*for the moment*	**por ejemplo**	*for example*
por la mañana	*in the morning*	**por favor**	*please*
por la noche	*in the evening*	**por fin**	*at last*
por la tarde	*in the afternoon*	**por lo menos**	*at least*
por eso	*therefore, that's why*	**por lo visto**	*obviously*
por ahora	*for now*		

UNITS OF TIME WITH **hace**

¿Cuánto tiempo hace?	*How long has it been?*
Hace un **segundo.**	*It's been a second.*
Hace un **minuto.**	*minute.*
Hace un **buen rato.**	*It's been quite a while.*
Hace una **hora.**	*an hour.*
Hace una **semana.**	*a week.*
Hace un **mes.**	*a month*
Hace un **año.**	*a year.*
Hace un **siglo.**	*a century.*
Hace una **eternidad.**	*an eternity.*

❧ LECTURA

En la taquilla[1]

price; tickets	USTED ¿Qué precio° tienen los boletos°?
ticketseller; performance	LA TAQUILLERA° ¿Para la función° de las siete o las once?
	USTED Para la función de las once.
orchestra seats	LA TAQUILLERA Los mejores asientos en platea° cuestan 350 pesetas cada uno.
cheapest, least expensive	USTED ¿Cuánto cuestan los boletos más baratos°?
	LA TAQUILLERA Los del balcón alto son a 100 pesetas.
	USTED ¿Se puede ver y oír bien desde ahí?
	LA TAQUILLERA Sí, cómo no. Todos los asientos son buenos.
together	USTED Necesito cinco juntos.° ¿Los hay?

[1] *At the box office*

A **taquilla** *in Barcelona has tickets for all sorts of entertainment.*

first row	LA TAQUILLERA	Sí, me quedan cinco juntos en la primera fila° del balcón.
	USTED	Déme los cinco del balcón. Son 500 pesetas en total, ¿no?
doorman	LA TAQUILLERA	Sí, aquí los tiene. Ahí está el portero° y la acomo-
usher		dadora° lo llevará a los asientos.
	USTED	Muchas gracias.

PREGUNTAS
SOBRE LA LECTURA

1 ¿Cuántas funciones de teatro hay en España?
2 ¿Cuándo comienzan?
3 ¿Qué precio tienen los asientos de platea?
4 ¿Cuáles son los asientos más económicos?
5 ¿Qué es una acomodadora?
6 ¿Le gustaría ir a una función a las once de la noche?
7 ¿Cuándo irá usted a España?

TAREAS ORALES

With a classmate, make up a new version of this dialog to simulate the purchase of tickets for yourself and your friends. Take both roles.

1 Terminamos de trabajar y por eso _____.
2 Irías al cine _____.
3 Me dijo _____.
4 ¿Qué hora _____?
5 _____ por la noche.

1 Yo le hablaría con respeto.
2 No, yo no iría a pie.
3 Yo dormiría la siesta todos los días.
4 Sí, salgo para México mañana.
5 Hace media hora que estudio.

Pregúntele a _____ si le gustaría ver una película esta noche.
si viviría contento con poco dinero.
si diría siempre la verdad.
si hace mucho tiempo que está aquí.
si iría a casa a pie.
cómo le hablaría al presidente.
si aprendería ruso.

In Madrid, as in the Hispanic world in general, business is often conducted in the relaxing atmosphere of a bar or café.

1   ¿Qué le gustaría hacer en Madrid de noche?
2   ¿Cuánto pagaría usted por los boletos?
3   ¿Viviría usted en España?
4   ¿Por cuántos días estaría usted ahí?
5   ¿Dormiría la siesta todos los días?
6   ¿Le dijo a su papá que trabajaría mucho?
7   ¿Qué le prometió usted a la profesora?
8   ¿Debería estudiar más?
9   ¿Qué hora era cuando usted se acostó anoche?
10 ¿Cuánto tiempo hace que está en la universidad?
11 ¿Hace mucho que no va a casa de sus padres?
12 ¿Podría usted prestarme cinco dólares?
13 ¿Cuándo sale usted para Caracas?
14 ¿Trabajaría usted por la noche?
15 ¿Comería usted sólo para vivir?
16 ¿Viviría usted sólo para comer?
17 ¿A qué hora comenzó esta clase?
18 Según usted, ¿la noche es para divertirse o para estudiar?
19 ¿A usted le gusta viajar a cincuenta y cinco millas por hora?
20 ¿Le gustaría viajar más rápido?

TAREAS ORALES

1   Ask another student if he would like to go to the movies, what he would like to see, and if there is a film he would like to see again. Then change roles.
2   Find out from another student four things he would like to do on the weekend. Then change roles.

PROVERBIOS

ह•

Escoja la traducción apropiada.

☐ Cuál el tiempo, tal el tiento.

☐ Quién busca, halla.

☐ Poderoso caballero es don dinero.

[a] *He who seeks, finds.*

[b] *Act according to the circumstances.*

[c] *Money talks.*

Vocabulario

andaluz	*andalusian*	la **danza**	*dance*
la **avenida**	*avenue*	el **dramaturgo**	*dramatist*
la **bicicleta**	*bicycle*	el **gobierno**	*government*
el **boleto**	*ticket*	**jefe:**	
el **caso**	*case*	el **jefe**, la **jefa**	*boss*

la **milla**	*mile*		**pronto**	*soon*
mozo:			el **respeto**	*respect*
el **mozo**	*waiter*		el **rito**	*ritual, rite*
la **moza**	*waitress*		**satisfecho**	*satisfied*
el **negocio**	*business*		el **siglo**	*century*
la **obra**	*work*		**vano**	*vain*
el **perdón**	*pardon*		**verdadero**	*real, true*
la **peseta**	*unit of Spanish currency*			

Cognates

el **cabaret**	*cabaret*		el **kilómetro**	*kilometer*
complicado	*complicated*		el **ministro**	*minister*
la **elección**	*election*		el **petróleo**	*petroleum*
el **espectáculo**	*spectacle*		el **progreso**	*progress*
la **eternidad**	*eternity*		**representante:**	
flamenco	*flamenco*		el, la **representante**	*representative*
la **fortuna**	*fortune*		**típico**	*typical*
la **función**	*function*		**turista:**	
la **guitarra**	*guitar*		el, la **turista**	*tourist*
la **idea**	*idea*			

Verbs

ayudar	*to help*		**invitar**	*to invite*
complacer (zc)	*to please*		**negociar**	*to negotiate*
deber	*one should, must*		**portarse**	*to behave oneself*
deshacerse (me deshago)	*to untie oneself*		**prometer**	*to promise*
dirigir (j)	*to direct*		**tocar**	*to play (an instrument), to touch, to knock*
fijarse	*to take note of*		**visitar**	*to visit*
firmar	*to sign*		**volar (ue)**	*to fly*
gastar	*to spend, to waste*			

Idiomatic expressions

un corto	*black coffee (Spain)*		**hacer turismo**	*to tour*
dar una película	*to show a movie*		**por lo visto**	*obviously*
cuadro de coros y danzas	*regional spectacle of songs and dances (Spain)*		**por fin**	*at last*
más bien	*rather*		**a pie**	*on foot*

On an avenue in Mexico City a vendor hawks a newspaper announcing a crackdown on taxis.

ॐ DIÁLOGO

¡Socorro!

Ramón ha tenido un choque con un taxi que lo ha herido. Está acostado en la acera en frente del Banco Comercial de México.

RAMÓN ¡Socorro! ¡Socorro! Por favor llamen una ambulancia, un médico, la policía o el Seguro Social.

UN PEATÓN
QUE PASA Cálmese, joven. No se mueva. Parece que se ha hecho daño en las piernas.

RAMÓN ¡Cómo me duele la rodilla! Y me sale sangre de este brazo. ¿Dónde está el loco del taxista que me ha chocado?

EL PEATÓN Ahí viene.

RAMÓN Dígame. ¿Usted no ve por dónde va? ¿O necesita anteojos?

TAXISTA ¿Por qué no aprende usted a conducir? Yo llegué primero a la esquina.

RAMÓN Fíjese en cómo ha quedado el carro mío.

TAXISTA El mío está peor. Lo ha destrozado.

EL PEATÓN A usted habría que regalarle una bolsa de cemento.

TAXISTA ¿Por qué me dice eso?

EL PEATÓN Así podría construirse una carretera para usted sólo.

ॐ

En el hospital. David y Susana han ido al hospital para visitar a su amigo Ramón.

DAVID ¿Te sientes mejor ahora?

RAMÓN Sólo un poco débil. Me han dado un montón de pastillas.

DAVID   ¿Qué te has hecho, hombre?

RAMÓN   Por poco me mato en ese accidente.

SUSANA   ¿No quieres contarnos lo que ha pasado?

RAMÓN   Yo salía del trabajo. Iba por el Paseo de la Reforma y un idiota que no vio por donde iba me aplastó contra la pared de un edificio.

SUSANA   ¡No sé cómo has podido salir vivo del carro!

RAMÓN   Sencillo. ¡Salí volando por el parabrisas!

**PREGUNTAS
SOBRE EL DIÁLOGO**

1   ¿Qué le ha pasado a Ramón?
2   ¿Dónde está Ramón?
3   ¿Cómo lo ha dejado el accidente?
4   ¿Dónde se ha hecho daño?
5   ¿Quién lo ha chocado a Ramón?
6   ¿Quién llegó primero a la esquina?
7   ¿Cómo ha quedado el carro del taxista?
8   ¿Para qué necesita cemento el taxista?

9   ¿Adónde van a visitar a Ramón?
10   ¿De dónde salía Ramón cuando lo chocó?
11   ¿Contra qué lo aplastó?
12   ¿Cómo salió vivo Ramón?

Help!

Ramón has had an accident with a taxi which has left him seriously hurt. He is lying on the sidewalk in front of the Banco Comercial de México.

RAMÓN   Help! Help! Please call an ambulance, a doctor, the police or the National Health office.

PEDESTRIAN   Calm yourself, young man. Don't move. It looks like you have hurt your legs.

RAMÓN   My knee really hurts! And my arm is bleeding. Where is the crazy taxi driver who ran into me?

PEDESTRIAN   There he comes.

RAMÓN   Tell me. Can't you see where you are going? Or do you need glasses?

TAXI DRIVER   Why don't you learn how to drive? I arrived at the corner first.

RAMÓN   Look at what has become of my car.

TAXI DRIVER   Mine is worse. You have destroyed it!

PEDESTRIAN   They should give you a bag of cement.

TAXI DRIVER   Why do you say that (to me)?

PEDESTRIAN   So you could build a highway for yourself alone.

In the hospital.
David and Susana have gone to the hospital to visit their friend Ramón.

DAVID   Do you feel better now?

RAMÓN   Just a little weak. They have given me a pile of pills.

DAVID   What did you do to yourself, man?

RAMÓN   I almost killed myself in that accident.

SUSANA   Don't you want to tell us what happened?

RAMÓN   I was leaving work. I was going down Paseo de la Reforma and an idiot who didn't see where he was going smashed me against the wall of a building.

SUSANA   I don't know how you were able to get out of the car alive!

RAMÓN   Simple. I came flying out through the windshield.

La pronunciación

Review of Spanish b, v

When **b** or **v** is initial in a breath group or follows **m** or **n,** it is a stop. Bring the lips together, temporarily stopping the passage of air.

voy a casa	un banco
vaticano	ambulancia
banco	
voto	

Spanish **b** or **v** in all other positions is a fricative continuant. Bring the two lips together, restricting the passage of air but allowing some to continue through. Avoid placing the lower lip against the teeth as for English *v*.

había	yo voy a casa	habría
iba	el vaticano	parabrisas
ahí viene	el banco	
una bolsa	el voto	
no se mueve		

≥ NOTAS CULTURALES

El hospital. Hospitals in Hispanic countries with such names as Workers Hospital, Social Security Hospital, and Public Hospital (equivalent to our county hospital) are often intended for citizens too poor to afford medical attention. Many hospitals, especially privately owned ones, have the very latest and best equipment.

Privately owned clinics specializing in certain facets of medicine are another important component of the Hispanic health-services apparatus.

El médico. Doctors in many areas of Latin America have excellent reputations. Most have completed their residency (and often advanced study) in the United States, Germany, or France, though many countries have their own medical schools—thousands of American students are currently studying medicine in Mexico. But while standards are respectable and doctors usually well trained, the number of doctors, especially in provincial areas, is too small adequately to meet the health needs of the people.

La enfermera. The degree **Enfermera Universitaria** is similar to the American RN and may be acquired in a medical school. Nurses work mainly in hospitals. The **practicante,** a male nurse,

The Plaza of Three Cultures, Mexico City, consists of an Aztec temple, a Colonial-era church, and an ultramodern housing development.

gives injections, administers aspirin, and treats minor cuts and bruises. Midwives (**parteras** or **comadres**) are numerous, much less expensive than doctors, and deliver babies mostly in the mother's home.

La farmacia. In principle, only medications and medicinal drugs are sold in the Hispanic **farmacia.** The pharmacist is generally a very knowledgeable person, forced to keep up with advances in medicine and pharmacology because of the reliance of the public on his expertise. Since drugs may be dispensed without prescriptions, ailing persons commonly describe their problems to the pharmacist and he prescribes appropriate treatments. The **farmacia** is not normally a place to buy cosmetics or household goods like those found in the American drugstore. Cosmetics in Latin America are usually sold in the **perfumería,** a shop that specializes in cosmetics, perfumes, and other toiletries.

La botica. The **botica** is especially popular in Spain and the Caribbean countries. Medicines of all kinds are sold, including herbs and folk medicines recommended by **curanderos** (herb healers) and **comadres.** Fortune-telling, advice to the lovelorn, and love potions are also available at the **botica.** The shop is called **la botánica,** not **la botica,** in Puerto Rico and areas of the U.S. where many Puerto Ricans have settled.

ॐ

The past participle

The past participle of regular verbs is formed by adding the ending **-ado** to the stem of **-ar** verbs and the ending **-ido** to the stem of **-er** and **-ir** verbs.

habl-ar	**habl**-ado
aprend-er	**aprend**-ido
viv-ir	**viv**-ido

The following have irregular past participles.

escribir—escrito *written*	abrir—abierto *opened*	morir—muerto *died*
hacer—hecho *made, done*	decir—dicho *said*	volver—vuelto *returned*
ver—visto *seen*	poner—puesto *put*	

Other verbs with irregular past participles will be pointed out as they appear later in the text.

ॐ

The present perfect tense

Haber *to have*
(auxiliary verb)
Present tense

he	hemos
has	habéis
ha	han

The Spanish present perfect (equivalent to English present perfect forms such as *has spoken, have learned*) is formed by combining a present tense form of **haber** with a past participle.

Ellos han hablado.   *They have spoken.*

The present perfect is used in Spanish, as it is in English, to indicate an action or event recently completed but which has an implied connection with present time, as in this month, this year, or this day.[1]

Ramón se ha quebrado la pierna.   *Ramón has broken his leg.*
Ellos han ido al hospital.   *They have gone to the hospital.*

The two words of the present perfect are not separated by another word as in English. Pronouns precede or follow the combination.

David nunca ha tenido un   *David has <u>never</u> had an accident.*
   choque.

¿Ha tenido usted un choque?   *Have <u>you</u> had an accident?*
Ya lo he hecho.   *I have <u>already</u> done it.*

ॐ

Conteste. A escoger
entre **sí** *o* **no.**

1 ¿Ha aprendido usted mucho?
2 ¿Ha hablado español hoy?
3 ¿Ha vivido usted en México?
4 ¿Ha tenido usted un choque?
5 ¿Ha quebrado usted una pierna?
6 ¿Ha ido usted al hospital?
7 ¿Han llamado ellos al médico?

8 ¿Han venido todos?
9 ¿Quién ha salido de la clase?
10 ¿Ha comido usted?
11 ¿Han llegado bien a la clase?
12 ¿Han estado ustedes en el hospital?

ॐ

Conteste según el modelo.

¿Van ustedes a contestar las preguntas?
No, porque ya las hemos contestado.

estudiar la lección
tomar las pastillas
decir las frases

¿Quiere usted hacerlo?
No, ya lo he hecho.

abrirlo   verlo
decirlo   escribirlo
ponerlo

---

[1] An exception to this rule was presented in Lesson 13, where *hace* + time + the present tense is used for expressions such as **Hace dos horas que estoy aquí** *I have been here for two hours.*

Mexico City is the largest metropolis in the Hispanic world. Indeed, with 7,768,000 people it is the third largest city in the world. The Paseo de la Reforma, the wide, tree-lined avenue that cuts through the commercial heart of the city, was laid out in the 1860s under the Hapsburg Emperor Maximilian.

ॐ

The pluperfect tense

Haber Imperfect tense	había	habíamos
	habías	habíais
	había	habían

The pluperfect (compare English *had spoken*) is formed by combining an imperfect form of **haber** with a past participle.

Ramón había vivido en México.   *Ramón had lived in Mexico.*

ॐ

Conteste según el modelo. ¿Vio Ramón las radiografías?
Sí, ya las había visto cuando llegué.
1   ¿Comió Ramón el postre?
2   ¿Tomó Ramón las aspirinas?
3   ¿Aprendió Ramón la lección?
4   ¿Abrió Ramón la puerta?

ॐ

Long-form possessive adjectives

mío, mía, míos, mías	*of mine, my*
tuyo, tuya, tuyos, tuyas	*of yours, your*
suyo, suya, suyos, suyas	*of his, hers, its, yours, theirs; his, etc.*
nuestro, nuestra, nuestros, nuestras	*of ours, our*
vuestro, vuestra, vuestros, vuestras	*of yours, your*

Long-form possessive adjectives differ from the short forms presented earlier (**mi, tu, su, nuestro, vuestro**) in two ways:

1. Three of them are longer.

2. They follow rather than precede the noun modified. In their position after the noun, they receive more emphasis or stress.

SHORT FORM	LONG FORM
mi carro	**el carro mío**

Like other adjectives, the long-form possessives agree in number and gender with the noun they modify. This means that they agree with the noun possessed, not the possessor.

Margarita, el vestido tuyo no está aquí.	*Margarita, your dress is not here.*
Señor Aguado, las camisas suyas no están aquí.	*Señor Aguado, your shirts are not here.*

ॐ

Conteste según el modelo.

1 Esos jóvenes, ¿son amigos suyos?
Sí, son amigos míos.
compañeros   primos
hermanos

2 Esas chicas, ¿son primas suyas?
Sí, son primas mías.
hermanas   compañeras de cuarto
amigas

3 ¿Dónde están el papá de Concepción y el de Eduardo?
El de Concepción está aquí. No sé dónde estará el de Eduardo.
la medicina   las fotos
la camisa   los padres
los zapatos

The past participle as an adjective

A potter in Tlaquepaque, Mexico.

The past participle, in addition to being used with **haber** to form the present perfect and pluperfect, may also be used as an adjective with such verbs as **estar** and **sentir**.

El carro está destrozado.	*The car is wrecked.*
Ella se siente cansada.	*She feels tired.*

When used as an adjective, the past participle agrees in number and gender with the noun or pronoun it modifies.

Alicia está acostada.	*Alicia is lying down.*
Ellos están lastimados.	*They are injured.*
Ellas se sienten cansadas.	*They feel tired.*

Additional uses of **ser** and **estar**

Estar is used with adjectives that indicate a condition existing at a particular time which is not normal or characteristic of the subject.

Ramón está triste.	*Ramón is sad.* (implication: he usually isn't)
La pierna de Ramón está quebrada.	*Ramon's leg is broken.* (it normally isn't)

Ser is used with adjectives that indicate a normal quality which is considered characteristic of the subject.

La señora González es inteligente.	*Mrs. González is intelligent.*
Ellas son altas.	*They are tall.*
Yo soy industrioso.	*I am industrious.*

The same adjective may have different meanings, depending on whether it is used with **ser** or **estar.**

Es barato.	*It's cheap.* (characteristically inexpensive)
Está barato.	*It's cheap.* (now, but not normally)
Es enfermo.	*He's sickly.*
Está enfermo.	*He's sick* (now).

Ser contrasted with estar (review)

Remember that **ser** is used with adjectives which describe the normal characteristics of a person, while **estar** is used to indicate a condition which may have changed or is considered temporary.

Conteste con el verbo **ser** *según el modelo.*

¿Es usted fuerte o débil?
Soy fuerte.
Soy débil.

¿triste o alegre?
¿enfermo o sano?
¿feliz o infeliz?
¿inteligente o normal?

Complete las frases.
A escoger entre **es** *y* **está.**

Mi mamá es joven.
    en Mexico.
    aquí.
    dentista.
    enferma.
    lejos.
    rica.
    en casa.
    americana.
    en la Argentina.
    de la Argentina.
    estudiando español.

Mi papá es fuerte.
    acostado.
    más rico que el tuyo.
    enfermo.
    lastimado.
    inteligente.
    deprimido.

Vocabulario suplemental

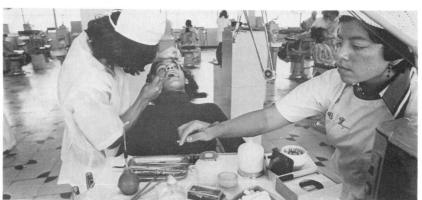

EN EL CONSULTORIO DEL MÉDICO

RECEPCIONISTA Buenos días. ¿Con quién quiere usted cita? *appointment*
PACIENTE   Con el médico, por favor.
             Con la doctora, por favor.
             Con el (la) psicoanalista, por favor.
             Con el (la) dentista, por favor.
             Con el (la) oculista, por favor.

¿Dónde le duele? *Where does it hurt?*   ¿Qué tiene usted? *What's the matter*
Me duele la mano. *hand*   *with you?*
          la cabeza   Tengo dolor de estómago.
          el estómago *stomach*   muelas *teeth*
          el ojo   Tengo tos.
          la pierna *leg*   fiebre *fever*
                                                    una alergia *allergy*

¿Cómo se siente hoy?
Me siento animado. *enthusiastic*   ¿Cómo está usted?
          a gusto *at ease, comfortable*   Estoy contento. *contented, happy*
          fuerte *strong*   sano *healthy*
          aburrido *bored*   alegre *happy, glad*
          débil *weak*   feliz *happy, fortunate*
                                                     nervioso *nervous*
                                                     enfermo *sick*
                                                     triste *sad*
                                                     infeliz *unhappy, unfortunate*

INSTRUCCIONES DEL MÉDICO

Tome dos aspirinas y acuéstese.   Vamos a ponerle una venda.
                                                 bandage
Tiene que descansar mucho. *to rest*   Vamos a ponerle una inyección.
                                                 shot
Hay que quedarse en cama.   Usted necesita mucho reposo. *rest*
Tome dos pastillas cada dos horas.

ॐ

Conteste. A escoger   ¿Cómo se siente usted, bien o mal?
según el modelo.   **Me siento bien.**
                        Me siento mal.
                        ¿fuerte o débil?   ¿alegre o triste?
                        ¿animado o deprimido?   ¿a gusto o aburrido?

                        ¿Qué tiene usted, una fiebre?
                        Sí, tengo una fiebre terrible.
                        No, nunca he tenido una fiebre.
                        ¿dolor de cabeza?
                        ¿alergia?
                        ¿tos?
                        ¿dolor de estómago?
                        ¿dolor de muelas?

Conteste según la necesidad.   Me siento cansado. ¿Qué me recomienda usted?
Tiene que descansar mucho.
Me siento débil.
Estoy triste.
Me siento fuerte.
Estoy muy gordo.
Estoy aburrido.

Conteste según el modelo.   ¿Te duele la cabeza?
No, no me duele la cabeza.
¡Ay! ¡cómo me duele la cabeza!

el estómago
la muela
el ojo
el brazo

Conteste según el modelo.   ¿A quién llama usted cuando está enfermo (-a)?
Llamo al médico cuando estoy enfermo (-a).
¿cuando está deprimido (-a)?
¿cuando está nervioso (-a)?
¿cuando está alegre?
¿cuando se siente débil?
¿cuando le duelen los ojos?
¿cuando se ha quebrado una pierna?
¿cuando le duelen las muelas?
¿cuando se siente bien?

Complete las frases.   1   Me siento _____ en esta clase.
2   Me siento _____ el Día de la Madre.
3   Siempre estoy _____ en la Navidad.
4   El Día de los novios estoy _____.
5   Las personas alegres se sienten _____.
6   Una persona deprimida se siente _____.
7   Cuando no estoy a gusto me siento _____.
8   Un día estoy _____ y al otro día estoy deprimido (-a).

Conteste.   1   ¿Cómo está usted ahora?
2   ¿Está usted triste hoy?
3   ¿Qué hace usted cuando está deprimido (-a)?
4   ¿Con quién le gusta hablar cuando está contento (-a)?
5   ¿Cómo se siente usted cuando está con los amigos?
6   ¿Se siente usted a gusto cuando está solo (-a)?

ह▸

Possessive pronouns

Possessive pronouns are the same forms as the long-form possessive adjectives (**mío, tuyo,** etc.). They generally are used with a definite article and they always agree in number and gender with the noun they replace.

Alicia, mi carro es viejo pero el tuyo es nuevo.	*Alicia, my car is old but yours is new.*
Tu casa y la mía son bonitas— dijo Fernando.	*"Your house and mine are pretty," said Fernando.*
Mis camisas y las suyas son caras.	*My shirts and yours are expensive.*

Since **el suyo, la suya, los suyos, las suyas** may mean *yours, hers, his, its, or theirs,* alternate forms with the prepositional pronouns may be used for clarification.

POSSESSIVE PRONOUN	ALTERNATE FORM	
El suyo es nuevo.	El de ustedes es nuevo.	*yours*
Las suyas son viejas.	Las de él son viejas.	*his*
Los suyos son baratos.	Los de ella son baratos.	*hers*

After the verb **ser** the article is usually omitted.

Este sombrero es mío.	*This hat is mine.*
Ese carro es suyo.	*That car is his.*
Las camisas son nuestras.	*The shirts are ours.*

But after other verbs, the article is retained.

¿Usted tiene el suyo?	*Do you have yours?*

ह▸

Conteste según el modelo.

1   ¿De quién es esta medicina?
   Esta medicina es mía (tuya, suya, nuestra).
   este termómetro   estas pastillas   estas aspirinas

2   ¿Tienes tus pastillas?
   Sí, yo tengo las mías, pero Paco no tiene las suyas.
   (el) pasaporte   (la) medicina   (las) vitaminas
   (las) fotos   (los) papeles

3   ¿Fue muy seria tu operación?
   Sí, pero no tan seria como la tuya.
   (la) fiebre   (la) alergia   (el) choque

Los problemas del tránsito

El tránsito en muchas de las grandes ciudades de Latinoamérica es peligroso° pero muy interesante. Donde no hay semáforos° los conductores tocan el claxón° y tienen el derecho de pasar.° También usan las luces° del coche.° En México, por ejemplo, si hay un puente° por dónde sólo puede pasar un vehículo, el que primero encienda° las luces de su carro tiene el derecho de pasar.

Es una experiencia interesante tomar un taxi en la capital de México a las diez de la mañana y ver cómo el taxista conduce a una velocidad acelerada en medio de° todo el tránsito tocando la bocina° y evitando° choques con los otros motoristas. Cuando hay un choque, casi siempre los dos conductores se bajan° y sostienen la acostumbrada discusión° pero casi nunca llegan a las manos. Es interesante oír a estos hombres que discuten° con el clásico carácter latino apasionado. El sarcasmo en estos casos siempre predomina. ¿Usted no sabe manejar?° Si la policía le da una multa° el conductor habla después de sus influencias y de los amigos que tienen altos cargos° políticos.

dangerous; traffic lights

horn; right of way

*lights; car (a car is called **un carro**, **un coche,** or **un auto**)*
bridge
first turns on

through the middle of

horn (used alternatively with **claxón***); avoiding*
get out
carry on the usual argument

argue

to drive (used alternatively with **conducir***); fine*

positions

Traffic jam on the Paseo de la Reforma.

1 ¿Por qué es peligroso el tránsito?
2 ¿Quién tiene el derecho de pasar?
3 ¿Cómo usan la bocina? ¿Y las luces del carro?
4 ¿Qué hacen los conductores cuando hay un choque?
5 ¿Cómo es el clásico carácter latino?
6 ¿Ha tomado usted un taxi en Latinoamérica?
7 ¿Qué son influencias?
8 ¿Le gustaría conducir su carro en México?

COMPLETE LAS
FRASES

1 Yo tengo mis pastillas. Él _____.
2 Mi camisa es bonita. _____ es bonita también.
3 Ahora me siento _____.
4 A mí _____.
5 _____ enfermo.

FORME PREGUNTAS

1 Sí, me duele mucho.
2 No, no lo sabía.
3 No, no me han puesto inyecciones.
4 Sí, ya habían salido cuando yo llegué.
5 Sí, ya la había abierto.

BREVES
CONVERSACIONES

Pregúntele a _____ cómo se siente hoy.
                      si ha ido al médico este mes.
                      si el médico le dio pastillas.
                      cuánto tiempo hace que vive aquí.
                      si había vivido aquí antes.
                      si prefiere inyecciones o pastillas.
                      si quiere una bolsa de cemento.
                      si sabe conducir muy bien.
                      por qué ha tenido tantos accidentes.

PREGUNTAS
PERSONALES

1 ¿Cuánto tiempo hace que usted estudia español?
2 ¿Ha estado usted enfermo (-a)?
3 ¿Nunca ha estado en el hospital?
4 ¿Ha tenido un choque?
5 ¿Le han gustado las inyecciones y pastillas?
6 ¿Ha tenido usted un choque con su carro?
7 ¿Se ha hecho mucho daño?
8 ¿Había tenido lecciones de conducir?
9 ¿Ha salido mal en los exámenes?
10 ¿Había estudiado mucho antes de los exámenes?
11 Mi camisa es blanca. ¿De qué color es la suya?
12 ¿Qué hace usted cuando tiene un dolor de muelas?

13 ¿A quién llama cuando está deprimido (-a)?
14 ¿Cuándo toma usted aspirinas?
15 ¿Cómo se siente ahora?
16 ¿Nunca ha tenido una alergia?
17 Mi papá no es rico. ¿Y el de usted?
18 ¿Qué libro está usted leyendo ahora?
19 ¿Quiere usted ser médico?
20 ¿Nunca ha querido ser psicoanalista?
21 ¿Necesita usted anteojos?

TAREAS ORALES

1 Ask a friend ten pertinent questions about his mental and physical condition at the present time.
2 Tell the group about a serious accident or a serious illness you have had.
3 The university doctor says you are well and should be in class. Convince the doctor that you are ill by telling all the things that are wrong with you.
4 Your roommate says you are ill and should not go on a date. Convince him or her that you are in perfect health.

PROVERBIOS

ह०

Escoja la traducción apropiada.

☐ Más vale doblarse que quebrarse.

☐ Dónde entra beber, sale saber.

☐ No hay mal que cien años dure.

[a] *It's better to bend than break.*

[b] *Nothing bad lasts forever.*

[c] *When drink enters, wisdom departs.*

Vocabulario

aburrido	*bored*	**deprimido**	*depressed*
la **acera**	*sidewalk*	**destrozado**	*destroyed, wrecked*
acostado	*lying down*	el **dolor**	*pain*
alegre	*happy, glad*	**enemigo:**	
animado	*enthusiastic*	el **enemigo,**	
los **anteojos**	*eyeglasses*	la **enemiga**	*enemy*
barato	*cheap*	la **esquina**	*corner*
la **bolsa**	*sack*	el **examen**	*examination, test*
el **brazo**	*arm*	**feliz**	*happy*
la **cabeza**	*head*	la **fiebre**	*fever*
la **carretera**	*highway*	la **frase**	*sentence, phrase*
el **carro**	*car*	**frente**	*front*
la **cita**	*appointment, date*	la **gripe**	*influenza*
el **claxón**	*horn*	**infeliz**	*unfortunate, unhappy*
el **consultorio**	*clinic, doctor's office*	la **izquierda**	*left*
el **choque**	*wreck, accident*	**lastimado**	*injured, hurt*
el **daño**	*damage*		

lejos	far away	la **sangre**	blood
mío, -a	mine, my	**sano**	healthy
el **montón**	pile	el **seguro social**	National Health
la **muela**	molar, tooth	**sencillo**	easy, simple
oculista:		**serio**	serious
el, la oculista	oculist	**socorro**	help
el **ojo**	eye	el **suéter**	sweater
la **pared**	wall	**suyo, -a**	his, hers, theirs, its, yours
el, la **pariente**	relative	el, la **taxista**	taxi driver
la **pastilla**	pill	la **tos**	cough
el **peatón**, la **peatona**	pedestrian	**triste**	sad
la **pierna**	leg	**tuyo, -a**	your, yours
la **puerta**	door	la **venda**	bandage
la **radiografía**	X-rays	**viejo, -a**	old
el **reposo**	rest	**vivo**	alive
la **rodilla**	knee		

Cognates

la **alergia**	allergy	la **operación**	operation
la **ambulancia**	ambulance	**paciente:**	
el **cemento**	cement	el, la paciente	patient
el **color**	color	**psicoanalista:**	
la **emergencia**	emergency	el, la psicoanalista	psychoanalyst
idiota:		**recepcionista:**	
el, la idiota	idiot	el, la recepcionista	receptionist
industrioso	industrious	el **taxi**	taxi
la **inyección**	injection, shot	el **termómetro**	thermometer
loco	crazy, nutty	**terrible**	terrible
normal	normal		

Verbs

aplastar	to flatten	**herir (ie, i)**	to wound
calmar	to calm	**matar**	to kill
conducir (zc)	to drive	**mover (ue)**	to move
dejar	to leave	**quebrar (ie)**	to break (a bone)
descansar	to rest	**recomendar (ie)**	to recommend
destrozar	to destroy	**regalar**	to give as a gift
doler (ue)	to hurt, ache, pain		

Idiomatic expressions

hacerse daño	to hurt oneself	**a gusto**	at ease, comfortable

Venezuelan university students confer with a professor.

LECCIÓN

15

🐛 DIÁLOGO

¡A casa, yanqui!

Julio y Lisa son de Caracas. Jim es de San Francisco. Todos juegan al tenis y participan en los Juegos Panamericanos en Caracas.

JIM   Julio, te felicito por el partido hoy. ¡Qué lindo!

JULIO   Gracias. Ustedes ganaron también, ¿no?

JIM   ¡Hemos ganado y nos han insultado!

LISA   Es una lástima que hagan eso. ¿Quiénes fueron? ¿Los jueces?

JIM   No. Había unos tipos que nos gritaban el conocido ¡a casa yanqui! y nos lanzaban insultos.

JIM   Quizás me aclaren ustedes una cosa.

LISA   Sí, Jim, ¿qué quieres saber?

JIM   Bueno, ustedes, los latinos, aceptan nuestras películas y nuestras costumbres pero también salen a la calle a hacer manifestaciones contra los gringos.

JULIO   Lo mejor que tenemos de ustedes es el béisbol. ¡Fantástico!

JIM   Y entonces, ¿qué quieren que hagamos?

JULIO   Fíjate, Jim. Los yanquis son simpáticos. Pero ¿por qué se quedan siempre en sus propios grupos? ¿Se creen superiores?

JIM   Dudo que mis compatriotas sepan la importancia de hablar español y estudiar su cultura.

JULIO   Jim, Lisa y yo vamos al restaurante para celebrar un poco. Ojalá puedan acompañarnos.

JIM   Muchas gracias. Muy amable. A propósito, el entrenador prohíbe que comamos mucho. ¿El de ustedes no impone reglas estrictas durante las competencias?

LISA Ya lo creo. Prohíbe que fumemos, que tomemos alcohol, y prefiere que no salgamos de la residencia después de las diez de la noche.

JULIO De acuerdo. Sólo vamos a comer un bocado y tomar un par de Coca-Colas.

JIM Así está bien. Hasta ahora no me emborraché nunca con Coca-Cola ni tomándola con aspirinas.

PREGUNTAS SOBRE EL DIÁLOGO

1 ¿Son venezolanos Julio y Lisa?
2 ¿De dónde es Jim?
3 ¿A qué deporte juegan todos?
4 ¿Qué insulto le lanzaron a Jim?

5 ¿Cuáles son las cosas americanas que les gustan a los venezolanos?
6 ¿Se quedan en sus propios grupos los norteamericanos?
7 ¿Se creen superiores los norteamericanos?
8 ¿Saben los yanquis la importancia de hablar español?
9 ¿Adónde van Lisa y Julio?
10 ¿Qué prohíbe el entrenador de Jim?
11 ¿A qué hora tienen que volver?
12 ¿Se emborracha Jim con Coca-Cola?

Yankee go home!

Julio and Lisa are from Caracas. Jim is from San Francisco. All of them play tennis and participate in the Pan American Games in Caracas.

JIM Julio, congratulations on the game today. It was great!

JULIO Thanks. You won too, didn't you?

JIM We won and they insulted us.

LISA It's too bad they do that. Who was it? The judges?

JIM No. There were some guys that shouted the famous "Yankee go home" and they threw insults at us.

JIM Perhaps you could clarify something for me.

LISA Yes, Jim, what do you want to know?

JIM Well, you Latin Americans accept our movies and our customs but you also go out in the street and make demonstrations against the gringos.

JULIO The best thing we have from you is baseball. Fantastic!

JIM Well, then, what do you want us to do?

JULIO Look, Jim. The Yankees are likable. But why do they always stay in their own groups? Do they think they are better?

JIM I doubt that my countrymen know the importance of speaking Spanish and studying your culture.

JULIO	Jim, Lisa and I are going to the restaurant to celebrate a little. I hope you can go with us.
JIM	Many thanks. You are very kind. By the way, the trainer forbids us to eat a lot. Doesn't yours have strict rules during the competition?
LISA	He really does! He forbids us to smoke, to drink alcohol, and he prefers that we not go out of the residence after ten o'clock at night.
JULIO	Right! We are only going to have a bite and drink some Cokes.
JIM	That way is okay. Up until now, I have never gotten drunk on Coca-Cola, not even drinking it with aspirins.

La pronunciación

More about Spanish g, j, and x

Recall that Spanish **g** before **e** and **i** and Spanish **j** are pronounced like an aspirated English *h*. This sound is more strongly aspirated in South America than in Mexico or Central America. *Take the position* for pronouncing *k* and force the stream of air to continue while maintaining that position.

Egipto	Jorge	Julio	juegan	México
jirafa	gente	por ejemplo	Georgina	Texas

More about Spanish y

In some countries of South America you will hear a voiced **y**. Without going that far, practice placing greater tension, buildup, and release in Spanish **y** than for English *y*.

| yanqui | los yanquis | a casa, yanqui | ya lo creo |

NOTAS CULTURALES

La americanización. At the turn of the century, when Spain lost Puerto Rico and Cuba to the United States and the United States took the Panama Canal zone, Latin American thinkers and poets such as José Enrique Rodó of Uruguay and Rubén Darío of Nicaragua expressed the fear that the materialistic, machinelike mentality of the northern Americans would eventually deprive the Latins of their natural inclination to have a more spiritual civilization.

Since that period, Latin Americans have continued to claim that theirs is a cultural and spiritual civilization while North American society emphasizes materialism, mass production, and the mechanized man. Some evidence supports their position. The Latin American middle and upper classes do show greater appreciation for the arts than their counterparts in the United States.

Their governments name poets and novelists as ambassadors, thinking that they represent the best of their culture, while North Americans tend to choose successful businessmen and former politicians. The masses in Latin America nevertheless exhibit no greater fondness for spiritual and cultural things than do most North Americans.

Whatever the merits of their claim to greater spirituality, the Hispanic thinkers and poets were partially justified in their fears about the growing influence of Anglo-American civilization, because United States products, music, clothing styles, cars, and movies have achieved considerable popularity in Spanish America. Latin Americans are now resisting Americanization; American-owned businesses are often nationalized or forced to sell majority ownership to citizens of the country where they operate; laws require that business be conducted and contracts be drafted in Spanish; the commercialization of Christmas is tightly restricted; products like Inca Kola are developed to preempt the market before North American goods like Coca-Cola can become dominant. North Americans can appreciate the feelings of the Latin Americans in this matter better in the 1970s now that money from Arabic nations, grown wealthy on the basis of their oil, is flooding into the United States and gaining control of one important company after another.

A passion for jeans from the United States has swept the world; this shop is in Buenos Aires.

ॐ

The subjunctive mood

The subjunctive mood is very important in Spanish. In English, we hardly notice the subjunctive, though it still is used.

I suggest that he learn Spanish. (*learn*, subjunctive, instead of *learns*, indicative)

The coach prefers that Julio come in early. (*come*, subjunctive, not *comes*, indicative)

The student of Spanish must learn when to use the indicative, when to use the subjunctive. Notice the difference between the verbs in these two sentences.

INDICATIVE MOOD: **Él habla español.**
SUBJUNCTIVE MOOD: **Espero que él hable español.**

In the first example, the indicative form **(habla)** is used to describe an action as really taking place. In the second example, the speaker expresses a hope or desire that an action will take place. He doesn't say that the action is real—he just hopes it may be. Therefore he uses the subjunctive form **hable.**

Generally speaking, the subjunctive occurs most often after expressions of desire, hope, doubt, liking, disliking, possibility, necessity, or in requests and indirect commands.[1]

ॐ

The present subjunctive

The stem of the present subjunctive is the same as the stem of the **yo** form, present indicative, for nearly all verbs.

yo FORM, PRESENT INDICATIVE	**yo** FORM, PRESENT SUBJUNCTIVE
habl-o	habl-e
pued-o	pued-a
teng-o	teng-a

To this subjunctive stem, regular **-ar** verbs add endings in **e.** Regular **-er** and **-ir** verbs add endings in **a.**

hablar		aprender		escribir	
habl-e	habl-emos	aprend-a	aprend-amos	escrib-a	escrib-amos
habl-es	habl-éis	aprend-as	aprend-áis	escrib-as	escrib-áis
habl-e	habl-en	aprend-a	aprend-an	escrib-a	escrib-an

ॐ

Infinitive instead of subjunctive

An infinitive is used where the subjunctive might otherwise be expected if the subject for both verbs is the same. Where there is a change of subject, the subjunctive is used. (Notice that the English equivalent has the infinitive in both cases.)

ONE SUBJECT **(yo)**
Quiero escribir una carta.   *I want to write a letter.*
TWO SUBJECTS **(yo, usted)**
Quiero que usted escriba una   *I want you to write a letter.*
   carta.

"Drink to . . . good friendship, with Pepsi" urges a sign in Mexico. One Latin response to the spread of products from the United States is the sign at the beach in Peru—"Drink Inca Kola, with national flavor!"

Substituya y repita.   **1** Quiero que tú me escribas primero.
ellos, usted, ella

2 Espero que usted aprenda mucho aquí.
nosotros, ellos, tú

3 Prohíben que nosotros vendamos el coche.
ustedes, Julio, yo

4 Quieren que tú llames a la policía.
nosotros, ella, ustedes

5 Espero que siempre ganen ustedes.
nosotros, Julio, tú

Responda según el modelo.   Julio come mucho. No quieren que . . .
No quieren que Julio coma mucho.

1 Vemos televisión ahora. Prefieren que no . . .
2 Fuman aquí. Prohibe que . . .
3 Julio y Lisa corren mucho. Quieren que . . .
4 Ellos leen el periódico. Pídales que . . .
5 Los latinos nos comprenden. Espero que . . .
6 Jim canta bien. Dígale a Jim que . . .
7 Hablamos inglés ahora. No quiere que . . .
8 El toma pastillas. Le prohíben que . . .
9 Escuchan la radio. Prefiere que no . . .
10 Compran muchos regalos. Esperamos que . . .

Conteste con una frase   ¿Qué le pide su papá?
completa según el modelo.
a que no compre tanta Coca-Cola.

b que compre más Coca-Cola.

Mi papá me pide que no compre tanta Coca-Cola.

1 ¿Qué prefiere su mamá?
a que le escriba muchas cartas.
b que no le escriba tanto.

2 ¿Qué le manda al taxista?
a que aprenda a manejar.
b que venda su coche.

3 ¿Qué espera su profesora?
a que hable mucho español.
b que estudie el subjuntivo.

4 ¿Qué quiere usted?
a que su compañero (-a) de cuarto lo (la) deje dormir.
b que su compañero (-a) de cuarto no salga tanto.

5 ¿Qué espera su novia?
a que gane el partido.
b que no gane el partido.

Infinitive instead of subjunctive ॐ **307**

⁊⦁

The present subjunctive of irregular verbs

Verbs that have an irregular stem in the **yo** form of the present indicative have the same irregular stem in the present subjunctive. The endings are regular; that is, **-ar** verbs add endings in **e,** while **-er** and **-ir** verbs add endings in **a.**

salir (yo salgo)		hacer (yo hago)		conocer (yo conozco)	
salga	salgamos	haga	hagamos	conozca	conozcamos
salgas	salgáis	hagas	hagáis	conozcas	conozcáis
salga	salgan	haga	hagan	conozca	conozcan

The following verbs also derive their stem from the **yo** form of the present indicative. The endings are regular.

INFINITIVE	yo FORM, PRESENT INDICATIVE	yo FORM, PRESENT SUBJUNCTIVE
tener	tengo	tenga
venir	vengo	venga
decir	digo	diga
oír	oigo	oiga
poner	pongo	ponga
traer	traigo	traiga
conducir	conduzco	conduzca
construir *(to construct)*	construyo	construya
traducir *(to translate)*	traduzco	traduzca

Six verbs, all very common, have subjunctive stems which cannot be derived in this way.

dar		ir		ser	
dé	demos	vaya	vayamos	sea	seamos
des	deis	vayas	vayáis	seas	seáis
dé	den	vaya	vayan	sea	sean

estar		haber		saber	
esté	estemos	haya	hayamos	sepa	sepamos
estés	estéis	hayas	hayáis	sepas	sepáis
esté	estén	haya	hayan	sepa	sepan

ह•

The present subjunctive of stem-changing verbs

The **-ar** and **-er** verbs that change **e** to **ie** or **o** to **ue** in the present indicative do not make that change in the **nosotros** and **vosotros** forms of the present subjunctive.[1]

cerrar		entender		poder	
cierre	cerremos	entienda	entendamos	pueda	podamos
cierres	cerréis	entiendas	entendáis	puedas	podáis
cierre	cierren	entienda	entiendan	pueda	puedan

Other verbs changing this way are **pensar, volver,** and **perder.**
The **-ir** verbs that change **e** to **i** in the present indicative make the same change in all six forms of the subjunctive.

pedir		seguir	
pida	pidamos	siga	sigamos
pidas	pidáis	sigas	sigáis
pida	pidan	siga	sigan

The **-ir** verbs that change **o** to **ue** or **e** to **ie** in the present indicative have an additional change, **e** to **i** or **o** to **u,** in the **nosotros** and **vosotros** forms of the present subjunctive.

sentir		dormir	
sienta	sintamos	duerma	durmamos
sientas	sintáis	duermas	durmáis
sienta	sientan	duerma	duerman

ह•

Conteste según el modelo.

A ¿Quieres salir ahora?
No, quiero que salgan ustedes.

1 ¿Quieres ir al mercado?
2 ¿Prefieres servir la carne?
3 ¿Esperas volver?
4 ¿Quieres conocerla?

B ¿Quieres hacerlo?
No, quiero que lo hagan ustedes.

1 ¿Prefieres encontrarlo?
2 ¿Quieres oírlo?
3 ¿Esperas tenerlo?
4 ¿Quieres pedirlo?

---

[1] In other words, the **nosotros** and **vosotros** forms of these verbs have the same stem in the indicative and subjunctive. The subjunctive forms are not based on the stem of the **yo** form of the present indicative.

Street scene, Caracas.

Responda según el modelo. Usted le pide el dinero. Dudo que . . .
Dudo que usted le pida el dinero.

1. Ellos lo dicen ahora. Quiero que . . .
2. Nosotros dormimos en la clase. Prohíben que . . .
3. Traigo el dinero. Prefieres que . . .
4. Tú vienes esta noche. El duda que . . .
5. Yo les doy mucho tiempo. Quieren que . . .
6. Los norteamericanos son simpáticos. Esperan que . . .
7. Se visten rápido. Preferimos que . . .
8. Hay fiesta esta noche. Dudo que . . .
9. Cierran temprano hoy. No quiero que . . .
10. Servimos la cena ahora. Prefieren que . . .
11. Nosotros salimos de la zona. Quieren que . . .

Conteste según el modelo.

A ¿Van a traducirlo ahora?
Sí, quiero que lo traduzcan.

1. ¿Van a ponerlo ahí?
2. ¿Van a traerlo luego?
3. ¿Van a saberlo mañana?

B ¿Él lo va a cerrar?
Espero que lo cierre.

1. ¿No va a perderlo?
2. ¿Va a entenderlo?
3. ¿Va a construirlo?

The subjunctive in noun clauses

A clause is a group of words that includes a subject and a verb. A noun clause is a clause that could be replaced in a sentence by an ordinary noun.

MAIN CLAUSE	DEPENDENT NOUN CLAUSE
Quiero	**que usted venga con nosotros.**
I want	*that you come with us.*
	⌈ COULD BE REPLACED BY A NOUN ⌉
	⌊ **Coca-Cola.** ⌋

This sentence has two clauses, each with a subject and verb. The dependent clause cannot stand alone—it "depends" on the main clause.

The verb in a dependent noun clause is subjunctive if (1) its subject is different from the subject of the main verb, and (2) the main verb contains an expression of:

A desire, hope, preference, or necessity

Quiero que usted me acompañe.	*I want you to accompany me.*
Ella prefiere que yo escriba primero.	*She prefers that I write first.*
Esperamos que llegue hoy.	*We hope that he will arrive today.*
Necesito que se lo digas a papá.	*I need you to tell father.*

B feeling, emotion, approval, or advice

Me alegro (de) que ellos sepan.	*I am glad they know.*
Siento que no lo tengas ahora.	*I am sorry you don't have it now.*
Ojalá que traigan el dinero.	*I hope that they will bring the money.*
Te aconsejo que no lo hagas.	*I advise you not to do it.*
Me gusta que hables español.	*I like you to speak Spanish.*
No conviene que ellos se casen.	*It is not good for them to marry.*

C doubt, denial or uncertainty

Dudo que me lo vendan.	*I doubt they will sell it to me.*
No creo que comprendan.	*I don't think they understand.*
¿Piensa usted que lo sepan?	*Do you think they know it?*

D command or request

Manda que salgan en seguida.	*He orders that they leave at once.*
Dígales que nos visiten.	*Tell them to visit us.*
Pídale que lo hagan pronto.	*Ask them to do it soon.*

Subjunctive after certain constructions with creer and pensar

If the main verb is a form of **creer** or **pensar** in the negative, interrogative, or used in a way that implies doubt or uncertainty, the verb in a dependent noun clause is in the subjunctive.

No creen que ella venga.
¿Piensa usted que jueguen hoy?

Responda según el modelo. **A** Yo sé que ella juega bien.
Espero _____.
Espero que ella juegue bien.

1 Dicen que él viene.
Quiero _____.

2 Supongo que usted no puede venir.
Siento _____.

3 Dicen que usted aprende rápido.
No creen _____.

4 Dígales que Julio nos visita.
Pídale a Julio _____.

5 Me parece que no nos comprenden.
No me gusta _____.

6 El taxista sabe que le ayudamos.
El taxista sugiere _____.

7 Creo que tenemos una buena doctora.
Me alegro _____.

8 Saben que Lisa se casa con Julio.
No conviene _____.

Students at the University of Venezuela, dressed in the worldwide youthful style heavily influenced by the United States.

A movie from the United States attracts the youth in Nicaragua.

B ¿Nos acompaña Roberto?
No estoy seguro, pero espero que nos acompañe.
    1 ¿Toma estas pastillas Lisa?
    2 ¿Compra el regalo Julio?
    3 ¿Escucha los programas Jim?
    4 ¿Ve televisión ella?

C ¿Va a comer la ensalada Julio?
Sí, quiero que la coma.
    vender la casa
    leer el periódico
    volver a tiempo
    entender

D ¿Puede escribir la carta Lisa?
Sí, dígale que la escriba.
    abrir la ventana
    traer el coche
    lavar los platos
    vender las bicicletas

The use of the subjunctive with impersonal expressions

An impersonal expression is one that does not have a person as the subject: *it's important that, too bad that*. Such expressions are often followed by a noun clause with a verb in the present. If the impersonal expression indicates uncertainty, possibility, doubt, or a feeling, the verb in the noun clause is subjunctive.

Here is a list of some of the most common impersonal expressions which require the subjunctive in affirmative, negative, and interrogative sentences.

Es importante que vengan.
Es imposible que ganemos.
Es necesario que lo tengamos.

Es mejor que no lo sepan.
Es una lástima que lo hagan.
Es probable que estén en casa.

Another group of impersonal expressions is followed by the subjunctive when they are used negatively or in questions to indicate uncertainty or doubt. They may also be followed by the indicative when they are used in a way which does not indicate doubt.

SUBJUNCTIVE	INDICATIVE
No es cierto que salgan hoy.	Es cierto que salen hoy.
No es verdad que sean antiyanquis.	Es verdad que son antiyanquis.
No es seguro que digan eso.	Es seguro que dicen eso.
No es evidente que tenga dinero.	Es evidente que tiene dinero.
No es que no me ayude.	Es que usted no me ayuda.

A gas station in Asunción, Paraguay.

The present subjunctive with **tal vez** and **quizás**

Tal vez and **quizás** both mean *perhaps*. They may be followed by the subjunctive or the indicative. The subjunctive may imply greater doubt or uncertainty.

Tal vez haya fiesta esta noche.   Tal vez hay fiesta esta noche.
Quizás construyan la casa aquí.   Quizás construyen la casa aquí.
Tal vez vengan mañana.   Vienen mañana, tal vez.

Subjunctive versus indicative in the noun clause

In general, the indicative is used in the dependent noun clause when the verb in the main clause serves simply to introduce the report of information. The subjunctive is used when the main verb introduces the dependent clause not as a report, but as a hypothesis to be considered or carried out in the future.

HYPOTHESIS	REPORT
Subjunctive used	*Indicative used*
Dudo que me lo vendan.	Yo sé que me lo venden.
Esperamos que llegue hoy.	Es cierto que llega hoy.
Espero que traigan el dinero.	Es verdad que traen el dinero.
Dudo que lo sepan.	Es seguro que lo saben.
Pídales que lo hagan pronto.	Veo que lo hacen pronto.
¿Cree usted que vengan?	Creo que vienen.
No pienso que nos comprendan.	Pienso que nos comprenden.
Siento que usted no pueda salir.	Supongo que usted no puede salir.
Dígales que salgan.	Dígales que yo no salgo.

Remember that if both verbs have the same subject the infinitive is used.

SUBJUNCTIVE	INFINITIVE
Es mejor que usted no hable inglés.	Es mejor no hablar inglés.
Quiero que usted la acompañe.	Quiero acompañarla.
Espero que él pueda venir.	Espero poder venir.

The present subjunctive with **ojalá**

Ojalá means *I hope (that)*, or more literally, *May God grant (that)*. Sometimes it is followed by **que,** sometimes not. It is always followed by a verb in the subjunctive.

Ojalá tenga buena suerte. *I hope that I have good luck.*
Ojalá que vuelvan pronto. *I hope they return quickly.*

Responda según el modelo.

Es cierto que ella me acompaña.
Dudo _____.
Dudo que ella me acompañe.

1 Es verdad que están en casa.
  Es posible _____.
2 Rosario cree que el agua está fría.
  No creo _____.
3 Pienso que en fútbol ganamos.
  Es probable _____.
4 Estoy seguro que tienen una orquesta.
  ¿Cree usted _____?
5 Dice que sabe jugar.
  Es importante _____.
6 Es evidente que usted no la conoce.
  Es mejor _____.
7 Es verdad que lo traen hoy.
  Es probable _____.
8 Es cierto que no lo oyen.
  Es una lástima _____.

A escoger entre el subjuntivo, el indicativo y el infinitivo.

1 (insulten/insultan/insultar) Es posible que los _____.
2 (sepan/saben/saber) Dudo que ellas _____ la verdad.
3 (nos gusten/nos gustan/gustarnos) Es cierto que _____ los blue jeans.
4 (no salgan/no salen/no salir) Veo que ustedes _____ esta noche.
5 (estudie/estudia/estudiar) Pienso _____ mañana.
6 (vaya/voy/ir) Dígales que yo no _____.
7 (no pueda/no puede/no poder) Siento que usted _____ ayudarme.
8 (fumemos/fumamos/fumar) El entrenador prohíbe que _____.
9 (traigan/traen/traer) Ojalá _____ el dinero.
10 (nos digan/nos dicen/decirnos) Creo que es posible que _____ las preguntas.

Responda según el modelo.

¿Llegar temprano, nosotros? Es necesario.
Es necesario que lleguemos temprano.
1 ¿Levantarse ahora, ellos? Es mejor.
2 ¿Ir al centro, nosotros? Es posible.
3 ¿Estudiar mucho, Alejandro? No es probable.
4 ¿Quedarse en casa, Julio? Es imposible.
5 ¿Salir en la nieve, ella? Quizás.
6 ¿Ganar el partido, él? Ojalá.

Dé el equivalente en español.

1 I want you to go with me.
2 They prefer to eat now.
3 It is a shame he is ill.
4 It is true that they don't know.
5 We are glad she has money.
6 Perhaps he will get up now.
7 Ask them to visit us.
8 I want to arrive early.
9 I want her to arrive early.
10 Do you think he is home?

ꙮLECTURA

Arriba la unidad

chemistry

advantages; envy

powerful

on the other hand; psychology

small; fish

great colossus

Yo soy Edgardo Flores, de Caracas. Juego al tenis y estudio quími-ca° en la Universidad de Caracas. Como atleta y tenista he tenido la oportunidad de conocer a muchos norteamericanos. Ahora son buenos amigos míos. Los respeto como jugadores y como perso-nas también. Creo que los estudiantes de los Estados Unidos tie-nen muchas ventajas.° Yo les tengo envidia° a mis amigos porque viven en un país tan rico y poderoso.° Siempre dan la impresión de estar seguros de su éxito en los juegos y en la vida también. Entre nosotros, en cambio,° hay lo que se llama la psicología° del país chico.° Como se sabe, pez° pequeño no come pez grande, y para nosotros los Estados Unidos es¹ el gran coloso° del norte. En

¹**Ser** is a linking verb. When, as here, what comes before a linking verb and what comes after it differ in number, the verb often agrees with what comes after it. Switch the elements, and the verb number may change: **El gran coloso son los Estados Unidos.** The position of greater importance or stress in Spanish is after, not before.

los periódicos aparecen artículos que hablan de la posible americanización del mundo y se refieren a algunos países que han sido
compete colonizados. Para hacerles competencia° a los gringos se ha in-
soft drink ventado un refresco° en el Perú que se llama Inca Kola.

what we do have Hay tantas repúblicas pequeñas en Latinoamérica que la unidad
cubs política es un sueño. Pero lo que sí tenemos° es mucha unidad
cultural. Somos todos cachorros° del león español, como dijo Rubén Darío, y en cuestiones de cultura, lengua, literatura, música y
temperamento, hay mucha unidad.

PREGUNTAS
SOBRE LA LECTURA

1 ¿Por qué respeta Edgardo a los norteamericanos?
2 ¿Qué ventajas tienen los estudiantes norteamericanos?
3 ¿Cuál es la psicología del país chico?
4 ¿Qué han inventado en el Perú para hacer competencia?
5 ¿Quiénes son los gringos?
6 ¿Cuáles son las cosas que le dan unidad cultural a los latinos?
7 ¿Qué impresiones tiene usted de los latinos?
8 ¿Qué es lo que más respeta usted de los latinos?

*Caracas, the capital of
Venezuela, has grown rapidly
in the past twenty-five years.
The resulting housing crisis
produced a mix of high-rise
buildings and shacks. However,
vigorous efforts have been made
to replace the slums with
housing projects.*

COMPLETE LAS
FRASES

1 Tal vez _____.
2 No quiero que _____.
3 ¿Duda usted _____?
4 Es posible _____.
5 Prohíben que _____.

FORME PREGUNTAS

1 Sí, quiero que él haga el trabajo.
2 No, no me gusta que canten.
3 Sí, creo que vuelven hoy.
4 No, no es cierto que estudien mucho.
5 Sí, es posible que me ponga una inyección.

BREVES
CONVERSACIONES

Dígale a _____ que abra la ventana.
1 **El profesor quiere que abras la ventana.**
2 **Bueno, si él quiere, la voy a abrir.**

que cierre la puerta.
que escuche el programa esta noche.
que lea el periódico antes de acostarse.
que estudie la lección día y noche.
que compre el regalo en el centro.
que coma la ensalada en seguida.
que tome el jugo de naranja ahora.
que baile la rumba en la clase.
que se levante temprano.
que se lave los dientes después de comer.
que no venga tarde a la clase.
que no vaya al cine esta noche.
que se acueste temprano esta noche.

PREGUNTAS
PERSONALES

1 ¿Le gustaría ver los Juegos Panamericanos?
2 ¿Es posible que haya juegos este año?
3 ¿Le gustaría ser atleta?
4 ¿Qué les prohíben a los atletas durante las competencias?
5 ¿Es cierto que a usted le gustan los latinos?
6 ¿Cree usted que los latinos le digan, «a casa, yanqui»?
7 ¿Es necesario que aprendamos la cultura de los latinos?
8 ¿Qué quiere usted que hagan sus padres?
9 ¿Qué prefiere usted que haga su profesora?
10 ¿Qué les pide a ustedes que hagan?
11 ¿Es verdad que usted sabe mucho?
12 ¿No es necesario que le ayuden a aprender español?
13 ¿Qué espera usted que haga su compañero de cuarto?
14 ¿Qué espera su compañero de cuarto que haga usted?
15 ¿Es posible que usted haga todo eso?

1 Take the role of your father or mother and tell which five things you want, order, ask, prefer, and feel it is necessary for your son or daughter to do.
2 Make five similar requests of a classmate who is taking the role of your roommate or best friend.
3 Organize a debate in which it is resolved that: Los Estados Unidos no es el gran coloso del norte.

PROVERBIOS

ॐ

Escoja la traducción apropiada.

☐ No hay atajo sin trabajo.

☐ Con su pan se lo coma.

☐ Con la vara que midas, serás medido.

a *As ye judge others, so shall ye be judged.*

b *No gains without pains.*

c *As you make your bed so you must lie in it.*

Vocabulario

atleta:	
el, la atleta	*athlete*
el **bocado**	*bite, mouthful*
la **calle**	*street*
claro	*clear*
la **competencia**	*competition*
el **entrenador**	*trainer*
el **gringo**	*nickname for Caucasian North American; in Uruguay Italians are called* **gringos**
el **insulto**	*insult*
el **juez**	*judge*

la **lástima**	*shame, pity*
la **orquesta**	*orchestra*
panameño:	
el panemeño, la panameña	*Panamanian*
la **parte**	*part*
propio	*own*
la **queja**	*complaint, gripe*
quizás	*perhaps*
la **regla**	*rule*
la **suerte**	*luck*
la **ventana**	*window*

Cognates

el **alcohol**	*alcohol*
compatriota:	
el, la **compatriota**	*compatriot*
fantástico	*fantastic*
la **importancia**	*importance*
la **impresión**	*impression*
la **manifestación**	*manifestation*
panamericano, -a	*Panamerican*

principal	*principal*
el **programa**	*program*
la **rumba**	*rumba*
el **subjuntivo**	*subjunctive*
superior	*superior*
el **yanqui**	*Yankee*
la **zona**	*zone*

Verbs

aceptar	*to accept*	**felicitar**	*to congratulate*
aclarar	*to clarify*	**fumar**	*to smoke*
aconsejar	*to advise*	**gritar**	*to shout*
alegrarse (de)	*to be glad (because of)*	**imponer (impongo)**	*to impose*
cerrar (ie)	*to close*	**insultar**	*to insult*
convenir (ie)	*to be suitable*	**lanzar (c)**	*to throw*
dudar	*to doubt*	**manejar**	*to drive*
emborracharse	*to get drunk*	**prohibir**	*to prohibit*
esperar	*to hope*		

Idiomatic expressions

el conocido	*the famous*	el **tipo**	*guy, dude*
¡ojalá!	*I wish, God grant*	**a tiempo**	*on time*
por lo general	*generally*		

Mariachis in Puebla, Mexico.

❧ DIÁLOGO

Esa música me apasiona

Inés y Juana tienen tres boletos para el concierto de la Sinfónica Nacional de México en el Palacio de Bellas Artes. Están buscando otra persona que las acompañe al concierto.

JUANA   ¿No tienes un amigo que pueda acompañarnos, Inés?

INÉS   ¿Un amigo? ¿No tienes miedo del qué dirán?

JUANA   Por favor. ¡Estamos en el siglo veinte!

INÉS   Bueno, pero tiene que ser alguien que sepa apreciar la música clásica.

JUANA   ¿Qué tal si invitamos a Pedro? ¿Te parece que le va a gustar un concierto que no sea rock-and-roll?

INÉS   ¿Por qué no? Sé que tiene un tocadiscos y creo que escucha música clásica. Vamos a invitarlo.

❧

En el concierto.

INÉS   ¡Qué lindo! Me encanta la música de Carlos Chávez. Y qué interesante la manera en que ha utilizado temas de los Aztecas en una composición contemporánea.

JUANA   A mí me gusta también su música. Cuando la escucho me absorbo completamente. ¿A ti te gusta, Pedro?

PEDRO   No es una música que me apasione. No tomes a mal que te lo diga. Francamente, prefiero algo que tenga más ritmo y melodía. Después del concierto las llevo a escuchar otra clase de música.

INÉS   En cuestión de gustos, cada cabeza es un mundo.

ॐ

En Tenampa.

PEDRO   Mesero, tráiganos por favor unos taquitos de pollo y una jarra de vino.

INÉS   Mira, Pedro, ahí salen los mariachis con sus guitarras y violines.

PEDRO   Ahora van a ver lo que es un ritmo que encanta y unas melodías que dan ganas de bailar.

INÉS   Esto sí que es algo fantástico. No hay nada que se compare con los mariachis.

JUANA   ¡Qué música más alegre! A mí no me dan ganas de bailar, me dan ganas de cantar y gritar como los mariachis. ¡Uyyy! ¡Ahhhh!

INÉS   ¿No te parece un poco vulgar para un señorita tan fina?

JUANA   En cuestión de emoción. . . . cada loco con su tema. ¡Esta música me apasiona!

PREGUNTAS SOBRE EL DIÁLOGO

1   ¿A quién están buscando Inés y Juana?
2   ¿Tienen miedo de invitar a un joven?
3   ¿Qué clase de música tiene que apreciar?
4   ¿Se interesa Pedro en la música clásica?

5   ¿Le gusta a Inés la música de Carlos Chávez?
6   ¿A Pedro le gusta también?
7   ¿Qué prefiere Pedro?
8   ¿Adónde quiere llevarlas?

9   ¿Qué pide Pedro en Tenampa?
10   ¿Quiénes tocan las guitarras y violines?
11   ¿Le dan ganas de bailar a Inés?
12   ¿A quién le apasiona la música de los mariachis?

That music thrills me

Inés and Juana have three tickets for the concert of the National Symphony of Mexico in the Palace of Fine Arts. They are looking for another person to accompany them to the concert.

JUANA   Don't you have a friend who can accompany us, Inés?

INÉS   A boyfriend? Aren't you afraid of what people will say?

JUANA   Please. We are in the twentieth century.

INÉS   Okay, but it has to be someone who knows how to appreciate classical music.

JUANA   How would it be if we invited Pedro? Do you think he would like a concert that is not rock-and-roll?

INÉS   Why not? I know he has a record player and I believe he listens to classical music. Let's invite him.

At the concert.

INSTITUTO NACIONAL
DE BELLAS ARTES
en colaboración
con la
ASOCIACION MUSICAL
DANIEL, S. A.
presentan

OPERA
DE MEXICO

DECIMATERCERA TEMPORADA

Beethoven
FIDELIO
Martes 25 de Agosto a las 20 hs.
Primera Función (Abono de 8)

TEATRO DE BELLAS ARTES

INÉS   How beautiful! I love the music of Carlos Chávez. And what an interesting way he has used the Aztec themes in a contemporary composition.

JUANA   I like his music, too. When I listen to it I become completely absorbed. Do you like it Pedro?

PEDRO   It isn't music that thrills me. Don't be offended that I tell you. Frankly, I prefer something that has more rhythm and melody. After the concert I will take you to hear another kind of music.

INÉS   In questions of tastes, each one is different (each head is a world).

In Tenampa [a square in Mexico City].

PEDRO   Waiter, please bring us some little chicken tacos and a pitcher of wine.

INÉS   Look, Pedro, there come the mariachis with their guitars and violins.

PEDRO   Now you are going to see a rhythm that will charm you and some melodies that make you want to dance.

INÉS   This really is something fantastic. There is nothing that compares with the mariachis.

JUANA   What happy music! That doesn't make me want to dance, it makes me want to sing and shout like the mariachis. Uyyy! Ahhhh!

INÉS   Doesn't that seem common for such a refined young lady?

JUANA   In questions of emotion. . . . every man for himself (every madman with his theme). This music thrills me!

La pronunciación

Review of diphthongs   The weak vowels are **i** and **u.** The strong vowels are **a, e,** and **o.** The following words contain diphthongs composed of a strong and weak vowel. Practice blending the sounds of the two vowels together. Without neglecting the sound of the weak vowel, make sure that you stress the strong one.

bailar	tienen
tráiganos	concierto
prefiero	apasione
miedo	alguien

Review of vowels   In the following words be careful to give each vowel a clear sound. Avoid the schwa or *uh*-sound typical of English pronunciation in unstressed syllables.

señorita	acompañarnos
mariachis	contemporánea
utilizado	completamente

ঙ NOTAS CULTURALES

Carlos Chávez.

La música clásica. Latin America has always been rich in folk music, but only lately, and mainly in this century, has there been a significant expression of other kinds of music. Perhaps the most distinguished Latin American composer is the Mexican Carlos Chávez (1899–   ). Among his greatest works are the **Tocata mexicana, Sinfonía india,** and the ballet **El fuego nuevo.** His genius has lain in his unique ability to identify and use the musical ritual of the Mayas, the Aztecs, and the Incas.

Two noteworthy Argentine composers are Juan José Castro (1895–1968) and Alberto Ginastera (1916–   ). Castro is famous for his opera **Bodas de sangre** and his works for orchestra, which include **Sinfonía argentina** and **Corales criollos.** Ginastera is best known for his **Concierto argentino, Sinfonía porteña,** and some important chamber-music pieces.

Alberto Ginastera.

Heitor Villa-Lobos (1887–1959) from Brazil is an important figure in Latin American music. His music reflects a definite popular or folkloric influence. Among as many as 1500 other pieces, he wrote **Danzas africanas** and nine **Bachianas brasileiras.** It has been said that he achieved a synthesis between Bach and the folklore of his country.

Other prominent musicians include the pianist Claudio Arrau from Chile, the composer Ernesto Lecuona (best known for his **Malagueña**) from Cuba, and the conductor Roque Cordero from Panama.

La música popular. Just as Latin American rhythms and songs have influenced North American music, the latter has an influence in Latin America. Although many traditional songs and styles are still popular, rock music has gone far toward establishing itself as the dominant factor in popular music, especially with the younger generations. It is not uncommon for top-rated songs

Claudio Arrau.

in the United States also to be very popular in Spanish-speaking countries.

Los ritmos hispanoamericanos. Many rhythms and styles of music have become universally recognized as part of the cultural heritage of Latin America. Some of these are the tango, bossa nova, bolero, cha-cha-cha, and the rumba. The use of percussive instruments such as **claves,** bongos, **maracas,** and castanets to establish rhythmic patterns distinguishes Latin American music from all other types.

ह**०**

The subjunctive in adjective clauses

A An adjective clause is a dependent clause which modifies a noun or a pronoun.

NOUN	ADJECTIVE CLAUSE
Es un ritmo	**que me encanta.**
It is a rhythm	*that thrills me.*

The dependent adjective clause modifies the noun **ritmo,** which is in the main clause. You can tell that it is an adjective clause, **not** a noun clause, because it could be replaced in the sentence by an ordinary adjective—for example, **nuevo.**

PRONOUN	ADJECTIVE CLAUSE
Buscamos a alguien	**que sepa apreciar la música clásica.**
We are looking for someone	*who knows how to appreciate classical music.*

In this case the adjective clause modifies a pronoun, **alguien.**

B When the noun or pronoun modified by the adjective clause is indefinite or unknown, the verb of the adjective clause is in the *subjunctive.*

An indefinite noun modified: Subjunctive.

Busco un <u>disco</u> que tenga ritmos latinos.   *I am looking for a record that has Latin rhythms.*

In the mind of the speaker, the record is one he is seeking. He may not find one, or there may not be one; therefore the subjunctive is used in the adjective clause.

C When the noun or pronoun modified by the adjective clause is definite or known to the speaker, the verb of the adjective clause is in the *indicative*.

A definite noun modified: Indicative.

Aquí hay un <u>disco</u> que tiene ritmo y melodía.   *Here is a record that has rhythm and melody.*

In this case the noun modified is a definite record which the speaker can see or has in his hand; therefore the indicative is used.

D Compare the following examples.

SUBJUNCTIVE	INDICATIVE
Modified noun or pronoun is indefinite or unknown.	Modified noun or pronoun is definite or known.
Buscamos a **alguien** que sepa.	Aquí hay **alguien** que sabe.
No hay **nadie** que se compare con los mariachis.	Ahí va **uno** que toca con los mariachis.
¿Tienes un **amigo** que pueda acompañarnos?	Sí, tengo un **amigo** que puede acompañarnos.
Busco un **disco** que tenga ritmos latinos.	Aquí hay un **disco** que tiene ritmos latinos.

Substituya y repita.

1 Buscamos **una chica** que baile bien.
   unos jóvenes, un estudiante, una señora
2 Prefiero **algo** que tenga más ritmo.
   unos discos, una música, un compañero
3 ¿Hay **alguien** aquí que sepa alemán?
   profesores, un americano, una médica
4 No hay **nadie** que cante como los mariachis.
   músicos, persona, artistas

Conteste según el modelo.   Este disco tiene ritmos latinos. (Busco)
Busco un disco que tenga ritmos latinos.
1 Ahí viene la persona que nos acompaña. (¿Dónde hay una . . . ?)
2 Conozco a un joven que puede hacerlo. (Quiero conocer . . .)
3 Me llevan a un concierto que me gusta. (Lléveme . . .)
4 Tengo unos discos que son de música popular. (Me hacen falta . . .)
5 Aquí hay un apartamento que es bastante grande. (Espero encontrar . . .)
6 Ahora tienes unas camisas que te gustan. (Tienes que comprar . . .)
7 Aquí trabaja alguien que te conoce. (¿Trabaja aquí . . . ?)
8 Él tiene un tocadiscos que toca bien. (¿Quién tiene . . . ?)

Conteste según el modelo.
A escoger entre 1 o 2.

A ¿Quién habla ruso aquí?
   1 **Aquí no hay nadie que hable ruso.**
   2 **En el centro hay alguien que habla ruso.**
      ¿Quién tiene un tocadiscos?
      ¿Quién puede hacerlo?
      ¿Quién sabe bailar la salsa?

B ¿Quién toca el piano?
   1 **No conozco a nadie que toque el piano.**
   2 **Conozco a una señora que toca el piano.**
      ¿Quién canta ópera?
      ¿Quién escribe novelas?
      ¿Quién dice siempre la verdad?
      ¿Quién es rebelde?
      ¿Quién habla perfectamente el español?

Vocabulario suplemental

ALGUNAS CARACTERÍSTICAS HUMANAS[1]

Aprecio un profesor **que tenga compasión.**   *who has compassion.*
      paciencia.   *patience.*
   que sea generoso.   *who is generous.*
      industrioso.   *industrious.*
      simpático.   *likable.*
Prefiero una compañera **que no grite.**   *who doesn't shout.*
      ronque.   *snore.*
      mienta.   *lie.*
   que sea pobre.   *who is poor.*
      humilde.   *humble.*
      rica.   *rich.*
Quiero una mujer **que sea inteligente.**   *who is intelligent.*
      amorosa.   *loving.*
      ambiciosa.   *ambitious.*
      enérgica.   *energetic.*
      pasiva.   *passive.*
Busco un hombre **que me trate de igual.**   *who treats me as equal.*
   que sea trabajador.   *who is a worker.*
   que no sea perezoso.   *who is not lazy.*
   que sepa cocinar.   *who knows how to cook.*
   que sea manso.   *who is meek.*
      macho.   *authoritarian.*

[1]*Some human characteristics.*

ॐ

Conteste según el modelo.
A escoger entre **a, b,** *o* **c.**

1 ¿A quién aprecia usted más? Un profesor generoso o simpático.
   a **Aprecio más un profesor que sea generoso.**
   b **Aprecio más un profesor que sea simpático.**
   c **Aprecio más un profesor que. . . .**

2 ¿A quién comprende usted mejor? Una compañera perezosa o una compañera inteligente.

3 ¿A quién admira usted más? Una profesora industriosa o una profesora inteligente.

4 ¿A quién teme usted más? Un político ambicioso o un político rico.

5 ¿A cuál prefiere usted? Un amigo rico o un amigo pobre.

6 ¿A cuál busca usted? Un novio macho o un novio manso.

7 ¿Cuál le gusta más? Una persona enérgica o una persona pasiva.

8 ¿Cuál prefiere usted? Una compañera que ronque o una compañera que mienta.

An Aztec dance, performed at a fiesta in front of the Shrine of Our Lady of Guadalupe.

The present subjunctive in indirect commands

The indirect command is generally introduced by **que.** Its verb is always in the present subjunctive.

¿No te gusta? Que lo pruebe   *You don't like it? Let Enrique try it.*
    Enrique.

An indirect command is one which is not given directly to the person who is to carry out the request or wish. It is generally said to a second person about a third person. The English equivalent may be *let, have,* or *may.*

1   Las malas lenguas pueden hablar. *Bad tongues may talk.*
     ¡Que hablen!   *Let them talk!*
2   ¿Tú quieres cantar o va a cantar *Are you going to sing or will*
     Pedro?   *Pedro?*
     ¡Que cante Pedro!   *Have Pedro sing.*
3   Adiós, hasta mañana.   *Good-bye, see you tomorrow.*
     ¡Que le vaya bien![1]   *May it go well with you*
                                  (good luck).

Conteste según el modelo.

A ¿Canto yo o canta él?
    Que cante él.
    1 ¿Voy yo o va ella?   3 ¿Toco yo o toca Inés?
    2 ¿Leo yo o lee Roberto?   4 ¿Pago yo o paga Juana?

B Juan quiere escucharla.
    Pues, que la escuche.
    1 Osvaldo quiere tocarlo.   3 Inés quiere comprarlo.
    2 La señorita quiere traerlo. 4 Marta quiere pagarlo.

C ¿Lo van a traer ellos?
    No, que no lo traigan.
    1 ¿Lo van a escribir ellos?   4 ¿Lo van a pedir ellas?
    2 ¿Lo va a comprar Luis?   5 ¿Lo van a vender ellos?
    3 ¿Lo va a lavar Dolores?   6 ¿Lo va a decir Jesús?

---

[1]Object pronouns are not attached to the verb in indirect commands. In all other commands, including the *let's* command in the affirmative, they are attached (see next page).

Present subjunctive for *let's* command

A *let's* command is a command suggesting that *we* do something. It may be expressed in two ways. Earlier in the book we saw examples of the common formula using **vamos a** plus an infinitive.

Vamos a jugar.	*Let's play.*
Vamos a comer.	*Let's eat.*

The first person plural of the present subjunctive may also be used for this expression.

¿Quieres comer ahora o más tarde?	*Do you want to eat now or later?*
Comamos ahora.	*Let's eat now.*
No hablemos más de política.	*Let's not talk any more about politics.*

The present subjunctive is used for the negative form of **ir** *to go* and **irse** *to go, to get going,* but not for the affirmative.

Vámonos.	*Let's go.*
No nos vayamos.	*Let's not go.*

In affirmative *let's* commands, pronouns are attached to and become part of the verb, while in the negative they precede the verb. When the reflexive pronoun **nos** is attached to the end of a *let's* command, the final **-s** of the verb is dropped.

Sentémonos.	*Let's sit down.*	No nos sentemos.	*Let's not sit down.*
Levantémonos.	*Let's get up.*	No nos levantemos.	*Let's not get up.*

¿Abrimos la puerta?	*Shall we open the door?*
Sí, abrámosla.	*Yes, let's open it.*

Conteste. A escoger. Libre selección.

A ¿Comemos o salimos?
Comamos.
  1 ¿Leemos o escribimos?
  2 ¿Hablamos o jugamos?
  3 ¿Seguimos o volvemos?

B ¿Nos sentamos o nos vamos?
Vámonos.
  1 ¿Nos levantamos o nos dormimos?
  2 ¿Nos bañamos o nos lavamos?
  3 ¿Nos vamos o nos quedamos?

C ¿Abrimos la puerta o la cerramos?
Cerrémosla.
  1 ¿Vemos la televisión o la vendemos?
  2 ¿Escribimos la carta o la olvidamos?
  3 ¿Compramos el coche o lo dejamos?

The Look Of The Landscape

A modern urban landscape: the Paseo de la Reforma district of Mexico City.

Farming in the Argentine pampas.

Farming in the Ecuadorian highlands, below Sangay volcano.

The tin-mining town of Siglo Veinte, Bolivia.

Ripening wheat fields in the highlands of Guatemala.

Oil wells in Lake Maracaibo, Venezuela.

Pedir versus preguntar

Remember that **pedir** means *to ask for* and refers to a request made of someone to do something or to give something.

Pídale que venga.	*Ask him to come.*
Voy a pedirle dinero.	*I am going to ask him for money.*
Ayer le pedimos cinco dólares.	*Yesterday we asked him for five dollars.*
Señor, le pedimos sólo un poco de paciencia.	*Sir, all we ask is a little patience.*

Note that **pedir** includes the idea of asking *for* something, and does not require the use of an additional word as in English.

Me pidió el coche.	*He asked me for the car.*

Preguntar means *to ask* in the sense of requesting information.

Pregúntele a qué hora viene.	*Ask him what time he is coming.*
Pregúntele si va al cine.	*Ask him if he is going to the movies.*

Hacer una pregunta means *to ask a question.*

El profesor nos hace muchas preguntas.	*The professor asks us many questions.*

Musicians entertain sunbathers on the beach at Acapulco.

Responda. A escoger entre **pedir, preguntar** *y* **hacer preguntas.**

1 I asked him for a pencil.
Le _____ un lápiz.

2 I want to ask her a favor.
Quiero _____ un favor.

3 Ask them to speak Spanish.
_____ que hablen español.

4 They asked me how I was.
Me _____ cómo estaba.

5 Ask him if he wants to go.
_____ si quiere ir.

6 He asked me a very difficult question.
Me _____ una pregunta muy difícil.

7 Did he ask you for money?
¿Le _____ dinero?

8 He didn't ask me for anything.
No me _____ nada.

9 I want to ask a question.
Quiero _____.

10 Ask her if she wants some ice cream.
_____ si quiere helado.

ᔓ **LECTURA**

El gallo

tell you about; serenade

believe: Subj of **creer**; *custom*

takes a serenade (group); greet him

welcome

town; rooster

sunrise, dawn

early mornings (name of famous song; compare use of plural in **¡buenos días!**); *like that*

say thanks (to) for

Yo soy Juana Escobedo de Guadalajara, la tierra de los mariachis, la música y el canto. Quiero contarles de° la serenata.° ¿Una serenata en estos tiempos modernos? Sí, señores. Aunque no lo crean,° todavía tenemos esa costumbre.° ¿Dónde está la señorita que no le guste despertarse a medianoche para oír la música de un grupo de jóvenes? ¿Y dónde hay un joven mexicano que no le guste tocar la guitarra o cantar con un grupo? A veces un grupo lleva una serenata° a la casa de un amigo para saludarlo.° Otras veces lo hacen para dar la bienvenida° a uno que está visitando en el pueblo.° Muy conocido entre nosotros es el gallo.° Es una serenata que se lleva a una persona muy temprano en la mañana de su cumpleaños y se llama gallo porque se hace al amanecer° con la intención de despertar a la persona con la música. En esas ocasiones casi siempre se cantan Las mañanitas° o algo por el estilo.° Es siempre muy romántico cuando un joven lleva a sus amigos con su guitarra para hacer una declaración de amor a una señorita.

Y es aún más romántico cuando la chica sale a la ventana a agradecer° la serenata.

PREGUNTAS
SOBRE LA LECTURA

1 ¿Dónde existe la costumbre de cantar serenatas?
2 ¿Qué clase de música es la serenata?
3 ¿Quiénes cantan las serenatas?
4 ¿A qué hora salen los jóvenes a cantar?
5 ¿Qué es una declaración de amor?
6 ¿Les cantan serenatas a sus novias?

COMPLETE LAS
FRASES

1 Busco un amigo que _____.
2 Tengo un tocadiscos que _____.
3 Prefiero un disco _____.
4 ¿Conoce usted a alguien _____?
5 ¿Quiere usted que _____?

FORME PREGUNTAS

1 No me gusta la música popular.
2 No, no creo que ella venga.
3 Sí, tenemos un disco que es de música clásica.
4 Sí, conozco a un joven que puede hacerlo.
5 No, no hay nadie aquí que hable ruso.

Mexican folkdancing.

Pregúntele a _____ si prefiere una novia que sea rica.
              qué prefiere.
              qué busca.
              qué le hace falta.
              si es posible que no venga mañana.
              si es probable que llegue temprano mañana.
              si conoce a alguien que hable francés.
              si le gusta la música clásica.
              si le gusta la música mexicana.

PREGUNTAS PERSONALES

1 ¿Tiene usted muchos discos?
2 ¿Tiene usted un tocadiscos que toque bien?
3 ¿Qué música prefiere usted para bailar?
4 ¿Conoce usted a alguien que toque el piano?
5 ¿A usted le hace falta un piano?
6 ¿Busca usted un disco que tenga ritmos latinos?
7 ¿Le gusta a usted la música tropical?
8 ¿Conoce usted a alguien que hable alemán?
9 ¿Hay alguien aquí que tenga un tocadiscos?
10 ¿Cree usted que ella venga mañana?
11 ¿Duda usted que yo tenga veinte años?
12 ¿Quiere usted que le preste diez dólares?
13 ¿Voy yo o va usted?
14 ¿Lo leo yo y lo lee usted?
15 ¿Quiere usted que le pida dinero?
16 ¿Qué le hace falta?
17 ¿Qué clase de novia busca usted?
18 ¿Qué busca su compañero?
19 ¿De qué se alegra usted?
20 ¿De qué se alegra su compañera?

ACADEMIA DE ARTES presenta

CONCIERTO *Orquesta Sinfónica Nacional*

Director huesped:
BLAS GALINDO.
Solista:
MIGUEL ALCAZAR.

Música de:
Chávez
Halffter
Galindo

hoy a las 15.00 horas

TAREAS ORALES

1 Describe to your classmate what kind of a friend you are looking for. Name four characteristics or qualities, starting with **Busco un amigo o una amiga que. . . .**
2 Find out all you can about a classmate's record collection and his or her likes and dislikes with respect to classical music, popular music, and music for dancing.

PROVERBIOS

ಕಿ

Escoja la traducción apropiada.

☐ Dios los cría y ellos se juntan.
☐ Quién canta, sus males espanta.
☐ Cada loco con su tema.

[a] *To each his own.*
[b] *Birds of a feather flock together.*
[c] *He who sings drives his sorrows away.*

Vocabulario

alguien	someone	la **lengua**	tongue
amoroso	loving	**macho**	authoritarian, manly
bastante	enough, sufficient, fairly or rather	la **manera**	manner
		manso	meek
la **característica**	characteristic	los **mariachis**	group of musicians (Central American)
completamente	completely		
el **concierto**	concert	**mesero:**	
contemporáneo	contemporary	el **mesero**	waiter
el **disco**	record	la **mesera**	waitress
enérgico	energetic	el **pollo**	chicken
francamente	frankly	el **ritmo**	rhythm
generoso	generous	el **taquito**	snack
el **gusto**	taste, pleasure	el **tema**	theme
el **helado**	ice cream	el **tocadiscos**	record-player
la **jarra**	pitcher	**utilizado**	utilized

Cognates

artista:		la **novela**	novel
el, la **artista**	artist	la **ópera**	opera
clásico	classic	**pasivo**	passive
la **compasión**	compassion	el **piano**	piano
la **composición**	composition	**popular**	popular
la **cuestión**	question, matter	**tropical**	tropical
la **emoción**	emotion	el **violín**	violin
la **guitarra**	guitar	**vulgar**	common
la **melodía**	melody		

Verbs

absorber	to absorb	**comparar**	to compare
apasionar	to appeal deeply, to excite	**encantar**	to delight
apreciar	to appreciate	**roncar**	to snore
cocinar	to cook		

Idiomatic expressions

cada cabeza es un mundo	to each his own	el **qué dirán**	what people will say
		interesarse en	to be interested in
cada loco con su tema	to each his own	**de igual a igual**	as an equal
dar ganas	to create a desire to		
tomar a mal	to take personally, to be offended		

Religious procession celebrating the Feast of the Three Kings in Santiago de Compostela.

LECCIÓN
17

¡Santiago y a ellos!

Christine Robson ha sido la cónsul de los Estados Unidos en Santiago de Compostela por dos años. Esta noche sus amigos le han organizado una despedida en el Hostal de los Reyes Católicos.

CHRISTINE ¡Qué lindo es estar con los buenos amigos en este magnífico lugar!

FRANCISCO Aunque estés lejos, siempre te vas a acordar de Galicia y España. Después que vengan algunos más, vamos a comenzar la cena.

EVELINA Tú sabes que nunca hemos tenido una amistad tan íntima con la gente del consulado.

RAÚL Voy a sacar fotos para que tengas unos recuerdos. ¿Está bien?

CHRISTINE Sí, de acuerdo, con tal que yo no salga sola en la foto. Quizás después cuando todos estén en su lugar será mejor.

EVELINA Seguro. Te vamos a echar mucho de menos. No te olvides. Tan pronto como llegues a Washington vas a escribir una carta.

CHRISTINE En cuanto sepa la nueva dirección te la mando. Y quiero que vengan todos a visitarme sin que les ponga una invitación por escrito.

FRANCISCO Brindo a la huéspeda de honor. Y para que no te olvides de nosotros te hemos traído estas botellas de felicidad que encierran la personalidad de Galicia.

CHRISTINE Muchísimas gracias. El vino santiagués me hará recordar a los buenos amigos de Santiago.

RAÚL Lástima que no puedas llevar estos quesos gallegos también. Pero, ¿cómo los vas a pasar por la aduana sin que lo sepan los oficiales?

CHRISTINE Me los llevo aunque tenga que pagar los derechos aduaneros.

FRANCISCO   Como ejemplo de lo más precioso que tiene Santiago de Compostela te queremos obsequiar esta réplica del venerado apóstol Santiago, el patrón de Galicia y de España. Como decían en la conquista de España y de América: ¡Santiago y a ellos!

CHRISTINE   Muy agradecida. ¡Con estos recuerdos y la amistad de todos voy a conquistar el mundo entero!

PREGUNTAS SOBRE EL DIÁLOGO

1   ¿Qué puesto ocupó Christine en España?
2   ¿Ha tenido buenos amigos Christine?
3   ¿Por qué quiere sacar fotos Raúl?
4   ¿Qué quieren que Christine haga al llegar a Washington?
5   ¿Qué va a hacer Christine con la nueva dirección?
6   ¿Quién es la huésped de honor?
7   ¿Qué hay en las botellas?
8   ¿De qué servirá el vino santiagués?
9   ¿Por qué no puede Christine llevar los quesos?
10   ¿Quién es el patrón de Galicia?
11   ¿Qué dicho empleaban en la conquista de España y América?
12   ¿Cómo piensa Christine conquistar el mundo entero?

Santiago and at 'em!

Christine Robson has been the United States consul in Santiago de Compostela for two years. Tonight her friends have organized a farewell party in the Hostal de los Reyes Católicos.

CHRISTINE   How nice it is to be with good friends in this magnificent place!

FRANCISCO   Even though you're far away, you will always remember Galicia and Spain. As soon as some more come we will begin the dinner.

EVELINA   You know that we have never had such an intimate friendship with the people of the consulate.

RAUL   I am going to take pictures so you will have some souvenirs. Is that all right?

CHRISTINE   Yes, agreed, provided I don't come out alone in the picture. Perhaps afterward when everyone is in place it will be better.

EVELINA   Sure. We are really going to miss you. Don't forget. As soon as you arrive in Washington you are going to write a letter.

CHRISTINE   As soon as I know the new address I will send it to you. And I want all of you to visit me without my sending you a written invitation.

FRANCISCO   I toast the guest of honor. And so that you don't forget us we have brought you these bottles of happiness that encompass the personality of Galicia.

CHRISTINE   Thank you very much. The wine from Santiago will make me remember the good friends of Santiago.

RAUL It's a shame that you can't take these Galician cheeses also. But, how are you going to get them through customs without the officials knowing it?

CHRISTINE I will take them with me even though I have to pay the customs duties.

FRANCISCO As an example of the most precious thing which Santiago de Compostela has we want to give you this replica of the venerated Apostle James, the patron saint of Galicia and of Spain. As they used to say in the conquest of Spain and America: "Santiago and at 'em!"

CHRISTINE I'm very grateful. With these souvenirs and the friendship of all, I am going to conquer the whole world.

La pronunciación

Review of Spanish fricative d

Remember that the Spanish **d** between vowels is a continuing sound similar to English *th* in *those*. The same pronunciation is given to Spanish final **d**. Place the tip of the tongue against the upper teeth or between the teeth to produce the sound.

Estados Unidos	como decían	personalidad
organizado	agradecida	amistad
despedida	todos	
no se olvide de	ustedes	
traído	podamos	

❧ NOTAS CULTURALES

La amistad. In the Hispanic world, good friendship exists on at least three levels: (1) The most intimate relationship is that which exists among relatives or family members related by blood. (2) The next most intimate type of friendship is **compadrazgo,** or the state of being **compadres** and **comadres,** somewhat similar to being blood brothers. It is a formalized relationship and is almost like an extension of the family. (3) The true-blue friendship or **pura amistad,** as it is sometimes called, exists when two people are very close but do not want to impose upon themselves the formal obligations of being **compadres.**

Los padrinos. When a child is baptized or confirmed in the Church, the parents invite two very close friends to help participate in the ceremony. The male **compadre** is the **padrino,** or godfather, to the child. The female friend, the **comadre,** is the child's godmother, or **madrina.** The child is the **ahijado** or **ahijada** (godson or goddaughter) of his **padrinos.** A very close relationship

In Córdoba, the mosque was converted to Christian use after the Moors were driven out of Spain in the 15th century.

exists between **ahijados** and **padrinos,** as it is the responsibility of the **padrinos** to make sure that the child progresses as expected throughout his or her entire life.

Santiago de Compostela. Tradition has it that the apostle St. James (**Santiago** in Spanish) spent seven years in Spain, mostly in the area of Galicia, preaching the gospel of Christianity. After his martyrdom in the year A.D. 44, he was buried in a marble tomb somewhere in the area now known as Santiago. Tradition says that in the ninth century a star miraculously indicated the exact spot where St. James was buried. The site was given the Latin name *Campus stella* (Field of the Star), which was soon corrupted to **Compostela.** Santiago de Compostela became one of the most popular pilgrimage centers in the Middle Ages, with pilgrims coming from all over Europe, including England and Ireland, to visit the tomb of St. James. Santiago is the patron saint of Spain, and Saint James's Day, July 25, is a special holiday. **Santiago y a ellos** was a popular war cry during the reconquest of Spain from the Moors. Today Santiago maintains its popularity as a religious center, with forty-six churches and one of Spain's leading bishoprics. A university also flourishes there; it has a library with an important collection of books and papers pertaining to the early history of Spain.

In front of the Cathedral, Santiago de Compostela.

ॐ

The subjunctive in adverbial clauses

A An adverbial clause, like an adverb, modifies a verb and expresses purpose, time, place, or manner. It is introduced by a conjunction. It is a dependent clause which modifies the verb of the main clause.

MAIN CLAUSE	ADVERBIAL CLAUSE
1 Voy a sacar una foto	para que tengas un recuerdo.
I am going to take a picture	*so that you will have a souvenir.*
2 Te la mando	en cuanto sepa la dirección.
I will send it to you	*as soon as I know the address.*

B The following conjunctions introduce adverbial clauses and always require the subjunctive.

antes (de) que	*before*	**a menos que**	*unless*
para que	*in order that, so that*	**en caso (de) que**	*in case that*
sin que	*without, unless*	**con tal (de) que**	*provided that*

¿Vas a darme una copia antes (de) que me vaya?

Le damos estos recuerdos para que no se olvide.

¿Cómo vas a pasar por la aduana sin que lo sepan tus amigos?

No voy a comer a menos que coma usted también.

Are you going to give me a copy before I leave?

We give you these souvenirs so that you will not forget.

How are you going to pass through customs without your friends knowing?

I am not going to eat unless you eat also.

A ¿Van a visitarlo?
Sí, pero te hablaré antes de que lo visitemos.
1 ¿Van a verla?
2 ¿Van a decírselo?
3 ¿Van a venderlo?
4 ¿Van a pagarlo?
5 ¿Van a casarse?

B 1 ¿No comerán ellos?
No comerán a menos que nosotros comamos primero.

¿No irán ellos?	¿No estudiarán ellos?
¿No vendrán ellos?	¿No jugarán ellos?
¿No explicarán ellos?	

2 ¿Por qué va usted?
Voy para que usted vaya también.

trabaja usted	escribe usted
lee usted	duerme usted

3 ¿Va a leerlo?
Sí, y sin que otros lo lean.

decirlo	buscarlo
terminarlo	regalarlo

4 ¿Entrará usted más tarde?
Sí, entraré en caso de que entre él.

¿Saldrá temprano?	¿Volverá pronto?
¿Subirá ahora?	¿Llegará usted temprano?

5 ¿Bailará usted?
Yo bailaré con tal (de) que usted baile también.

¿Cantará usted?	¿Trabajará usted?
¿Comerá usted?	¿Comenzará usted?

C Here is a second list of conjunctions that are also used to introduce adverbial clauses. They may be followed by the subjunctive or the indicative.

cuando	*when*	aunque	*although*
hasta que	*until*	mientras (que)	*while*
tan pronto como	*as soon as*	después que	*after*

D The verb in the adverbial clauses is in the indicative if it refers to something that has occurred, is presently occurring, usually occurs, or is considered factual by the speaker.

Completed event which has occurred: Indicative.

Cuando <u>vino</u>, lo vi.   *When he came I saw him.*

Action which is occurring or usually occurs: Indicative.

Cuando <u>viene</u>, lo veo.   *When he comes I see him.*

The speaker considers it a fact: Indicative.

Aunque <u>cuesta</u> mucho, lo compramos.   *Although it costs a lot we buy it.*

E   The verb in the adverbial clause is in the subjunctive if it refers to something that may happen at an indefinite time in the future, or if there is uncertainty in the mind of the speaker regarding the facts in the case.

Action may happen at an indefinite time in the future: Subjunctive.

Cuando <u>venga</u>, lo veré.   *When he comes I'll see him.*

Doubt or uncertainty regarding the facts: Subjunctive.

Aunque <u>cueste</u> mucho, lo compraremos.   *Although it may cost a lot, we will buy it.*

F   Compare the following examples.

A group of students in Santiago de Compostela.

INDICATIVE	SUBJUNCTIVE
Adverbial clause refers to something that has occurred, is presently occurring, or usually occurs.	Adverbial clause refers to something that is yet to occur or something regarded as uncertain or nonfactual.
Aunque me lo **dijo,** no lo creo.	Aunque me lo **diga,** no lo creeré.
(Although he told me, I don't believe it.)	*(Although he tells me, I will not believe it.)*
Siempre comemos cuando **llega** mamá.	Comeremos cuando **llegue** mamá.
(We always eat when mother arrives.)	*(We will eat when mother arrives.)*
Lo esperamos hasta que **vino.**	Lo esperaremos hasta que **venga.**
(We waited for him until he came.)	*(We will wait for him until he comes.)*
Tan pronto como lo **vi,** lo saludé.	Tan pronto como lo **vea,** lo saludaré.
(As soon as I saw him I greeted him.)	*(As soon as I see him I will greet him.)*
Los visitamos mientras **estamos** aquí.	Los visitaremos mientras **estemos** aquí.
(We visit them while we are here.)	*(We will visit them while we are here.)*
Después que **terminan,** se van.	Después que **terminen,** se irán.
(As soon as they finish, they go.)	*(As soon as they finish, they will go.)*

Conteste según el modelo. **A** **Salen** después que están listos. (Saldrán)
Saldrán después que estén listos.

1 **Comemos** cuando llega mamá. (comeremos)
2 Los **visitan** mientras están allí. (visitarán)
3 **Jugaron** hasta que se cansaron. (jugarán)
4 **Van** a casa después que terminan. (irán)
5 Tan pronto como lo **veo,** lo saludo. (saludaré)
6 Lo **compraron** aunque costó mucho. (comprarán)
7 **Pueden** salir cuando hay sol. (podrán)
8 No me lo **dijo** mientras estaba ella. (dirá)
9 **Vino** tan pronto como pudo. (vendrá)
10 No los **vemos** hasta que vuelven. (veremos)

B Iré **si** hace mal tiempo. (aunque)
Iré aunque haga mal tiempo.

1 ¿Se lo dice **si** llega? (tan pronto como)
2 Puede comprarlo **si** no cuesta mucho. (con tal que)
3 Quiere ver la película **si** la ven ellas. (antes [de] que)
4 Le mando la dirección **si** la tengo. (tan pronto como)
5 **Si no** te doy una foto te vas a olvidar. (a menos que)

ॐ

Uses of the infinitive

The infinitive with prepositions

The infinitive is the only form of the verb used as the object of a preposition. The main verb of the sentence and the infinitive must have the same subject. The English equivalent to this use of the Spanish infinitive is the *-ing* form of the verb.

Después **de** comer, salieron.   *After eating, they left.*
Trabajaron **hasta** cansarse.   *They worked until becoming tired.*
Se acostaron **sin** esperar la cena.   *They went to bed without waiting for dinner.*

The infinitive with al

The infinitive is also used in expressions with **al**. The English equivalent has *on* or *upon* plus the *-ing* form of the verb. The subject of the infinitive and the main verb is the same.

Al salir, se despidió de todo el mundo.   *Upon leaving, he said good-bye to everybody.*
Al terminar, fueron a casa.   *On finishing, they went home.*

The infinitive as a verb complement

Many verbs in Spanish may be followed by an infinitive complement (a simple infinitive or an infinitive phrase). Notice that in this case, too, the subject of the two verbs is the same.

Quiero ir con ellos.	*I want to go with them.*
Espero poder ir.	*I hope to be able to go.*

When there is a change of subjects, a dependent clause with a verb in the subjunctive is used instead of the complementary infinitive. The dependent clause may be a noun clause.

Quiero que usted los acompañe.	*I want you to go with them.*
Espero que usted pueda ir.	*I hope you can go.*

The dependent clause may also be an adverbial clause, if the infinitive phrase modified the verb the same way an adverb would do.

ADVERB

No podemos salir ahora.	*We can't leave now.*

INFINITIVE PHRASE—same subject for both verbs

No podemos salir sin terminarlo.	*We can't leave without finishing it.*

DEPENDENT ADVERBIAL CLAUSE—different subjects

No podemos salir sin que ella lo termine.	*We can't leave until she finishes it.*

Conteste según el modelo.

A ¿Va a seguir hasta terminar la carrera?
Sí, voy a seguir hasta terminarla.
No, no voy a seguir hasta terminarla.

1 ¿Va a practicar para ganar el partido?
2 ¿Va a aprender sin hablar español?
3 ¿Va a comer sin lavarse las manos?
4 ¿Va a acostarse sin esperar la cena?

B No podemos progresar sin trabajar. (sin que todos)
No podemos progresar sin que todos trabajen.

1 Él lo hace para tener un recuerdo. (para que ella)
2 No quiere salir hasta aprenderlo. (hasta que yo)
3 Quieren terminarlo antes de llegar. (antes [de] que él)
4 No podemos salir sin saberlo. (sin que ella)

La amistad: *three young women in Madrid share gossip and lunch; two young men in Valencia catch up on the news; a group of youths in Cali, Colombia.*

🙶 LECTURA

before anything; we miss you

is replacing; is pleasant

main church (the Cathedral of Santiago de Compostela in Spain is one of the most important in Europe)

stopped by at

we all get along

wife, spouse

Mis' Estela (doña is a term of respect used before the first name of an especially worthy lady, married or unmarried. The term don is used the same way with men); very trustworthy

postcard

became

Without other topics (to tell you about) I say good-bye to you; Don't fail to; don't forget; we esteem, are fond of

---

Querida Christine,

Antes de nada, quiero que sepas que te extrañamos mucho en el consulado. La señora que te reemplaza es agradable pero todavía no la conocemos bien. En España, como tú sabes, las amistades íntimas se forman sólo después de mucho tiempo. La semana pasada fue la primera comunión de mi hermana, Feliza, en la iglesia mayor de Santiago. Estuvieron todos los parientes para acompañarla y después pasaron por la casa. Tenemos una familia muy interesante y todos nos llevamos muy bien. Siempre estamos juntos. Estuvieron muchos amigos de la familia también. Don Luis y su esposa, doña Estela, vinieron con sus hijos. Siempre nos han servido de padrino y madrina. Don Luis es el compadre más íntimo que tiene papá. Creo que conociste una noche en mi casa al señor Álvarez, un hombre de mucha confianza que trabaja con mi papá. Bueno, también estuvo en casa el día de la comunión de Feliza.

Lástima que no estuviste[1] aquí para conocer a todos los parientes, compadres y amigos. Feliza recibió tu tarjeta y se puso muy contenta.

Sin otro motivo me despido de ti por ahora. No dejes de escribirme y no te olvides que te apreciamos mucho.

Con todo cariño,
Evelina

PREGUNTAS SOBRE LA LECTURA

1 ¿Cuándo se forman las amistades íntimas en España? ¿Y en los Estados Unidos?

2 ¿Dónde fue la primera comunión de Feliza?

3 ¿Qué es un padrino? ¿Y un compadre?

4 ¿Qué es un hombre de confianza?

5 ¿Tiene usted tantos amigos y parientes como Evelina?

6 ¿Quiénes son los amigos más íntimos de sus padres?

7 ¿Son sus padrinos también?

[1] The preterit indicative is used to express a past completed action or state. Were a hypothetical action being regretted, the verb would have been subjunctive.

*Country fare in Spain is
simple but delicious.*

Vocabulario suplemental

CONVERSATION FILLERS

Here is a list of words and phrases used in conversation to indicate agreement or nonagreement.

Seguro	*Certainly*	¿Tú eres americano? Seguro.
Claro	*Of course*	¿Vienes esta noche? Claro.
Creo que sí	*I think so*	¿Viene Anabel también? Creo que sí.
Creo que no	*I think not*	¿Vino Alano? Creo que no.

De acuerdo	Okay, all right, agreed	¿Vamos al cine?
		De acuerdo.
Eso es	That's right	¿Por eso no te gusta?
		Eso es.
Precisamente	Exactly	Ella tiene dieciocho anos. ¿No?
Exactamente	Exactly	Exactamente, precisamente.
En absoluto	Not on your life	¿No sabes la lección?
	Not at all	En absoluto.
Claro que no	Of course not	¿Y no saben nada de eso?
		Claro que no.
Rotundamente no	Absolutely not	¿Puedo ir al cine?
		Rotundamente no.
Quizás	Perhaps	¿Es posible que llueva?
Tal vez	Perhaps	Quizás, tal vez.

ह▰

Responda según el modelo usando una expresión equivalente de la lista arriba.

Es correcto.
Eso es.
Seguro
Pienso que sí.
Está bien.
Exactamente.
Absolutamente no.

COMPLETE LAS FRASES

1 Te veremos cuando _____.
2 Al _____ no quisieron comer.
3 Aunque _____.
4 _____ hasta que lleguen todos.

FORME PREGUNTAS

1 Me lo dijo tan pronto como llegó.
2 Dice que hará las preguntas cuando venga.
3 Sí, me levanto sin que lo sepa nadie.
4 No, no me casaré hasta que tenga veinticinco años.
5 Sí, vamos a continuar hasta que terminemos.

BREVES CONVERSACIONES

Pregúntele a _____ si va a casarse antes que tenga dieciocho años.
si estudiará hasta que aprenda la lección.
si toma pastillas aunque se sienta bien.
si lee el periódico para informarse.
si se lava las manos antes de comer.
si va al hospital cuando está enfermo.
si le pusieron algunas inyecciones el año pasado.
si baila cuando la orquesta toca una rumba.
si le presta veinte dólares para comprar un par de zapatos.

Vélez Blanco in southeastern Spain. Severe contrasts of sunlight and shadow are characteristic of Andalucía, the southernmost region of Spain.

1   ¿Le gustaría ir a Santiago de Compostela?
2   ¿Cuándo piensa usted viajar a España?
3   ¿Ha hecho usted una cena de despedida para un(-a) amigo(-a)?
4   ¿Cuáles son sus recuerdos favoritos?
5   ¿Irá usted a Europa antes de terminar los estudios?
6   ¿Qué piensa usted hacer antes de que termine el año?
7   ¿Qué hará usted durante las vacaciones con tal de que tenga dinero?
8   Dígale al profesor lo que piensa hacer en caso que tenga tiempo.
9   ¿Qué hará su compañero de cuarto antes de salir a trabajar?
10 ¿Piensa usted hacer algo sin que lo sepa nadie? ¿Qué será?
11 ¿Quiere usted casarse antes de que tenga trienta años?
12 ¿Qué tiene usted que hacer antes de que llegue el verano?
13 Explique usted lo que hará para que la profesora le dé una A.
14 ¿Qué tendrá que hacer para que sus padres le manden dinero?
15 ¿Qué tendrá que hacer para que su novia no le dé calabazas?
16 ¿Ve televisión mientras estudia?
17 ¿Se puede aprender sin estudiar?
18 ¿Puede usted salir de la casa sin que lo sepa nadie?
19 ¿Qué hará usted cuando lleguen las vacaciones?
20 ¿Qué dice usted cuando le dicen, «Qué le vaya bien»?

A escoger.

1 Tell your classmate three things you want to do provided you have enough time and money. Use **Con tal que** . . .

2 Tell your classmate three things you will not do unless your friends do them also. Use **a menos que** . . .

3 Tell your classmate three things you want the professor to do before the Spanish class ends. Use **antes de que** . . .

4 Tell your classmate three things you would like to do without anyone knowing it. Use **sin que** . . .

PROVERBIOS

Escoja la traducción apropiada.

☐ Ojos que no ven, corazón que no siente.

☐ Más vale un «toma» que dos «te daré».

☐ Libros y amigos, pocos y buenos.

[a] *Quick help is better than empty promises.*

[b] *With books, as with friends, (it is) quality and not quantity [that counts].*

[c] *Out of sight, out of mind.*

Vocabulario

la **aduana**	*customs*	la **gente**	*people*
aduanero	*customs (adj.)*	el **hostal**	*hostelry, inn*
agradecido	*grateful*	**huésped:**	
la **amistad**	*friendship*	el **huésped**, la **huéspeda**	*guest*
el **apóstol**	*apostle*	**íntimo**	*intimate*
la **botella**	*bottle*	el **lugar**	*place*
cónsul:		**magnífico**	*magnificent*
el, la **consul**	*consul*	**organizado**	*organized*
el **consulado**	*consulate*	**patrón:**	
la **conquista**	*conquest*	el **patrón**	*patron*
la **copia**	*copy*	la **patrona**	*patroness*
el **derecho**	*duty*	**precioso**	*precious*
la **despedida**	*farewell*	el **queso**	*cheese*
entero	*entire*	**venerado**	*venerable, revered*
exactamente	*exactly*		

Conjunctions

a menos que	*unless*	**en caso (de) que**	*in case*
antes (de) que	*before*	**hasta que**	*until*
aunque	*although*	**mientras (que)**	*while*
con tal (de) que	*provided that*	**para que**	*in order that, so that*
cuando	*when*	**sin que**	*without, unless*
después que	*after*	**tan pronto como**	*as soon as*

Cognates

la **invitación**	*invitation*	la **réplica**	*replica*
oficial:		la **vacación, las**	*vacation*
el, la **oficial**	*official*	**vacaciones**	

Verbs

acordarse (de) (ue)	*to remember, to remind of*	**informarse**	*to inform oneself*
brindar	*to drink a toast*	**obsequiar**	*to make a gift*
conquistar	*to conquer*	**progresar**	*to progress*
despedir(se) (i) (de)	*to say good-bye*	**recordar (ue)**	*to remember*
encerrar (ie)	*to contain*	**sacar (qu)**	*to take, to take out*
explicar (qu)	*to explain*	**subir**	*to go up*

Idiomatic expressions

claro que no	*of course not*	**por escrito**	*in writing*
echar de menos	*to miss* or *feel the absence of*	**rotundamente no**	*absolutely not*
en absoluto	*not at all*	**¡Santiago y a ellos!**	*Santiago and at 'em (famous battle cry)*

Tercer Repaso

ह**LECCIONES 12 - 17**

1. Forms of the future tense.

Responda según el modelo.

A Voy a salir. **Yo saldré también.**
1 Voy a dormir.
2 Voy a ir al cine.
3 Voy a ser profesor.
4 Voy a estar en casa.

B Voy a buscarlo. **Yo lo buscaré también.**
1 Voy a hacerlo.
2 Voy a acostarme.
3 Voy a saberlo.
4 Voy a ponerme a dieta.

2. Forms of the conditional tense.

Responda según el modelo.

¿Dice Juan que viene? **Ayer dijo que vendría.**
1 ¿Dice Luisa que puede?
2 ¿Dice Tomás que vuelve?
3 ¿Dice el profesor que va?
4 ¿Dice Maricarmen que sale?

3. Review of hace que with the preterit and present.

Dé el equivalente en español.

1 How long have you been studying?
2 I saw that film two years ago.
3 I haven't gone to the movies for a month.
4 How long have you been here?

4. The conditional for probability in the past.

Conteste las preguntas según el modelo.

¿A qué hora llegó el médico? *It was probably seven.* **Serían las siete.**
1 ¿Tuvo que salir en seguida? *Yes, he probably had to leave at once.*
2 ¿Dónde estaba su papá? *He was probably at work.*

5. Por **or** para.

Complete las frases con **por** *o* **para** *según el caso.*

1 Ellos fueron _____ los zapatos.
2 _____ el momento no tengo dinero.
3 _____ favor, présteme quinientas pesetas.
4 Quiero comprar dos boletos _____ esta noche.
5 Manolo no lo hace _____ perezoso.
6 _____ andaluz es bastante tranquilo.
7 Arturo, no tenemos boleto _____ ti.
8 Puedes pasar _____ la taquilla a buscar uno.
9 Yo salgo mañana _____ Nueva York y no tendré tiempo.
10 Yo no vine aquí _____ trabajar.

6. The present perfect and pluperfect tenses.

Conteste según el modelo.

A ¿Cuándo escribirá usted las cartas?   **Ya las he escrito.**

1 ¿Cuándo abrirá usted la puerta?
2 ¿Cuándo venderá usted el carro?
3 ¿Cuándo se lavará usted las manos?
4 ¿Cuándo se lo dirá usted?
5 ¿Cuándo saldrá Ramón del hospital?

B ¿Comieron ustedes el postre?   **No, ya lo habían comido ellos.**

1 ¿Trajeron ustedes el libro?
2 ¿Lavaron ustedes la ropa?
3 ¿Salieron ustedes primero?
4 ¿Escribieron ustedes la noticia?
5 ¿Hicieron ustedes la comida?

7. Possessive pronouns.

Conteste según el modelo.

¿Es de él esa medicina?   **Sí, es suya.**

1 ¿Es de usted ese carro?
2 ¿Es de nosotros ese libro?
3 ¿Son de ellos esas medias?
4 ¿Son de él esos papeles?
5 ¿Es de ella esa camisa?

Complete las frases según el modelo.

Este reloj es nuevo. (usted)
El suyo es viejo.
El de usted es viejo.

1 Estos zapatos son nuevos. (él)
_____ son viejos.
_____ son viejos.

2 Estas cámaras son nuevas. (ella)

_____ son viejas.

_____ son viejas.

3 Este traje es nuevo. (nosotros)

_____ es viejo.

_____ es viejo.

4 Esta casa es nueva. (ellos)

_____ es vieja.

_____ es vieja.

5 Estos vestidos son nuevos. (usted)

_____ son viejos.

_____ son viejos.

8. **Indicative and subjunctive forms of ir, present tense.**

*A escoger entre el indicativo y el subjuntivo del verbo **ir**.*

1 Es cierto que él _____ al centro.

2 Deseo que él _____ al centro.

3 Creo que él _____ al centro.

4 Es lástima que él _____ al centro.

5 Dígale que él _____ al centro.

6 Ella manda que él _____ al centro.

7 No importa que él _____ al centro.

8 Es verdad que él _____ al centro.

9 Ojalá que él _____ al centro.

10 He oído que él _____ al centro.

9. **Indicative or subjunctive.**

A escoger entre el subjuntivo y el indicativo.

A **1** (trabajar) Ella es la joven que _____ conmigo.

2 (tener) ¿Conoce usted a alguien que _____ un tocadiscos?

3 (ser) Quiero un disco que _____ de larga duración.

4 (bailar) Busco una novia que _____ bien.

5 (hablar) No hay nadie aquí que _____ ruso.

B **1** (lea, lee) Quiero leerlo antes de que usted lo _____.

2 (llegue, llega) No comeremos hasta que él _____.

3 (venga, viene) Se lo diré tan pronto como _____.

4 (haga, hace) Usted irá aunque _____ mal tiempo.

5 (vuelva, vuelvo) Casi siempre estudio en cuanto _____ a casa.

6 (trabajen, trabajan) Voy a trabajar para que ellos _____ también.

7 (cantes, cantas) No cantaré a menos que tú _____ también.

8 (coma, como) Leo el periódico mientras _____.

9 (vea, veo) Lo saludo en cuanto lo _____.

10 (coman, comen) Después que _____ se acuestan.

Mexican women with a banner welcoming delegates to The International Women's Year
Conference held in Mexico City.

❧ DIÁLOGO

Romero se declara . . . ¿y?

JULIETA Era urgente que viniera a hablarle esta mañana, tía Celestia. Usted sí comprende lo que es una declaración de amor de un joven.

TÍA CELESTIA En mis tiempos tuve algunas experiencias. Me alegro que hayas venido. Siéntate y cuéntamelo.

JULIETA Pues, anoche me pidió Romero que me casara con él y creo que esto va en serio.

TÍA CELESTIA Ya sospechaba una cosa así. Espero que tengas más suerte que yo.

JULIETA Pues, yo no creía que me quisiera así Romero. Hubiera visto como me recitaba versos de Neruda, rimas de Bécquer y hasta una poesía de Rubén Darío.

TÍA CELESTIA Yo nunca dudaba que estuviera completamente enamorado de ti. Bueno, al fin y al cabo, ¿qué le respondiste? ¿Que sí o que no?

JULIETA Le dije que me diera unos días para pensarlo. Temía no poder ser feliz como esposa y madre. Soy muy joven. También siempre temía un esposo macho que se creyera superior en todo.

TÍA CELESTIA La igualdad es una gran cosa. En mi casa siempre mandé que los muchachos como las muchachas lavaran platos y fregaran pisos.

JULIETA Ah, y otra cosa, tía. Anoche Romero sugirió que dejara mi carrera de administradora de negocios y que me dedicara por completo a ser su esposa y la madre de sus hijos. No podía creerlo.

TÍA CELESTIA A algunas eso les gusta. Ahí está mi comadre Felipa que vivió toda la vida feliz con su esposo y un ejército de hijos.

359

JULIETA Si una quiere mucho al marido se calla y aguanta. Pero aunque detestara al marido no se sentiría libre de divorciarse porque dicen que es un atentado contra la familia.

TÍA CELESTIA Bueno, tu tía Lola no quería divorciarse de su esposo porque así perdería el gusto de tenerlo siempre a mano para amargarle la vida cuando le diera la gana.

JULIETA Esto es complicado. Tengo que hablar largo rato con Romero. Gracias, tía Celestia.

PREGUNTAS SOBRE EL DIÁLOGO

1 ¿De qué venía Julieta a hablarle a la tía Celestia?
2 ¿Qué le pidió Romero a Julieta?
3 ¿Cómo era el matrimonio de la tía Celestia?
4 ¿Qué hizo Romero para mostrar su amor?
5 ¿Por qué tenía miedo de casarse Julieta?
6 ¿Qué tenían que hacer los muchachos en la casa de tía Celestia?
7 ¿Qué carrera sigue Julieta?
8 ¿No quería dejar la carrera Julieta?
9 Hay algunas a quién les gusta ser madre, ¿verdad?
10 ¿Cuántos hijos tuvo la comadre Felipa?
11 ¿Por qué no quería divorciarse la tía Lola?
12 ¿Qué decidió Julieta?

Romero proposes . . . and?

JULIETA It was urgent that I come to speak with you this morning, Aunt Celestia. You understand what the proposal of a young man is.

AUNT CELESTIA In my time I had some experiences. I am pleased that you have come. Sit down and tell me about it.

JULIETA Well, last night Romero asked me to marry him and I believe it's serious.

AUNT CELESTIA I suspected something like that. I hope you have more luck than me.

JULIETA Well, I didn't believe Romero loved me like that. You should have seen how he recited to me verses from Neruda, poems from Bécquer, and even a poem of Rubén Darío.

AUNT CELESTIA I never doubted that he was completely in love with you. Well, in the end how did you respond, yes or no?

JULIETA I told him to give me a few days to think about it. I was afraid that I couldn't be happy as a wife and mother. I am very young. I was always afraid of a domineering husband who thought he was superior in everything.

AUNT CELESTIA Equality is a great thing. In my house I always demanded that the boys, like the girls, wash dishes and scrub floors.

JULIETA	Oh, another thing, Aunt. Last night Romero suggested that I give up my career as a business administrator and dedicate myself completely to being his wife and the mother of his children. I couldn't believe it.
AUNT CELESTIA	That pleases some. There's my friend, Felipa, who happily lived her whole life with her husband and an army of children.
JULIETA	If one really loves her husband she shuts up and endures. But even though she detests her husband she wouldn't feel free to get a divorce because they say that it is an assault against the family.
AUNT CELESTIA	Well, your Aunt Lola didn't want to get a divorce from her husband because she would lose the pleasure of having him on hand to make life bitter for him whenever she liked.
JULIETA	This is complicated. I have to have a long chat with Romero. Thanks, Aunt Celestia.

La pronunciación

Poetry Spanish poetry is read or declaimed with very precise articulation. Learn to read the following poem without a flaw in your pronunciation or intonation.[1] If your instructor assigns you to do so, memorize the poem and present it before the class.

Rimas
de Gustavo Adolfo Bécquer[2]

POR UNA MIRADA . . .

Por una mirada, un mundo;
por una sonrisa, un cielo,
por un beso . . .
¡Yo no sé qué te diera por un beso!

¿QUÉ ES POESÍA?

¿Qué es poesía? dices mientras clavas°
en mi pupila tu pupila azul,
¿qué es poesía? ¿Y tú me lo preguntas?
¡Poesía . . . eres tú!

ೞ NOTAS CULTURALES

El machismo. Men in Mexico and to some extent elsewhere in Latin America are apt to emphasize the importance of being **muy macho** *(very male)*. This syndrome, called **machismo,** is character-

[1] The poem is recorded on the laboratory tapes.

[2] Gustavo Adolfo Bécquer (1836–1870), revered by many Spaniards as their most brilliant romantic poet. His favorite theme was the tragic search for an impossible, idealistic love with a woman who existed only in his dreams.

*The varied look of the
Hispanic male: A gaucho in
Argentina; a professional man
in Venezuela; (below) a
Mexican street vendor; (facing
page) a sugarcane harvester in
Colombia.*

ized by respect for a certain type of masculine, courageous, invulnerable man and implies a certain attitude toward women, life, and death. Pancho Villa personified the **macho** with his bravery, devil-may-care impetuousness, and rough treatment of women as he terrorized northern Mexico during the Mexican Revolution. For the **macho,** love is a conquest, and once the battle is won the woman assumes a secondary role, existing only to serve her man. A married man is characteristically regarded king of his home, to be waited upon and served whenever he desires. The "womanly" tasks of cleaning, doing dishes, and similar household chores would greatly demean the masculinity of the **macho,** so they are left to the woman while the man relaxes.

La mujer latinoamericana. Traditionally, the woman in Latin America has played a role as the perfect counterpart for the **macho.** She is passive and submissive to the men in the home—first in her father's home, then in her husband's. The wife is expected to be not only submissive but also patient, respectful, and fully devoted to her husband. From the time she is a child she is considered and is treated as a creature inferior to the male. During courtship she is placed on a pedestal, but as soon as she is married she immediately assumes the role of servant to her man.

La mujer liberada. Women's Lib has made some progress in Latin America and Spain. In some places, **Seña** is used for both **Señora** and **Señorita.** The traditional expectation that a woman will stay at home is breaking down to some extent. College education for women is becoming much more common, and many more women are working in industry and the professions. One major goal of U.S. women has been to become liberated from the drudgery of the home. Many Latin American women can afford maids to do the housework; they have also always traditionally had control over certain areas of home life. For Hispanic women in comfortable circumstances there is thus less incentive to support the Women's Liberation movement actively.

The imperfect subjunctive

The past subjunctive of all verbs is formed by adding a set of endings to an imperfect subjunctive stem.

The stem is derived by dropping **-ron** from the **ellos** form of the preterit: **habla-ron, aprendie-ron, vivie-ron.**

Two sets of endings may be added to this stem, the **-ra** endings and the **-se** endings. In the following exercises, only the **-ra** forms are presented because they are the most universally used in spoken Spanish today.[1] Note that the first person plural carries a written accent: **habláramos.**

hablar		aprender		vivir	
habla-ra	hablá-ramos	aprendie-ra	aprendié-ramos	vivie-ra	vivié-ramos
habla-ras	habla-rais	aprendie-ras	aprendie-rais	vivie-ras	vivie-rais
habla-ra	habla-ran	aprendie-ra	aprendie-ran	vivie-ra	vivie-ran

[1] The **-se** forms for **hablar** are: **hablase, hablases, hablase, hablásemos, hablaseis, hablasen.**

The imperfect subjunctive is used in noun, adjective, and adverbial clauses in the same cases which require the present subjunctive. Compare the following sentences. Notice that the main clause is in a past tense, and that the verb in the imperfect subjunctive refers to the past also.

NOUN CLAUSES

Es urgente que usted le hable.
Era urgente que usted le hablara.

ADJECTIVE CLAUSES

Busco un joven que cante bien.
Buscaba un joven que cantara bien.

ADVERBIAL CLAUSES

No iremos a casa hasta que lo terminemos.
No iríamos a casa hasta que lo termináramos.

Even though the main verb is in the present tense, the dependent verb may be in the imperfect subjunctive if it refers to something definitely past.

Siento que usted no me hablara.   *I am sorry that you didn't speak to me.*

Conteste según el modelo. **A** Era urgente que yo le hablara. ¿Y ellos?
Sí, era urgente que ellos le hablaran.

¿Y ustedes? ¿Y él? ¿Y nosotros?

B Insistió en que usted lo aprendiera. ¿Y ustedes?
Sí, insistió en que lo aprendiéramos.

¿Y yo? ¿Y ellos? ¿Y Julieta?

C Dudaban que él viviera ahí. ¿Y usted?
Sí, dudaban que yo viviera ahí.

¿Y ellos? ¿Y Romero? ¿Y ustedes?

Conteste. **1** ¿Era urgente que ellos le hablaran al entrenador?
2 ¿Insistió su papá en que pagara todo?
3 ¿Dudaba usted que yo viviera aquí?
4 ¿Era necesario que usted respondiera?
5 ¿Quería usted que le escribiera su amiga?

Conteste según el modelo. ¿Busca usted alguien que hable ruso?
Ahora no, ayer buscaba alguien que hablara ruso.
1 ¿Quiere usted un tocadiscos que toque bien?
2 ¿Necesita usted un muchacho que le ayude?
3 ¿Espera usted encontrar un libro que le guste?

The Look Of Art

Traditional folk art: Peruvian tapestry of the colonial period.

High Spanish art of the 17th century: Velázquez, *Old Woman Cooking Eggs*.

Precolumbian pottery: hollow figurine, Ecuador, c. 800 B.C.; from Mexico, an Olmec vessel in the shape of a

Contemporary folk art from Panama: boxing design on a *mola* (a sort

"Naive" painting of the 20th century:
Musicians by José Antonio Velásquez
of Honduras.

The Mexican painter Diego Rivera,
criticized the capitalist, military
classes in murals on the walls of the
Ministry of Education.

In the Ministry of Education chapel,
Rivera celebrated Indian peasant life.

Colonial art from Colombia: The
Marqués and Marquesa de San Jorge
de Bogotá, 1775, by Joaquin Gutierrez.

ॐ

The imperfect subjunctive of irregular verbs

The following are examples of common irregular verbs. Their subjunctive stems are derived regularly. Drop **-ron** from the third person plural preterit form and add the **-ra** endings.

INFINITIVE	PRETERIT (**ellos** form)	IMPERFECT SUBJUNCTIVE (**yo** form)
decir	dijeron	dijera
dar	dieron	diera
estar	estuvieron	estuviera
hacer	hicieron	hiciera
ir	fueron	fuera
oír	oyeron	oyera
poder	pudieron	pudiera
poner	pusieron	pusiera
querer	quisieron	quisiera
saber	supieron	supiera
salir	salieron	saliera
ser	fueron	fuera
tener	tuvieron	tuviera
traer	trajeron	trajera
venir	vinieron	viniera
ver	vieron	viera

Even in socialist Cuba, some chores remain women's work.

The imperfect subjunctive in noun clauses

The imperfect subjunctive, like the present subjunctive, is used in a dependent noun clause when there is a change of subject and the main clause expresses a feeling, request, doubt, approval, probability, or necessity.

Conteste según el modelo.

Old and new roles for women in Paraguay: a lacemaker and a traffic cop.

A ¿Fueron ustedes al parque?
Sí, y queríamos que ustedes fueran también.
1 ¿Estuvieron en la fiesta?
2 ¿Salieron ustedes temprano?
3 ¿Oyeron ustedes el concierto?

B ¿Te dieron el dinero?
Sí, el jefe les mandó que me lo dieran.
1 ¿Te compraron la leche?
2 ¿Te leyeron el contrato?
3 ¿Te pidieron los papeles?
4 ¿Te sirvieron el chocolate?
5 ¿Te dijeron el secreto?

C ¿Y los regalos? ¿No los quisieron?
No, y yo esperaba que los quisieran.
1 ¿Y el secreto? ¿No lo supieron?
2 ¿Y el dinero? ¿No lo tuvieron?
3 ¿Y los libros? ¿No los pudieron vender?
4 ¿Y los primos? ¿No se fueron?
5 ¿Y los padres? ¿No estuvieron allí?
6 ¿Y los zapatos? ¿No se los pusieron?

D ¿Ya se levantó Julieta?
No sé. Le sugerí que se levantara.
¿Se acostó él?   ¿Se lavó él?
¿Se sentó ella?   ¿Se vistió él?
¿Se afeitó Romero?

E ¿Lo aprendió Héctor?
Creo que sí. Le dije que lo aprendiera.
¿Lo trajo Flora?   ¿Lo sirvió Diana?
¿Lo leyó María?   ¿Lo hizo Jorge?
¿Lo escuchó Carlota?

F ¿Compraron ellos el coche?
Sí, porque insistí en que lo compraran.
¿Escribieron la carta?   ¿Volvieron temprano?
¿Tocaron un piano?   ¿Limpiaron la casa?
¿Terminaron la carrera?   ¿Vendieron la casa?
¿Tomaron la leche?   ¿Hicieron el trabajo?

G ¿Vino Anita?
No sé. Es posible que viniera.
  1 ¿Fue a la fiesta Rita?
  2 ¿Volvió Feliza?
  3 ¿Salió Pedro?
  4 ¿Estudió Renaldo?
  5 ¿Trabajó Juana?

A escoger entre el subjuntivo o el indicativo. Lea en voz alta la frase con la forma apropiada del subjuntivo o indicativo del verbo en paréntesis.

  1 (creer) Era evidente que ellos no me _____.
  2 (poder) Yo esperaba que usted la _____ conocer.
  3 (conocer) Es posible que yo la _____ esta noche.
  4 (divorciarse) Yo sentía mucho que ellos ya se _____.
  5 (venir) Es una lástima que usted no _____ anoche.
  6 (hacer) Yo no estaba seguro que él lo _____ ayer.
  7 (volver) Temo que ella no _____ mañana.
  8 (dejar) Anoche sugería que yo _____ mi carrera.
  9 (traer) Mandan que nosotros _____ el dinero hoy.
  10 (llegar) Nos sorprendió que ustedes _____ temprano.
  11 (decir) Era hora que tú _____ algo.
  12 (estar) Me alegro que ellos _____ en la fiesta anoche.

The imperfect subjunctive in adjective clauses

The imperfect subjunctive, like the present subjunctive, is used in a dependent adjective clause when the antecedent noun or pronoun of the main clause is indefinite, negative, or unknown.

Busco una señora que hable español.
Buscaba una señora que hablara español.

Conteste según el modelo.

A ¿No lo vieron ellos?
No, no encontré a nadie que lo viera.
  hicieron   dijeron
  tuvieron   trajeron

B ¿No había nadie que lo supiera?
No, no había nadie que lo supiera.
  que lo trajera   que quisiera casarse
  que pudiera hacerlo   que quisiera bailar
  que lo tocara   que estuviera triste
  que lo llevara   que estuviera alegre
  que tuviera un tocadiscos

ɞ

The imperfect subjunctive in adverbial clauses

The imperfect subjunctive, like the present subjunctive, is used in independent adverbial clauses which refer to an indefinite time in the future or that reflect doubt or uncertainty in the mind of the speaker. The subjunctive is always used in an adverbial clause introduced by **antes (de) que, a menos que, con tal (de) que, para que,** and **sin que.**

Conteste según el modelo.

ɞ

A ¿Fue a la fiesta tu primo?
Creo que no. Dijo que no iría a menos que fuera usted también.
¿Salió Juan anoche?   ¿Se casó Jorge?
¿Bailó ella la rumba?   ¿Escribió María la lección?
¿Trabajó ayer Felipe?   ¿Jugó Luis al fútbol?

B ¿Terminó el trabajo?
Creo que sí. Dijo que lo terminaría tan pronto como tuviera tiempo.
¿Hizo el vestido?   ¿Compró los regalos?
¿Vino Jaime?   ¿Vendió la casa?
¿Trajo el auto?   ¿Fue al mercado?

Remember that the adverbial clause is in the present subjunctive if the main clause is in the present or future tense.

Vocabulario suplemental

EL CASAMIENTO DE ROMERO Y JULIETA—POR ETAPAS[1]

ROMERO:
La invité a que tomara un
refresco.
Le pedí que saliera conmigo.
Le pedí que me diera permiso
para ir a su casa.
Le hice la declaración de amor.   *[If she accepts, from this point*
Le pedí que fuera mi novia.   *on, they go steady.]*
Le pedí que se casara conmigo.

Nos comprometimos.   *We became engaged.*
Fijamos fecha.   *We set the date.*
Nos casamos.   *We were married.*

[1] *The marriage of Romero and Julieta—step by step*

PREGUNTAS PARA LOS JÓVENES

1 ¿Le pidió usted a una señorita que tomara un refresco?
2 ¿Le pidió también que saliera con usted?
3 Usted no tiene que pedirle permiso para ir a su casa, ¿verdad?
4 ¿Cuándo piensa usted hacer la declaración de amor?

PREGUNTAS PARA LAS CHICAS

1 ¿Alguien le pidió a usted que fuera su novia?
2 ¿Tiene usted miedo de comprometerse?
3 ¿Ya le pidió alguien que fijara fecha?
4 ¿Pidió usted a algún joven que se casara con usted?

 LECTURA

El jefe de la familia[1]

Marilyn es una norteamericana de Idaho, casada con José Martínez, un paraguayo. Hace poco que se casaron y ahora viven en
Asunción, Paraguay. Los vecinos, Rosalía y Efraín González, un
matrimonio joven,° pasan a saludar° a los Martínez.

young married couple; stop by to say hello

MARILYN   Tanto gusto en verlos.

ROSALÍA   El gusto es nuestro. ¿No está José?

MARILYN   Todavía no, pero debe llegar pronto, porque ya vamos a
cenar.°

we're about to start eating supper

ROSALÍA   Perdón. No queremos molestarlos.° Vendremos en otra
ocasión.

bother you

MARILYN   De ninguna manera.° Quiero que ustedes se queden a
cenar con nosotros.

Not at all.

[Media hora más tarde.]

MARILYN   Ya se está enfriando° la cena y José no llega.

getting cold

ROSALÍA   No importa, nosotros podemos esperar.

[Pasan treinta minutos más.]

MARILYN   Me parece mejor comenzar ya. Ustedes deben tener
mucha hambre.

At last

[Al fin° José llega cuando ya están comiendo.]

[1] *The head of the family.*

MARILYN	José, Rosalía y Efraín vinieron a saludarnos y los invité a cenar con nosotros.
JOSÉ	[Saludo muy serio.] Me alegro de verlos.
MARILYN	Voy a calentar° tu cena y te la traigo en un minuto.
	[José sigue a Marilyn a la cocina.°]
JOSÉ	[Está enojado.°] ¿Desde cuándo se sirve la cena en esta casa cuando yo no estoy presente?
MARILYN	Pero querido,° tú no llegabas y la cena se enfriaba.
JOSÉ	¡No me interesa! En tu tierra quizás tengan otras costumbres pero estas cosas no se hacen aquí.

warm up

kitchen

angry

dear

PREGUNTAS
SOBRE LA LECTURA

1 ¿De dónde es Marilyn?
2 ¿Quiénes son Efraín y Rosalía?
3 ¿No quería José que Marilyn invitara a los González?
4 ¿Por qué estaba enojado José?
5 ¿Qué costumbres tenemos en los Estados Unidos?
6 ¿Quién manda en su casa? ¿Su mamá o su papá?

In the modern, industrialized Hispanic world the division of labor between the sexes is breaking down. Both these workers are employed in a textile factory in Cali, an important industrial center of Colombia.

<table>
<tr><td align="right">COMPLETE LAS
FRASES</td><td>1 ¿No encontraste a nadie _____?
2 Tú dudabas _____.
3 No había un tocadiscos _____.
4 Él tenía uno que _____.
5 Antes de que _____.</td></tr>
</table>

FORME PREGUNTAS

1 Sí, allá había alguien que hablaba ruso.
2 No, no le dije que tuviera cuidado.
3 Sí, lo hizo sin que yo le dijera.
4 No, no tenía que volver.
5 Sí, siento que Juan no viniera.

BREVES CONVERSACIONES

Pregúntele a _____ si era feliz en casa de sus padres.
quién mandaba en su casa.
si su mamá hacía todo el trabajo.
si le mandaban lavar platos.
si temía no poder ir a la universidad.
si temía un esposo macho.
si siempre quería hacer un viaje.
si va a España tan pronto como tenga dinero.

PREGUNTAS PERSONALES

1 ¿Mandaba su mamá que los muchachos lavaran platos?
2 ¿Sentía usted que sus hermanos no le ayudaran?
3 ¿Creía usted que sus padres la trataban bien?
4 ¿Esperaba usted que su papá le diera más dinero?
5 ¿Quería usted que los profesores no le hicieran trabajar tanto?
6 ¿Esperaba que los amigos jugaran más con usted?
7 ¿Mandaba su papá que volviera a casa temprano?
8 ¿Deseaba usted un tocadiscos que tocara bien?
9 ¿Insistieron sus padres en que estudiara todas las noches?
10 ¿Dudaba usted que sus hermanos lo (la) quisieran?
11 ¿Era posible que usted trabajara mucho?
12 ¿Esperaba usted ser rico?
13 ¿Era necesario hablar español en casa?
14 ¿No había nadie en casa que hablara español?
15 ¿Salió usted de noche sin que lo supieran sus padres?
16 ¿No hizo usted nada a menos que tuviera permiso?
17 ¿Buscaba usted amigos que fueran como usted?
18 ¿No te dijo tu mamá que tuvieras cuidado?
19 ¿Quería usted casarse antes de tener trienta años?
20 ¿Tus padres no te pagaban para que estudiaras?

Practical advice in Guatemala City: "Marry now and pay later."

Ask your classmate three questions about each of the following topics.

1 Parents: What she or he wants them to do.
¿Querías que tus padres _____?

2 Friends: What she or he wants them to do.
¿Preferías que tus amigos _____?

3 Roommate: What she or he hoped a roommate would do.
¿Esperabas que tu companero (-a) de cuarto _____?

PROVERBIOS

ౙ

Escoja la traducción apropiada.

☐ A lo hecho, pecho.

☐ No haga una tempestad en un vaso de agua.

☐ El que espera, desespera.

a *What's done is done.*

b *He who lives in hope dies in despair.*

c *Don't make a mountain out of a molehill.*

Vocabulario

el **atentado**	*assault*	la **igualdad**	*equality*
el **beso**	*kiss*	el **marido**	*husband*
el **casamiento**	*marriage*	la **mirada**	*look, glance*
la **comadre**	*godmother, intimate friend (f.)*	el **piso**	*floor*
		la **poesía**	*poetry*
complicado	*complicated*	el **rato**	*period of time*
el **ejército**	*army*	el **refresco**	*soft drink*
enamorado de	*in love with*	la **rima**	*rhyme*
el **esposo,** la **esposa**	*spouse, husband, wife*	la **sonrisa**	*smile*

Cognates

administrador: el **administrador,** la **administradora**	*administrator*	la **experiencia** **urgente** el **verso**	*experience* *urgent* *verse*

Verbs

amargar (gu)	*to make bitter*	**divorciar(se)**	*to divorce (to get divorced)*
aguantar	*to stand, endure*	**fijar**	*to fix, set*
callar(se)	*to be quiet, stop talking*	**fregar (ie)**	*to scrub*
comprometerse	*to commit oneself*	**recitar**	*to recite*
declararse	*to declare oneself*	**sospechar**	*to suspect*
dedicarse (a)	*to dedicate oneself (to)*	**sugerir (i)**	*to suggest*
detestar	*to detest*		

Idiomatic expressions

al fin y al cabo	*at last, in the end*	**por completo**	*completely*
declaración de amor	*disclosure of intentions to be married*	**era hora**	*it was high time*

Sunday market in Chichicastenango, Guatemala, in front of the 16th-century Dominican church of Santo Tomás.

ಇ DIÁLOGO

En el mercado de Chichicastenango

Mark pasa el verano en la Universidad de San Carlos de Guatemala. Este fin de semana está con un amigo guatemalteco. Están almorzando en el Mayan Inn.

MARK   ¡Esto sí que es vivir! Nos tratan como si fuéramos millonarios. Un mozo para servir la comida, uno para hacer la cama y otro para mantener la chiminea. ¡Y como si eso fuera poco, nos deleitan con un concierto de marimba!

TOMÁS   Si vieras cómo viven los indios, te darías cuenta que en verdad viven en pobreza y servidumbre.

MARK   Si mis padres no me mandaran un cheque cada mes, yo viviría en pobreza también.

TOMÁS   Déjate de bromas. No hay comparación. Mira como van llegando de todas partes a pie para vender sus mercancías.

MARK   Parece que entre ellos sólo hablan quiché. Es como si no existieran los españoles.

TOMÁS   Si fueras a los pueblitos aislados de los indígenas, verías que la influencia de los frailes del siglo XVI todavía se ve en las bellísimas catedrales.

ಇ

En la plaza Mark y Tomás hablan con un sacerdote católico.

TOMÁS   Mi compañero me decía que aquí en Chichicastenango hay poca influencia española.

EL SACERDOTE   Bueno, aunque España está muy lejos, ha dejado su influencia. Su religión y su idioma están por todas partes. Y fíjense en la arquitectura, es definitivamente española.

MARK ¿Cómo marcha la obra de la Iglesia aquí entre los indios?

EL SACERDOTE Si hubiera más sacerdotes, podríamos hacer más. Nos ocupamos de la educación moral, pero también hay unos proyectos para mejorar la alimentación de la gente.

MARK En la iglesia he visto muchos indios quemando incienso y prendiendo velas a sus santos. Es como si hubieran aceptado el catolicismo sin dejar sus antiguas costumbres religiosas.

EL SACERDOTE Progresamos en ese sentido también. Más y más los indios se bautizan y se casan por la Iglesia.

MARK Y ¿qué me dice usted de la influencia de los famosos españoles como el conquistador y el don Juan?

EL SACERDOTE Bueno, el conquistador se ha convertido en terrateniente y político. Ahora es o senador o diputado. Y los don Juanes . . . algunos se casan y otros no, pero casados o no, todavía se esfuerzan para que su arte no desaparezca por completo.

Religious procession during
Holy Week, Antigua,
Guatemala.

Indians burning candles and offering prayers in Santo Tomás church. The rituals combine pre-Columbian and Catholic traditions.

In the market of Chichicastenango

Mark is spending the summer at the University of San Carlos in Guatemala. This weekend he is with a Guatemalan friend. They are eating lunch in the Mayan Inn.

MARK Now this is living! They treat us like we were millionaires. One boy to serve the food, one to make the bed, and another to stoke the fireplace. And as if that weren't enough, they delight us with a marimba concert.

TOMÁS If you could see how the Indians live, you would realize that they really live in poverty and servitude.

MARK If my parents didn't send me a check every month, I'd live in poverty also.

TOMÁS Quit joking. There is no comparison. Look how they are arriving on foot from all parts to sell their goods.

MARK It seems that among themselves they only speak Quiché. It's as if the Spaniards didn't exist.

TOMÁS If you went to the isolated towns of the Indians, you would see that the influence of the priests of the sixteenth century is still seen in the beautiful cathedrals.

In the plaza Mark and Tomás talk with a Catholic priest.

TOMÁS My companion was saying that here in Chichicastenango there is little Spanish influence.

THE PRIEST Well, even though Spain is far away, it has left its influence. Its religion and its language are everywhere. And notice the architecture, it's definitely Spanish.

MARK How goes the work of the Church here among the Indians?

THE PRIEST If there were more priests, we could do more. We are busy with the moral education, but there are also some projects to better the nourishment of the people.

Diálogo ᘓ 377

MARK	In the Church I have seen many Indians burning incense and lighting candles to their saints. It is as if they had accepted Catholicism without leaving their former religious customs.
THE PRIEST	We are progressing in that sense too. More and more Indians are baptized and married by the Church.
MARK	And what can you tell me about the influence of Spaniards like the conquistador and Don Juan?
THE PRIEST	Well, the conquistador has become a landlord and politician. Now he is either a senator or deputy. And the Don Juans . . . some marry and others don't, but, married or not, they still exert themselves so that their art doesn't completely disappear.

La pronunciación

Review of trilled Spanish r

Remember that Spanish **r** at the beginning of a word represents a sound that is trilled in the same manner as **rr.**

tipos que representan
me refiero
terratenientes

Practice the following jingle to improve your pronunciation of Spanish **r** and **rr.**[1]

Erre con erre guitarra,
erre con erre barril,
rápido ruedan las ruedas
del ferrocarril.

Learn to read the following poem without a flaw in your pronunciation.

Trait

Rasgo° de Buen Humor
de Manuel Acuña[2]

Y ¿qué? ¿Será posible que nosotros

that we love glory and its brightness so
much
pleasures

tanto amemos la gloria y sus fulgores,°
la ciencia y sus placeres,°
que olvidemos por eso los amores,
y más que los amores, las mujeres?

. . .

stupid
make jealous

¿Seremos tan ridículos y necios°
que por no darle celos a° la ciencia,

---

[1] The jingle is recorded on the laboratory tapes.

[2] Manual Acuña (1849–1873), Mexican romantic poet whose works, while often melancholy and pessimistic, also occasionally show flashes of humor, as in **Rasgo de buen humor.**

no hablemos de los ojos de Dolores,
de la dulce° sonrisa de Clemencia *sweet*
y de aquella que, tierna° y seductora, *tender*
aun no hace un cuarto de hora todavía,
con su boca de aurora,° *dawn*

No te vayas tan pronto, nos decía?
¿Seremos tan ingratos° y tan crueles, *ungrateful*
y tan duros y esquivos con las bellas,° *hard and gruff with the beauties*
que no alcemos° la copa *raise*
brindando a la salud° de todas ellas? *toasting the health*

Yo, a lo menos por mí, protesto y juro° *swear*
que si al irme trepando en la escalera° *climbing the stairway*
que a la gloria encamina° *leads*
la gloria me dijera:
—Sube, que aquí te espera
la que tanto te halaga° y te fascina; *please*
y a la vez una chica me gritara
—Baje° usted, que lo aguardo° aquí en la esquina°; *come down; await; corner*

lo juro, lo protesto y lo repito,
si sucediera semejante historia,° *a story like that*
a riesgo de pasar por un bendito,° *at the risk of seeming a simple soul*
primero iba° a la esquina que a la gloria. *=iría*

Porque será muy tonto° *dumb*
cambiar una corona° por un beso; *crown*
mas como yo de sabio no presumo,° *but as I don't presume to be a wise man*
me atengo a lo que soy, de carne, y hueso,° *I conform to what I am, flesh, and bone*
y prefiero los besos y no el humo,° *smoke*
que al fin, al fin, la gloria no es más que eso.
                —Obras° (1949) *Works*

❧ NOTAS CULTURALES

La conquista de Guatemala. In 1523 Pedro de Alvarado, a captain in the army of Hernán Cortez, was sent to Guatemala after participating in the conquest of Mexico. Alvarado and his men were looking for fortune and fame, and were extremely cruel and dishonest in their dealings with the Indians. With the help of cannons, horses, and deceitful ploys, Alvarado defeated the armies of the Guatemalan Indians, thus adding another colony to Spain's empire in America.

Las tradiciones indígenas. Because of the brutality of the conquest, a great hatred arose between the Spaniards and the Guatemalan Indians. The Indians rejected Spanish traditions as much as possible. For example, when forced to accept the rituals of Catholicism, the Indians buried their pagan gods beneath the Catholic images and continued worshiping their own gods while giving the appearance of praying to the Catholic saints. This can still be seen in areas of Guatemala today, Chichicastenango being the most notable example. The Indians have also rejected the language and dress of the Spaniards. Every tribe or community has its own language and different style of dress. Thus, the Quichés, Zutuhiles, Mames, Cakchiqueles, and many other groups can still be easily recognized by their language and multicolored clothing.

La marimba. The marimba is a popular musical instrument in Guatemala. It traces its origins to other instruments brought to the New World by African slaves. The Indians of Guatemala adopted these instruments and modified them to suit their tastes, using native materials to build them. Little by little the marimba evolved to what it is today. It consists of strips of wood—the keys—placed over sound boxes of different sizes mounted on a wooden frame. The keys are played by hitting them with sticks having a cloth ball on the end. Large marimbas used for dances are played by four or five men, each using at least four sticks. The xylophone is similar in shape and sound.

Marimba players.

ॐ

If clauses with the imperfect subjunctive

An *if* clause is one which is introduced with **si,** meaning *if.* The imperfect subjunctive, not the present subjunctive, is used in an *if* clause when it refers to something considered contrary to fact, hypothetical, or unlikely to happen. The result clause has a verb in the conditional.

Contrary to fact: The implication is that the speaker is not rich.

Si yo fuera rico, me gustaría ayudarles.	*If I were rich, I would like to help them.*

Hypothetical: This implies that the other person does not travel much.

Si viajaras más, verías muchas cosas.	*If you traveled more, you would see many things.*

Unlikely to happen: The use of the subjunctive here sets up a very hypothetical case.

Si lloviera, no iría al mercado.	*If it were to rain, I would not go to the market.*

Guatemalan Indian girl.

The indicative is used in **si** clauses that are neutral—that is, clauses that do not involve hypothetical cases or unreality. Usually the **si** in this case may be translated by English *when* or *whether* as well as by *if.*

Si llueve, no voy al mercado.	*If (when) it rains, I don't go to the market.*
Si bailo, me divierto.	*If (when) I dance, I have a good time.*
Si tenía hambre, comía.	*If (when) he was hungry, he ate.*
No sé si vienen.	*I don't know if (whether) they are coming.*

ॐ

Responda según el modelo.   **A**   Si hace mal tiempo, no iré a la fiesta.
Si hiciera mal tiempo, no iría a la fiesta.
Si usted viene, las verá.
Si trabajas, ganarás bien.
Si usted estudia, aprenderá las lecciones.
Si es necesario, lo harán.
Si se levanta temprano, estará listo.

B Si vienen, comemos.
Si vinieran, comeríamos.
Si practica, baila bien.
Si llama por teléfono, nos lo dicen.
Si estudia, sale bien.
Si escribe la carta, la manda.
Si hace el trabajo, puede ir.

Conteste según el modelo.

A ¿Qué hace usted si llueve?
Si llueve me quedo en casa.
hace mal tiempo—me pongo el abrigo
tiene sueño—me acuesto
sufre de alergia—tomo pastillas
tiene hambre—como
está enfermo—voy al médico

B ¿Qué haría usted si lloviera?
Si lloviera me quedaría en casa.
hubiera un viento helado—me pondría el abrigo
tuviera sueño—me acostaría
sufriera de alergia—tomaría pastillas
tuviera hambre—comería
estuviera enfermo—iría al médico

C ¿Qué harías si fueras rico?
Si fuera rico, les daría dinero a los pobres.
si vivieras en el campo
si no tuvieras dinero
si tu amigo saliera con tu novia
si hubiera guerra
si tus padres no te mandaran más dinero

D Si usted fuera el maestro de esta clase, ¿qué haría?
Si fuera el maestro de esta clase, haría una fiesta todas las semanas.
el presidente de los Estados Unidos
el gobernador de este estado
millonario
un artista de cine
médico

The imperfect subjunctive after **como si** *(as if)*

Since **como si** *as if* refers to something which is either contrary to fact or hypothetical, it always requires the subjunctive.

Nos tratan como si fuéramos millonarios.	*They treat us as though we were millionaires.*
Es como si no existieran los españoles.	*It's as if the Spaniards didn't exist.*

Conteste según el modelo.   ¿Son millonarios? (Los tratan como si)
Los tratan como si fueran millonarios.
1   ¿Saben todo? (Hablan como si)
2   ¿Tienen dos religiones? (Es como si)
3   ¿Viajan mucho? (Hablan como si)
4   ¿No existen los españoles? (Es como si)
5   ¿No les importa nada? (Hablan como si)
6   ¿Son muy ricos? (Viven como si)

Imperfect subjunctive and the conditional for softened requests and statements

As in English, the conditional may be used to soften a request or to show deference.

Ábrame la puerta.	*Open the door.*
¿Me abre usted la puerta?	*Will you open the door?*
¿Me abriría usted la puerta, por favor?	*Would you please open the door?*

The imperfect subjunctive or conditional of **poder** and **querer** may also be used to show deference in a request.

¿Puede usted acompañarme?	*Can you accompany me?*
¿Quiere usted acompañarme?	*Will you accompany me?*
¿Pudiera usted acompañarme?	*Could you accompany me?*
¿Podría usted acompañarme?	*Would you accompany me?*
¿Querría usted acompañarme?	*Would you like to accompany me?*
¿Quisiera usted acompañarme?	*Would you like to accompany me?*

The imperfect subjunctive or the conditional of **deber** may be used to soften a statement of obligation or advice. Notice the different degrees of obligation in the following expressions.

Usted tiene que acostarse temprano.	*You have to go to bed early.*
Usted debe acostarse temprano.	*You ought to go to bed early.*
Usted debería acostarse temprano.	*You should go to bed early.*
Usted debiera acostarse temprano.	*You should go to bed early.*

Responda según el modelo.

A ¿Puede usted acompañarme al banco?
¿Podría usted acompañarme al banco?
1 ¿Me vende usted el coche?
2 ¿Me presta usted cinco dólares?
3 ¿Tiene usted tiempo para hacerlo?
4 ¿Nos ayuda usted a construirlo?

B ¿Quiere usted leerme la noticia?
¿Quisiera usted leerme la noticia?
1 ¿Quiere usted mandarme las pastillas?
2 ¿Quiere usted prestarme el dinero?
3 ¿Quiere usted prepararme la ensalada?
4 ¿Quiere usted explicarme la situación?
5 ¿Quiere usted ayudarme?
6 ¿Quiere usted esperarme un rato?

C ¿Puede usted escribirme una vez a la semana?
¿Pudiera usted escribirme una vez a la semana?
1 ¿Puede usted hacerme el favor de estudiar mucho?
2 ¿Puede usted ir a ver a mi padre?
3 ¿Puede usted contestar pronto?
4 ¿Puede usted decir la verdad?
5 ¿Puede usted acostarse a las diez?
6 ¿Puede usted estar de vuelta a las cinco?
7 ¿Puede usted llegar temprano?
8 ¿Puede usted prestarme treinta dólares?

D Usted debe trabajar más.
Usted debiera trabajar más.
1 Usted debe aprender a bailar.
2 Usted debe tomar las pastillas.
3 Usted debe acostarse antes de las once.
4 Usted debe ponerse a dieta.
5 Usted no debe esperar tanto dinero.
6 Usted no debe casarse tan joven.

Spanish architecture transplanted across the ocean: the Convent of San Francisco, Quito, Ecuador.

Conteste según el modelo.

¿No vas a estudiar?
Si tuviera más energía, estudiaría.

1 ¿No vas a levantarte?
2 ¿No vas a la fiesta?
3 ¿No vas a terminar la carrera?
4 ¿No vas a bailar con todos?
5 ¿No vas a llamar a tu amigo?
6 ¿No vas a ir de compras?

ଐ LECTURA

El tiempo no es oro[1]

TOMÁS Yo soy latinoamericano cien por ciento. ¡Yo sé gozar de la vida!° Me gusta disfrutar de° cada momento. ¿Qué es el futuro? El futuro no es real, porque no existe todavía.

know how to enjoy life; enjoy

MARK ¡Vamos amigo!° Ustedes en la tierra del mañana están soñando.° Si quieres tener seguridad económica° tienes que llegar al trabajo a la hora y tienes que trabajar duro ocho horas al día. ¿No sabes que el tiempo es oro?

Come on, friend!
land of tomorrow are
dreaming; economic security

TOMÁS Te equivocas,° mi amigo. Latinoamérica no es la tierra del mañana. Nosotros tenemos una psicología de hoy. No ponemos tanto énfasis en las cosas materiales. El tiempo también es para usarlo con los buenos amigos, con la familia, y en cosas intelectuales.

You are wrong

MARK Creo que el hombre sólo puede tener éxito° en esta vida

to succeed

[1] *Time is not gold*

Some of the greatest monuments of Spanish baroque architecture are in Latin America. (left) La Compañía church, Quito, Ecuador; (right) the cathedral in Bogotá, Colombia.

si sabe trabajar y producir algo. Si un hombre no produce nada, ¿qué utilidad tiene?

TOMÁS Nosotros tenemos un dicho: «El norteamericano tiene, el latinoamericano es». A mí me gusta trabajar también, pero soy un ser humano°. Para nosotros, por ejemplo,° la conversación tiene que acompañar los contratos y el trabajo, y si no, el hombre es como una máquina.°

a human being; for example

machine

MARK A mí también me gusta la conversación pero no llego tarde a los compromisos.°

appointments

TOMÁS Nunca voy a ser esclavo del reloj° como tú. La buena amistad vale° mucho más que el oro.

slave to the clock

is worth

PREGUNTAS
SOBRE LA LECTURA

1 ¿Es usted norteamericano (-a) cien por ciento?
2 ¿Sabe usted gozar de la vida?
3 ¿Hay que trabajar para el futuro o para el presente?
4 ¿Cómo puede tener éxito en la vida el hombre?
5 ¿Llega usted tarde a los compromisos?
6 ¿Es usted esclavo (-a) del reloj?
7 ¿Es cierto que el tiempo es oro?

386 ஃ Lección 19

Vocabulario suplemental

EDIFICIOS Y OFICIALES DE LA IGLESIA CATÓLICA[1]

la Iglesia **(la organización)** *Church (organization)*
la iglesia **(el edificio o templo)** *church (building)*
la catedral—la iglesia de un obispo *cathedral—the church of a bishop*
la basílica—la iglesia principal de una ciudad metropolitana *basilica—principal church of a metropolis*
el convento—residencia de religiosos *convent—residence for members of religious orders*
la monja—mujer religiosa *nun*
el cura—religioso encargado de una parroquia *parish priest*
el sacerdote—ordenado y autorizado para celebrar misa *ordained priest*
el fraile o hermano—religioso de ciertas órdenes *friar, priest*
el obispo—jefe espiritual de una diócesis *bishop*
el arzobispo—jefe espiritual sobre otros obispos *archbishop*
Los sacerdotes **rezan a Diós.** *pray to God*
      a los santos.
      a la virgen.
      a las imágenes. *images*

[1] *Buildings and officials of the Catholic Church*

Conteste.

1 ¿Conoce usted la Basílica de la Virgen de Guadalupe?
2 ¿Ha conocido usted a una monja o a un cura?
3 ¿Ha visto usted alguna vez a un obispo?
4 ¿Dónde viven los religiosos?
5 ¿Qué es un sacerdote?

COMPLETE LAS
FRASES

1 Voy a casarme cuando _____.
2 Yo iría si _____.
3 Si tenía hambre _____.
4 Quisiera _____.
5 _____ compraría un avión.

FORME PREGUNTAS

1 Si tuviera dinero iría a Las Vegas.
2 Yo les daría mil dólares a mis padres.
3 Yo viviría en Acapulco.
4 Sí, él podría prestarle cinco dólares.
5 Si tengo sueño me acuesto.

(Left) A Madonna and child painted by an unknown Peruvian artist during the colonial period; (right) Santa Rosa of Lima by the contemporary Colombian artist Fernando Botero.

BREVES CONVERSACIONES	Pregúntele a ———— lo que hace si tiene sed. lo que haría si fuera rico. lo que haría si fuera presidente estudiantil. lo que hace cuando hace calor. lo que hace si está enfermo. lo que haría si fuera pobre. si iría a México. si se acuesta si tiene sueño. si puede prestarle cien dólares. si le gustaría visitar España. si es que no estudia.

<table>
<tr><td rowspan="20">PREGUNTAS
PERSONALES</td><td>1</td><td>¿Cuándo debe uno casarse?</td></tr>
<tr><td>2</td><td>¿Por qué dejaría usted de trabajar si tuviera mucho dinero?</td></tr>
<tr><td>3</td><td>¿Asistiría usted a una universidad que no tuviera exámenes?</td></tr>
<tr><td>4</td><td>¿Cómo va a hacerse famoso usted?</td></tr>
<tr><td>5</td><td>¿Debe darle el hombre todo el dinero a su esposa?</td></tr>
<tr><td>6</td><td>¿Quiere usted ser millonario?</td></tr>
<tr><td>7</td><td>¿Irá usted a España el año que viene?</td></tr>
<tr><td>8</td><td>¿Iría si tuviera bastante dinero?</td></tr>
<tr><td>9</td><td>¿Por qué es tan importante el dinero?</td></tr>
<tr><td>10</td><td>Si usted fuera rico, ¿qué haría?</td></tr>
<tr><td>11</td><td>¿Quisiera usted abrir la puerta?</td></tr>
<tr><td>12</td><td>¿Hay discusiones sobre cuestiones de dinero en su casa?</td></tr>
<tr><td>13</td><td>¿Se compraría usted un jeep para irse por todas las Américas?</td></tr>
<tr><td>14</td><td>¿Vive usted como si fuera millonario?</td></tr>
<tr><td>15</td><td>¿Qué va a hacer usted por la humanidad?</td></tr>
<tr><td>16</td><td>¿Podría usted prestarme cinco dólares?</td></tr>
<tr><td>17</td><td>Si llueve, ¿va usted al centro?</td></tr>
<tr><td>18</td><td>¿Si sufriera de alergia, ¿qué haría usted?</td></tr>
<tr><td>19</td><td>¿Es verdad que usted estudió anoche?</td></tr>
<tr><td>20</td><td>¿Lo hizo usted sin que nadie lo supiera?</td></tr>
</table>

TAREAS ORALES	**1** Find out four things your friend would do if he or she were rich. Then report to the group. **2** Find out four things your friend would do if he or she were poor. Then report to the group. **3** Explain why time is or is not gold.

PROVERBIOS ☙ *Escoja la traducción apropiada.*	☐ Cuando Dios amanece, para todos amanece. ☐ Lo pasado, pasado. ☐ Lo que uno siembra, eso levanta.	a *What's done is done.* b *As we sow so shall we reap.* c *The sun shines on the just and the unjust.*

Vocabulario

aislado	isolated	indígena	
antiguo	former, old	el, la indígena	indigenous, native
el arzobispo	archbishop	la lucha	struggle, fight
el barril	barrel	mas	but (poetic)
bello	beautiful	las mercancías	goods, merchandise
la broma	joke	la misa	mass
la cama	bed	la monja	nun
como si	as if	la noticia	news
el cura	parish priest	el obispo	bishop
la chiminea	fireplace	la parroquia	parish
definitivamente	definitely	la pobreza	poverty
diputado:		el político	politician
el diputado,		el porcentaje	percentage
la diputada	deputy	el proyecto	project
dulce	sweet	el pueblito	small village, town
el ferrocarril	railroad	religioso	religious
el fraile	priest, friar	la rueda	wheel
gobernador:		el sacerdote	priest
el gobernador	governor	el sentido	sense
la gobernadora	governess	la servidumbre	servitude
la guerra	war	terrateniente:	
la imagen	image	el, la terrateniente	landholder
el incienso	incense	la vela	candle

Cognates

la alimentación	nourishment, nutrition	la energía	energy
autorizado	authorized	la evidencia	evidence
la arquitectura	architecture	la humanidad	humanity
el arte	art	la influencia	influence
la catedral	cathedral	la marimba	marimba
el catolicismo	Catholicism	metropolitano	metropolitan
la comparación	comparison	el millonario	millionaire
completo	complete	moral	moral
conquistador:		el quiché	Quiché (Indian language)
el conquistador,		la religión	religion
la conquistadora	conqueror, conquistador	senador:	
el convento	convent	el senador,	
la diócesis	diocese	la senadora	senator
la discusión	discussion	la situación	situation
la educación	education	el templo	temple

Verbs

aumentar	to augment, increase	mantener (ie) (mantengo)	to maintain
bautizarse (c)	to get baptized		
celebrar	to celebrate	marchar	to march, to proceed
convertir (ie, i)	to convert	mejorar	to improve
convertirse (ie, i)	to become	ocuparse	to occupy oneself
deleitar	to delight	prender	to light
desaparecer (zc)	to disappear	progresar	to progress
edificar (qu)	to build	quemar	to burn
esforzar(se) (ue, c)	to exert oneself	rezar (c)	to pray
existir	to exist	rodar (ue)	to roll, to turn over
		sufrir	to suffer

Idiomatic expressions

dejar de bromas	to quit joking	hacerse	to become
estar de vuelta	to have returned		

At Fuengirola, on the Costa del Sol, Spain, a bullfighter proudly displays a bull's tail and ear, as the crowd cheers.

ॐ DIÁLOGO

¡La fiesta brava!

Es la Feria de Semana Santa en Sevilla, época de las mejores corridas del año. Walter y Steve trabajan en España para una compañía norteamericana. Están ahora en la corrida de toros con su amigo Eugenio, un compañero de trabajo.

STEVE   Mira, Eugenio. Ahí está ese tipo a caballo otra vez. Y la gente le está aplaudiendo como si hubiera hecho algo fantástico.

EUGENIO   Al contrario. Es el picador y lo están chiflando porque no les gusta. Trabaja muy mal.

WALTER   Fíjate cómo maneja el capote ese matador. Es bueno, ¿no?

EUGENIO   ¡Es magnífico! ¡Es el número uno de ahora! Mira, ya va a matarlo. ¡Qué estocada! ¡Eso sí es torear! ¡Oléee!

WALTER   ¿Ese toro es el tercero y faltan tres más, verdad?

EUGENIO   Sí, es cierto. Me alegro que hayan visto buenos matadores hoy.

WALTER   ¡Qué fantástico! ¡Cuánto me gusta! Nos hubieras traído antes, Eugenio.

EUGENIO   Lo interesante es que ya van como cinco veces que te invito. Es increíble que no hayan venido antes.

ॐ

Al salir de la plaza de toros.

EUGENIO   Bueno, Walter. Espero que te haya gustado.

WALTER   Es algo formidable, tu corrida. Si lo hubiera sabido, habría aceptado mucho antes tu invitación.

EUGENIO   ¡Qué lástima que perdieran tantas corridas! Y a ti, Steve, ¿te gustó?

STEVE　Sí, pero lo malo es que matan tantos toros. ¿No te parece un deporte muy brutal?

EUGENIO　Para ti quizás. Para nosotros el boxeo es más brutal porque son dos seres humanos que se enfrentan. De verdad, la corrida aquí no se considera un deporte. Es un rito artístico.

STEVE　¿Qué había de artístico en el voluntario que salió a torear solo con ese toro feroz. El público le aplaudió porque no tenía miedo de nada.

EUGENIO　Bueno, lo que le da más satisfacción al aficionado es que trabaje bien un hombre y que muestre su talento y arte.

WALTER　¡Qué lindo es ser torero! ¡Cuántos regalos le dieron! Y las muchachas lo abrazaban y le daban besos como si fuera estrella de cine.

STEVE　Sí, pero ¿viste lo que tuvo que hacer para que lo aclamaran? Yo no quiero ser matador. ¡Qué manera de ganarse la vida!

PREGUNTAS
SOBRE EL DIÁLOGO

1　¿Dónde están Walter y Steve?
2　¿Quién es Eugenio?
3　¿Por qué le chiflan al picador?
4　¿Vieron buenos matadores?
5　¿Le gusta la corrida a Walter?
6　¿Cuántas veces lo había invitado Eugenio?

7　¿Y le gustó a Steve?
8　¿Por qué?
9　Para los españoles, ¿qué es más brutal?
10　Si no es un deporte, ¿qué es la corrida?
11　¿Cómo trataron las muchachas al matador?
12　¿Por qué no quiere ser matador Steve?

The bullfight

It is Holy Week in Seville, season of the best bullfights of the year. Walter and Steve work in Spain for a North American company. They are now at the bullfights with their friend Eugenio, a companion from work.

STEVE　Look, Eugenio. There's that fellow on horseback again. And the people are applauding him as if he had done something fantastic.

EUGENIO　On the contrary. It is the picador and they are whistling at him because they don't like him. He works very poorly.

WALTER　Look at how that matador handles the cape. He's good, right?

EUGENIO　He's magnificent! He is the current number one! Look, now he's going to kill it. What a thrust! That is bullfighting! Oléee!

WALTER	That was the third bull and there are three more, right?
EUGENIO	Yes, that's right. I am happy that you have seen good matadors today.
WALTER	How fantastic! How I like that! You should have brought us before, Eugenio.
EUGENIO	The interesting thing is that it's going on five times that I've invited you. It's incredible that you haven't come before.

Upon leaving the bullring.

EUGENIO	Well, Walter. I hope you've enjoyed it.
WALTER	It's something impressive, your bullfight. If I had known, I would have accepted the invitation much sooner.
EUGENIO	What a pity you missed so many fights! And Steve, do you like it?
STEVE	Yes, but the bad thing is that they kill so many bulls. Doesn't it seem to you to be very brutal?
EUGENIO	To you, perhaps. To us boxing is more brutal because it's human beings that confront each other. Moreover, the bullfight is not considered a sport here. It is an artistic rite.
STEVE	What was there artistic in the volunteer who came out alone to fight that big bull? The public applauded him because he wasn't afraid of anything.
EUGENIO	Well, the thing that satisfies the fan the most is that a man works well and shows his talent and art.
WALTER	How beautiful to be a bullfighter! How many gifts they gave him! And the girls embraced him and kissed him as if he were a movie star.
STEVE	Yes, but did you see what he had to do to get them to praise him? I don't want to be a matador. What a way to earn a living!

La pronunciación

Review of Spanish vowels In the sentences that follow, practice keeping the vowels pure. Avoid the schwa sound typical of English pronunciation.

Spanish a
Es la semana de feria en Sevilla.
Trabaja para una compañía americana.

Spanish e
¡Qué estocada! ¡Eso sí que es torear!
¡Qué hermoso es ser torero!

Spanish i
¿No es magnífico el picador?
¡Te invito porque es increíble y fantástico!

Spanish o
Están en la corrida con su amigo y compañero.
¡Qué hermoso es ser torero!

Spanish u
Eugenio está aplaudiendo.
Es el número uno y les ha gustado.

La Semana Santa. Holy Week is a very important religious festival for Latin Americans. Each day of Holy Week special Masses are celebrated in the Catholic churches, and numerous religious processions take place. The processions are comprised of floats depicting the events of the last week of the life of Jesus. Great care is taken with the details of these floats, and they are near works of art. Rather than being mounted on a vehicle, most are carried by members of the particular parish that sponsored them, and it is considered an honor to be permitted to help carry the floats, which are usually very heavy. Others participating in the procession are **penitentes,** people who have made vows to show penitence by carrying a cross, wearing chains, or crawling on their knees during the course of the procession.

La feria de Sevilla. Shortly after the **Semana Santa,** the city Seville in southern Spain has its annual **feria.** Other cities also have spring festivals or fairs, but that of Seville is the largest and best known. **Feria** lasts for one week, during which time schools and businesses close and only minimal services can be obtained. People congregate near the Plaza de España, where a miniature

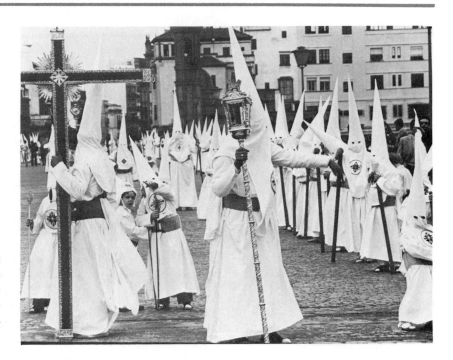

La Semana Santa: **penitentes** *preparing to march in procession; (on the facing page) a float of Christ on the cross being borne through the streets.*

city of tents or **casetas** is the center of activity. Private **casetas** are very elegantly decorated, with admission by invitation only. Public **casetas** can be entered by anyone, usually on the payment of a small admission charge. The main activities are dancing and singing, **flamenco** music, eating, and tasting the many wines available. Everyone dresses in native gypsy costumes, many ride beautiful horses, and elegant carriages transport passengers from one party to another. Guitars are abundant and everywhere groups of people sing, dance, and clap to the rhythm of **flamenco.** Throngs of people sing and dance in the streets until the early hours of the morning.

La corrida de toros. A city usually holds its biggest and best bullfights during its fair or festival. In Seville, there is a **corrida** every day during **feria** and the best-known matadors come to perform. Bullfighting is considered an art that represents man's dominion over nature. There is much spectacle as the matador enters the ring in his **traje de luces** (bullfighter's costume) surrounded by his entourage. The fight begins as the bull enters the ring and the matador makes some preliminary passes with the **capote,** a yellow-and-pink cape. Then the **picador,** on horseback, is called in to jab the bull with a sharp spear to weaken his neck muscles and lower his head. Next **banderillas,** barbed darts, are thrust into the neck and shoulder of the bull by the **banderilleros** or by the matador himself, again with the intention of weakening the bull's neck muscles and reducing his ability to hook upward with his horns as he passes very close by the matador. The matador then gets the red **capote** and sword, makes his final passes with the bull, and kills it. For a good fight, the matador is awarded an ear of the bull. For an extremely good fight, he is awarded both ears and the tail.

The present perfect subjunctive

The present perfect subjunctive is formed by combining the present subjunctive and the verb **haber** with a past participle.

PRESENT SUBJUNCTIVE OF **haber**			PAST PARTICIPLE
haya	hayamos		hablado
hayas	hayáis	PLUS	aprendido
haya	hayan		vivido

The present perfect subjunctive is used in a dependent clause in which the subjunctive is required. It applies to situations in which the action of the dependent clause takes place before that of the main verb. The main verb is usually in a present tense.

Me alegro que lo hayas visto. *I am glad you have seen it.*
Es increíble que hayan estado *It's incredible that you have been here*
aquí un año. *a year.*

ॐ
Conteste según el modelo.

Es posible que Eugenio haya venido. ¿Y ellos?
Sí, es posible que hayan venido.

¿Y Steve? ¿Y los chicos? ¿Y tu papá?

No creo que tu tío haya llegado. ¿Y los primos?
No, no creo que hayan llegado.

¿Y Eugenio? ¿Y mis padres? ¿Y Julieta?

ॐ
Responda según el modelo.

Han visto la corrida. (Me alegro que)
Me alegro que hayan visto la corrida.
1   Les ha gustado mucho. (Espero que)
2   No hemos ido antes. (Es increíble que)
3   Han matado seis toros. (Me sorprende que)
4   Eugenio ha chiflado al picador. (Es probable)
5   Todos han viajado en España. (No es posible que)
6   Yo he visitado Sevilla tres veces. (Ellos no creen que)
7   Mi prima no ha llegado. (Es una lástima que)
8   Su tía no ha venido nunca. (¡Qué lástima)
9   Hemos trabajado mucho este año. (¡Qué bien que)
10 El profesor ha dormido poco. (¿Cree usted que)

ॐ

The past perfect subjunctive

The past perfect subjunctive is formed by combining the imperfect subjunctive of the verb **haber** with a past participle.

On the way to **la Feria de Sevilla.**

IMPERFECT SUBJUNCTIVE OF **haber**			PAST PARTICIPLE
hubiera	hubiéramos		hablado
hubieras	hubierais	PLUS	aprendido
hubiera	hubieran		vivido

A la Feria.

The past perfect subjunctive is used in dependent clauses which require the subjunctive. It applies to situations where the action of the dependent clause happens before that of the main verb. This form is also used for contrary-to-fact situations in *if* clauses with **si** and **como si.**

Fue increíble que no hubiéramos ido antes.	*It was unbelievable that we hadn't gone before.*
Eugenio se alegró de que hubieran visto buenos matadores.	*Eugenio was glad that they had seen good bullfighters.*
Si yo hubiera sabido eso . . .	*If I had known that . . .*
Lo trataron como si hubiera sido estrella de cine.	*They treated him as though he had been a movie star.*

The past perfect subjunctive is also used in expressions involving an obligation.

Yo no los llevé nunca a la corrida.	*I never took you to a bullfight.*
Usted nos hubiera llevado a la corrida.	*You should have taken us to a bullfight.*
No les dije el secreto.	*I didn't tell you the secret.*
Nos hubiera dicho el secreto.	*You should have told us the secret.*

క੍
Conteste según el modelo.

Era posible que Walter lo hubiera dicho. ¿Y Eugenio?
Sí, era posible que lo hubiera dicho.

¿Y sus amigos? ¿Y ustedes? ¿Y nosotros?

Era increíble que las chicas hubieran salido. ¿Y los muchachos?
Sí, era increíble que hubieran salido.

¿Y el profesor? ¿Y Julieta? ¿Y nosotros?

క੍
Responda según el modelo.

A No me han invitado. (Fue una lástima que)
Fue una lástima que no lo hubieran invitado.

Ellos no han ido nunca (Era increíble)
Han perdido muchas corridas. (Eugenio sentía que)
Mi tía ha dicho eso. (Yo dudaba que)
Se lo han comido todo. (Era imposible que)

B No los llevé a la corrida.
Nos hubiera llevado a la corrida.

no les enseñé español.
no les dije la verdad.
no les mostré las fotos.
no les di el dinero.

ह

Responda según el modelo.

Usted no sabía eso, ¿verdad?
¡Ay! ¡Si hubiera sabido eso!
Usted no fue al baile, ¿verdad?
Usted no vio los toros, ¿verdad?
Usted no salió con él, ¿verdad?
Usted no llegó a tiempo, ¿verdad?

No era estrella de cine, ¿verdad?
No, pero habló como si hubiera sido estrella de cine.
No tenía millones, ¿verdad?
No conocía la familia, ¿verdad?
No era un pobre, ¿verdad?
No era un campeón, ¿verdad?

Juan me ha dado el dinero (no creí que)
No creí que se lo hubiera dado.
Eugenio nos ha mostrado los toros. (¡Qué bien que)
Steve les ha comprado los boletos. (Walter dudó que)
Usted le ha traído el regalo al profesor. (Era importante que)

¿Le lavó las camisas?
¡Ay! ¡Se las hubiera lavado!
¿Le abrió la puerta?
¿Le buscó el libro?
¿Le compró un regalo?

Bullfighting is popular in Hispanic America as well as in Spain; this matador, with **capote,** *and picador are in a bullring in Manizales, Colombia.*

Seville: a bullfighter's costume is decorated with intricate embroidery.

Vocabulario suplemental

DIMENSIONES Y FORMAS[1]

La plaza de toros no es **angosta**.	*narrow*
ancha	*wide*
La plaza de toros no es **cuadrada**.	*square*
redonda	*round*
Los toros no son **livianos**.	*light*
pesados	*heavy*
El toro no es **flaco**.	*skinny*
gordo	*fat*
Los toros no son **pequeños**.	*small*
grandes	*large*
El torero no es **bajo**.	*short*
alto	*tall*
El chocolate puede ser **espeso**.	*thick*
aguado	*thin*
El océano no es **poco profundo**.	*shallow*
es **profundo**	*deep*

Conteste.

1 La plaza de toros, ¿es cuadrada o redonda?
2 ¿Son livianos o pesados los toros?
3 ¿Es bajo o alto el torero?
4 ¿El océano es profundo. ¿Verdad?
5 Usualmente, ¿la plaza de toros es angosta o ancha?

[1] *Dimensions and shapes*

Exclamations with qué

Exclamations often follow one of the following three word-order patterns with **qué**. The English equivalent of **qué** is usually *what*, but when **qué** is followed directly by an adjective, the English equivalent is *how*.

Qué + noun + más (tan) + adjective
  ¡Qué matadores más (tan) fantásticos!   *What fantastic bullfighters!*

Qué + adjective + noun
  ¡Qué fantástico matador!   *What a fantastic bullfighter!*

Qué + adjective
  ¡Qué fantástico!   *How fantastic!*

Responda según el modelo.

A Hemos visto matadores fantásticos.
   ¡Qué matadores más fantásticos!
   Hemos tenido buenos profesores.
   Han sido excelentes estudiantes.
   Hemos visto formidables jugadores.

B Esa chica tiene ojos bonitos.
   ¡Qué ojos tan bonitos!
   Ese jugador tiene manos muy buenas.
   Esa chica tiene dientes perfectos.
   Ese chico tiene brazos muy fuertes.

C Este café es sabroso.
   ¡Qué sabroso!
   Este libro es interesante.
   Esa chica es inteligente.
   Ese joven es complicado.

The subjunctive or indicative in noun clauses after an exclamation

When a dependent noun clause follows a main clause that is an exclamation, its verb may be in the indicative or subjunctive.

¡Qué lástima que no ganáramos!

¡Qué lástima que no ganamos! *What a pity we didn't win.*

¡Qué lástima que no hayamos
   ganado!

¡Qué lástima que no hubiéramos
   ganado!

*Conteste. A escoger entre el
indicativo y el subjuntivo.*

No hemos ganado, ¿eh?   Este café es muy bueno.
¡Qué lástima que no ganamos!   **¡Qué buen café!**
¡Qué lástima que no hayamos ganado!   Esta película es mala.
No han traído el dinero, ¿eh?   Esta clase es magnífica.
No han comprado los boletos, ¿eh?   Esta profesora es excelente.
No han venido, ¿eh?

The neuter article **lo**

1 The neuter article **lo** combines with an adjective to indicate an
abstract quality.

Lo bueno es que comimos al fin.   *The good part is that we finally ate.*
Lo malo es que hay que pagar.   *The bad part is we have to pay.*
Lo interesante es que vino a   *The interesting thing is that he came to*
   verme.   *   see me.*

Other common combinations are **lo imposible, lo ridículo, lo importante.**

2 Neuter **lo** combines with a possessive to indicate that which is
his, mine, etc.

Lo tuyo es mío.   *What is yours is mine.*
Busca **lo tuyo**.   *Look for that which is yours.*

3 Neuter **lo** combines with **que** to refer to a statement or an idea.

Va a llover hoy **lo que** no me gusta.   *which*
No entiendo **lo que** me dice.   *that which*

However, **lo** may not be used to refer to a specific noun already
mentioned. Instead, a definite article **(el, la, los, las)** is used with
que.

Con ese dinero y **el que** yo tengo   *that which*
   hay suficiente.

❧

Dé el equivalente en español de
las palabras en cursivas.

1 *The good thing* is that she is paying.
2 He is willing to do *the impossible*.
3 He didn't say *what* he wanted.
4 All *that (which)* glitters is not gold.
5 He doesn't appreciate *that which is his*.
6 At least he will play, *which* pleases me.

❧

Responda según el modelo.

A Ella viene con su novio. Es ridículo.
 Lo ridículo es que viene con su novio.
 No hay trabajo. Es malo.
 No puedo ir mañana. Es triste.
 El trae mucho dinero. Es importante.

B ¿Qué quería su mamá?
 No sé lo que quería.
 ¿Qué dijo Luis?
 ¿Qué trajo Juan Carlos?
 ¿Qué piensa hacer Rodrigo?

 LECTURA

Eugenio, el aficionado a los toros

Yo soy lo que se puede llamar un ardiente aficionado a los toros.
Es la única diversión que tengo. Voy con los amigos casi todos los
domingos a la plaza de toros de Sevilla. Y como todas las ciudades
principales de España, tiene excelentes plazas de toros. Vamos a
Huelva, Córdoba y hasta Madrid cuando hay muy buenos matadores. Cuando era más joven jugaba al fútbol y tengo muchos
amigos que todavía prefieren ver un partido de fútbol que ir a la
corrida. Dicen que el fútbol atrae° un mayor número de aficionados y lo consideran el deporte nacional. Para mí, la corrida es
mucho más interesante. En la plaza el hombre está solo con el toro
y tiene que mostrar su valentía° y su hombría.° La fiesta brava es
para los más valientes.° En la corrida el torero no es hombre si
tiene miedo de enfrentarse con el toro y demostrar su valor.° Si
además de ser valiente el matador puede colocar° las banderillas
con gracia y facilidad,° y hacer que el toro siga° la capa, nosotros
lo aclamamos con mucha emoción y entusiasmo. Claro, lo más
difícil es matar el toro. Requiere muchísima habilidad hacerlo con
una sola estocada. La corrida es mucho más que un deporte

attracts

show his bravery; manliness
the bravest (people)
show his courage
place
grace and ease; make the bull follow

porque incluye más ceremonía y tradición. Es una forma de arte y es una de las tradiciones más características que tiene el mundo hispánico. Sólo en España y en algunos países colonizados por los españoles, por ejemplo, México y el Perú, hay corridas en estos días.

PREGUNTAS SOBRE LA LECTURA

1 ¿Qué es un aficionado?
2 ¿Por qué le gusta más la corrida que el fútbol a Eugenio?
3 ¿Qué tiene que hacer el matador para mostrar su valentía?
4 ¿Es difícil matar al toro?
5 ¿Tiene usted miedo de los toros?
6 ¿Quiere usted ser matador?

COMPLETE LAS FRASES

1 Yo tendría miedo si _____.
2 ¡Qué lástima que _____!
3 Yo soy aficionado _____.
4 Mi papá insistió _____.
5 Ella no quería que _____.

FORME PREGUNTAS

1 Mi deporte favorito es el béisbol.
2 Hace un año que estoy aquí.
3 Sí, me lo buscó.
4 Sí, dudaba que me lo hubiera comprado.
5 Sí, me alegro que hayamos visto las corridas.

BREVES CONVERSACIONES

Pregúntele a _____ qué le parece la corrida de toros.
   si le gustaría ser torero.
   si su amigo va a vendérselo.
   qué haría si fuera rico.
   si es aficionado a los toros.
   si su novio (-a) tiene los ojos negros.
   si fue una lástima que no ganáramos.
   quién le dio el dinero.

PREGUNTAS PERSONALES

1 Si estuviera usted en España, ¿iría a la corrida de toros?
2 ¿Le parece un deporte cruel la corrida de toros?
3 ¿No es más brutal el boxeo?
4 ¿Quién es el mejor torero del mundo?
5 ¿Quién es el número uno en béisbol ahora? ¿Y en fútbol americano?
6 ¿Qué es lo que les da más satisfacción a los aficionados de la corrida?
7 ¿Qué tiene de artístico la corrida de toros?

8 ¿Es artista el matador entonces?

9 ¿No se puede ver la corrida de toros en la televisión?

10 ¿Tendría usted miedo de entrar en la plaza de toros si hubiera un toro?

11 ¿Le gustaría más si no mataran el toro?

12 ¿Es usted aficionado a los toros?

13 ¿Cuál es su deporte favorito?

14 ¿Cree usted que los toreros sean tan populares como los grandes futbolistas de los Estados Unidos?

15 ¡Qué fantásticas las corridas de toros! ¿Verdad?

16 ¿No es increíble que no las hayan hecho aquí en los Estados Unidos?

17 ¿Le gustaría que tuviéramos corridas aquí?

18 ¿Si usted fuera rico (-a), iría a España a ver las corridas?

TAREAS ORALES

1 Prepare five statements about your favorite sport as a participant.

2 Prepare five statements about your favorite sport or spectacle as a spectator.

3 Prepare five points you would make for each side in a debate on the topic:

El toreo no es tan cruel como el boxeo.

Bullfighting is not as cruel as boxing.

PROVERBIOS

ॐ

Escoja la traducción apropiada.

☐ Una golondrina no hace verano.

☐ Quién quita la ocasión, quita el pecado.

☐ Quién busca el peligro, perece en él.

a *He who avoids temptation avoids sin.*

b *One swallow does not make it summer.*

c *He who looks for danger perishes in it.*

Vocabulario

aguado	thin	espeso	thick
al contrario	to (on) the contrary	la estocada	thrust, stab
ancho	wide	la estrella	star
angosto	narrow	feroz	fierce
el beso	kiss	formidable	impressive
el capote	cape	increíble	unbelievable
la corrida de toros	bullfight	liviano	light
cuadrado	square	pesado	heavy
la época	season, time	poco profundo	shallow

profundo	*deep*	el **toro**	*bull*
redondo	*round*	**voluntario:**	
el **rito**	*rite, ritual*	el voluntario,	
tercero	*third*	la voluntaria	*volunteer*
el **torero**	*bullfighter*		

Cognates

artístico	*artistic*	el **picador**	*picador*
brutal	*brutal*	**ridículo**	*ridiculous*
cruel	*cruel*	el **secreto**	*secret*
la **dimensión**	*dimension*	el **talento**	*talent*
el **matador**	*matador*		
¡olé!	*olé! (an expression of approval)*		

Verbs

aclamar	*to acclaim*	**chiflar**	*to whistle*
aplaudir	*to applaud*	**enfrentarse (con)**	*to confront*
considerar	*to consider*	**torear**	*to fight a bull*

Idiomatic expressions

a caballo	*on horseback*

Puertorriqueños en Nueva York.

ஃ DIÁLOGO

¡Despierta, boricua, y defiende lo tuyo!

Luis y Juan Carlos están en una reunión política en Harlem. Escuchan un discurso con un grupo de jóvenes puertorriqueños. El grupo fue organizado por el señor Sánchez, candidato para senador por Nueva York.

SÁNCHEZ	. . . y en conclusión, mis jóvenes amigos y amigas borinqueños, yo le diría al puertorriqueño joven de hoy día, ¡despierta, boricua, y defiende lo tuyo!
JUAN CARLOS	No se entiende mucho cuando hablan esos políticos. ¿Tú sacaste algo del discurso?
LUIS	Sí, más o menos que uno tiene derechos como ciudadano. No importa el idioma y la cultura que uno tenga, siempre hay ciertas oportunidades que la Constitución le garantiza.
JUAN CARLOS	Bueno, yo entiendo que tengo derecho a mi idioma y a mi cultura. No me hacen falta derechos, sino oportunidades. Un buen trabajo, por ejemplo.
LUIS	¿Qué decidiste? ¿Vas a seguir buscando trabajo en las fábricas, o te quedas en el restaurante con don Víctor?
JUAN CARLOS	No sé. Ojalá pagara más don Víctor. No se puede vivir con lo que le pagan a uno estos días. Si no fuera por la familia, no sé lo que haría.
LUIS	Yo tuve mucha suerte. Ya me aceptaron en el curso de electrónica. Cuando termine, quizás me consiga un buen empleo.
JUAN CARLOS	Bueno, voy a hacer como dijo ese político . . . defender lo mío y también buscar a la mía.
LUIS	¿Te refieres a Marcela, la cubana?
JUAN CARLOS	Sí. ¿Cómo sabías?
LUIS	Porque hace un año que estás locamente enamorado de ella.

Poco después Juan Carlos está en la casa de Marcela.

MARCELA   ¡Hola, mi amor! ¿Cómo estás?

JUAN CARLOS   Hola, cariño. Bien, ¿y tú?

MARCELA   Perfectamente. ¿Viniste en la guagua?

JUAN CARLOS   No, me trajo Luis en su carro.

MARCELA   ¡Cuánto me alegro de verte!

JUAN CARLOS   Yo también. Soñé contigo anoche.

MARCELA   ¿Así? ¿Y qué pasó?

JUAN CARLOS   Pues, habíamos juntado los chavos, nos casamos y fuimos a vivir a Cuba, la isla de tus ilusiones.

MARCELA   Eso sí que fue un sueño. Los puertorriqueños pueden darse el lujo de volver a su isla. Parece que para nosotros, los cubanos, la puerta está cerrada.

JUAN CARLOS   No importa, con tal que estemos juntos, ¿verdad?

MARCELA   Sí, querido.

Florida float in Puerto Rico Day parade, New York City.

1 ¿Qué dijo el candidato político a los jóvenes puertorriqueños?
2 ¿Tienen derechos de ciudadanos en los Estados Unidos los puertorriqueños?
3 ¿Qué oportunidad necesita Juan Carlos?
4 ¿Con quién trabaja Juan Carlos?
5 ¿Qué suerte tuvo Luis?
6 ¿De quién está enamorado Juan Carlos?
7 ¿Fue Juan Carlos a visitar a Marcela en la guagua?
8 ¿Con quién soñó Juan Carlos?
9 ¿Qué pasó en su sueño?
10 ¿Pueden volver a su isla los puertorriqueños?
11 ¿Y los cubanos? ¿Por qué no?
12 ¿Qué es lo más importante para Juan Carlos y Marcela?

Wake up, Puerto Rican, and defend what's yours!

Luis and Juan Carlos are in a political meeting in Harlem. They are listening to a speech with a group of Puerto Rican youths. The group was organized by Mr. Sánchez, senatorial candidate for New York.

SÁNCHEZ . . . and in conclusion, my young Puerto Rican friends, I would say to the Puerto Rican youth of today, "*Wake up*, Puerto Rican, and defend what is yours!"

JUAN CARLOS One doesn't understand a lot when those politicians talk. Did you get anything from the speech?

LUIS Yes, more or less that one has rights as a citizen. It's not important the language or the culture one has, there are certain opportunities that the Constitution guarantees.

JUAN CARLOS Well, I understand that I have a right to my language and my culture. I don't lack rights, only opportunities. A good job, for example.

LUIS What did you decide? Are you going to continue looking for work in the factories, or are you going to stay in the restaurant with don Victor?

JUAN CARLOS I don't know. I wish don Victor would pay more. One can't live on what they pay these days. If it weren't for the family, I don't know what I would do.

LUIS I was very lucky. They've already accepted me in an electronics course. When I finish, perhaps I'll get a good job.

JUAN CARLOS Well, I am going to do like that politician said . . . defend what's mine. And look for my girl.

LUIS Are you referring to Marcela, the Cuban?

JUAN CARLOS Yes, how did you know?

LUIS Because it's been a year that you've been madly in love with her.

Diálogo 411

A little later Juan Carlos is in Marcela's house.

MARCELA	Hi, my love! How are you?
JUAN CARLOS	Hi, dear. Well, and you?
MARCELA	Perfectly. Did you come on the bus?
JUAN CARLOS	No, Luis brought me in his car.
MARCELA	How happy I am to see you!
JUAN CARLOS	Me too. I dreamed about you last night.
MARCELA	Is that right? And what happened?
JUAN CARLOS	Well, we had pooled our money, we got married, and we went to live in Cuba, the island of your dreams.
MARCELA	That was a dream. The Puerto Ricans can afford the luxury of returning to their island. It looks like for us, the Cubans, the door is closed.
JUAN CARLOS	It's not important, provided we are together, right?
MARCELA	Yes, dear.

La pronunciación

Song   The following verses and chorus are from the Puerto Rican song **¡Qué bonita bandera!** The song was not written by a particular individual, but improvised by the people to express their love for their flag and country. The verses include most of the sounds used in Spanish. In enunciating this or any other Spanish poem, pronunciation may be exaggerated for effect.

¡Qué bonita bandera!

Bonita, bonita.
¡Qué bonita es ella!
Señores, bonita es mi bandera puertorriqueña.

Azul, blanca y colorada,
y en el medio tiene una estrella.
¡Qué bonita, compay,°
es mi bandera puertorriqueña!

compay = compadre *(friend)*

¡Qué bonita bandera; que bonita bandera!
¡Qué bonita bandera es la bandera puertorriqueña!

Los boricuas. The terms **boricua** and **borinqueño** mean *Puerto Rican* or a person from Puerto Rico. The words are derived from **boriquen,** the name of the indigenous people who inhabited the island of Puerto Rico before the Spaniards arrived.

Los puertorriqueños represent 14 percent of New York City's eight million inhabitants. The hope of finding better jobs and increased economic well-being is the main reason for the heavy Puerto Rican migration to the United States. The migration is not a one-way stream; in years when the Puerto Rican economy is strong, more people return to Puerto Rico than leave.

Ciudadanos o extranjeros. When Puerto Ricans, who are citizens of a United States territory and have many privileges of

Spanish-speaking society at John Jay College of the City University of New York.

citizenship, first arrive in New York City or Chicago, they face three general areas of **choque cultural** that most United States citizens do not encounter: (1) language, (2) work view, and (3) social structure.

No hablo inglés. English is commonly taught in the schools of Puerto Rico; however, the children seldom learn English well enough to control the language unless they move to the United States or have an English-speaker in their home. Once in the United States, the children are placed in English-dominant classes. In spite of bilingual education programs, the dropout rates and breakdowns in communication between schools and parents— and between parents and their children—is greater for Puerto Ricans than for other minorities.

Busco buen trabajo. Most Puerto Ricans, when they first arrive, are forced to accept low-paying jobs. Because they traditionally identify with a **patron** (boss) and with the people who work in the shop or business, they are reluctant to jump from job to job in hope of improving themselves. In the view of many Puerto Ricans, getting ahead requires being part of the group and being what is expected in the "community." While the Puerto Ricans work hard and keep a low profile, other groups move upward through professionalism and unionism. Lacking an adequate education and marketable skills, the **Boricua** is seemingly locked into many of the same conditions he or she attempted to leave in Puerto Rico.

ह✒

The subjunctive with ojalá

Ojalá, meaning *I wish* or *I hope,* is used with the present subjunctive, the imperfect subjunctive, or the past perfect subjunctive. It is sometimes followed by **que,** but more often it is used without **que.**

Ojalá que vengan mañana.	*I hope they (will) come tomorrow.*
Ojalá vinieran mañana.	*I wish they would come tomorrow.*
Ojalá hubieran venido ayer.	*I wish they had come yesterday.*

Conteste según el modelo.	¿Viene Luis mañana? **Ojalá que venga mañana.** ¿Canta Juan Carlos hoy? ¿Puede volver a la isla don Jorge? ¿Aprende inglés su hijo?
Responda según el modelo.	Don Víctor está enfermo. **Ojalá no estuviera enfermo.** El hijo mayor dejó la escuela. Tiene problemas con el idioma. Don Jorge vuelve a la isla.
Conteste según el modelo.	Luis no vino. **Ojalá hubiera venido.** Don Jorge no aprendió inglés. Don Víctor no pagó más. Juan no tuvo suerte.

The conjunctions **pero** and **sino**

Both **pero** and **sino** are used as equivalents of English *but*. **Sino** is used to contradict a previous negative statement. When **sino** is followed by a clause, **sino que** must be used.

No necesito derechos, sino oportunidades.	*I don't need rights, but (rather) opportunities.*
No es cubano, sino puertorriqueño.	*He is not a Cuban, but (on the contrary) a Puerto Rican.*
No jugaron, sino que fueron a la reunión.	*They didn't play, but went to the meeting.*
No bailaron, sino que cantaron toda la noche.	*They didn't dance, but sang all night.*

Pero is used as an equivalent of *but* in the sense of *nevertheless*. It does not contradict a negative statement.

Quiere viajar pero no tiene dinero.	*He wants to travel but has no money.*
Aprendió inglés pero no era fácil.	*She learned English, but it was not easy.*

Conteste según el modelo. **A** ¿Le gusta hablar español?
Sí, me gusta hablar español pero es muy difícil.
bailar una rumba   jugar al tenis
flotar en el agua

B ¿Vienes esta noche?
No, pero es posible que mi hermano venga.
¿Te vas mañana?   ¿Te quedas ahora?
¿Sales esta tarde?   ¿Llegas tarde?

C ¿Es nuevo su vestido?
No, señor, no es nuevo sino muy viejo.
rico el profesor—pobre
tonto Renaldo—inteligente
fea Catalina—bonita
difícil el español—fácil
pequeño el muchacho—grande

D ¿Les gusta estudiar?
No, no les gusta estudiar sino divertirse.
viajar—quedarse en casa
ir en jet—en coche
pescar—descansar
jugar al tenis—al golf
ir a la playa—a las montañas

Reflexive se in unplanned actions

The reflexive **se** plus a verb in the third person may be used to
report actions which are perceived as happening by themselves.
The person involved or interested in the happening is indicated
by the appropriate indirect object pronoun.

Se me rompió el vaso.	*I broke the glass. (The glass broke on me.)*
Se me olvidó.	*I forgot it. (It was forgotten to me.)*
Se le perdieron los libros.	*He lost his books. (His books got lost.)*
Se nos ocurre una idea.	*We have an idea. (An idea occurs to us.)*
Se me murió el tío favorito.	*My favorite uncle died (on me).*

Conteste según el modelo. Se me ocurrió una idea. ¿Y a ti?   Se le cayeron los vasos. ¿Y a usted?
Se me ocurrió una idea también.   **Sí, a mí se me cayeron también.**
¿Y a ellos? ¿Y a don Jorge?   ¿Y a Luis? ¿Y a ustedes? ¿Y a ellos?
¿Y a Juan Carlos?

Conteste según el modelo.

¿Se te quedó en casa el libro?
Claro, se me quedó el libro en casa.

los zapatos
el suéter
la corbata
las aspirinas

Conteste. A escoger según el modelo.

¿Se le ha olvidado el dinero o el cheque?
Se me ha olvidado el cheque.

1 ¿Se le ha roto el brazo o la pierna?
2 ¿Se le han roto los platos o las tazas?
3 ¿Se le ha caído el plato o el vaso?
4 ¿Se le ha muerto el tío o la tía?
5 ¿Se le ha olvidado la hora o el día?
6 ¿Se le ha quedado en casa el libro o el papel?
7 ¿Se te ha ofrecido dinero o trabajo?
8 ¿Se le ha permitido venir el jueves o el sábado?

Vocabulario suplemental

LOS GUSTOS Y OLORES[1]

Esta sopa es **deliciosa.**	*delicious*
Sí, tiene un gusto **agradable.**	*pleasant*
un gusto **desagradable.**	*unpleasant*
Sí, tiene un gusto **sabroso.**	*savory, delicious*
feo, malo	*ugly, bad, unpleasant*
La rosa tiene un olor **fragante.**	*fragrant*
¡Qué aroma perfumada!	*What a perfumed aroma!*
La **basura** tiene un olor **hediondo.**	*garbage; stinking*
¡Qué olor repugnante!	*What a repugnant smell!*
Este tabaco que fumo huele bien, ¿no?	*This tobacco I'm smoking smells good, doesn't it?*
Sí, quiero olerlo más.	*Yes I want to smell it more.*
Eso huele a gasolina.	*That smells like gasoline.*
Sí, no quiero olerlo más.	*Yes, I don't want to smell it any more.*

Conteste.

1 La sopa deliciosa, ¿tiene un gusto agradable o desagradable?
2 ¿Cómo huele la basura?
3 ¿Qué olor tiene el perfume?
4 Una comida sabrosa, ¿huele bien o mal?
5 Esta rosa tiene un aroma fragante. ¿Quiere usted olerla?

[1] *Tastes and smells*

Leaders of the Young Lords, a political activist group, in Newark, New Jersey.

Reflexive se as a nonpersonal subject (review)

The reflexive pronoun **se** is used as the nonpersonal subject of a third person singular verb when no reference is made to who or what performs the action. The subject in this reflexive construction acts upon itself. The construction merely indicates that an action is going on. The English equivalent is *one, you, they,* or *people* plus the verb.

No se puede vivir con lo que pagan.

One (you) cannot live on what they pay.

No se come muy bien aquí.

They don't eat very well here.

Se dice que las clases son para tontos.

People say the classes are for fools.

Conteste según el modelo.

¿Qué tal la vida aquí?
Se vive muy bien aquí.

1 ¿Qué tal la comida aquí?
2 ¿Qué tal el trabajo aquí?

3 ¿Qué tal el estudio aquí?
4 ¿Qué tal el juego aquí?

🐦
Conteste. A escoger entre 1 y 2.

¿Se vive bien o mal aquí?
1   **Se vive bien aquí.**
2   **Se vive mal aquí.**

¿Se juega mucho o poco aquí?
¿Se trabaja bien o mal aquí?
¿Se come bien o mal aquí?
¿Se estudia mucho o poco aquí?

🐦
Conteste. A escoger entre sí o no.

¿Se puede fumar en la clase?
No, no se puede fumar en la clase.
Sí, se puede fumar en la clase.

¿Se puede comer en la cafetería sin corbata?
¿Se puede bailar en la catedral?
¿Se puede hablar inglés en la clase de español?
¿Se puede vivir con lo que pagan hoy?

🐦

The reflexive as equivalent of the passive voice

When a subject acts upon an object, the verb is in the active voice.

SUBJECT   OBJECT
El señor Sánchez organizó la reunión.   *Mr. Sánchez organized the meeting.*

When the subject, instead of acting, is acted upon, the verb is said to be in the passive voice. A typical passive sentence in English is *The meeting was organized.*

In Spanish, a meaning of this kind may be expressed with a verb and reflexive **se,** since in the reflexive construction, the subject acts upon itself. The verb used with **se** may be singular or plural; it agrees in number with the subject. The subject may follow or precede the verb.

Se organizó la reunión ayer.   *The meeting was organized yesterday.*
Las puertas se abrieron a las siete.   *The doors were opened at seven.*

🐦
Conteste según el modelo.

¿Dónde se organizó la reunión? (Nueva York)
Se organizó en Nueva York.

¿Dónde se escribió este libro? (Estados Unidos)
¿Dónde se publicó este libro? (Nueva York)
¿Dónde se organizaron las Naciones Unidas? (San Francisco)
¿Dónde se hizo ese auto? (España)

Conteste.
1 ¿Cuándo se construyó este edificio?
2 ¿Cuándo se abren las puertas?
3 ¿Cuándo se cierran las puertas?
4 ¿Cuándo se hicieron elecciones aquí?
5 ¿Cuándo se descubrió América?

🐦

The passive voice

The passive voice is much less common in Spanish than in English because reflexive **se** constructions are so often used instead. However, to place emphasis on who was the agent or doer of the action, Spanish-speakers do use the passive voice.

The passive voice is formed by combining the appropriate form of the verb **ser** with a past participle. The past participle agrees in number and gender with the subject. The agent may either be expressed or implied.

La reunión fue organizada por el señor Sánchez.	*The meeting was organized by Mr. Sánchez.*
El *Quijote* fue escrito por Cervantes.	Don Quixote *was written by Cervantes.*

🐦

Conteste.
1 ¿En qué curso fue aceptado Luis?
2 ¿Por quién fue organizado el grupo de puertorriqueños?
3 ¿Dónde fue publicado este libro?
4 ¿Dónde fue escrito el *Quijote*?
5 ¿Por quién fue escrito el *Quijote*?
6 ¿Quién fue elegido presidente de los Estados Unidos?
7 ¿Cuándo fue descubierto* el Nuevo Mundo?

🐦

Conteste según el modelo.
¿Quién descubrió América?
América fue descubierta por Cristóbal Colón.

¿Quiénes conquistaron el Nuevo Mundo?
¿Quién escribió el *Quijote*?
¿Quién organizó el grupo de puertorriqueños en Harlem?
¿Quién inventó el teléfono?

---

*descubierto. Irregular past participle of **descubrir** *to discover.*

Remember that the past participle is also used as an adjective with **estar** to indicate a resultant condition. Compare the following sentences.

PAST PARTICIPLE WITH **ser**	PAST PARTICIPLE WITH **estar**
(In this case the action and the person doing the action are indicated.)	(In this case the condition which resulted from an action is expressed. No mention is made of the agent.)
La carta fue escrita por un inglés.	La carta está escrita en inglés.
Las puertas fueron cerradas por Emilio.	Las puertas están cerradas.

Lea las frases en voz alta. A escoger entre una forma de **ser** *o* **estar** *para completar las frases.*

1 El grupo _____ organizado por el señor Sánchez.
2 Dijeron que el grupo _____ bien organizado.
3 El banco ya _____ cerrado. Lo cerraron a las seis.
4 El edificio _____ construido por los cubanos.
5 Ese escritor _____ muy cansado.

LECTURA

Juan Carlos y la lealtad¹ a la familia

Entre nosotros, los latinos, la familia es muy importante. Si me preguntan quién soy, lo más probable es que diga, «soy de la familia Ramos y me llamo Juan Carlos». Tradicionalmente hemos encontrado la seguridad económica y emocional en la casa de los

¹ loyalty

we trust
padres. Claro que en tiempos modernos hay otras organizaciones como el Seguro Social o la Cruz Roja que pueden ayudar en caso de emergencia. Pero confiamos° más en la familia y por eso buscamos lo necesario primero en casa.

will respect (subjunctive in Spanish)
a bad name

behave badly; shame

he becomes furious

take care

Se espera que un buen hijo respete° mucho a sus padres y a sus abuelos también y que no haga nada que les traiga mala fama.° Si me porto mal° mi papá me dice que eso trae vergüenza° sobre toda la familia y él se pone furioso.° Los hijos debemos considerarnos como representantes de la familia y cuidarnos° mucho de no deshonrarla.

I remember

Entre nosotros el padre tiene, como en todas partes, la responsabilidad de atender a los deseos y las necesidades de su esposa. Ahora se está cambiando la costumbre un poco pero me acuerdo° que antes mi papá sentía más lealtad a su mamá que a nadie. Los deseos de ella eran más importantes que los deseos de su esposa. Una vez lo explicó así: «Mi mamá, que me crió,° me pidió que lo hiciera. Mi esposa se enojó° y lo siento mucho pero en mis venas tengo la sangre° de mi mamá.»

raised me
got mad
blood

pride
these days

El orgullo° y la lealtad a la familia son muy importantes y la familia hoy día° es la organización más poderosa de la sociedad hispánica.

PREGUNTAS
SOBRE LA LECTURA

1 ¿Qué organizaciones hay en Latinoamérica para ayudarle a uno en caso de emergencia?
2 ¿Por qué prefieren buscar la seguridad primero en casa?
3 ¿Cómo entra el apellido de uno cuando le preguntan a una persona quién es?
4 ¿Por qué siente tanta lealtad el esposo latino hacia su mamá?
5 ¿Si un americano tuviera que escoger entre los deseos de su esposa y los de su mamá, ¿a quién seguiría?
6 ¿Cómo explicó el latino su decisión de seguir los deseos de su mamá?
7 ¿Qué haría usted en ese caso?
8 ¿Por qué es tan fuerte la lealtad a la familia en Latinoamérica?

COMPLETE LAS
FRASES

1 Ojalá _____.
2 _____ sino oportunidades.
3 ¿_____ quedó en casa tu libro?
4 _____ por Cristóbal Colón.
5 ¿Cuándo _____ el Nuevo Mundo?

A Puerto Rican family in Boston.

FORME PREGUNTAS

1 Sí, en la cafetería se puede comer sin corbata.
2 Sí, quiero, pero no tengo dinero.
3 No, no se me olvidó nada.
4 Se dice que la comida es muy buena aquí.
5 El *Quijote* fue escrito por Cervantes.

BREVES CONVERSACIONES

Pregúntele a _____ si aquí se estudia mucho.
si aquí se habla español.
si aquí se prohíbe fumar.
si aquí se come bien.
si aquí se ven muchos rusos.

1   ¿Quisiera usted hacer un viaje a Puerto Rico?
2   ¿No le gustaría visitar Cuba también?
3   ¿Cree usted que los puertorriqueños y cubanos tengan derecho a su idioma y su cultura? ¿Qué quiere decir eso?
4   ¿Quién tiene el problema con el idioma? ¿Los chicos o el sistema?
5   ¿Qué le parecen las clases bilingües?
6   ¿Cree usted que el gobierno americano les haya ayudado a los cubanos que han llegado aquí?
7   ¿Conoce usted a algún puertorriqueño o cubano? ¿Qué tal?
8   ¿Qué es lo que más le gusta de los cubanos y puertorriqueños?
9   ¿Se prohíbe fumar en la sala de clase?
10 ¿Por qué no se puede bailar en la catedral?
11 ¿Por quiénes fue inventado el jazz?
12 ¿De dónde viene la música de los puertorriqueños y cubanos?
13 ¿Se le olvidó algo esta mañana?
14 ¿Nunca se le ha muerto un amigo?
15 Si fuera rico, ¿qué cosas compraría?

TAREAS ORALES

1   Interview a Cuban or a Puerto Rican and find out all you can about the islands. Then tell your classmate in Spanish the most interesting things you learned.
2   Imagine that you are going to interview a Puerto Rican or Cuban. Form the questions which you will ask him or her in the interview in Spanish.

PROVERBIOS

Escoja la traducción apropiada.

☐ Más vale vecino cerca que hermano lejos.

☐ Quién adelante no mira, atrás se queda.

☐ No echar una cosa en saco roto.

a He who does not look ahead will be left behind.

b Don't waste an opportunity.

c A nearby neighbor is worth more than a distant brother.

Vocabulario

algún, alguno	one, some	el **cariño**	affection, love
el **auto**	car	**ciudadano:**	
la **basura**	garbage	el ciudadano,	
el, la **boricua**	Puerto Rican	la ciudadana	citizen
borinqueño:		los **chavos**	money (slang)
el borinqueño,		el **discurso**	speech, talk
la borinqueña	Puerto Rican		

la **electrónica**	*electronics*	**hediondo**	*stinking*
escritor:		la **isla**	*island*
el escritor,		**locamente**	*crazily*
la escritora	*writer*	el **olor**	*smell*
la **fábrica**	*factory*	**sabroso**	*delicious*
fragante	*fragrant*		
la **guagua**	*bus (Caribbean regionalism)*		

Cognates

el **animal**	*animal*	la **constitución**	*constitution*
la **aroma**	*aroma, smell*	**delicioso**	*delicious*
bilingüe	*bilingual*	**desagradable**	*distasteful, disagreeable*
candidato:		la **oportunidad**	*opportunity*
el candidato,		**organizado**	*organized*
la candidata	*candidate*	**perfumado**	*perfumed*
la **conclusión**	*conclusion*	**repugnante**	*repugnant*

Verbs

conseguir (i,g)	*to obtain*	**juntar**	*to pool, put together*
decidir	*to decide*	**oler (hue)**	*to smell*
defender (ie)	*to defend*	**publicar (qu)**	*to publish*
elegir (i, j)	*to elect*	**referirse (a) (ie, i)**	*to refer (to)*
flotar	*to float*	**regresar**	*to return*
garantizar (c)	*to guarantee*	**romper (p.p. roto)**	*to break*
inventar	*to invent*	**soñar (ue)**	*to dream*

Idiomatic expressions

darse el lujo	*to afford the luxury*

Barcelona, the second largest city in Spain, the chief city of Catalonia, and a major port.

DIÁLOGO

¡Rumbo a Barcelona!

Roger White y Debbie, recién casados, están en un jet 747 de la Iberia rumbo a Barcelona. El señor Garcés, un oficial del avión, los saluda.

EL SEÑOR GARCÉS	Buenos días. Espero que lo hayan pasado bien.
ROGER WHITE	Perfectamente. Tienen un servicio excelente. ¿Llegamos a las seis?
EL SEÑOR GARCÉS	Sí, en una hora habremos llegado al aeropuerto de Barcelona. ¿Piensan pasar mucho tiempo en España?
ROGER WHITE	Tengo un contrato de dos años. Si la compañía no hubiera insistido, no nos habríamos comprometido a quedarnos tanto tiempo.
EL SEÑOR GARCÉS	Les va a gustar Barcelona. La gente de ahí tiene fama de ser industriosa como ustedes los norteamericanos.
ROGER WHITE	Sí, creo que dentro de seis meses nos habremos acostumbrado.
EL SEÑOR GARCÉS	Se habla mucho del «choque cultural», pero como ustedes ya hablan español no tendrán dificultades. Les deseo mucho éxito.
ROGER WHITE	Muchas gracias. ¡Que le vaya bien!

Después de haber estado en Barcelona una semana la señora White habla con la señora Hernández, la esposa de un colega del señor White.

LA SEÑORA HERNÁNDEZ	Buenas tardes. ¿Qué tal marchan las cosas?
DEBBIE WHITE	Bueno, estamos en el apartamento, pero fíjese que no han llegado los baúles de los Estados Unidos.

Modern apartment buildings in Barcelona.

LA SEÑORA HERNÁNDEZ	A lo mejor habrán llegado durante el fin de semana.
DEBBIE WHITE	Creo que no. Nos habrían avisado.
LA SEÑORA HERNÁNDEZ	Por lo menos ya habrán firmado el contrato para el apartamento, ¿no?
DEBBIE WHITE	Sí, muy interesante eso. No lo habría creído si no lo hubiera visto. Estuvieron aquí tanto tiempo para firmar un contrato. Hablamos del tiempo, de la historia política y ¡qué sé yo cuánto!
LA SEÑORA HERNÁNDEZ	Así somos en España. Nos gusta conversar y tener una relación personal en los negocios. Y la muchacha que le mandé, ¿qué tal?
DEBBIE WHITE	Ah, muchas gracias. Con la Conchi es un circo aquí. Yo tendría que haber estudiado un español más práctico.
LA SEÑORA HERNÁNDEZ	En un par de semanas ya se habrá acostumbrado a todo eso.
DEBBIE WHITE	Es interestantísima esa muchacha. Esta mañana le pedí que me sugiriera algo para la cena de esta noche, y ¿sabe lo que me dijo?
LA SEÑORA HERNÁNDEZ	Le habrá respondido en coplas.
DEBBIE WHITE	¡Cómo la conoce usted! Me dijo: «Yo soy bailarina y bailo al son que me toquen.»

PREGUNTAS
SOBRE EL DIÁLOGO

1   ¿Adónde van Debbie y Roger?
2   ¿Cuánto tiempo hace que están casados?
3   ¿Van a pasar mucho tiempo en España?
4   ¿Cómo son las personas de Barcelona?
5   ¿Qué es el choque cultural?
6   ¿Por qué dice el señor Garcés que los White no tendrán problemas?

7   ¿Quién es la señora Hernández?
8   ¿Qué es lo que no ha llegado?
9   ¿Por qué tomaron tanto tiempo con el contrato?
10 ¿A Debbie le gusta la muchacha que mandaron?
11 ¿Qué clase de español necesitaba Debbie?
12 ¿Cómo contestaba Conchi?

Bound for Barcelona!

Roger White and Debbie, newlyweds, are in an Iberia 747 jet bound for Barcelona. Mr. Garcés, a crew member, greets them.

EL SEÑOR GARCÉS	Good morning. I hope the trip has gone well for you.
ROGER WHITE	Perfectly. You have excellent service. Will we arrive at six o'clock?
EL SEÑOR GARCÉS	Yes, in one hour we will have arrived at the airport of Barcelona. Do you intend to spend much time in Barcelona?
ROGER WHITE	I have a two-year contract. If the company hadn't insisted we wouldn't have committed ourselves to stay so long.
EL SEÑOR GARCÉS	You're going to like Barcelona. The people there are famous for being industrious like you North Americans.
ROGER WHITE	Yes, I believe that within six months we will have become acclimated.
EL SEÑOR GARCÉS	They talk a lot about "culture shock," but since you already speak Spanish you won't have any problems. I wish you much success.
ROGER WHITE	Many thanks. May it go well with you!

After having been in Barcelona one week, Mrs. White is talking with Mrs. Hernández, the wife of a colleague of Mr. White.

LA SEÑORA HERNÁNDEZ	Good afternoon. How are things going?
DEBBIE WHITE	Well, we are in the apartment, but [take note that] the trunks haven't arrived from the United States.
LA SEÑORA HERNÁNDEZ	They probably arrived during the weekend.
DEBBIE WHITE	I don't think so. They would have advised us.
LA SEÑORA HERNÁNDEZ	At least you have probably already signed the lease for the apartment, right?

DEBBIE WHITE	Yes, that's very interesting. I wouldn't have believed it if I hadn't seen it. They were here such a long time to sign a lease. We talked about the weather, political history, and I don't know what all!
LA SEÑORA HERNÁNDEZ	We are like that in Spain. We like to converse and to have a personal relationship in business. And the girl I sent you, how is she?
DEBBIE WHITE	Oh, thank you very much. With Conchi it's a circus here. I should have studied a more practical Spanish.
LA SEÑORA HERNÁNDEZ	In a couple of weeks you will have become accustomed to all that.
DEBBIE WHITE	That girl is very interesting. This morning I asked her to suggest something for dinner this evening, and do you know what she told me?
LA SEÑORA HERNÁNDEZ	She probably answered you in verse.
DEBBIE WHITE	How you know her! She told me: "I am a dancer, and I dance to the tune they play for me."

La pronunciación

Poetry Learn to read the following poem without a flaw in your pronunciation or intonation.[1] If your instructor assigns you to do so, memorize the poem and present it to the class.

Canción de otoño en primavera
de Rubén Darío[2] **(fragmentos°)**

selections

Juventud, divino tesoro.
¡ya te vas para no volver!
Cuando quiero llorar, no lloro . . .
y a veces lloro sin querer.

. . .

from waiting

It embitters and weighs down.

En vano busqué a la princesa
que estaba triste de esperar.°
La vida es dura. Amarga y pesa.°
¡Ya no hay princesa que cantar!

But despite the unfavorable time
end

with gray hair I approach
rose trees (traditional meeting place
for lovers)

Mas a pesar del tiempo terco,°
mi sed de amor no tiene fin;°
con el cabello gris me acerco°
a los rosales° del jardín . . .

[1] This poem is recorded on the laboratory tapes.

[2] Rubén Darío (1867–1916) is the modernist poet from Nicaragua who became Latin America's greatest and most cosmopolitan literary voice. He rebelled against outmoded literary forms and fought the encroachment of materialism and imperialism into Latin American life. Idealism is one of his favorite themes.

Juventud, divino tesoro,
¡ya te vas para no volver! . . .
Cuando quiero llorar, no lloro,
y a veces lloro sin querer. . . .

golden dawn

¡Mas es mía el alba de oro!°

❧ NOTAS CULTURALES

At the Barcelona subway.

Coping with cultural differences. No matter what your background or part of the United States you come from, you have certain attitudes, feelings, and reactions that make you distinctly North American. (We aren't 200 million carbon copies of each other, of course, but researchers find many similarities in the way we live, think, and have grown up, similarities that bind us together as an American society.) As we travel, we are bound to experience a series of small shocks on first seeing things that are in sharp contrast to our own culture. We need to remember that the people of every culture have their own collection of traits, just as North Americans have theirs. Every culture feels that its way of doing things is probably right and superior to that of any other culture. Learning to get along in a foreign country becomes easier when one understands that mostly there are not right and wrong ways to do things, just different ones.

Language. Even a foreign-language student is sure to feel some stress on first arriving in a foreign country, for communication has been impeded by a new language. The classroom situation in which the student has been practicing is different from actually being in the country and hearing a large assortment of individuals speak their native tongue. In Spain no less than in Spanish America, different types of accents and modes of speaking occur within the generous framework of the Spanish language, one of the few truly world languages. The traveler learns to adjust to the variety of actual speech, just as we long ago learned to handle and appreciate the accents of Boston, Charleston, Chicago, Toronto, and London—but for a time they can be a problem.

Standard of living. In contrast to North America's largely middle-class population, the population of many Spanish-speaking countries seems to consist of two main classes. The largest majority of the people are very poor. A small number are extremely wealthy. In some nations experiencing rapid industrial development, a sizable middle class has begun to emerge.

Attitudes and customs. Time is not of the essence in other cultures as it is in North America. Other cultures are unhurried and more gracious in contrast to the abrupt and businesslike manner of most North Americans. As a matter of custom, people tend to agree rather than disagree and refrain from revealing a general opinion if it might offend another person. In the major industrialized cities throughout Latin America, a gradual change is beginning to be felt: people are taking on more North American customs and attitudes.

Coping with culture shock. Remember not to be critical of things you do not immediately understand. Extra patience and courtesy are vital while you are learning the reasons for things being as they are, if only because any traveler or visitor to a foreign country is in the minority. Make an effort to learn the customs and language of a country before going there; while there, keep an openness of mind, ask questions, and withhold judgment.

Las Ramblas, *a favorite place for strolling in Barcelona, is a wide tree-lined avenue with a central pedestrian mall lined with open-air stalls where birds and flowers are sold.*

The future perfect tense

The future perfect tense is formed by combining the future of the auxiliary verb **haber** with a past participle.

FUTURE OF **haber**			PAST PARTICIPLE
habré	habremos		hablado
habrás	habréis	PLUS	aprendido
habrá	habrán		vivido

Le habré hablado mañana.   *I will have spoken to him by tomorrow.*
Ellos habrán aprendido todos los verbos.   *They will have learned all the verbs*

The future perfect is used to tell what will have or what may have happened by a given time in the future. It is very frequently used to tell what has probably happened or may have happened.

En una hora habremos llegado a Barcelona.   *In one hour we will have arrived in Barcelona.*
Le habrá respondido con una copla.   *She probably answered you with a couplet.*
Por lo menos habrán firmado el contrato.   *At least you have (in all probability) signed the contract.*

Conteste según el modelo.   Conchi ya habrá llegado. ¿Y los otros?
Sí, ya habrán llegado también.

¿Y la señora White? ¿Y ustedes? ¿Y nosotros?

Ellos ya se habrán levantado. ¿Y ustedes?
Sí, ya nos habremos levantado.

¿Y tus sobrinas? ¿Y la tía Lola?

Conteste según el modelo.   ¿Vas a terminarlo el jueves?
Sí, para el jueves lo habré terminado.
1   ¿Vas a decirle el martes?
2   ¿Vas a venderla mañana?
3   ¿Vas a aprenderlo esta noche?
4   ¿Vas a declararte el domingo?
5   ¿Vas a volver el veintisiete?

The conditional perfect tense

The conditional perfect tense is formed by combining the conditional of the auxiliary verb **haber** with a past participle.

THE CONDITIONAL OF
haber

PAST PARTICIPLE

habría	habríamos	
habrías	habríais	} PLUS
habría	habrían	

hablado
aprendido
vivido

No habría creído eso.

I would not have believed that.

De otra manera nos habrían avisado.

Otherwise they would have advised us.

The conditional perfect is frequently used in a result clause when the dependent *if* clause expresses something contrary to fact.

Si no lo hubiera visto no lo habría creído.

If I had not seen it I would not have believed it.

No nos habríamos quedado si la compañía no hubiera insistido.

We would not have stayed if the company had not insisted.

Si hubiera tenido dinero habría ido.

If I had had money I would have gone.

Conteste según el modelo.

No habría creído esto. ¿Y usted?
No, no lo habría creído tampoco.

¿Y ellos? ¿Y sus hermanos? ¿Y ella?

Yo me habría quedado tres años. ¿Y ellos?
También se habrían quedado tres años.

¿Y tú? ¿Y tus padres? ¿Y el profesor?

Responda según el modelo.

Nosotros hemos hablado español siempre.
Nosotros no habríamos hablado español siempre.

Él ha buscado al médico.   Ella ha visitado Barcelona.
Ellos han salido de la casa.   Ellos han firmado el contrato.

¿Qué harían sin ti?
No sé qué habrían hecho sin mí.

¿Cómo comerían sin ti?   ¿Cómo pagarían sin ti?
¿Adónde irían sin ti?   ¿Cómo entrarían sin ti?

Responda según el modelo. Si lo supiera se lo diría.
Si lo hubiera sabido se lo habría dicho.

Si nos invitaran, iríamos.
Si llegaran, nos avisarían.
Si no insistieras ella no vendría.
Si no lo viera no lo creería.
Si me pagara, yo estaría contento.

Conteste. ¿Qué habría hecho usted si hubiera estado enfermo?
¿Si hubiera ganado la lotería?
¿Si hubiera tenido un choque?
¿Si hubiera tenido un dolor de muelas?
¿Si hubiera tenido un dolor de cabeza?

Antonio Gaudí (1852–1926), the innovative Barcelona architect, was noted for his daring structures, sculptural forms, and fluid lines. (Left) The unfinished church of the Sagrada Familia (Holy Family); (right) the Casa Milá, an apartment house built in 1905–1910.

The conditional perfect tense 🐦 **435**

Vocabulario suplemental

DIRECCIONES[1]

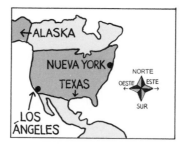

Nueva York está en el **este.**   *east*
Los Ángeles está en el **oeste.**   *west*
Alaska está en el **norte.**   *north*
Texas está en el **sur.**   *south*

Mire usted **a la izquierda.**   *to the left*
　　　　a la derecha.   *to the right*
　　　　derecho.   *straight ahead*
　　　　arriba.   *up*
　　　　abajo.   *down*

Vamos a pasar **adentro.**   *Let's go inside.*
　　　　　　afuera.   *outside.*

Conteste.　**1** El sol, ¿se levanta en el este o el oeste?
　　　　　2 ¿Dónde se pone el sol?
　　　　　3 El Canadá ¿está en el norte o en el sur?
　　　　　4 ¿Miró usted abajo y arriba?
　　　　　5 ¿Está usted más a gusto adentro o afuera?

[1] *Directions*

Present subjunctive or present perfect subjunctive in dependent clauses

In sentences which require the subjunctive, if the main clause is in the present, future, present perfect, or is a command, the dependent clause will be in the present subjunctive or the present perfect subjunctive.

The choice between the present subjunctive and the present perfect subjunctive is made on the basis of the time relationship between the main verb and the dependent verb. The present subjunctive is used when the action of the dependent verb is to take place in the future, or when the actions of the main verb and the dependent verb occur at the same time.[1]

Romero le pide a Julieta que deje la carrera.	*Romero asks Julieta to leave her career.*
Iremos a Barcelona con tal que el viaje no sea muy largo.	*We will go to Barcelona provided the trip is not very long.*
Le han dicho a Cristina que les escriba.	*They have told Cristina to write to them.*
Dígales que no firmen el contrato hasta que yo lo vea.	*Tell them not to sign the contract until I see it.*

The present perfect subjunctive is used in the dependent clause when the action is already completed or is to be completed before the action of the main verb.

Me alegro que hayan visto buenos matadores.	*I am glad you have seen good bullfighters.*
Estaremos instalados con tal que hayan llegado los baúles.	*We will be moved in provided the trunks have arrived.*
Avíseme tan pronto como hayan llegado.	*Tell me as soon as they have arrived.*

---

[1] Note that the English equivalent may have the infinitive or the indicative and therefore does not always help one to determine which tense of the subjunctive is to be used in Spanish.

Responda según el modelo.

A Me alegro que estés aquí hoy. (ayer)
Me alegro que hayas estado aquí ayer.
¡Qué bueno que nos visites hoy!
Es increíble que lo haga hoy.
Espero que él venga hoy.

B Es posible que lo hayan visto. (mañana)
Es posible que lo vean mañana.
Ojalá que se lo hayan dicho.
Es mejor que no lo hayan leído.
No creo que le hayan pagado.

෨

Imperfect subjunctive or past perfect subjunctive in dependent clauses

In sentences which require the subjunctive, if the main clause is in the preterit, conditional, imperfect, or past perfect, the dependent clause will be in the imperfect subjunctive or the past perfect subjunctive.

Supermarket or **supermercado,** *the pattern is the same, whether in the United States or Spain.*

The choice between the imperfect subjunctive and the past perfect subjunctive is made on the basis of the time relationship between the two clauses.

The imperfect subjunctive is used when the action of the dependent verb takes place at the same time or was to take place after the action of the main verb.

Le pedí que sugiriera algo para la cena.	*I asked her to suggest something for dinner.*
Ella no iría a menos que yo insistiera.	*She wouldn't go unless I insisted.*
Mis padres querían que yo estudiara filosofía.	*My parents wanted me to study philosophy.*
Me habían pedido que yo los acompañara.	*They had asked me to accompany them.*

The past perfect subjunctive is used when the action of the dependent verb is already completed or was to have been completed before the action of the main verb.

Me alegré de que nos hubieran visitado.	*I was glad they had visited us.*
Esperaba que los baúles hubieran llegado.	*I hoped that the trunks had arrived.*
No me sorprendería que le hubiera respondido en español.	*It wouldn't surprise me if she had answered in Spanish.*

Responda según el modelo.

A Espero que les haya gustado. (Esperaba)
Esperaba que les hubiera gustado.

Me sorprende que haya dicho eso. (Me sorprendió)
Es posible que lo hayan visto. (Era)
Es increíble que no hayan venido. (Era)

B Me lo explicaron antes de que llegara él. (explicarán)
Me lo explicarán antes de que llegue él.

Me lo dieron con tal que le pagara. (darán)
Te lo mostraron para que aprendieras. (mostrarán)
Se lo dijeron sin que les preguntara. (dirán)

Los signos del zodíaco—el horóscopo

¿Cuándo nació usted?

Nací el 10 de noviembre.

Ah, entonces usted nació bajo el signo de Escorpión.

Acuario

Desde el 20 de enero hasta el 18 de febrero

Usted es progresista. Tiene ideas originales y buenas. Será un buen líder o una amiga del movimiento de liberación femenina.

Piscis

Desde el 19 de febrero hasta el 20 de marzo

Usted tiene una imaginación muy viva y algunas veces cree que es víctima del FBI o la CIA. Tendrá tendencia de ser tímido pero siempre será una persona fascinante.

Aries

Desde el 21 de marzo hasta el 19 de abril

Usted es una persona impulsiva, industriosa, y un buen líder. Será un general o una madre superior en un convento.

Tauro

Desde el 20 de abril hasta el 20 de mayo

Usted es muy práctico y constante. Sabrá dedicarse a una causa como el comunismo o los estudios graduados.

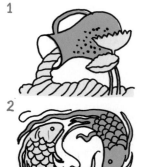

Géminis

Desde el 21 de mayo hasta el 20 de junio

Usted es una persona inteligente en extremo pero perezosa. Tendrá mucho éxito en la vida artística.

Cáncer

Desde el 21 de junio hasta el 22 de julio

Usted es simpático pero muy sentimental. ¡Cuidado! Podrá ser víctima de sus sentimientos.

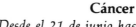

Leo

Desde el 23 de julio hasta el 22 de agosto

Usted es egoísta y no le gusta la crítica personal. Será un tipo de dictador arrogante o una esposa dominante.

Virgo

Desde el 23 de agosto hasta el 22 de septiembre

Usted es una persona muy lógica, razonable y tranquila. Tiene posibilidad de ser un buen chofer de taxis o un profesor insufrible.

Libra

Desde el 23 de septiembre hasta el 22 de octubre

Usted es más idealista y romántico que realista. Vive en un mundo de literatura y fantasías. Algún día estará muy desilusionado con la vida.

Escorpión

Desde el 23 de octubre hasta el 21 de noviembre

Usted es una persona de carácter violento y de emociones intensas. No tiene escrúpulos y por eso tendrá mucho éxito financiero.

Sagitario

Desde el 22 de noviembre hasta el 21 de diciembre

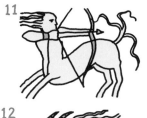

Usted es una persona entusiasta y un optimista incurable. Tendrá mucha suerte porque tiene muchos amigos.

Capricornio

Desde el 22 de diciembre hasta el 19 de enero

A usted no le gusta hacer nada malo. Tendrá tentación de robar un banco pero no lo hará porque es de buen corazón.

PREGUNTAS SOBRE LA LECTURA

1. ¿En qué día y en qué mes nació usted?
2. ¿Bajo qué signo del zodíaco nació usted?
3. ¿Qué características tendrá usted según el zodíaco?
4. ¿Tiene usted esas características?
5. Según el zodíaco, ¿qué características tiene su mejor amigo (-a)?
6. ¿Es cierto que tiene esas características?
7. ¿Cree usted en los signos? ¿Por qué?

1 Esperaba que usted _____.
2 En seis meses nosotros _____.
3 Si yo fuera rico _____.
4 Le han pedido que _____.
5 _____ no habríamos venido.

FORME PREGUNTAS 1 Sí, yo habría ido en ese caso.
2 No, no habremos terminado el libro hoy.
3 Te lo daré cuando tenga tiempo.
4 Sí, le mandé que trajera el dinero.
5 Sí, creo que ya habrán llegado.

BREVES
CONVERSACIONES Pregúntele a _____ si le gustaría trabajar en España.
si hubiera preferido viajar en vez de estudiar.
cuando piensa salir para España.
si le interesan las corridas de toros.
si piensa llegar a Europa este verano.
adónde va a pasar las vacaciones.
si va a estudiar español el año que viene.
si piensa volver a esta universidad.
si le gustaría estudiar otro idioma.

PREGUNTAS
PERSONALES 1 Si no hubiera venido a esta universidad, ¿adónde habría ido?
2 ¿Iría usted a trabajar en Sudamérica?
3 ¿Habría ido a Europa si hubiera tenido más dinero?
4 ¿Ha tenido usted un choque cultural?
5 ¿En seis años habrá viajado mucho?
6 ¿Qué harían sus compañeros sin usted?
7 ¿Habría usted estudiado si la profesora no hubiera insistido?
8 Si no estudiara español, ¿qué estudiaría?
9 ¿Habría creído que el español fuera tan fácil?
10 Si a usted le invitara a la Casa Blanca, ¿iría?
11 ¿Se alegra usted de haber estudiado español?
12 ¿Es posible que usted se case este verano?
13 ¿Qué querían sus padres que usted hiciera?
14 ¿Se sorprende usted que ya terminen las clases?
15 ¿Se alegra usted de que ya no tenga que estudiar más?

TAREAS ORALES 1 Ask your classmate five questions regarding his or her plans for the future.
2 Explain to the group what you expect to have accomplished by the time school starts again next year.
3 Tell a classmate why you agree or disagree with your horoscope and tell what you will do with your life.

PROVERBIOS

Escoja la traducción apropiada.

☐ Como se vive, se muere.

☐ Adonde fueres, haz lo que vieres.

☐ Cortesías engendran cortesías.

a When in Rome, do as the Romans do.

b As the twig is bent, the tree is inclined.

c One good turn deserves another.

Vocabulario

abajo	down	la derecha	right
adentro	inside	derecho	straight ahead
afuera	outside	el este	east
arriba	up	el éxito	success
bailarín:		la fama	fame, reputation
el bailarín,		la izquierda	left
la bailarina	dancer	la lotería	lottery
el baúl	trunk	el norte	north
colega:		el oeste	west
el, la colega	colleague	práctico	practical
la copla	verse	el son	sound, tune, melody
el choque	shock; accident	el sur	south

Cognates

la dificultad	difficulty	el servicio	service
la relación	relation		

Verbs

acostumbrarse	to become accustomed to	instalar	to install
avisar	to advise		

Idiomatic expressions

rumbo a	bound for	el recién casado, la	
¡qué sé yo cuánto!	I don't know what all	recién casada	newlywed

Cuarto repaso

1. *If* clauses and result clauses.

Complete las frases según el modelo.

Si él se casa irá a México.
Si él se casara iría a México.

1 Si tengo dinero iré a Las Vegas.
 Si _____ dinero _____ a Las Vegas.
2 Si llueve no jugaremos al tenis.
 Si _____ no _____ al tenis.
3 Si vuelve el sábado podrá jugar.
 Si _____ el sábado _____ jugar.
4 Si se levanta a las diez llegará tarde.
 Se se _____ a las diez _____ tarde.

2. Subjunctive in dependent noun, adjective, and adverbial clauses.

A escoger entre el presente o el imperfecto del subjuntivo.

1 (venga, viniera) Temo que ella no _____.
2 (haga, hiciera) Mandan que él lo _____.
3 (tenga, tuviera) Buscaban un muchacho que no _____ miedo.
4 (quiera, quisiera) No había nadie que _____ casarse.
5 (puedas, pudieras) Dudo que tú _____ hacerlo.
6 (ayude, ayudara) Lo hizo usted sin que nadie le _____.
7 (vuelva, volviera) Querían que ella _____ temprano.
8 (sepa, supiera) ¿Saldría usted con una señorita que no _____ hablar español?

Past perfect subjunctive after ojalá.

Responda según el modelo. **A** Juan estuvo enfermo.   **Ojalá no hubiera estado enfermo.**
1 Luisa llegó tarde.
2 Ellos vinieron solos.
3 Llovió esta tarde.
4 Fueron en jet.
5 Los muchachos ganaron.

B Ella no escribió.   **Ojalá hubiera escrito.**
1 Tú no volviste.
2 Ella no estuvo.
3 Juan no dijo todo.
4 Ellos no regresaron.
5 Mamá no fue al baile.

4. Sino **and** pero.

Complete las frases con **sino** *o* **pero** *según el caso.*
1 Me gusta la música _____ no me gusta bailar.
2 No voy al baile _____ al cine.
3 Es bonito _____ no es nuevo.
4 Les gusta estudiar _____ no les gusta divertirse.
5 Parece joven _____ es muy viejo.
6 No sé esquiar _____ me gustaría aprender.
7 Le compraría el regalo _____ no tiene dinero.
8 Él cree que es rico _____ es pobre.
9 El español no es difícil _____ fácil.

5. **The passive voice.**

Conteste según el modelo.
¿Quién descubrió el Nuevo Mundo? (Cristóbal Colón)
Fue descubierto por Cristóbal Colón.
1 ¿Quién vendió los periódicos? (los muchachos)
2 ¿Quién inventó el jazz? (los americanos)
3 ¿Quién vendió el pan? (los muchachos)
4 ¿Quién fabricó ese auto? (la compañía Ford)
5 ¿Quién escribió esa música? (el señor Jones)

6. **Review of the major tenses.**

Dé el equivalente en español.
1 He speaks.
2 He used to speak.
3 He spoke.
4 He has spoken.
5 He would speak.
6 He will speak.
7 He will have spoken.
8 I hope he has spoken.
9 I hoped he would speak.
10 I hoped he had spoken.
11 As if he had spoken.
12 If only he had spoken. **(Ojalá)**

Choosing the right subjunctive tense.

Present perfect subjunctive versus imperfect subjunctive

1 (haya salido, saliera) Me lo trajeron antes de que yo _____.
2 (hayan venido, vinieran) Dudaba que _____.
3 (haya gustado, gustara) Espero que les _____.

Present perfect subjunctive versus past perfect subjunctive

4 (haya insistido, hubiera insistido) Ella no iría a menos que yo
_____.
5 (hayan destruído, hubieran destruído) Llegaremos al parque con tal
que no lo _____.
6 (hayan acostado, hubieran acostado) Me alegro de que ya se
_____.

Present subjunctive versus imperfect subjunctive

7 (tuviera, tenga) Te lo cantaré cuando _____ tiempo.
8 (traiga, trajera) Le dije que _____ el dinero.
9 (paguen, pagaran) No creía que lo _____.

Verb Tables

Regular Verbs

Infinitive	hablar *to speak*	aprender *to learn*	vivir *to live*
Present participle	hablando *speaking*	aprendiendo *learning*	viviendo *living*
Past participle	hablado *spoken*	aprendido *learned*	vivido *lived*

Simple tenses

Present indicative	*I speak, do speak, am speaking*	*I learn, do learn, am learning*	*I live, do live, am living*
	hablo	aprendo	vivo
	hablas	aprendes	vives
	habla	aprende	vive
	hablamos	aprendemos	vivimos
	habláis	aprendéis	vivís
	hablan	aprenden	viven
Imperfect	*I was speaking, used to speak*	*I was learning, used to learn*	*I was living, used to live*
	hablaba	aprendía	vivía
	hablabas	aprendías	vivías
	hablaba	aprendía	vivía
	hablábamos	aprendíamos	vivíamos
	hablabais	aprendíais	vivíais
	hablaban	aprendían	vivían

Preterit	I spoke, did speak	I learned, did learn	I lived, did live
	hablé	aprendí	viví
	hablaste	aprendiste	viviste
	habló	aprendió	vivió
	hablamos	aprendimos	vivimos
	hablasteis	aprendisteis	vivisteis
	hablaron	aprendieron	vivieron

Future	I will speak, shall speak	I will learn, shall learn	I will live, shall live
	hablaré	aprenderé	viviré
	hablarás	aprenderás	vivirás
	hablará	aprenderá	vivirá
	hablaremos	aprenderemos	viviremos
	hablaréis	aprenderéis	viviréis
	hablarán	aprenderán	vivirán

Conditional	I would speak, should speak	I would learn, should learn	I would live, should live
	hablaría	aprendería	viviría
	hablarías	aprenderías	vivirías
	hablaría	aprendería	viviría
	hablaríamos	aprenderíamos	viviríamos
	hablaríais	aprenderíais	viviríais
	hablarían	aprenderían	vivirían

Present subjunctive	(that) I may speak	(that) I may learn	(that) I may live
	hable	aprenda	viva
	hables	aprendas	vivas
	hable	aprenda	viva
	hablemos	aprendamos	vivamos
	habléis	aprendáis	viváis
	hablen	aprendan	vivan

Imperfect subjunctive, -ra	*(that) I might speak*	*(that) I might learn*	*(that) I might live*
	hablara	aprendiera	viviera
	hablaras	aprendieras	vivieras
	hablara	aprendiera	viviera
	habláramos	aprendiéramos	viviéramos
	hablarais	aprendierais	vivierais
	hablaran	aprendieran	vivieran

Imperfect subjunctive, -se	*(that) I might speak*	*(that) I might learn*	*(that) I might live*
	hablase	aprendiese	viviese
	hablases	aprendieses	vivieses
	hablase	aprendiese	viviese
	hablásemos	aprendiésemos	viviésemos
	hablaseis	aprendieseis	vivieseis
	hablasen	aprendiesen	viviesen

Imperative	*speak*	*learn*	*live*
	habla	aprende	vive
	hablad	aprended	vivid

Compound tenses

Perfect infinitive

haber hablado   *to have spoken*
haber aprendido   *to have learned*
haber vivido   *to have lived*

Perfect participle

habiendo hablado   *having spoken*
habiendo aprendido   *having learned*
habiendo vivido   *having lived*

Present perfect

I have spoken, learned, lived

he	hemos	
has	habéis	hablado, aprendido, vivido
ha	han	

Past perfect

I had spoken

había	habíamos	
habías	habíais	hablado, aprendido, vivido
había	habían	

Future perfect   *I will have spoken, shall have spoken*

habré	habremos	⎞
habrás	habréis	⎬ hablado, aprendido, vivido
habrá	habrán	⎠

Conditional perfect   *I would have spoken, should have spoken*

habría	habríamos	⎞
habrías	habríais	⎬ hablado, aprendido, vivido
habría	habrían	⎠

Present perfect subjunctive   *(that) I may have spoken*

haya	hayamos	⎞
hayas	hayáis	⎬ hablado, aprendido, vivido
haya	hayan	⎠

Past perfect subjunctive, -ra   *(that) I might have spoken*

hubiera	hubiéramos	⎞
hubieras	hubierais	⎬ hablado, aprendido, vivido
hubiera	hubieran	⎠

Past perfect subjunctive, -se   *(that) I might have spoken*

hubiese	hubiésemos	⎞
hubieses	hubieseis	⎬ hablado, aprendido, vivido
hubiese	hubiesen	⎠

Stem-changing Verbs

Class I

Certain verbs ending in **-ar** and **-er** change the stressed stem vowel **e** to **ie** or **o** to **ue** in all persons of the singular and in the third person plural of the present indicative and the present subjunctive. The same changes occur in the singular imperative. (In the other tenses, no vowel changes occur.)

cerrar   *to close*

	e to ie	
Present indicative	**cierro**	cerramos
	cierras	cerráis
	cierra	**cierran**
Present subjunctive	**cierre**	cerremos
	cierres	cerréis
	cierre	**cierren**
Imperative	**cierra**	cerrad

	o to ue	
	volver	*to return*
Present indicative	**vuelvo**	volvemos
	vuelves	volvéis
	vuelve	**vuelven**
Present subjunctive	**vuelva**	volvamos
	vuelvas	volváis
	vuelva	**vuelvan**
Imperative	**vuelve**	volved

Other common Class I stem-changing verbs:

acordarse	despertar	jugar*	pensar
acostarse	empezar	llover	perder
almorzar	encender	mostrar	recordar
comenzar	encontrar	mover	rogar
contar	entender	negar	sentarse
costar	errar (yerro)	oler (huelo)	

*The verb **jugar** changes **u** to **ue.**

Class II

Certain verbs ending in **-ir** show the same changes as in Class I, plus a change of **e** to **i** or **o** to **u** in the present participle, the first and second persons plural of the present subjunctive, both third persons of the preterit, and all persons of the imperfect subjunctive. (In the other tenses, no vowel changes occur.)

e to ie, e to i

	sentir	to feel
Present participle	sintiendo	
Present indicative	siento	sentimos
	sientes	sentís
	siente	sienten
Preterit	sentí	sentimos
	sentiste	sentisteis
	sintió	sintieron
Present subjunctive	sienta	sintamos
	sientas	sintáis
	sienta	sientan
Imperfect subjunctive, -ra	sintiera	sintiéramos
	sintieras	sintierais
	sintiera	sintieran
Imperfect subjunctive, -se	sintiese	sintiésemos
	sintieses	sintieseis
	sintiese	sintiesen
Imperative	siente	sentid

o to ue, o to u

	dormir	to sleep
Present participle	durmiendo	
Present indicative	duermo	dormimos
	duermes	dormís
	duerme	duermen
Preterit	dormí	dormimos
	dormiste	dormisteis
	durmió	durmieron
Present subjunctive	duerma	durmamos
	duermas	durmáis
	duerma	duerman

Imperfect subjunctive,	durmiera	durmiéramos
-ra	durmieras	durmierais
	durmiera	durmieran

Imperfect subjunctive,	durmiese	durmiésemos
-se	durmieses	durmieseis
	durmiese	durmiesen

Imperative	duerme	dormid

Other common Class II stem-changing verbs:

advertir	divertirse	morir	referir
consentir	mentir	preferir	sugerir

Class III

Certain other verbs ending in **-ir** change **e** to **i** in all the persons and tenses affected in Classes I and II. (In the other tenses, no vowel changes occur.)

e to i

	pedir	*to ask for*

Present participle	**pidiendo**	

Present indicative	**pido**	pedimos
	pides	pedís
	pide	**piden**

Preterit	pedí	pedimos
	pediste	pedisteis
	pidió	**pidieron**

Present subjunctive	**pida**	**pidamos**
	pidas	**pidáis**
	pida	**pidan**

Imperfect subjunctive,	**pidiera**	**pidiéramos**
-ra	**pidieras**	**pidierais**
	pidiera	**pidieran**

Imperfect subjunctive,	**pidiese**	**pidiésemos**
-se	**pidieses**	**pidieseis**
	pidiese	**pidiesen**

Imperative	**pide**	pedid

Other common Class III stem-changing verbs:

conseguir	impedir	reñir	servir
despedir	perseguir	repetir	vestirse
elegir	reír	seguir	

Verbs with Spelling Changes

The letter c

c to qu	Verbs that end in **-car** change **c** to **qu** before **e**.

Infinitive	**tocar**	*to touch*

Preterit	**toqué**	tocamos
	tocaste	tocasteis
	tocó	tocaron

Present subjunctive	**toque**	**toquemos**
	toques	**toquéis**
	toque	**toquen**

Other verbs with this change:
acercar, buscar, criticar, chocar, equivocar, explicar, indicar, practicar, sacar

z to c	Verbs that end in **-zar** change **z** to **c** before **e**.

Infinitive	**cruzar**	*to cross*

Preterit	**crucé**	cruzamos
	cruzaste	cruzasteis
	cruzó	cruzaron

Present subjunctive	**cruce**	**crucemos**
	cruces	**crucéis**
	cruce	**crucen**

Other verbs with this change:
abrazar, almorzar (ue), comenzar (ie), empezar (ie), rechazar, rezar

| c to z | Verbs that end in a consonant plus **-cer** or **-cir** change **c** to **z** before **a** or **o**. |

Infinitive	**convencer**	*to convince*

Present indicative	**convenzo**	convencemos
	convences	convencéis
	convence	convencen

Present subjunctive	**convenza**	**convenzamos**
	convenzas	**convenzáis**
	convenza	**convenzan**

Other verbs with this change:
torcer (ue), vencer

| c to zc* | Verbs that end in a vowel plus **-cer** or **-cir** change **c** to **zc** before **a** and **o**. |

Infinitive	**conocer**	*to know*

Present indicative	**conozco**	conocemos
	conoces	conocéis
	conoce	conocen

Present subjunctive	**conozca**	**conozcamos**
	conozcas	**conozcáis**
	conozca	**conozcan**

*Spelling changes occur to show that stem pronunciation does not change as endings change. Because the alternation of **c** and **zc** records the presence of a /k/ sound in the forms shown, as well as the continued presence of an /s/ sound, it involves an irregularity. It is listed with the **c**-spelling changes for the convenience of the student.

Other verbs with this change:
agradecer, favorecer, ofrecer, parecer; conducir, introducir, producir, traducir

The letter g

| g to gu | Verbs that end in **-gar** change **g** to **gu** before **e**. |

Infinitive	**pagar**	*to pay*

Preterit	**pagué**	pagamos
	pagaste	pagasteis
	pagó	pagaron

Present subjunctive	pague	paguemos
	pagues	paguéis
	pague	paguen

Other verbs with this change:
entregar, jugar (ue), llegar, negar (ie), obligar

gu to g

Verbs that end in **-guir** change **gu** to **g** before **a** and **o**.

Infinitive	distinguir	*to distinguish*

Present indicative	distingo	distinguimos
	distingues	distinguís
	distingue	distinguen

Present subjunctive	distinga	distingamos
	distingas	distingáis
	distinga	distingan

Other verbs with this change:
seguir (i), conseguir (i)

g to j

Verbs that end in **-ger** or **-gir** change **g** to **j** before **a** and **o**.

Infinitive	coger	*to catch*

Present indicative	cojo	cogemos
	coges	cogéis
	coge	cogen

Present subjunctive	coja	cojamos
	cojas	cojáis
	coja	cojan

Other verbs with this change:
dirigir, elegir (i), escoger

The letter y

i to y

Verbs that end in **-eer** change unstressed **i** to **y**. Stressed **i** receives a written accent.

Infinitive	leer	*to read*

Present participle	leyendo

Past participle	leído

Preterit	leí	leímos
	leíste	leísteis
	leyó	leyeron

Imperfect subjunctive, -ra	leyera	leyéramos
	leyeras	leyerais
	leyera	leyeran

Imperfect subjunctive, -se	leyese	leyésemos
	leyeses	leyeseis
	leyese	leyesen

Other verbs with this change:
creer

i to y, y inserted

Verbs that end in **-uir** (except **-guir, -quir**) change unstressed **i** to **y**. They also insert **y** before endings beginning **a, e,** or **o**.

Infinitive	**construir**	*to construct*

Present participle	**construyendo**	

Present indicative	**construyo**	construimos
	construyes	construís
	construye	construyen

Preterit	construí	construimos
	construiste	construisteis
	construyó	**construyeron**

Present subjunctive	**construya**	**construyamos**
	construyas	**construyáis**
	construya	**construyan**

Imperfect subjunctive, -ra	**construyera**	**construyéramos**
	construyeras	**construyerais**
	construyera	**construyeran**

Imperfect subjunctive, -se	**construyese**	**construyésemos**
	construyeses	**construyeseis**
	construyese	**construyesen**

Imperative	**construye**	construid

Other verbs with this change:
concluir, contribuir, destruir, distribuir, huir, incluir

Irregular Verbs

Infinitive	Participles Imperative	Present Indicative	Imperfect	Preterit
andar *to go*	andando	ando	andaba	**anduve**
	andado	andas	andabas	**anduviste**
		anda	andaba	**anduvo**
	anda	andamos	andábamos	**anduvimos**
	andad	andáis	andabais	**anduvisteis**
		andan	andaban	**anduvieron**
caer *to fall*	**cayendo**	**caigo**	caía	caí
	caído	caes	caías	**caíste**
		cae	caía	**cayó**
	cae	caemos	caíamos	**caímos**
	caed	caéis	caíais	**caísteis**
		caen	caían	**cayeron**
continuar *to continue*	continuando	**continúo**	continuaba	continué
	continuado	**continúas**	continuabas	continuaste
		continúa	continuaba	continuó
	continúa	continuamos	continuábamos	continuamos
	continuad	continuáis	continuabais	continuasteis
		continúan	continuaban	continuaron
dar *to give*	dando	**doy**	daba	**di**
	dado	das	dabas	**diste**
		da	daba	**dio**
	da	damos	dábamos	**dimos**
	dad	dais	dabais	**disteis**
		dan	daban	**dieron**
decir *to say*	**diciendo**	**digo**	decía	**dije**
	dicho	**dices**	decías	**dijiste**
		dice	decía	**dijo**
	di	decimos	decíamos	**dijimos**
	decid	decís	decíais	**dijisteis**
		dicen	decían	**dijeron**

Future	Conditional	Present Subjunctive	IMPERFECT SUBJUNCTIVE	
			-ra	**-se**
andaré	andaría	ande	**anduviera**	**anduviese**
andarás	andarías	andes	**anduvieras**	**anduvieses**
andará	andaría	ande	**anduviera**	**anduviese**
andaremos	andaríamos	andemos	**anduviéramos**	**anduviésemos**
andaréis	andaríais	andéis	**anduvierais**	**anduvieseis**
andarán	andarían	anden	**anduvieran**	**anduviesen**
caeré	caería	**caiga**	cayera	cayese
caerás	caerías	**caigas**	cayeras	cayeses
caerá	caería	**caiga**	cayera	cayese
caeremos	caeríamos	**caigamos**	cayéramos	cayésemos
caeréis	caeríais	**caigáis**	cayerais	cayeseis
caerán	caerían	**caigan**	cayeran	cayesen
continuaré	continuaría	**continúe**	continuara	continuase
continuarás	continuarías	**continúes**	continuaras	continuases
continuará	continuaría	**continúe**	continuara	continuase
continuaremos	continuaríamos	continuemos	continuáramos	continuásemos
continuaréis	continuaríais	continuéis	continuarais	continuaseis
continuarán	continuarían	**continúen**	continuaran	continuasen
daré	daría	**dé**	diera	diese
darás	darías	des	dieras	dieses
dará	daría	**dé**	diera	diese
daremos	daríamos	demos	diéramos	diésemos
daréis	daríais	deis	dierais	dieseis
darán	darían	den	dieran	diesen
diré	**diría**	**diga**	dijera	dijese
dirás	**dirías**	**digas**	dijeras	dijeses
dirá	**diría**	**diga**	dijera	dijese
diremos	**diríamos**	**digamos**	dijéramos	dijésemos
diréis	**diríais**	**digáis**	dijerais	dijeseis
dirán	**dirían**	**digan**	dijeran	dijesen

Infinitive	Participles Imperative	Present Indicative	Imperfect	Preterit
deshacer *to undo,* *to take* *apart*	Like **hacer.**			
enviar *to send*	enviando enviado	**envío** **envías** **envía**	enviaba enviabas enviaba	envié enviaste envió
	envía enviad	enviamos enviáis **envían**	enviábamos enviabais enviaban	enviamos enviasteis enviaron
estar *to be*	estando estado	**estoy** **estás** **está**	estaba estabas estaba	**estuve** **estuviste** **estuvo**
	está estad	estamos estais **están**	estábamos estabais estaban	**estuvimos** **estuvisteis** **estuvieron**
haber *to have*	habiendo habido	**he** **has** **ha**	había habías había	**hube** **hubiste** **hubo**
		hemos **habéis** **han**	habíamos habíais habían	**hubimos** **hubisteis** **hubieron**
hacer *to do, to* *make*	haciendo **hecho**	**hago** haces hace	hacía hacías hacía	**hice** **hiciste** **hizo**
	haz haced	hacemos hacéis hacen	hacíamos hacíais hacían	**hicimos** **hicisteis** **hicieron**
imponer *to impose*	Like **poner.**			

Future	Conditional	Present Subjunctive	IMPERFECT SUBJUNCTIVE	
			-ra	-se
enviaré	enviaría	**envíe**	enviara	enviase
enviarás	enviarías	**envíes**	enviaras	enviases
enviará	enviaría	**envíe**	enviara	enviase
enviaremos	enviaríamos	enviemos	enviáramos	enviásemos
enviaréis	enviaríais	enviéis	enviarais	enviaseis
enviarán	enviarían	**envíen**	enviaran	enviasen
estaré	estaría	**esté**	**estuviera**	**estuviese**
estarás	estarías	**estés**	**estuvieras**	**estuvieses**
estará	estaría	**esté**	**estuviera**	**estuviese**
estaremos	estaríamos	estemos	**estuviéramos**	**estuviésemos**
estaréis	estaríais	estéis	**estuvierais**	**estuvieseis**
estarán	estarían	**estén**	**estuvieran**	**estuviesen**
habré	**habría**	haya	hubiera	hubiese
habrás	**habrías**	hayas	hubieras	hubieses
habrá	**habría**	haya	hubiera	hubiese
habremos	**habríamos**	hayamos	hubiéramos	hubiésemos
habréis	**habríais**	hayáis	hubierais	hubieseis
habrán	**habrían**	hayan	hubieran	hubiesen
haré	**haría**	haga	hiciera	hiciese
harás	**harías**	hagas	hicieras	hiciese
hará	**haría**	haga	hiciera	hiciese
haremos	**haríamos**	hagamos	hiciéramos	hiciésemos
haréis	**haríais**	hagáis	hicierais	hicieseis
harán	**harían**	hagan	hicieran	hiciesen

Infinitive	Participles Imperative	Present Indicative	Imperfect	Preterit
ir *to go*	**yendo** ido	voy vas va	iba ibas iba	fui fuiste fue
	ve id	vamos vais van	íbamos ibais iban	fuimos fuisteis fueron
mantener *to maintain*	Like **tener.**			
oír *to hear*	**oyendo** **oído**	**oigo** **oyes** **oye**	oía oías oía	oí oíste oyó
	oye **oíd**	**oímos** oís **oyen**	oíamos oíais oían	oímos oísteis oyeron
poder *to be able*	**pudiendo** podido	**puedo** **puedes** **puede**	podía podías podía	**pude** **pudiste** **pudo**
		podemos podéis **pueden**	podíamos podíais podían	**pudimos** **pudisteis** **pudieron**
poner *to put*	poniendo **puesto**	**pongo** pones pone	ponía ponías ponía	**puse** **pusiste** **puso**
	pon poned	ponemos ponéis ponen	poníamos poníais ponían	**pusimos** **pusisteis** **pusieron**
querer *to wish*	queriendo querido	**quiero** **quieres** **quiere**	quería querías quería	**quise** **quisiste** **quiso**
	quiere quered	queremos queréis **quieren**	queríamos queríais querían	**quisimos** **quisisteis** **quisieron**

| Future | Conditional | Present Subjunctive | IMPERFECT SUBJUNCTIVE | |
			-ra	-se
iré	iría	vaya	fuera	fuese
irás	irías	vayas	fueras	fueses
irá	iría	vaya	fuera	fuese
iremos	iríamos	vayamos	fuéramos	fuésemos
iréis	iríais	vayáis	fuerais	fueseis
irán	irían	vayan	fueran	fuesen
oiré	oiría	oiga	oyera	oyese
oirás	oirías	oigas	oyeras	oyeses
oirá	oiría	oiga	oyera	oyese
oiremos	oiríamos	oigamos	oyéramos	oyésemos
oiréis	oiríais	oigáis	oyerais	oyeseis
oirán	oirían	oigan	oyeran	oyesen
podré	podría	pueda	pudiera	pudiese
podrás	podrías	puedas	pudieras	pudieses
podrá	podría	pueda	pudiera	pudiese
podremos	podríamos	podamos	pudiéramos	pudiésemos
podréis	podríais	podáis	pudierais	pudieseis
podrán	podrían	puedan	pudieran	pudiesen
pondré	pondría	ponga	pusiera	pusiese
pondrás	pondrías	pongas	pusieras	pusieses
pondrá	pondría	ponga	pusiera	pusiese
pondremos	pondríamos	pongamos	pusiéramos	pusiésemos
pondréis	pondríais	pongáis	pusierais	pusieseis
pondrán	pondrían	pongan	pusieran	pusiesen
querré	querría	quiera	quisiera	quisiese
querrás	querrías	quieras	quisieras	quisieses
querrá	querría	quiera	quisiera	quisiese
querremos	querríamos	queramos	quisiéramos	quisiésemos
querréis	querríais	queráis	quisierais	quisieseis
querrán	querrían	quieran	quisieran	quisiesen

Infinitive	Participles Imperative	Present Indicative	Imperfect	Preterit
reír *to laugh*	**riendo** **reído**	**río** **ríes** **ríe**	reía reías reía	reí **reíste** **rió**
	ríe **reíd**	**reímos** reís **ríen**	reíamos reíais reían	**reímos** **reísteis** **rieron**
saber *to know*	sabiendo sabido	**sé** sabes sabe	sabía sabías sabía	**supe** **supiste** **supo**
	sabe sabed	sabemos sabéis saben	sabíamos sabíais sabían	**supimos** **supisteis** **supieron**
salir *to go out*	saliendo salido	**salgo** sales sale	salía salías salía	salí saliste salió
	sal salid	salimos salís salen	salíamos salíais salían	salimos salisteis salieron
ser *to be*	siendo sido	**soy** **eres** **es**	**era** **eras** **era**	**fui** **fuiste** **fue**
	sé sed	**somos** **sois** **son**	**éramos** **erais** **eran**	**fuimos** **fuisteis** **fueron**
suponer *to suppose*	Like **poner.**			
tener *to have*	teniendo tenido	**tengo** **tienes** **tiene**	tenía tenías tenía	**tuve** **tuviste** **tuvo**
	ten tened	tenemos tenéis **tienen**	teníamos teníais tenían	**tuvimos** **tuvisteis** **tuvieron**

Future	Conditional	Present Subjunctive	IMPERFECT SUBJUNCTIVE	
			-ra	-se
reiré	reiría	ría	riera	riese
reirás	reirías	rías	rieras	rieses
reirá	reiría	ría	riera	riese
reiremos	reiríamos	riamos	riéramos	riésemos
reiréis	reirías	riáis	rierais	rieseis
reirán	reirían	rían	rieran	riesen
sabré	sabría	sepa	supiera	supiese
sabrás	sabrías	sepas	supieras	supieses
sabrá	sabría	sepa	supiera	supiese
sabremos	sabríamos	sepamos	supiéramos	supiésemos
sabréis	sabríais	sepáis	supierais	supieseis
sabrán	sabrían	sepan	supieran	supiesen
saldré	saldría	salga	saliera	saliese
saldrás	saldrías	salgas	salieras	salieses
saldrá	saldría	salga	saliera	saliese
saldremos	saldríamos	salgamos	saliéramos	saliésemos
saldréis	saldríais	salgáis	salierais	salieseis
saldrán	saldrían	salgan	salieran	saliesen
seré	sería	sea	fuera	fuese
serás	serías	seas	fueras	fueses
será	sería	sea	fuera	fuese
seremos	seríamos	seamos	fuéramos	fuésemos
seréis	seríais	seáis	fuerais	fueseis
serán	serían	sean	fueran	fuesen
tendré	tendría	tenga	tuviera	tuviese
tendrás	tendrías	tengas	tuvieras	tuvieses
tendrá	tendría	tenga	tuviera	tuviese
tendremos	tendríamos	tengamos	tuviéramos	tuviésemos
tendréis	tendríais	tengáis	tuvierais	tuvieseis
tendrán	tendrían	tengan	tuvieran	tuviesen

	Infinitive	Participles Imperative	Present Indicative	Imperfect	Preterit
traer	*to bring*	**trayendo**	**traigo**	traía	**traje**
		traído	traes	traías	**trajiste**
			trae	traía	**trajo**
		trae	traemos	traíamos	**trajimos**
		traed	traéis	traíais	**trajisteis**
			traen	traían	**trajeron**
valer	*to be worth*	valiendo	**valgo**	valía	valí
		valido	vales	valías	valiste
			vale	valía	valió
		val (vale)	valemos	valíamos	valimos
		valed	valéis	valíais	valisteis
			valen	valían	valieron
venir	*to come*	**viniendo**	**vengo**	venía	**vine**
		venido	**vienes**	venías	**viniste**
			viene	venía	**vino**
		ven	venimos	veníamos	**vinimos**
		venid	venís	veníais	**vinisteis**
			vienen	venían	**vinieron**
ver	*to see*	viendo	**veo**	**veía**	**vi**
		visto	ves	**veías**	viste
			ve	**veía**	**vio**
		ve	vemos	**veíamos**	vimos
		ved	veis	**veíais**	visteis
			ven	**veían**	vieron

Future	Conditional	Present Subjunctive	IMPERFECT SUBJUNCTIVE	
			-ra	-se
traeré	traería	traiga	trajera	trajese
traerás	traerías	traigas	trajeras	trajeses
traerá	traería	traiga	trajera	trajese
traeremos	traeríamos	traigamos	trajéramos	trajésemos
traeréis	traeríais	traigáis	trajerais	trajeseis
traerán	traerían	traigan	trajeran	trajesen
valdré	valdría	valga	valiera	valiese
valdrás	valdrías	valgas	valieras	valieses
valdrá	valdría	valga	valiera	valiese
valdremos	valdríamos	valgamos	valiéramos	valiésemos
valdréis	valdríais	valgáis	valierais	valieseis
valdrán	valdrían	valgan	valieran	valiesen
vendré	vendría	venga	viniera	viniese
vendrás	vendrías	vengas	vinieras	vinieses
vendrá	vendría	venga	viniera	viniese
vendremos	vendríamos	vengamos	viniéramos	viniésemos
vendréis	vendríais	vengáis	vinierais	vinieseis
vendrán	vendrían	vengan	vinieran	viniesen
veré	vería	vea	viera	viese
verás	verías	veas	vieras	vieses
verá	vería	vea	viera	viese
veremos	veríamos	veamos	viéamos	viésemos
veréis	veríais	veáis	vierais	vieseis
verán	verían	vean	vieran	viesen

Spanish-English Vocabulary

Numbers refer to the lesson in which the word or word usage first appears.

The following abbreviations are used:

f feminine
m masculine
pl plural

a	*to, at, on, in*
— **caballo**	*on horseback* 20
— **causa de**	*because of* 10
— **gusto**	*at ease, comfortable* 14
— **la fuerza**	*by force* 10
— **la orden**	*at your service* 1
— **menos que**	*unless* 17
— **menudo**	*often* 10
— **pie**	*on foot* 13
— **propósito**	*by the way* 8
— **tiempo**	*on time* 15
— **ver**	*let's see* 12
abajo	*down* 22
el **abrazo**	*embrace* 1
el **abrigo**	*coat* 5
abril	*April* 5
absorber	*to absorb* 16
abuelo:	
el **abuelo**	*grandfather* 3
la **abuela**	*grandmother* 3
aburrido	*bored* 14
acabar de	*to have just* 11
el **accidente**	*accident* 11
aceptar	*to accept* 15
la **acera**	*sidewalk* 14
acerca de	*about* 11
aclamar	*to acclaim* 20
aclarar	*to clarify* 15
acompañar	*to accompany* 11

aconsejar	*to advise* 15
acordarse (ue) (de)	*to remember, to remind of* 17
acostado	*lying down* 14
acostarse (ue)	*to go to bed* 6
acostumbrarse	*to become accustomed* 22
acuerdo:	
de —	*I agree* 3
estar de —	*to agree* 6
adelante	*ahead, forward, come in* 7
adelgazar (c)	*to lose weight* 9
además	*moreover, besides* 3
adentro	*inside* 22
adiós	*good-bye* 1
el **adjetivo**	*adjective* 6
administrador:	*administrator* 18
el **administrador**	
la **administradora**	
admirar	*to admire* 2
¿adónde?	*where, to where?* 3
la **aduana**	*customs* 17
aduanero	*customs (adj.)* 17
el **aeropuerto**	*airport* 4
afeitarse	*to shave oneself* 6
aficionado:	*fan* 11
el **aficionado**	
la **aficionada**	
afuera	*outside* 22

agosto	*August 5*	angosto	*narrow 20*
agradable	*pleasant 5*	el anillo	*ring 12*
agradecido	*grateful 17*	animado	*enthusiastic 14*
el agua *f*	*water 5*	anoche	*last night 8*
aguado	*thin 20*	anteayer	*day before yesterday 8*
aguantar	*to endure, withstand 10, to stand 18*	los anteojos	*eyeglasses 14*
		antes (de) que	*before 17*
ah	*oh 2*	antiguo	*former, old 19*
ahí	*there 3*	antipático	*unlikable, unpleasant 2*
ahora	*now 2*	anunciar	*to announce 12, 5*
— mismo	*right now 3*	el año	*year 5*
aislado	*isolated 19*	el Año Nuevo	*New Year's Day 7*
el ajedrez	*chess 11*	el apartamento	*apartment 3*
al (a + el)	*to the, at the, into the 3*	apasionar	*to appeal deeply, to excite 16*
— contrario	*to (on) the contrary 20*		
— fin	*at last, finally 8*	el apellido	*surname 3*
— fin y — cabo	*at last, in the end 18*	aplastar	*to flatten 14*
— principio	*at first 8*	aplaudir	*to applaud 20*
el alcohol	*alcohol 15*	el apóstol	*apostle 17*
alegrarse (de)	*to be glad (because of) 15*	apreciar	*to appreciate 16*
alegre	*happy, glad 14*	aprender	*to learn 2*
el alemán	*German 2*	aprovechar(se) de	*to take advantage of 10*
Alemania	*Germany 2*		
la alergia	*allergy 14*	aproximadamente	*approximately 5*
algo	*something 7*	apurarse	*to hurry oneself 6*
alguien	*someone 16*	aquí	*here 1*
algún, alguno	*one, some 21, some, any 9*	el arete	*earring 7*
la alimentación	*nourishment, nutrition 19*	la Argentina	*Argentina 2*
el almacén	*(general) grocery store 12*	el aroma	*aroma, smell 21*
almorzar (ue) (c)	*to lunch 6*	la arquitectura	*architecture 19*
el almuerzo	*lunch 6*	arreglar	*to arrange, to fix 12*
alto	*tall 2*	arriba	*up 22*
el ama de casa *f*	*housewife 3*	el arte *f*	*art 19*
amable	*kind 2*	el artículo	*article 8*
amargar	*to make bitter 18*	artista:	
ambicioso	*ambitious 6*	el, la artista	*artist 16*
la ambulancia	*ambulance 14*	artístico	*artistic 20*
amigo:	*friend 2*	el arzobispo	*archbishop 19*
el amigo		así	*so 9*
la amiga		—, —	*so-so 1*
la amistad	*friendship 17*	— es la vida	*that is life 2*
el amor	*love 3*	la aspirina	*aspirin 12*
declaración de —	*disclosure of intentions to be married 18*	el atentado	*assault 18*
		aterrizar (c)	*to land 5*
amoroso	*loving 16*	atleta:	
anciano	*elderly 3*	el, la atleta	*athlete 15*
ancho	*wide 20*	atrasado	*late 6*
andaluz	*Andalusian 13*	aumentar	*to augment, increase 19*
ando corriendo	*I'm off and running 6*	aunque	*though 7, although 17*

el **auto**	car 21	la **bolsa**	sack 14
el **autobús**	bus 5	**bonito**	pretty 2, nice, beautiful
autorizado	authorized 19		(weather) 5
la **avenida**	avenue 13	**boricua:**	
el **avión**	airplane 5	el, la **boricua**	boricua (Puerto Rican) 21
avisar	to advise 22	**borinqueño**	Puerto Rican 21
ay	wow 8	la **botánica**	botany 4
ayer	yesterday 8	la **botella**	bottle 17
ayudar	to help 13	el **Brasil**	Brazil 2
la **azafata**	stewardess 5	**brasileño**	Brazilian 2
el **azúcar**	sugar 9	el **brazo**	arm 14
		brindar	to drink a toast 17
bailar	to dance 10, 11	el **broche**	broach, pin 12
bailarín:	dancer 22	la **broma**	joke 19
el **bailarín**		**dejar de —s**	to quit joking 19
la **bailarina**		**brutal**	brutal 20
el **baile de gala**	formal dance 7	**buen provecho**	enjoy the meal 7
bajo	below 5, short 2	**buenas tardes**	good afternoon 1
el **banco**	bank 1	**bueno**	good 1, okay, all right 7
bañarse	to take a bath 6	**buscar (qu)**	to look for 3
el **bar**	bar 3		
barato	cheap 14	**caballo:**	
bárbaro	terrible, terrific 5	**a —**	on horseback 20
el **barril**	barrel 19	el **cabaret**	cabaret 13
el **barrio**	section (of town) 10	el **cabello**	hair on the head 12
el **básquetbol**	basketball 11	la **cabeza**	head 14
bastante	enough, sufficient, fairly,	**cada — es un**	
	rather 16	**mundo**	to each his own 16
la **basura**	garbage 21	**cabo:**	
el **baúl**	trunk 22	**al fin y al —**	at last, in the end 18
bautizarse (c)	to get baptized 19	**cada**	each 16
bebé:		**cada cabeza es un**	
el, la **bebé**	baby 3	**mundo**	to each his own 16
beber	to drink 9	**cada loco con su tema**	to each his own 16
el **béisbol**	baseball 11	la **cadena**	chain 12
la **belleza**	beauty 12	**caer (caigo)**	to fall 6
bello	beautiful 19	el **café**	coffee 9, café 2
el **beso**	kiss 18, 20	**calabazas:**	
la **biblioteca**	library 3	**me dio —**	she dumped me 8
la **bicicleta**	bicycle 13	el **calcetín**	sock 7
bien	well 1	la **calma**	calmness 6
está —	it's okay 7	**calmar**	to calm 14
más —	rather 13	el **calor**	heat, warmth 5
bilingüe	bilingual 21	**calzado:**	
la **biología**	biology 4	**taller de —**	shoe-repair store 12
la **blusa**	blouse 7	**calzar**	to wear (a shoe) 7
el **bocado**	bite, mouthful 15	**callar (se)**	to be quiet, stop talking 18
la **boda**	wedding 6	la **calle**	street 15
el **boleto**	ticket 13		

la **cama**	bed 19	**celebrar**	to celebrate 19
cambiar	to change 1	los **celos**	jealousy, suspicion 5
— de vida	to change life style 7	tener —	to be jealous 4
cambio:		**celoso**	jealous 8
en —	on the other hand 6	el **cemento**	cement 14
la **camisa**	shirt 7	la **cena**	supper, dinner 6
campeón:	champion 8	**cenar**	to eat dinner, to dine 6
el campeón		el **centígrado**	centigrade 5
la campeona		el **centímetro**	centimeter 4
el **campeonato**	championship 11	el **centro**	downtown 3
el **campo**	country 9	**cero**	zero 3
la **canción**	song 8	**cerrar (ie)**	to close 15
candidato:	candidate 21	**cien**	one hundred 4
el candidato		**ciento uno**	one hundred and one 4
la candidata		**cierto**	sure 5
cansado	tired 1	es —	that's right 3
cantar	to sing 6	el **cigarrillo**	cigarette 4
el **canto**	song, tune 6	**cinco**	five 3
capaz	capable 6	**cincuenta**	fifty 4
la **capital**	capital 3	el **cine**	movie 3
capitán:		el **cinturón**	belt 7
el capitán, la capitana	captain 5	la **cita**	appointment, date 14
el **capote**	cape 20	la **ciudad**	city 11
la **cara**	face 8	— universitaria	university campus 4
la **característica**	characteristic 16	**ciudadano:**	citizen 21
el **cariño**	affection, love 21	el ciudadano	
la **carne**	meat 12	la ciudadana	
la **carnicería**	butcher shop 12	**claro**	clear 15
caro	expensive 12	— que no	of course not 17
la **carrera**	career, major 4	la **clase**	class 1
la **carretera**	highway 14	**clásico**	classic 16
el **carro**	car 14	el **clima**	climate 5
la **carta**	letter 5	la **clínica**	clinic 4
la **casa**	house 1	el **club**	club 7
ama de —	housewife 3	**cocinar**	to cook 16
¿y por tu —?	and things at home? 1	la **colección**	collection 11
casado	married 3	**colega:**	
recién —	newlywed 22	el, la colega	colleague 22
el **casamiento**	marriage 18	el **color**	color 14
casarse (con)	to get married (to) 6	el **collar**	necklace 12
el **caso**	case 13	la **comadre**	midwife, godmother, intimate
en — (de) que	in case (of) 17		female friend 18
castigar	to punish 10	**comenzar (ie) (c)**	to begin, to commence 4
la **catedral**	cathedral 19	**comer**	to eat 6
el **catolicismo**	catholicism 19	**comerse**	to eat up, devour 6
catorce	fourteen 3	la **comida**	food, noon meal 6
causa:		**como**	as, like 3
a — de	because of 10	— si	as if 19
causar	to cause 7	tan . . . —	as . . . as 3

cómo no	of course 1	contemporáneo	contemporary 16
¿cómo?	what, how? 1	contento	content 5
compañero:	companion 2	contestar	to answer 2
el compañero		contigo	with you (familiar) 3
la compañera		contra	against
la comparación	comparison 19	contrario:	
comparar	to compare 16	al —	to (on) the contrary 20
la compasión	compassion 16	el contraste	contrast 6
compatriota		el contrato	contract 6
el, la compatriota	compatriot 15	convenir (ie) (convengo)	to be suitable 15
la competencia	competition	el convento	convent 19
complacer (zc)	to please 13	la conversación	conversation 1
el complejo	complex 6	convertir (ie, i)	to convert 19
completamente	completely 16	convertirse (ie, i)	to become 19
completo	complete	la copia	copy 17
por —	completely 18	la copla	verse 22
complicado	complicated 13, 18	la corbata	tie 7
la composición	composition 16	la cordillera	mountain range 5
comprar	to buy 3	correr	to run 11
comprender	to comprehend, understand 18	la corrida de toros	bullfight 20
		corriendo:	
comprometerse	to commit oneself 18	ando —	I'm off and running 6
con	with 3	cortar	to cut 12
— permiso	excuse me, with your permission 1	la cortesía	courtesy 7
		un corto	black coffee (Spain) 13
— tal (de) que	provided that 17	la cosa	thing 5
el concierto	concert 16	costar (ue)	to cost 12
la conclusión	conclusion 21	la costumbre	custom 6
la condición	condition 7, 10	de —	usually, customarily 10
conducir (zc) (j)	to drive 14	creer	to believe, to think 5
la confitería	pastry shop 12	ya lo creo	I believe it 3
congelarse	to freeze 5	cruel	cruel 20
conmigo	with me 4, 5	cuadrado	square 20
conocer (zc)	to be acquainted, make the acquaintance of 2	cuadro de coros y danzas	regional spectacle of songs and dances (Spain) 13
vamos a —nos	let's get acquainted 1		
conocido	famous 15	¿cuál?	what? or which? 4
la conquista	conquest 17	cuando	when 17
conquistador:	conqueror, conquistador 19	¿cuándo?	when? 3
el conquistador		cuanto:	
la conquistadora		en — a	as for 7
conquistar	to conquer 17	qué sé yo —	I don't know what all 22
conseguir (i, g)	to obtain 21	¿cuánto (-a, -os, -as)?	how many? how much? 3
construir (y)	to construct 9	cuarenta	forty 4
cónsul:		el cuarto	room 2
el, la cónsul	consul 17	cuatro	four 3
el consulado	consulate	el cubierto	place setting 9
el consultorio	clinic, doctors' office 14	la cuchara	spoon 9
contar (ue)	to count, tell 9	el cuchillo	knife 9

la **cuenta**	bill 7
darse — de	to realize, to be aware of 6
el **cuerpo**	body 5
la **cuestión**	question, matter 16
cuidado:	
no tenga —	don't worry 7
pierda usted —	think nothing of it 7
cuidarse	to take care of oneself 5
la **cultura**	culture 7
el **cumpleaños**	birthday 5
cuñado:	
el cuñado	brother-in-law 3
la cuñada	sister-in-law 3
el **cura**	parish priest 19
el **curso**	course 4
el **champú**	shampoo 12
los **chavos**	money (slang) 21
el **cheque**	check 12
chicano:	chicano 10
el chicano	
la chicana	
chico:	
el chico	boy 1
la chica	girl 1
chiflar	to whistle 20
Chile	Chile 2
chileno	Chilean 2
el chileno	
la chilena	
la **chiminea**	fireplace 19
el **chocolate**	chocolate 9
el **choque**	shock 22, wreck, accident 14
el **chorizo**	sausage 9
el **churrasco**	steak 9
la **danza**	dance 13
el **daño**	damage 14
hacerse —	to hurt oneself 14
dar (doy)	to give 7
— ganas	to create a desire to 16
— una película	to show (to be showing) a movie 13
—se cuenta de	to realize, to be aware of 6
—se el lujo	to afford the luxury 21
de	of, from 2
— acuerdo	to agree 3
— costumbre	usually, customarily 10

— **donde**	from where 2
¿— **dónde?**	from where? 4
— **igual a igual**	as an equal 16
— **los que no hay**	there is no one like, one of a kind 11
— **niño**	as a child 10
— **noche**	at night 5
— **parte de**	on behalf of 5
¿— **quién?**	whose? of whom? 4
— **última moda**	in the latest style or fashion 7
— **veras**	in truth, really, in earnest 5
— **verdad**	really, honestly 6
deber	must, should 13
débil	weak 6
decidir	to decide 10, 21
decir (i) (digo)	to say, to tell 1
quiere —	it means 6
la **declaración de amor**	disclosure of intentions to be married 18
declararse	to declare oneself 18
dedicarse (a)	to dedicate oneself (to) 18
defender (ie)	to defend 21
definitivamente	definitely 19
dejar	to leave 14
— de bromas	to quit joking 19
se lo dejaremos	we can let you have it 12
del (de + el)	of the 3
deleitar	to delight 19
delicioso	delicious 21
dentista:	
el, la dentista	dentist 4
el **deporte**	sport 11
deportista:	
el, la deportista	athlete 11
deprimido	depressed 14
la **derecha**	right 22
derecho	straight ahead 22
el **derecho**	duty 17
desagradable	distasteful, disagreeable 21
desaparecer (zc)	to disappear 19
el **desarrollo**	development 10
el **desastre**	disaster 8
desayunarse	to eat breakfast 6
el **desayuno**	breakfast 6
descansar	to rest 6, 14
desear	to desire 5
deshacerse	to unite oneself 13
despacio	slow, slowly 11

la despedida	farewell 17
despedirse (i) (de)	to say good-bye (to) 17
despertar(se) (ie)	to awaken 6
después	after, afterwards, later 6, 17
destrozado	destroyed, wrecked 14
destrozar	to destroy 14
detestar	to detest 18
el día	day 1
— de la Independencia	Independence Day 7
— de la Madre	Mother's Day 3, 7
— de la Raza	Columbus Day 7
— de los Novios	Valentine's Day 7
— del Trabajo	Labor Day 7
los días festivos	holidays 7
diciembre	December 5
diecinueve	nineteen 3
dieciocho	eighteen 3
dieciséis	sixteen 3
diecisiete	seventeen 3
los dientes	teeth 6
diez	ten 3
difícil	difficult 2
la dificultad	difficulty 22
la dimensión	dimension 20
el dinero	money 4
la diócesis	diocese 19
diputado:	deputy 19
el diputado	
la diputada	
la dirección	address, direction 4
dirigir (j)	to direct 13
el disco	record 16
la discriminación	discrimination 10
disculpar	to excuse 7
el discurso	speech, talk 21
la discusión	discussion 19
discutir	to argue, discuss 9
disfrutar	to enjoy 6
la diversión	diversion, pastime 11
divertirse (ie, i)	to have a good time 9
divorciar (se)	to divorce, get divorced 18
doce	twelve 3
doctor:	doctor 1
el doctor	
la doctora	
doler (ue)	to hurt, ache 14

el dolor	pain 14
el domingo	Sunday 5
donde	where 4
de —	from where 2
¿dónde?	where? 1
¿de —?	from where? 4
el dominó	dominoes 11
dormir (ue, u)	to sleep 4
—se (ue, u)	to fall asleep 6
dos	two 3
doscientos	two hundred 4
dudar	to doubt 15
dulce	sweet 19
echar de menos	to miss, to feel the absence of 17
edificar (qu)	to build 19
el edificio	building, edifice 1
la educación	education 19
el ejemplo	example 11
el ejército	army 18
el	the
— año que viene	next year 12
— qué dirán	what people will say 16
— recién casado	newlywed 22
él	he 1
la elección	election 13
la electrónica	electronics 21
elegante	elegant 7
elegir (i, j)	to elect 21
eliminar	to eliminate 10
ella	she 1
ellas	they, them 1
ellos	they, them 1
embajador:	ambassador 7
el embajador	
la embajadora	
embargo:	
sin —	nevertheless 10
emborracharse	to get drunk 15
la emergencia	emergency 14
la emoción	emotion 16
en	in, on, at 1
— absoluto	not at all 17
— cambio	on the other hand 6
— caso (de) que	in case that 17
— cuanto a	as for 7
— seguida	right away 4

enamorado	*in love* 18	la **especialidad**	*specialty* 9
encantado	*enchanted, charmed* 1	el **espectáculo**	*spectacle* 13
encantar	*to enchant, delight* 9, 16	**espectador:**	*spectator* 11
encerrar (ie)	*to constrain* 17	el espectador	
encontrar (ue)	*to encounter, to find, to meet*	la espectadora	
	someone you know 2	la **esperanza**	*hope* 10
la **enchilada**	*enchilada* 9	qué —	*how ridiculous* 10
enemigo:	*enemy* 14	**esperar**	*to wait, to hope* 5
el enemigo		**espeso**	*thick* 20
la enemiga		**esposo:**	
la **energía**	*energy* 19	el esposo	*spouse, husband* 9
enérgico	*energetic* 16	la esposa	*spouse, wife* 9
enero	*January* 5	el **esquí**	*ski* 11
la **enfermera**	*nurse* 3	**esquiar (í)**	*to ski* 5
enfermo	*sick* 2	la **esquina**	*corner* 14
enfrentarse (con)	*to confront* 20	**esta**	*this (adj.)* 2
engordar	*to fatten, get fat* 9	— **noche**	*tonight* 4
la **ensalada**	*salad* 9	**está bien**	*it's okay* 7
entender (ie)	*to understand* 3	el **establecimiento**	*establishment* 12
entero	*entire* 17	la **estación**	*season* 5
entonces	*then* 2	el **estadio**	*stadium* 11
entrar	*to enter* 11	el **estado**	*state* 11
entre	*among* 8	los **Estados Unidos**	*United States* 2
entrenador:	*trainer* 15	**estar (estoy)**	*to be* 1
el entrenador		— **a gusto**	*to feel comfortable* 10
la entrenadora		— **de acuerdo**	*to agree* 6
la **época**	*season, time* 20	— **de fiesta**	*to be partying* 8
el **equipo**	*team* 11	— **de vuelta**	*to have returned* 19
era hora	*it was high time* 18	— **listo**	*to be ready* 6
es cierto	*that's right* 3	**este**	*this (adj.)* 2
es que	*it's that* 6	el **este**	*east* 22
esa	*this, that (adj.)* 2	la **estocada**	*thrust, stab* 20
el **escorpión**	*scorpion* 12	el **estómago**	*stomach* 10
escrito:		la **estrella**	*star* 20
por —	*in writing* 17	**estudiante:**	
escritor:	*writer* 21	el, la estudiante	*student* 1
el escritor		**estudiantil**	*student (adj.)* 8
la escritora		**estudiar**	*to study* 2
escuchar	*to listen* 7, 11	el **estudio**	*study* 11
la **escuela**	*school* 3	**estupendo**	*stupendous* 11
ese	*that (adj.)* 2	la **eternidad**	*eternity* 13
esforzarse (ue, c)	*to exert oneself* 19	la **evidencia**	*evidence* 19
eso:		**exactamente**	*exactly* 17
por —	*that's why, therefore* 2	el **examen**	*examination, test* 14
la **España**	*Spain* 2	**existir**	*to exist* 19
el **español**	*Spanish language* 2	el **éxito**	*success* 22
español:	*Spanish* 2	la **experiencia**	*experience* 18
el español		**explicar (qu)**	*to explain* 17
la española	*Spaniard*		

la expresión	expression 7
la fábrica	factory 21
fácil	easy 4
la facultad	college (as in a college of medicine) 1
la falda	skirt 7
falta:	
hacer —	to be needed, to be lacking 6
faltar	to lack 10
fallecido	deceased 3
la fama	fame, reputation 22
la familia	family 1
famoso	famous 9
fantástico	fantastic 15
la farmacia	pharmacy 12
favor:	
por —	please 1, 7
favorito	favorite 5
febrero	February 5
la fecha	date 5
la felicidad	happiness 5
las felicitaciones	congratulations 4
felicitar	to congratulate 2
feliz	happy 14
feo	ugly 2
feroz	fierce 20
el ferrocarril	railroad 19
la fiebre	fever 14
fiesta:	
estar de —	to be partying 8
fijar	to fix, set 18
—se	to take note of 13
la filosofía	philosophy 4
fin:	
al —	at last, finally 8
al — y al cabo	at last, in the end 18
por —	at last 13
— de semana	weekend 10
fino	fine, excellent 12
firmar	to sign 13
la física	physics 4
flaco	thin, skinny 2
el flamenco	flamenco 13
flojo	lazy 6
la flor	flower 5
flotar	to float 21
la forma	form 10
formidable	impressive 20

la fortuna	fortune 13
la foto (fotografía)	photo, photograph 4
fragante	fragrant 21
el fraile	priest, friar 19
francamente	frankly 16
el francés	French language 2
francés:	
el francés	Frenchman 2
la francesa	Frenchwoman 2
Francia	France 2
la frase	sentence, phrase 14
fregar (ie)	to scrub 18
frente	front 14
fresco	fresh 5
el frijol	bean 9
el frío	cold 5
la frontera	border, frontier 10
la fruta	fruit 9
fuera	outside 5
fuerte	strong 6
fuerza:	
a la —	by force 10
fumar	to smoke 15
la función	function 13
el fútbol	football (soccer) 11
futbolista:	
el, la futbolista	soccer player
la gana	desire 7
dar —s	to create a desire to 16
ganar	to win 11
la ganga	bargain 12
el garage	garage 4
garantizar (c)	to guarantee 21
gastar	to spend, to waste 13
general:	
por lo —	generally 15
generoso	generous 16
la gente	people 17
la geografía	geography 4
gobernador:	
el gobernador	
la gobernadora	
el gobierno	government 13
el golf	golf 11
gordo	fat 2
gozar (c)	to enjoy 6
gracias	thanks 1
el grado	degree 5

gran, grande	*great, large* 3, 7
gringo:	*nickname for Caucasian*
el **gringo**	*North American; in*
la **gringa**	*Uruguay Italians*
	are called
	gringos 15
la **gripe**	*influenza* 14
gritar	*to shout* 15
el **grupo**	*group* 4
la **guagua**	*bus (Caribbean*
	regionalism) 21
guapo	*handsome* 2
la **guerra**	*war* 19
la **guitarra**	*guitar* 16, 13
gustar	*to be pleasing to, like* 5
el **gusto**	*taste, pleasure* 16
a —	*at ease, comfortable*
estar a —	*to feel comfortable* 10
mucho —	*it is a pleasure* 1
haber	*to be* 10
la **habilidad**	*ability* 10
hablar	*to speak* 2
hacer (hago)	*to do* 3
— **falta**	*to need, to lack* 6
— **turismo**	*to tour* 13
—**se**	*to become* 19
—**se daño**	*to hurt oneself* 14
el **hambre** *f*	*hunger* 5
la **hamburguesa**	*hamburger* 9
hasta	*until* 1
— **que**	*until* 17
hay	*there is, there are* 3
— **que**	*one must, it is necessary* 6
no — **de qué**	*think nothing of it* 7
¿**qué** — **de nuevo?**	*what's new?* 9
hecho:	
— **a la medida**	*custom-made* 7
— **y derecho**	*dyed in the wool* 7
hediondo	*stinking* 21
el **helado**	*ice cream* 16
herir (ie, i)	*to wound* 14
hermano:	
el **hermano**	*brother* 3
la **hermana**	*sister* 3
hervir (ie, i)	*to boil* 5
hijo:	
el **hijo**	*son* 3
la **hija**	*daughter* 3

los **hijos**	*sons and daughters, children* 3
la **historia**	*history* 4
hola	*hello, hi* 1
el **hombre**	*man* 3
la **hora**	*hour* 4
era —	*it was high time* 18
la — **de comer**	*mealtime* 7
el **horóscopo**	*horoscope* 12
el **hospital**	*hospital* 3
el **hostal**	*hostelry, inn* 17
hoy	*today* 4
huésped:	
el **huésped, la huespeda**	*guest* 17
la **humanidad**	*humanity* 19
humano	*human* 5
la **idea**	*idea* 13
el **idioma**	*language* 2
idiota:	
el, la **idiota**	*idiot* 14
igual:	
de — **a** —	*as an equal* 16
la **igualdad**	*equality* 18
igualmente	*equally* 2
la **imagen**	*image* 19
imaginar(se)	*to imagine* 9
no te **imaginas**	*you'd never guess, you would never imagine* 9
imponer (impongo)	*to impose* 15
la **importancia**	*importance* 15
importante	*important* 3
importantísimo	*very important* 10
importar	*to be of importance* 12
imposible	*impossible* 9
la **impresión**	*impression* 15
incapaz	*incapable* 6
el **incienso**	*incense* 19
increíble	*unbelievable* 20
indígena	*indigenous, native* 19
industrioso	*industrious* 14
infeliz	*unfortunate, unhappy* 14
la **inferioridad**	*inferiority* 6
la **influencia**	*influence* 19
informarse	*to inform oneself* 17
la **ingeniería**	*engineering* 4
ingeniero:	
el **ingeniero**	*engineer* 4
la **ingeniera**	

el **inglés**	English language 2	el **kilo**	kilo(gram) 4
la **injusticia**	injustice 10	el **kilómetro**	kilometer 13
insistir	to insist 10		
instalar	to install 22	**la**	the, her, it 1, 4
el **instituto**	institute 8	— **hora de comer**	mealtime 7
insultar	to insult 15	— **única**	the only one 8
el **insulto**	insult 15	el **laboratorio**	laboratory 12
interesante	interesting 2	**lanzar (c)**	to throw 15
interesantísimo	very interesting 10	el **lápiz**	pencil 1
interesar	to interest 10	la **lástima**	shame, pity 15
—**se en**	to be interested in 16	**lastimado**	injured, hurt 14
íntimo	intimate 17	**latino**	Latin 11
inventar	to invent 21	la **lavandería**	laundry 12
el **invierno**	winter 5	— **en seco**	dry cleaners 12
la **invitación**	invitation 17	**lavarse**	to wash oneself 6
invitar	to invite 13	**le**	him, her, you 5; to you, to
la **inyección**	injection, shot 14		him, to her 5
ir (voy)	to go 3	— **queda muy bien**	it fits you very well 7
— **de compras**	to go shopping 8	la **leche**	milk 6
vamos a conocernos	let's get acquainted 1	**lejos**	far away 14
—**se**	to go away 6	la **lengua**	tongue 16
que le (te) vaya	good luck (may all go well	**les**	to them 5; them, you
bien	with you) 5	el **letrero**	sign 3
la **isla**	island 21	**levantarse**	to get up 6
Italia	Italy 2	la **libra**	pound 4
italiano	Italian 2	**limpiar**	to clean 11
la **izquierda**	left 14	**lindo**	nice, pretty, good 3
		listo:	
la **jarra**	pitcher 16	**estar** —	to be ready 6
jefe:	boss 13	**ser** —	to be sharp, bright 4
el **jefe**, la **jefa**		la **literatura**	literature 4
joven:		**liviano**	light 20
el **joven**	young man 1	**lo**	him, it 4
la **joven**	young woman 1	**locamente**	crazily, madly 21
la **joya**	jewel 12	**loco**	crazy, nutty 14
la **joyería**	jewelry store 12	**cada** — **con su tema**	to each his own 16
el **juego**	game 11	**los**	the 2; them, you 5
el **jueves**	Thursday 4	la **lotería**	lottery 22
juez:		la **lucha**	struggle, fight 19
el, la **juez**	judge 15	**luego**	later 1
jugador:	player 11	el **lugar**	place 1, 17
el **jugador**		**lujo:**	
la **jugadora**		**darse el** —	to afford the luxury 21
el **jugo**	juice 9	el **lunes**	Monday 4
julio	July 5	**lustrar**	to shine 12
junio	June 5		
juntar	to pool, put together 21	la **llamada**	call 11
la **juventud**	youth 10	**llamar**	to call 11
		—**se**	to call oneself 1

llegar (gu)	to arrive 5	mayor	older 3
llevar	to wear, carry 7	me	me, to me, myself 5
—se	to carry off 6	— dio calabazas	she dumped me 8
llover (ue)	to rain 5	el mecánico	mechanic 4
la lluvia	rain 5	la media	stocking, hosiery (female) 7
lluvioso	drizzly 5		
		la medianoche	midnight 9
macho	authoritarian, manly 16	la medicina	medicine 2
la madre	mother 3	el médico	doctor 2
maestro:	teacher 1	medio	half 4
el maestro		el mediodía	noon, midday 9
la maestra		medir (i)	to measure 4
magnífico	magnificent 17	mejor	better 3
mal	bad 1	mejorar	to improve 19
tomar a —	to take personally, to be offended 16	la melodía	melody 16
		menor	younger 3
la mamá	mamma 3	menos	less 1
mandar	to send, order 7	a — que	unless 17
manejar	to drive 15	echar de —	to miss or feel the absence of 17
la manera	manner 16		
la manifestación	manifestation 15	más o —	more or less 1
la mano	hand 8	por lo —	at least 10
manso	meek 16	el menú	menu 9
mantener (ie) (mantengo)	to maintain 19	menudo:	
la mantequilla	butter 9	a —	often 10
mañana	tomorrow 1	las mercancías	goods, merchandise 19
marchar	to march, to proceed 19		
los mariachis	group of musicians (Central America) 16	el mes	month 5
		la mesa	table 9 .
el marido	husband 18	mesero:	
la marimba	marimba 19	el mesero	waiter 16
la mariposa	butterfly 5	la mesera	waitress 16
el martes	Tuesday 4	métrico	metric 4
marzo	March 5	metropolitano	metropolitan 19
más	more 1	mexicano	Mexican 2
— bien	rather 13	México	Mexico 2
— o menos	more or less 1	mi, mis	my 3
— vale	it's worth more, it's better to 9	el miedo	fear 5
		mientras (que)	while 11, 17
el matador	matador 20	el miércoles	Wednesday 4
matar	to kill 14	mil	thousand 8
las matemáticas	mathmatics 4	la milla	mile 13
la materia	subject, material 2	millonario:	millionaire 19
materno	maternal 3	el millonario	
el matrimonio	matrimony 8	la millonaria	
máximo	maximum 5	ministro:	minister 13
mayo	May 5	el ministro	
		la ministra	

el **minuto**	*minute* 5	**natural**	*natural* 7
mío (–a, –os, –as)	*mine, my* 14	la **Navidad**	*Christmas* 7
la **mirada**	*look, glance* 18	**necesitar**	*to need* 4
mirar	*to look* 11	**negociar**	*to negotiate* 13
la **misa**	*mass* 19	el **negocio**	*business* 13
mismo	*same* 7	**negro**	*black* 7
moda:		**nervioso**	*nervous* 6
de última —	*in the latest style* or *fashion* 7	**nevar (ie)**	*to snow* 5
		ni	*neither, nor* 2
modista:		la **nieve**	*snow* 5
el, la **modista**	*maker of women's clothing* 4	**ningún, ninguno**	*none, no, not any* 11
la **molestia**	*bother* 7	**niño:**	
el **momentito**	*moment* 6	**de —**	*as a child* 10
el **momento**	*moment* 5	**no**	*no* 2 .
la **monja**	*nun* 19	**— hay de que**	*think nothing of it* 7
mono:	*monkey*	**— te imaginas**	*you'd never guess, you would never imagine* 9
el **mono**			
la **mona**		**— tenga cuidado**	*don't worry* 7
el **montón**	*pile* 14	la **noche**	*night* 1
moral	*moral* 19	**de —**	*at night* 5
moreno	*dark, brunette* 2	**esta —**	*tonight* 4
morir (ue, u)	*to die* 6	**normal**	*normal* 14
el **mosquito**	*mosquito* 9	el **norte**	*north* 22
mostrar (ue)	*to show* 12	**norteamericano**	*North American* 2
mover (ue)	*to move* 14	**nosotros, nosotras**	*we* 1; *us (after prepositions)* 3
mozo:			
el **mozo**	*waiter* 13	la **noticia**	*news* 19
la **moza**	*waitress* 13	la **novela**	*novel* 16
muchacho:		**noventa**	*ninety* 4
el **muchacho**	*boy* 1	**noviembre**	*November* 5
la **muchacha**	*girl* 1	**novio:**	
muchísimo	*very much* 7	el **novio**	*boyfriend* 5
mucho	*much* 2	la **novia**	*girlfriend* 5
— gusto	*it is a pleasure* 1	**nublado**	*cloudy* 5
la **muela**	*molar, tooth* 14	**nuestro (–a, –os, –as)**	*our, ours* 3
el **mundo**	*world* 6	**nueve**	*nine*
cada cabeza es un—	*to each his own* 16	**nuevo**	*new* 5
		¿qué hay de —?	*what's new?* 9
la **música**	*music* 4	el **número**	*size* 7, *number* 4
muy	*very* 1	**nunca**	*never* 8
la **nación**	*nation* 7	el **obispo**	*bishop* 19
nacional	*national* 4	la **obra**	*work* 13
nada	*nothing* 5	**obsequiar**	*to make a gift* 17
— de particular	*nothing special* 9	la **ocasión**	*occasion* 11
nadar	*to swim* 11	**octubre**	*October* 5
nadie	*no one* 9	**oculista:**	
la **naranja**	*orange* 9	el, la **oculista**	*oculist* 14

	ocuparse	*to occupy oneself* 19	
	ochenta	*eighty* 4	
	ocho	*eight* 3	
el	oeste	*west* 22	
la	oferta	*offer* 12	
	oficial:		
	el, la oficial	*official* 17	
la	oficina	*office* 1	
	oír (y) (oigo)	*to hear* 4	
	ojalá	*I wish, God grant* 15	
el	ojo	*eye* 14	
	— de la cara	*mint, arm and a leg* 12	
	olé	*olé (an expression of approval)* 20	
	oler (hue)	*to smell* 21	
	olímpico	*Olympic* 11	
el	olor	*smell* 21	
	olvidarse	*to forget* 10	
el	ómnibus	*bus* 3	
	once	*eleven* 3	
la	ópera	*opera* 16	
la	operación	*operation* 14	
la	oportunidad	*opportunity* 10	
	optimista:		
	el, la optimista	*optimist* 6	
	orden:		
	a la —	*at your service* 1	
	organizado	*organized* 21, 17	
el	orgullo	*pride* 10	
	orgulloso	*proud* 10	
el	oro	*gold* 12	
la	orquesta	*orchestra* 15	
el	otoño	*autumn, fall* 5	
	otro	*other, another* 5	
	otra vez	*again* 9	
la	paciencia	*patience* 2	
	paciente:		
	el, la paciente	*patient* 14	
el	padre	*father* 3	
los	padres	*parents* 2, 3	
el	pan	*bread* 9	
	panameño	*Panamanian* 15	
	panamericano	*Panamerican* 15	
los	pantalones	*pants* 7	
el	papá	*papa, dad* 2	
el	papel	*paper* 4	

el	par	*pair* 7	
	para	*for, in order to* 3	
	— que	*in order that, so that* 17	
	— servirte	*at your service* 1	
	paracer (zc)	*to appear, to seem* 5	
el	Paraguay	*Paraguay* 2	
la	pared	*wall* 14	
	pariente:		
	el, la pariente	*relative* 14	
el	parque	*park* 1	
la	parroquia	*parish* 19	
la	parte	*part* 15	
	de — de	*on behalf of* 5	
	participante:		
	el, la participante	*participant* 11	
	participar	*to participate* 12	
	particular:		
	nada de —	*nothing special* 9	
el	partido	*game* 11	
	pasado	*past, last* 8	
	pasajero:		
	el pasajero la pasajera	*passenger* 5	
	pasar	*to pass, to happen* 1, *to come to pass* 3	
	¿qué te pasa?	*what is wrong with you?* 3	
el	paseo	*trip, stroll, walk* 8	
	pasivo	*passive* 16	
el	paso	*step* 11	
la	pastilla	*pill* 14	
	paterno	*paternal* 3	
	patrón:		
	el patrón	*patron* 17	
	la patrona	*patroness* 17	
el	peatón	*pedestrian* 14	
	pedir (i)	*to ask* 4	
	peinarse	*to comb one's hair* 12	
	película:		
	dar una —	*to show (to be showing) a movie* 13	
el	pelo	*hair* 12	
la	pelota	*ball* 11	
la	peluquería	*barbershop* 12	
	pensar (ie)	*to think* 3	
	peor	*worse, worst* 10	
	pequeño	*small* 10	
	perder (ie)	*to lose, miss* 11	

pierda usted cuidado		*think nothing of it* 7
el perdón		*pardon* 13
perdonar		*to forgive* 7
perezoso		*lazy* 6
perfectamente		*perfectly, fine* 1
perfumado		*perfumed* 21
el perfume		*perfume* 12
el periódico		*newspaper* 6
pero		*but* 2
la persona		*person* 1
personal		*personal* 12
la personalidad		*personality* 6
personalmente		*personally* 5
el Perú		*Peru* 2
peruano		*Peruvian* 2
pesado		*heavy* 20, 5
pesar		*to weigh* 4
la peseta		*Spanish currency* 13
pesimista:		
el, la pesimista		*pessimist* 6
el peso		*peso (currency)* 7
el petróleo		*petroleum* 13
el piano		*piano* 16
el picador		*picador* 16
el pie		*foot* 4
a —		*on foot* 13
la pierna		*leg* 14
piloto:		*pilot* 4
el piloto		
la pilota		
la pimienta		*pepper* 9
pingüino:		*penguin* 7
el pingüino		
la pingüina		
pintar		*to paint* 12
el piso		*floor* 18
el plato		*plate* 9
la plaza		*main square, plaza* 5
plural		*plural* 1
pobre		*poor* 2
la pobreza		*poverty* 19
poco		*little* 2
poder (ue) (u)		*to be able to* 4
¿se puede?		*may I?* 7
la poesía		*poetry* 18
el policía		*policeman* 14
la policía		*police force* 14

el político		*politician* 19
el polo		*polo* 11
el pollo		*chicken* 16
poner (pongo)		*to put* 5
—se		*to put on oneself* 6 *to put on (clothing)* 7
—se a dieta		*to go on a diet* 9
—se de mal humor		*to get upset* 8
popular		*popular* 16
por		*through, for, by, along, because of*
— ciento		*per cent* 10
— completo		*completely* 18
— escrito		*in writing* 17
— eso		*that's why, therefore* 2
— favor		*please* 7, 1
— fin		*at last* 13
— lo general		*generally* 15
— lo menos		*at least* 10
— lo visto		*obviously* 13
¿— qué?		*why?* 4
¿y — tu casa?		*and things at home?* 1
el porcentaje		*percentage* 19
porque		*because* 4
portarse		*to behave oneself* 13
Portugal		*Portugal* 2
portugués, portuguesa		*Portuguese* 2
el postre		*dessert* 9
práctico		*practical* 22
precioso		*precious* 17
precisamente		*precisely, exactly* 6
preferir (ie, i)		*to prefer* 3
preguntar		*to ask* 1
el prejuicio		*prejudice* 10
prender		*to light* 19
preocuparse		*to concern oneself* 7
preparar		*to prepare* 7
presentar		*to present* 1
prestar		*to lend* 5
la primavera		*spring* 5
primero		*first* 8
primo:		*cousin* 3
el primo		
la prima		
principal		*principal* 15
el principio		*beginning* 8
al —		*at first* 8

la **prisa**	hurry, rush, haste 5	**quedar**	to fit 7
probar (ue)	to prove, to try, test 9	**le queda muy bien**	it fits you very well 7
—se (ue)	to try on 7	**—se**	to remain, stay 6
el **problema**	problem 5	la **queja**	complaint, gripe 15
profesor:	teacher 1	**quemar**	to burn 19
el **profesor**		**querer (ie)**	to want, to love 3
la **profesora**		**quiere decir**	it means 6
profundo	deep 20	el **queso**	cheese 17
el **programa**	program 4	el **quiché**	Quiché (Indian language) 19
progresar	to progress 17, 19		
el **progreso**	progress 13	**¿quién?, ¿quiénes?**	who?, whom? 2
prohibir	to prohibit 15	**de —**	whose?, of whom? 4
prometer	to promise 13	**quiere decir**	(it) means 6
pronto	soon 13	la **química**	chemistry 4
tan — como	as soon as 3	**quince**	fifteen 3
la **pronunciación**	pronunciation 7	**quizás**	perhaps 15
la **propina**	tip 9		
propio	own 15	el **radio**	radio 4
propósito:		la **radiografía**	x-rays 14
a —	by the way 8	la **rana**	frog 9
provecho:		**rápido**	quick, rapid, fast 6
buen —	enjoy the meal 7	el **rato**	period of time 18
próximo	next 5	**raza:**	
el **proyecto**	project 19	**viva la —**	long live the race 10
psicoanalista:		la **razón**	reason, right 5
el, la **psicoanalista**	psychoanalyst 14	**rebelde:**	
publicar (qu)	to publish 21	el, la **rebelde**	rebel 8
el **público**	public 1	**recepcionista:**	
el **pueblito**	small village, town 19	el, la **recepcionista**	receptionist 14
la **puerta**	door 14	**recitar**	to recite 18
pues	well . . . 5	**recoger (j)**	to pick up, take back 7
la **pulgada**	inch 4	**recomendar (ie)**	to recommend 14
		recordar (ue)	to remember 17
que	who, whom, which, that, than, for 3	el **recreo**	recess, recreation 10
		el **recuerdo**	souvenir 12
— le vaya bien	good luck (may all go well with you) (formal) 5	**redondo**	round 20
		referirse (ie, i) a	to refer to 21
— te vaya bien	good luck (may all go well with you) (familiar) 5	el **refresco**	soft drink 18
		regalar	to give as a gift 14
sin —	without, unless 17	el **regalo**	present, gift 3
¿qué?	what? 2	**regañar**	to scold 9
— esperanza	how ridiculous 10	la **regla**	rule 15
— hay de nuevo	what's new? 9	**regresar**	to return 21
— sé yo cuanto	I don't know what all 22	la **reina**	queen 9
— tal?	how is it going? 1	la **relación**	relation 22
— te pasa?	what is wrong with you? 3	la **religión**	religion 19
quebrar (ie)	to break (a bone) 14	**religioso**	religious 19
		el **remedio**	remedy 3

la **réplica**	replica 17
el **reposo**	rest 14
representante:	
el, la **representante**	representative 13
repugnante	repugnant 21
resfriado	cold (sickness) 5
resfriar	to catch cold 5
la **residencia**	dormitory 7
el **respeto**	respect 13
el **restaurante**	restaurant 1
la **reunión**	meeting 8
la **revista**	magazine 8
el **rey**	king 11
rezar	to pray 19
rico	rich 2, 10
la **rima**	rhyme 18
el **ritmo**	rhythm 16
el **rito**	ritual, rite 13, 20
rodar (ue)	to roll, to turn over 19
la **rodilla**	knee 14
romper	to break 21
roncar	to snore 16
la **ropa**	clothing 7
rotundamente no	absolutely not 17
rubio	blonde 2
la **rueda**	wheel 19
la **rumba**	rumba 15
rumbo a	bound for 22
ruso	Russian 9
el **sábado**	Saturday 5, 4
saber (sé)	to know 4
ya lo sé	I know it 4
sabroso	savory, delicious 9
sacar (qu)	to take, to take out 17
el **sacerdote**	priest 19
la **sal**	salt 9
salir (salgo)	to leave 5
el **salón**	salon 12
la **salsa**	salsa (dance) 11, sauce 9
— de tomate	catsup, tomato sauce 9
la **salud**	health 7
el **saludo**	greeting 1
la **sandalia**	sandal 7
el **sandwich**	sandwich 9
la **sangre**	blood 14
la **sangría**	sangria 9
sano	healthy 14

Santiago y a ellos	Santiago and at them (famous battle cry) 17
santo:	saint 7
el **santo,** la **santa**	
la **sastrería**	tailor shop 12
la **satisfacción**	satisfaction 4
satisfecho	satisfied 13
se	(to) him, her, it (self) 1
¿se puede?	may I? 7
secretario:	secretary 2
el **secretario**	
la **secretaria**	
el **secreto**	secret 20
la **sed**	thirst 5
la **seda**	silk 7
seguida:	
en —	right away 4
seguir (i)	to follow 4
en seguida	right away 4
según	according to 12
seguro	sure 12
el **seguro social**	national health 14
seis	six 3
la **selección**	selection 12
la **semana**	week 8
el **fin de —**	weekend 10
el **semestre**	semester 4
senador:	senator 19
el **senador**	
la **senadora**	
sencillo	easy, simple 14
la **sensación**	sensation 7
sentarse (ie)	to sit down 6
el **sentido**	sense 19
sentir (ie)	to feel, to sense 5
señor	Mr., Sir 1
el **señor**	gentleman 1
señora	Mrs. 1
la **señora**	lady 1
señorita	Miss 1
la **señorita**	(unmarried) lady 1
septiembre	September 5
ser (soy)	to be 2
— listo	to be sharp, bright 2
era hora	it was high time 18
es cierto	that's right 3
es que	it's that 6
serio	serious 14

el **servicio**	service 12, 22	el **sueño**	sleep 5
la **servidumbre**	servitude 19	la **suerte**	luck 12, 15
la **servilleta**	napkin 9	el **suéter**	sweater 14
servir:		**sufrir**	to suffer 19
para —te	at your service 1	**sugerir (ie, i)**	to suggest 18
setenta	seventy	**superior**	superior 15
si	if 1	el **supermercado**	supermarket 1
sí	yes 1	**suponer (supongo)**	to suppose 9
siempre	always 4	el **sur**	south 22
la **sierra**	mountain 10	el **surtido**	selection 99
la **siesta**	siesta, nap 6	**suyo (-a, -os, -as)**	his, hers, theirs, its, yours
siete	seven 3		(formal) 14
el **siglo**	century 13		
el **signo**	sign 12	la **taberna**	tavern 3
simpático	likeable, pleasant, nice 5	el **taco**	taco
simplemente	simply 9	el **tacón**	heel (shoe) 12
sin	without 5	**tal:**	
— **embargo**	nevertheless 10	¿qué —?	how is (it going)? 1
— **que**	without, unless 17	el **talento**	talent 20
el **sistema**	system 4	el **taller de calzado**	shoe repair store 12
la **situación**	situation 19	el **tamal**	tamale 9
el **smoking**	tuxedo 7	**también**	also 2
sobrevivir	to survive 10	**tampoco**	either 8
sobrino:		**tan**	so, as 3
el **sobrino**	nephew 3	— . . . **como**	as . . . as 3
la **sobrina**	niece 3	— **pronto como**	as soon as 3, 7
la **sociología**	sociology 4	**tanto (-a, -os, -as)**	as (so) much; as (so) many
socorro	help 14		7
el **sol**	sun 5; Peruvian currency	el **taquito**	snack 16
	12	la **tarea**	task, assignment 7
solo	alone 9	el **taxi**	taxi 14
sólo	only, solely 4	**taxista:**	
soltero	single, unmarried 3	el, la **taxista**	taxi driver 14
el **sombrero**	hat 7	la **taza**	cup 9
el **son**	sound 22	**te**	you, to you, yourself
la **sonrisa**	smile 18		(familiar) 1
soñar (ue)	to dream 21	el **teatro**	theater 3
sospechar	to suspect 18	el **teléfono**	telephone 4
su, sus	his, her, its, their, your	la **televisión**	television 4
	(formal) 3	el **tema**	theme 16
subir	to go up 17	cada loco con su —	to each his own 16
el **subjuntivo**	subjunctive 15	la **temperatura**	temperature 5
Sudamérica	South America 11	el **templo**	temple 19
suegro:		**temprano**	early 6
el **suegro**	father-in-law 3	el **tenedor**	fork 9
la **suegra**	mother-in-law 3	**tener (ie) (tengo)**	to have 3
la **suela**	sole (sole) 12	— **celos**	to be jealous 4
		— **que**	to have to 3
		no tenga cuidado	don't worry 7

el **tenis**	*tennis* 11	**treinta**	*thirty* 3
tercero	*third* 20	**tres**	*three*
terminar	*to terminate, to end* 4	**triste**	*sad* 14
el **termómetro**	*thermometer* 14	**tropical**	*tropical* 16
terrateniente:		**tú**	*you (familiar)* 1
el, la terrateniente	*landholder* 19	**tu, tus**	*your (familiar)* 3
terrible	*terrible* 14	**turismo:**	
el **tiempo**	*time, weather* 4	hacer —	*to tour* 13
a —	*on time* 15	**turista:**	
la **tienda**	*store, shop* 12, 4	el, la turista	*tourist* 13
la **tintorería**	*dry cleaners* 12	**tuyo (-a, -os, -as)**	*your, yours (familiar)* 14
tío:			
el tío	*uncle*	**un, una**	*a, one (art.)* 2
la tía	*aunt*	la **universidad**	*university* 1
típico	*typical* 13	**universitario:**	
el **tipo**	*guy, dude* 15	el universitario	
el **tocadiscos**	*record-player* 16	la universitaria	*university student* 12
tocar (qu)	*to play (an instrument), to touch, to knock*	ciudad universitaria	*university campus* 4
		uno	*one* 3
todavía	*yet* 3	**unos, unas**	*some (art.)* 2
todo (-a, -os, -as)	*all, every* 1, *everything* 5	**urgente**	*urgent* 18
tomar	*to take* 3	**Uruguay**	*Uruguay* 3
— a mal	*to take personally, to be offended* 16	**usted, ustedes**	*you* 1
		utilizado	*utilized* 16
tonto	*dumb, foolish, stupid (mild form)* 2	la **vacación, las vacaciones**	*vacation* 17
torear	*to fight a bull* 20	**valer (valgo)**	*to be worth* 12
el **torero**	*bullfighter* 20	**más vale**	*it's worth more, it's better to* 9
el **toro**	*bull* 20		
la corrida de —s	*bullfight* 20	el **valor**	*value* 10
la **tortilla**	*tortilla (piece of round, flat cornmeal bread)* 9	**vamos a conocernos**	*let's get acquainted* 1
		vano	*vain* 13
la **tos**	*cough* 14	**varios**	*various, several* 4
trabajador:	*worker* 10	el **vaso**	*glass* 9
el trabajador		**vaya**	*wow* 8
la trabajadora		**veinte**	*twenty* 3
trabajar	*to work* 3	**veinticinco**	*twenty-five* 3
el **trabajo**	*job* 5, *work* 8	**veinticuatro**	*twenty-four* 3
traer (traigo)	*to bring* 7	**veintidós**	*twenty-two* 3
la **tragedia**	*tragedy* 8	**veintinueve**	*twenty-nine* 3
el **traje**	*suit* 7	**veintiocho**	*twenty-eight* 3
tranquilo	*take it easy; tranquil, calm* 6	**veintiséis**	*twenty-six* 3
		veintisiete	*twenty-seven* 3
tratar (de)	*to treat, try* 9	**veintitrés**	*twenty-three* 3
trece	*thirteen*	**veintiuno**	*twenty-one* 3
		la **vela**	*candle* 19

la **venda**	*bandage* 14	el **viernes**	*Friday* 5, 4
vender	*to sell* 12	el **vino**	*wine* 9
venerado	*venerable, revered* 17	el **violín**	*violin* 16
venezolano	*Venezuelan* 2	**visitar**	*to visit* 13
Venezuela	*Venezuela* 2	**visto:**	
venir (ie) (vengo)	*to come* 3	**por lo —**	*obviously* 13
la **venta**	*sale* 12	**vivir**	*to live* 2
la **ventana**	*window* 15	**viva la raza**	*long live the Raza* 10
ver (veo)	*to see* 3	**vivo**	*alive* 14
a —	*let's see* 12	**volar (ue)**	*to fly* 13
el **verano**	*summer* 5	**voluntario:**	*volunteer* 20
veras:		el **voluntario**	
de —	*in truth, really, in earnest* 5	la **voluntaria**	
verdad:		**volver (ue)**	*to return* 4
de —	*really, honestly* 6	**vosotros, vosotras**	*you (familiar)* 1
¿verdad?	*right?* 2	**vuelta:**	
verdadero	*real, true* 13	**estar de —**	*to have returned* 19
el **verso**	*verse* 18	**vuestro (-a, -os, -as)**	*your (familiar)* 3
el **vestido**	*dress* 7	**vulgar**	*common* 16
vestirse (i)	*to dress oneself* 6		
veterinario	*veterinarian* 4	**y**	*and* 1
el **veterinario**		**ya**	*now, right away, already* 6
la **veterinaria**		**— lo creo**	*I believe it* 3
la **vez**	*time* (in a series) 9	**— lo sé**	*I know it* 4
otra —	*again* 9	el **yanqui**	*Yankee* 15
viajar	*to travel* 12	**yo**	*I* 1
vida:		la **zapatería**	*shoe store* 12
así es la —	*that is life* 2	**zas**	*boom* 8
cambiar de —	*to change life style* 7	el **zodíaco**	*zodiac* 12
viejo	*old* 14	la **zona**	*zone* 15
el **viento**	*wind* 5	la **zoología**	*zoology* 4

Photo Credits

LECCIÓN 1
22: David Mangurian.
24: (top left) Courtesy Spanish National Tourist Office; (top right) David Mangurian; (center left) J. Pavlovsky/Sygma; (center right) Courtesy WHO, photo by Paul Almasy; (bottom left) Courtesy Mexican National Tourist Council; (bottom right) Courtesy Eastern Airlines.
26: Peter Menzel/Stock, Boston.

LECCIÓN 2
36: Joel Gordon.
38: Marc & Evelyne Bernheim/Woodfin Camp.
40: Carl Frank/Photo Researchers.
44: Ingeborg Lipmann/Magnum.
47: Peter Menzel/Stock, Boston.
48: Carl Frank/Photo Researchers.

LECCIÓN 3
58: Peter Menzel/Stock, Boston.
61: Chas. Gerretsen/Gamma-Liaison.
64: (top left) Courtesy Mexican National Tourist Council; (top right) Courtesy UNICEF, photo by Bernard Cole; (center left) Peter Menzel/Stock, Boston; (center right) Carl Frank/Photo Researchers; (bottom left) Tom Hollyman/Photo Researchers; (bottom right) Courtesy Spanish National Tourist Office.
70: Carl Frank/Photo Researchers.

LECCIÓN 4
78: Carl Frank/Photo Researchers.
83: David Mangurian.
84: David Mangurian.

88: Dennis Barna/Sygma.
92: Peter Menzel/Stock, Boston.
95: David Mangurian.

LECCIÓN 5
103: (top) Georg Gerster/Rapho-Photo Researchers; (bottom left & right) Victor Englebert.
104: William A. Graham/Photo Researchers.
105: Nat Norman/Rapho-Photo Researchers.
109: David Mangurian.
114: Victor Englebert.
118: Ernst Schrader.

LECCIÓN 6
129: Helena Kolda/Monkmeyer.
131: Sybil Shelton/Monkmeyer.
133: Porterfield-Chickering/Photo Researchers.
138: (left) Christian Vioujard/Gamma-Liaison; (right) David Mangurian.

LECCIÓN 7
147: Carl Frank/Photo Researchers.
150: John G. Ross/Photo Researchers.
158: (top & bottom) David Mangurian.
159: David Mangurian.
163: Georg Gerster/Rapho-Photo Researchers.

LECCIÓN 8
166: Carl Frank/Photo Researchers.
169: Victor Englebert.
175: John Pennington/The Picture Cube.
177: The Picture Cube.
180: Marilu Pease/Monkmeyer.

LECCIÓN 9
182:   David Mangurian.
184:   Nat Norman/Rapho-Photo Researchers.
186:   Carl Frank/Photo Researchers.
190:   H.W. Silvester/Rapho-Photo Researchers.
191:   Courtesy Spanish National Tourist Office.
195:   (top left) Cary Wolinsky/Stock, Boston; (top right) Rene Burri/Magnum; (bottom) Hugh Rogers/Monkmeyer.
198:   Diego Goldberg/Sygma.

LECCIÓN 10
202:   Ginger Chih/Peter Arnold.
204:   Jean-Claude Lejeune/Stock, Boston.
207:   Courtesy Center for Inter-American Relations.
211:   Carl Frank/Photo Researchers.
213:   Bernard Silberstein/Monkmeyer.
219:   Henri Cartier-Bresson/Magnum.
220:   Culver Pictures.

LECCIÓN 11
224:   Carl Frank/Photo Researchers.
228:   David Haas.
230:   Lisl Steiner.
231:   George Holton/Photo Researchers.
233:   Carl Frank/Photo Researchers.
235:   Victor Englebert.
236:   Marc & Evelyne Bernheim/Woodfin Camp.
238:   Peter Menzel/Stock, Boston.

LECCIÓN 12
244:   William A. Graham/Photo Researchers.
248:   Georg Gerster/Rapho-Photo Researchers.
250:   Kay Lawson/Photo Researchers.
251:   David Mangurian.
257:   (top left) Georg Gerster/Rapho-Photo Researchers; (top center) The Picture Cube; (top right) David Mangurian. (bottom left) Carl Frank/Photo Researchers; (bottom center) Peter Menzel/Stock, Boston; (bottom right) Nat Norman/Rapho-Photo Researchers.
258:   Peter Menzel/Stock, Boston.

LECCIÓN 13
262:   Leo Pelissier/Rapho-Photo Researchers.
266:   Dr. Eugene Eisner/Photo Researchers.
268:   Joel Gordon.
270:   Courtesy Spanish National Tourist Office.
275:   Courtesy Spanish National Tourist Office.
278:   J. Pavlovsky/Sygma.
279:   Ronny Jacques/Photo Researchers.

LECCIÓN 14
282:   Dennis Barna/Sygma.
286:   Carl Frank/Photo Researchers.
289:   Courtesy Air France.
291:   Peter Menzel/Stock, Boston.
292:   Peter Menzel/Stock, Boston.
293:   Courtesy UNICEF, photo by Etienne Danois.
296:   Photo Researchers.

LECCIÓN 15
300:   Owen Franken/Stock, Boston.
304:   Georges Roth/Gamma-Liaison.
306:   (left) Inge Morath/Magnum; (right) Victor Englebert.
310:   Chas. Gerretsen/Gamma-Liaison.
312:   Peter Menzel/Stock, Boston.
313:   John Pennington/The Picture Cube.
314:   Peter Menzel/Stock, Boston.
318:   Chas. Gerretsen/Gamma-Liaison.

LECCIÓN 16
322:   Courtesy Mexican National Tourist Council.
326:   (top) Courtesy Mexican National Tourist Council. (bottom) Beth Bergman.
327:   Courtesy Philips Records.
330:   Carl Frank/Photo Researchers.
333:   Carl Frank/Photo Researchers.
335:   Carl Frank/Photo Researchers.

LECCIÓN 17
338:   Klaus D. Francke/Peter Arnold.
342:   Fritz Henle/Photo Researchers.
343:   Klaus D. Francke/Peter Arnold.
345:   Courtesy Spanish National Tourist Office.

348: (top) John Henry Sullivan, Jr./Photo Researchers; (bottom left) Wilhelm Braga/Photo Researchers; (bottom right) Victor Englebert.
350: Burk Uzzle/Magnum.
352: Jim Hubbard/Photo Researchers.

LECCIÓN 18
358: Bettye Lane.
362: (top) David Mangurian; (center) Owen Franken/Stock, Boston; (bottom) Cary Wolinsky/Stock, Boston.
363: Victor Englebert.
365: Susan Meiselas/Magnum.
366: (top) Carl Frank/Photo Researchers; (bottom) David Mangurian.
371: (left & right) Abbas/Gamma-Liaison.
372: David Mangurian.

LECCIÓN 19
374: Jane Latta/Photo Researchers.
376: Carl Frank/Photo Researchers.
377: Paolo Koch/Rapho-Photo Researchers.
380: Carl Frank/Photo Researchers.
381: George Holton/Photo Researchers.
384: Peter Menzel/Stock, Boston.
386: (left) Peter Menzel/Stock, Boston; (right) Victor Englebert/Photo Researchers.
387: J. Pavlovsky/Sygma.
388: (left) Courtesy the Brooklyn Museum; (right) Courtesy Center for Inter-American Relations.

LECCIÓN 20
392: William Carter/Photo Researchers.
396: Peter Menzel/Stock, Boston.
397: Courtesy Spanish National Tourist Office.
398: Josef Koudelka/Magnum.
399: Rick Winsor/Woodfin Camp.
400: Carl Frank/Photo Researchers.
401: Fritz Henle/Photo Researchers.

LECCIÓN 21
408: Hugh Rogers/Monkmeyer.
410: Eric Kroll.
413: Hugh Rogers/Monkmeyer.
414: Hugh Rogers/Monkmeyer.

418: Fujihara/Monkmeyer.
423: Ellis Herwig/Stock, Boston.

LECCIÓN 22
426: Nat Norman/Rapho-Photo Researchers.
428: Sybil Shelton/Monkmeyer.
431: Michel Laurent/Gamma-Liaison.
432: Victor Englebert/Photo Researchers.
435: (left) George Holton/Photo Researchers; (right) Britton-Logan/Photo Researchers.
438: J. Pavlovsky/Sygma.

COLOR PHOTO CREDITS

THE LOOK OF PEOPLE
Plate 1
(top left) David Mangurian; (top right) Cary Wolinsky/Stock, Boston; (bottom left) Rick Merron/Magnum; (bottom right) Loren A. McIntyre/Woodfin Camp.
Plate 2
(top left) Luis Villota; (top right) Cary Wolinsky/Stock, Boston; (bottom left) Owen Franken/Stock, Boston; (bottom right) Diego Goldberg/Sygma.

THE LOOK OF LIFE
Plate 3
(top left) Carl Frank/Photo Researchers; (top right) Thomas B. Hollyman/Photo Researchers; (center right) Yoram Lehmann/Peter Arnold; (bottom left) Luis Villota; (bottom right) Owen Franken/Stock, Boston.

Plate 4
(top left) Luis Villota; (top right) Steve Allen/Peter Arnold; (bottom left) Owen Franken/Stock, Boston; (bottom right) Carl Frank/Photo Researchers.

THE LOOK OF LANDSCAPE
Plate 5
(left) Loren McIntyre/Woodfin Camp; (top right) Albert Moldvay/Photo Researchers; (center right) Georg Gerster/Rapho-Photo Researchers; (bottom right) John Lewis State/The Image Bank.

Plate 6
(top left) Yoram Lehmann/Peter Arnold; (center left) George Holton/Photo Researchers; (bottom left) Loren McIntyre/Woodfin Camp; (right) Georg Gerster/Rapho-Photo Researchers.

THE LOOK OF ART
Plate 7
(top left) Courtesy Pan American Development Foundation; (top right) Courtesy Pan American Development Foundation; (center right) P. Adelberg/European Art Color Slides; (bottom left) Courtesy Center for Inter-American Relations; (bottom right) Yoram Kahana/Peter Arnold.

Plate 8
(All) Courtesy Pan American Development Foundation.

Index

a, personal, 62, review, 123; plus **el**→**al**, 63, review, 123

adjective clauses, imperfect subjunctive in, 367; indicative vs. subjunctive in, 328; subjunctive in, 327, review, 444

adjectives, agreement of, with noun, 44, review, 124; agreement of predicate with subject, 45; demonstrative, 45, 255; forms of, 43; irregular comparatives of, 216; of nationality, 43, review, 124; of personality (contrasts), 136; past participles as, 291; plural of, 43; position of, 44; possession with **de**, 67; possessive, 66, 290; predicate, 45; regular comparatives, 215, review 243; long form or stressed possessive, 290, review, 122; superlative, 216, used as nouns, 46

adverbial clauses, imperfect subjunctive in, 368; indicative vs. subjunctive in, 343, 345; subjunctive in, 343, review, 444

adverbs, formation of, in **-mente**, 212; **mejor** and **peor** as, 217; use of **tampoco, nunca, nada**, 176

affirmative commands, for **tú**, 196, review, 241; for **Ud.** and **Uds.**, 151, review, 241; for **Ud.** and **Uds.** with irregular and stem-changing verbs, 154–155

agreement, of adjectives with nouns, 44, review, 124

al (contraction of **a** plus **el**), 63, review, 123; infinitive with, 346

article, definite, forms and agreement of, 25–26; use of, 46, 92, review, 123, 125; indefinite, 48–49, review, 123

capitalization, 12–13

cardinal numbers, *see* numbers

command forms, of irregular verbs, 154–155, 197; of regular verbs, 151

commands, affirmative, for **Ud.** and **Uds.**, 151, review, 241; affirmative and negative, for **tú**, 196, review, 241; direct and indirect object pronouns with, 152; indirect, the present subjunctive in, 331; for **tú**, irregular verbs, 197; for **Ud.** and **Uds.**, irregular and stem-changing verbs, 154–155; negative, for **Ud.** and **Uds.**, 151; position of reflexive and object pronouns with, 197–198, review, 241; subjunctive after, 311

como si, imperfect subjunctive after, 382

comparatives, irregular, of adjectives, 216; regular, of adjectives, 215, review, 243

comparison, of equality, 214, review, 243; of inequality, 215, review, 243; of inequality with **de,** 215; of inequality with **que,** 215

conditional, to indicate probability in the past, 271, review, 355; forms of, 267–268, review, 355; of irregular verbs, 269; of regular verbs, 268; softened request, 271, 383

conditional perfect, 434

conditional tense, use of, 267, 271, review, 355, 383

conjunctions, **pero** and **sino,** 415, review, 445; taking the subjunctive, 343; taking the subjunctive or the indicative, 344

conocer, present indicative, 82; present

volver, present indicative, 81; past
participle, 287

week, days of, 92, review, 121
word stress, 11

year, months of, 113; seasons of, 111,
review, 125